绿原译文集

第七卷

VII

浮士德

〔德〕歌德 / 著　绿原 / 译

LÜ YUAN
SAMMLUNG VON
ÜBERSETZUNGEN

人民文学出版社

目　次

前言 ··· 1
《浮士德》中译本修订版说明 ················· 1

献词 ··· 1
舞台序幕 ····································· 3
天堂序曲 ····································· 7

悲剧第一部

夜 ··· 13
城门口 ····································· 24
书斋 ······································· 33
书斋（二） ································· 42
来比锡奥尔巴赫地下酒店 ····················· 53
女巫的丹房 ································· 63
街道 ······································· 72
黄昏 ······································· 74
散步小径 ··································· 78
邻妇之家 ··································· 80
街道（二） ································· 85
花园 ······································· 87

园中小屋	91
森林和洞窟	92
格蕾琴的闺房	96
玛尔特的花园	98
水井边	102
城墙角	104
夜（二）	106
大教堂	110
瓦尔普吉斯之夜	113
瓦尔普吉斯之夜的梦或奥白朗和蒂坦尼亚的金婚。插曲	124
阴天　原野	131
夜　开阔的原野	133
地牢	134
第一部注释	139

悲剧第二部

第一幕

宜人的佳境	188
皇帝的行宫	193
金銮宝殿	193
四通八达的厅堂	200
御苑	229
阴暗的走廊	234
灯火通明的大厅	237
骑士厅	239

第二幕

高拱顶、狭隘的哥特式书斋 …… 246

实验室 …… 253

古典的瓦尔普吉斯之夜 …… 258

    法尔萨洛斯旷野 …… 258

    珀涅俄斯河上游 …… 260

    珀涅俄斯河下游 …… 265

    珀涅俄斯河上游 …… 271

    爱琴海的岩石海湾 …… 284

第三幕

斯巴达的墨涅拉斯宫殿前 …… 300

城堡的内院 …… 321

第四幕

高山 …… 356

山麓小丘 …… 364

伪帝的营帐 …… 374

第五幕

开阔地带 …… 382

宫殿 …… 384

深夜 …… 388

午夜 …… 391

宫中宽广的前厅 …… 396

埋葬 …… 399

山谷 …… 406

第二部注释 …… 418

前　言

　　有人说过，不提到歌德，就写不成一部世界文学史；同时，不读《浮士德》，也难以理解歌德所以是歌德。这位德国大文豪，连同他的这部杰作，在德国文化传统中早被认为是"无可比拟的"；即使在欧洲灿烂文化的巍峨殿堂里，也只有中世纪的但丁和他的《神曲》，文艺复兴时期的莎士比亚和他的戏剧，足以与之相提并论，共同享有"仰之弥高，钻之弥坚"的盛誉。

　　约翰·沃尔夫冈·歌德(1749—1832)是欧洲文艺复兴以来最后一位"在思维能力、热情和性格方面，在多才多艺和学识渊博方面的巨人"。他一生著作等身，一部较完备的全集(如"苏菲版")竟达一百四十三卷，《浮士德》则是他倾注毕生心血写成的、从头到尾共计一万二千一百一十行的一部鸿篇巨著。从一七七三到一七七五年他动手写出了《浮士德片断》；一七九七年在席勒的鼓舞下重写《浮士德》，经过十载增删披阅，于一八〇八年完成了第一部；到一八三一年即逝世前一年写完第二部，全书前后历时约六十年。歌德的《浮士德》根据德国一个炼金术士向魔鬼出卖灵魂以换取知识和青春的古老传说，反其意而用之，演示了广阔、深邃而崇高的人生内容，为人类自强不息的进取精神唱了一出迄今响彻人寰的凯歌。在第一部正文前面，还有一幕提纲挈领的"天堂序曲"，为全剧的主题思想奠定了基调。

　　在"天堂序曲"中，与《旧约·创世记》的说法相反，天主对人类的前途充满乐观的信念，不再认为他们是来自尘土复归于尘土的平凡生物，而肯定他们是永远向上进取、即使在迷津中不断犯错误也终会达到清明境界的圣徒。魔鬼梅菲斯特于是同天主打赌，请求允许他下凡，去把浮士德引诱到为他安排的满足、怠惰和堕落的道路上来。天主微笑着答应了，原来他为了磨砺人类，激发其不断努力，宁愿让梅菲斯特作为恶的化身下凡，与浮士德的善的本性形成对照，实际上作为浮士德的自我完善过程所不可缺的一个方面，去共同表演一出有声有色又可歌可泣的严肃游戏艰险人生的悲喜剧。

第一部是写浮士德在中世纪书斋里冥思苦想，得不到任何有价值的成果，绝望之余准备饮毒自尽；复活节的钟声使他记起了天真的童年，认识到使人得救的不是灰色的理论，而是常青的生活经验，于是他放下毒杯，决心重新生活下去。"否定的精灵"梅菲斯特出现了，按照在天堂和天主的打赌，在浮士德以灵魂作抵押的前提下，把他引入了五光十色的生活经验的世界，期待他对一个美好的瞬间发出流连忘返的赞叹；另方面，和天主的预见相吻合，浮士德对自己孜孜不息的进取本性充满自信，并向魔鬼发出了决不沉湎逸乐、决不苟且偷安、决不停止奋斗的坚决誓言，于是开始了诱惑和反诱惑的庄严斗争。但是，第一部还只是一个"小世界"，其中只有一个相当完整的主人公与少女格蕾琴相爱并陷她于苦难与毁灭的爱情悲剧。这个悲剧不仅表现在格蕾琴的市民身份和浮士德借以化装遨游的"贵族"身份的矛盾上，更在于后者的性格发展使前者被遗弃的悲剧结局必不可免。

第二部则写到浮士德进入以政治、经济、社会内容为主的"大世界"之后的种种经历，其中包括他的几次重大的追求和幻灭：一次是追求功名利禄，却落得与皇帝的弄臣为伍；另一次是追求以古典美人海伦为象征的理想美，结果让海伦化轻烟而散；最后，他重新振作起来，试图筑堤拦海，追求实现为人类造福的事业理想——不幸已届百岁高龄，被"忧愁"吹瞎了眼睛，听见魔鬼派遣死灵们为他掘墓时铁锹的铿锵声，竟以为大堤即将筑成，他的事业即将实现——就在这个幸福的预感中，他对正在逝去的瞬间发出了"逗留一下吧，你是那样美！"的赞叹，随即在与魔鬼所订契约的魔力的支配下颓然倒地。然而，经过天使们的拯救和超度，浮士德的灵魂并没有落入魔鬼之手，幕布在一阵神秘的合唱声中徐徐降落。

《浮士德》在作者笔下是以"悲剧"的名称问世的。一般研究者认为，本剧的悲剧意义可由主人公一生经历的上述几次追求和幻灭来验证：首先，他作为学者，皓首穷经而一无所获，是为知识悲剧；其次，他对于格蕾琴，爱之实则害之，是为爱情悲剧；第三，长久侍奉统治者绝非他的志趣所在，是为政治悲剧；第四，海伦的消亡证明美亦不足恃，是为美的悲剧；最后，得以兑现的不是他为人类造福的雄心壮志，而是向魔鬼抵押灵魂的契约，是为事业悲剧。然而，尽管如此，浮士德一生从没有满足于或屈服于个人渺小的物质享受，并且是带着自己将进一步为人类造福的信念倒下的；而魔鬼同浮士德所订的契约虽然兑现，他却丧失了应得的赌注，眼见浮士德的灵魂在天使们的护卫下进入了天界。因此，梅菲斯特在这场赌赛中不能说是胜利者，而所谓"悲剧"的概念在这里也不能按照通常的内涵来理解。

人们有理由说，《浮士德》绝不是一个讽刺世人为欢乐、财富、权势等等出卖灵魂的浅薄寓言。浮士德和梅菲斯特的契约并不是灵魂和物质利益的简单交换，而是人类不断奋发进取的精神向以梅菲斯特为代表的怀疑与否定的挑战。事实上，在浮士德身上亦即在人类身上，始终有两个灵魂在斗争——可以说，梅菲斯特就在浮士德本人身上，二者的斗争始终贯穿着一股躁动不安的向绝对真理追根究底的精神力量，不断抵抗着梅菲斯特陷人于满足、怠惰和堕落的种种诱惑。然而，对于人类而言，完善境界永远不可及。浮士德临终所欢呼的那"最崇高的一刹那"，也不是作者暗示的人生的目标之所在。人类所能达到的最高成就，恰在于一种自强不息的创造性的生活本身，一种不断进步的道路或过程本身。一个人只要追求一个高尚的目标，并在追求过程中又把每个实际步骤当作目标加以追求，他就值得享受并一定能够获得最广义的报偿。正是这点人生观拯救了浮士德，帮助他击败了梅菲斯特的一再挑战，从而使他的"悲剧"赋有鲜明的乐观主义的性质。

《浮士德》的这层深远的寓意，在十九世纪回答了有关人生理想和人类前途的重大问题，因此是十分动人的。到了二十世纪，人类经历了空前严酷的考验和旷世的幻灭，一些知识分子对行动和进步产生了怀疑，《浮士德》的和解结局已不再那样富于魅力了。虽然如此，歌德关于两个灵魂的斗争的寓言并没有丧失其固有的积极意义，只是对于现代人类而言，这种斗争不再是在尘世的物质欲望和天界的精神圣洁之间进行，而是在否定善的追求和创造的一部分人的犬儒主义和进行善的追求和创造的另一部人的奉献精神之间进行。当代现实生活的变化和发展将会证明：歌德的这部杰作仍不失为鼓舞现代人类向前迈进的伟大神话之一。

对于一般读者，《浮士德》不是读一两遍就能透彻理解的。除了内容上博大精深，包括哲学、神学、神话学、文学、音乐等多方面的知识外，更有形式上的错综复杂，其中有抒情的、写景的、叙事的、说理的种种不同因素，有希腊式悲剧、中世纪神秘剧、巴洛克寓言剧、文艺复兴时期流行的假面剧、意大利的行会剧以及英国舞台的新手法、现代活报剧等等——这些五花八门的体裁几乎采用了每一种已知的西方格律，如第一部的双行押韵体、自由体、颂诗体、合唱体，第二部更添加了八行体、三行隔句押韵体、三音格诗体等，不一而足。这样就给译者提出了一个难题：应当怎样来译《浮士德》这部韵体格律严谨的世界名著呢？是以相应的工整的格律形式来译，还是以忠实而流畅的散文形式来译呢？

据管见所及，《浮士德》的英译本不下二十余种，其中以格律形式翻译的，当推贝阿德·泰勒（1825—1878）的译本最为著称，而由小泉八云（1850—1904）列入"伟大译品"、却被贝阿德·泰勒讥为"将音乐译成语言"的亚伯拉罕·海沃德（1801—1884）的译本，则是同类尝试中的佼佼者。这两个译本各有所长，而真正向不懂德语的英语读者普及《浮士德》的,却不能不数后一种,可惜它只有第一部,这或许与该译者首先作为英国作家对原著的看法有关。中译本应当何去何从?译者至今没有信心做出明确的回答。不过,试图通过与原文相去甚远的文字,复现原有的陌生的格律,企望在艺术上与原著并驾齐驱;多次严肃的实践已经证明,似乎是徒劳的。因为任何文学作品的艺术性离不开它借以形成自身的文字,而对原著的艺术性的欣赏,老实说,除非事先学习原文,通过任何译文都未必能得到多少助益。那么,退而求其次,为了便于读者理解原著的本事、情节和思想意蕴,大部分叙事的和说理的内容未尝不可译成散文,虽然一些抒情的内容也没有理由不去译成诗歌。基于这点浅见,拙译除了按照有关内容的需要,保持一小部分韵体外,便大胆地以散文形式为主,同时在散文译文中还尽可能自然地押了一些韵——其目的不在于争取什么艺术效果,仍然是设法让形式为内容服务,试图帮助读者通过稍微流畅一点的阅读,增进对于原著稍微深刻一点的理解。至于客观效果如何,自应由广大读者来评断。

  理想的译本应当在帮助读者比较接近原著的真谛之后,使他得鱼而忘筌,对原著产生一窥全豹的渴望;这本是歌德本人为文学翻译所定的标准或界限,即所谓"翻译是媒婆",她只让你恍惚见识一下原著不可重复的风采而已。就其思想性与艺术性一体并存而言,《浮士德》在中国,要从"媒婆"为她所披的面纱后面露出真容来,恐怕仍有待于几代翻译家的努力,这是一场真正的接力赛。以往中译本的译者如周学普、郭沫若、梁宗岱、董问樵、钱春绮等先生都是劳绩卓著的,后学借鉴了先行者的甘苦,并从他们的实践经验得到了鼓舞。拙译如能参加奔向《浮士德》真谛的这场"接力赛",最后为得鱼忘筌的我国读者所抛弃,译者将觉得十分荣幸。

  在我决心动手翻译这部巨著之前,胡风先生曾经为此多次对我加以勉励;冯至先生的研究成果加深了我对这部巨著的认识,缩短了我实现这个决心的准备阶段;这里我向二位在天之灵致以崇高的敬意。

在翻译过程中，采用了德国雷克拉姆出版社一九八三年的原著版本，参考了钱春绮先生的中译本，贝阿德·泰勒的英译本及其注释，以及特奥多尔·弗里德里希教授和洛塔尔·沙伊特豪尔博士合著的《浮士德诠释》，译者在此一并致谢。

译　者

一九九三年十二月

《浮士德》中译本修订版说明

（一）在这个修订版问世之前，拙译《浮士德》在北京由人民文学出版社先后印刷过三次，即精装"文库"版（1994），平装普及版（1997）和"大学生必读"版（2002），其中只有第三版对个别误植和遗漏做过修正。

（二）与此同时，这个译本还在台湾由两家出版社重印过。一家是台北的光复书局，一九九八年六月根据北京第一版印刷；另一家是台北的猫头鹰出版社，先后印过两次，一次（1999年7月）根据北京第一版，又一次（2000年8月）根据北京第三版。

（三）以上几次不同时间、地点的印刷，除了封面各不相同外，对译文本身基本上没有改进。但是，译者却逐渐发现，这个译本存在着一些有待斟酌的问题和缺点。今年，出版社为了提高读者的阅读兴味，计划在本书中增印德国著名插图画家弗朗茨·施塔森（Franz Stassen）专为《浮士德》原著所作插图十五幅，并因此准备改版重排译文。这就为译者提供了难得的一次修改《浮士德》中译本的机会。

（四）趁这次插图改版的机会，译者根据原著对本书译文从头到尾进行了校订，涉及各种误植的修改，不恰切字句、标点和格式的订正，此外为了帮助读者更顺畅阅读本文，还对注释做了若干增补。

（五）译者限于能力和精力，尽管一再修订，仍未见译文渐臻佳境。本书将来如还有改版的机会，当勉力对译文再作一次修订。为此，敬恳读者、专家惠予指拨为感。

译　者

二〇〇二年八月

献　词

你们又临近了,游移不定的身影[1],
想当初一度呈现于矇眬的目光。
敢情这次我试着要把你们握紧?
难道我的心仍然倾向那个痴想[2]?
你们拥上前来!来吧,随你们高兴,
尽可从烟雾[3]之中围着我袅袅飘飏;
环绕你们的行列荡漾着一股灵气[4],
它使我的心胸感受到青春的战栗。

你们与欢乐韶华的风物同归,
于是众多可爱的亡灵冉冉而出;
最初的恋情与友谊[5]随之浮起,
有如一桩古旧而漫漶的掌故;
无奈愁肠重结,太息不已[6],
恨人生迷离曲折多歧路,
忍不住轻唤故人,风华正当时
却不幸为命运所欺竟先逝。

我向亡灵们唱过最初的歌曲,
可惜他们听不见下面的乐章;
友好的聚会久已杳然无寻处,

唉,更堪叹消逝了最初的回响。
我的苦衷只好向陌生的众人倾诉[7],
他们即使喝彩也会令我心伤,
当年赏识过我的歌诗的知音,
纵然在世亦不知向何方飘零。

于是我产生一种久已生疏的憧憬
向往着那寂静森严的灵界,
我喏嚅的歌声[8]有如风神之竖琴[9]
以飘忽的音调若断若续地摇曳,
我不禁浑身战栗,涕零复涕零,
凛冽的心随之软化而亲切;
我所有的一切[10]眼见暗淡而悠远,
而消逝者又将现出来向我重演。

舞台序幕

〔剧场经理—剧作者—丑角。〕

经　理　你们二位经常帮助我应付重重难关,那么说说看,对于我们在德国的尝试[11]有何高见?我唯愿让众人[12]个个喜欢,特别因为他们吃饱了也赏我一口饭。已经撑好棚柱,已经搭成了戏台[13],人人巴望着一个盛会。他们眉飞色舞[14],心平气和,端坐在那儿,正等着来个喜出望外。我懂得怎样把民众的口味迎合,可从没有如此狼狈过:他们未必惯读第一流的佳品,却乱七八糟地读得太多。我们怎样才能做到使一切新颖、别致、具有深意而又令人快活[15]?当然我高兴看到,众人像潮水一样拥向我们的戏棚,一再汹涌地挤过那狭窄的恩宠之门[16],四点以前[17]天一亮就撞撞跌跌,跑到票房前面来,像荒年在面包铺门口抢面包一样,不惜为一张入场券打破脑袋。对形形色色的人群发生这样的奇迹,只有诗人你才能够;今天就劳驾了,我的朋友!

作　者[18]　哦,别拿那些五颜六色的众人向我啰嗦,看他们一眼就会让我丧魂失魄。给我挡住那汹涌的人海,免得它硬把我们卷进了漩涡。哦不,请把我引向天堂寂静的角落,只有那儿诗人才享受到纯粹的快乐,那儿爱情与友谊才以神性之手,创造并培育出我们心灵的恩泽[19]。

　　唉,从我们内心深处发源的诗意,从我们嘴里怯生生念出的台词,有时念不到点子上,有时也许可以凑凑趣,都将为放荡瞬间的暴力所吞噬[20]。每每须得年深月久地加以琢磨,它才可以显示出完美的形式。金玉其外不过炫耀于一时,真品才能永垂不朽于后世。

丑　角　"后世"这个词儿我可听不得;假如我要讲什么后世,试问谁来给当代人逗乐?他们需要乐子,那可不能忽略。有个能干的小伙子出台露面,我想总会让人叫好。谁懂得殷勤地披沥衷曲[21],谁就不会为观众的脾气烦恼;他更希望拥有一大批观众,人越多就越能使他们捧腹大笑。因此放老练些,显出你的本事来,让想象力听去带上它所有的合唱,如理性、悟性、感觉、激情等等,但请注意!不要忘记了笑料。

经　理　可特别要有足够的情节!人们是来看戏的,总欢喜睁着眼睛瞧个够[22]。如果眼前演绎出许多本事,众人就会看得瞠目张口,于是您马上就会闻名遐迩,众人会把您捧得晕了头。观众只能靠量来争取[23],每个人终归挑到自己的一份。谁带来的东西多,谁就会给许多人带来点什么[24],于是人人走出剧场都会高高兴兴。看来您与其演一出,还不如把它分成好几段[25]!这样一盘杂碎,你做起来一定不难;它端上桌来,就像灵机一动那么容易。您奉献完整的一出又有何用?观众会当着您的面把它撕得粉碎。

作　者　您不觉得这样的手艺是何等糟糕,它又怎样配得上真正艺术家的称号!看来你们的金科玉律,就是那些正人君子的粗制滥造[26]。

经　理　对这样的责备我并不见怪;工欲善其事,必先利其器。想想您要劈的是一块软木塞[27],再看您是在为谁写戏!如果这些人是为无聊所驱使,那些人则由于酒醉饭饱而已,最糟糕的是,有些人所以跑来竟是读了报章杂志[28]。有人漫不经心地朝这儿赶,仿佛来参加假面舞会,有人出于好奇而飞快着脚步;仕女们花枝招展,招摇过市,不取报酬地参加演出[29]。您在诗人的高座上又梦见什么？果真你高兴看到戏棚爆满，观众如潮？瞧瞧左近的施主吧！他们一半冷淡[30]，一半粗俗。有人散场后想玩一局纸牌，有人想在一个荡妇怀里狂欢一宵。你们这些可怜的蠢材，何苦为了这样的目的把高雅的缪斯们打搅？我劝您多给，多给，一味多给，这样您才不致漫无目标，误入歧途。把人们搞得昏头昏脑就够了，可不容易使他们心满意足……你哪儿不舒服？是高兴还是痛苦？

作　者　去吧，去找另一个奴才！诗人难道为了你的缘故，可以放肆玩忽那最高的权利，自然赋予他的人权！他用什么打动所有人的心？他用什么把每一种元素[31]调遣？可不就是从胸中涌出来、又将世界摄回到自己心中的那种和声[32]？当自然把无尽长的生命纤维无动于衷地搓捻着安在纺锤之上时，当不和谐的众生相互撞击着发出刺耳的音响时：是谁令人鼓舞地划分了那永远流动的整齐的音列，使之合乎韵律地振动？是谁呼唤个别加入普遍的圣列，在那里发出美妙的谐音？是谁让暴风雨怒号而化为激情？是谁使夕阳在严肃的思想里燃焚？是谁把所有娇美的春花倾撒向了情侣们的小径？是谁把微不足道的绿叶[33]编成荣誉冠冕来奖励各种功勋？是谁保证了奥林波斯山[34]？集合了众神？须知是人的力量体现在诗人之身。

丑　角　那么，就请运用这些美妙的力量，来经营诗人的业务吧，像经营一桩风流韵事：先是两人萍水相逢，心心相印，流连忘返，渐渐变得难舍难分；幸福增多了，于是招来烦恼，迷恋之余紧跟着痛苦，转瞬之间便产生了言情小说一部。让我们也如此这般地搞出一个脚本！只需深入到丰满的人生中去！每个人对它都有亲身体验，却很少人去把它领悟，随您从哪儿落笔，哪儿都充满了情趣。五颜六色的图画很少眉目清楚，往往谬误一大堆而真理只有一星半点：就这样酿成了鼓舞和感化世人的美酒。于是青春的娇花们聚拢到您的舞台面前，聆听您剧中的启示，于是每个温柔的心灵从您的作品中吸取忧郁的食粮，于是一会儿这个兴奋，一会儿那个骚动,每个人都看见了自己的内心里所想。他们还随时准备哭泣和欢笑,还尊崇激昂慷慨,喜好虚无缥缈;定形的成年人看什么都不顺眼,发育之中的少年会永远感恩图报。

作　者　那么请把我本人还处在发育之中的时日还给我,那时源源不断的诗泉日新月异地迸发,那时云雾笼罩着我的世界,蓓蕾还允诺着奇迹,那时我采摘了开满一切山谷的鲜花。我一无所有,但却热衷于追求真理和爱好幻景。请毫无保留地还给我那些本能,那深沉的、充满痛苦的幸福,憎恨的力量,爱的权柄,请送还我的青春!

丑　角　好朋友,你在这些情况之下才需要青春,当敌人在战斗中逼迫你的时候,当最可爱的女郎使劲吊在你的脖子上的时候,当迅跑的花冠远远表示难以达到的目标的时候,当人们在激烈的旋舞之后设宴张筵狂饮达旦的时候。可是,勇敢而优雅地弹奏着熟悉的弦乐,向着一个自选的目标东弯西拐地信步漫游,老先生,这才是您的义务[35],我们不会因此对你少怀敬意。老年并不如人所说,会使人变得幼稚,它却发现我们都是真正的儿童[36]。

经　理　言已交换够了,让我最后看看行!你们相互恭维之际,本可以做出一两桩有益的事情。高谈兴致又有何用?它永不会见于踟蹰不前的人。你们既然以诗人自命,那就请对诗发号施令[37]!你们知道我们需要什么:我们要把烈酒啜饮[38];马上就为我去酿造吧!今天做不到的,明天怕也做不成,因此一天也不应耽误;只要是可能的,就得下决心一把抓紧,决心抓住它,就不会让它溜掉,还得继续贯彻下去,因为不这样不行[39]。

　　你们知道,在我们德国舞台上,人人都按照自己的心意在排练;因此,今天请别为我节省布景和机关!充分使用大大小小的天光[40],星星也不妨靡费一下;还有水,火,悬崖峭壁,飞禽走兽,一样也不能短欠。那么,就请在这狭窄的木板屋,去步测天地万物的整个领域,以从容不迫的速度从天堂通过人间直到地狱[41]!

天堂序曲

〔天主。天兵[42]。后跟梅菲斯特费勒斯。
〔三位天使长上。

拉斐尔　　　太阳按照古老的方式
　　　　　　在兄弟天体[43]的赛歌中轰鸣，
　　　　　　她以雷霆般的步武
　　　　　　完成着既定的旅程。
　　　　　　天使们一见她元气勃勃，
　　　　　　虽无人能探测她的深浅；
　　　　　　不可思议的崇高功业
　　　　　　正像开天辟地[44]一样庄严。

加伯列　　　而豪华的地球飞快地
　　　　　　快到难以想象地围着旋转；
　　　　　　天堂的光明正与深沉而
　　　　　　可怕的黑夜交相替换；
　　　　　　大海从深邃的岩底泛起，
　　　　　　浩浩荡荡地四下奔腾，
　　　　　　岩石与大海接着被卷进了
　　　　　　永远迅速的天体运行。

米迦勒　　　而阵阵狂飙从大海到陆地
　　　　　　又从陆地回到大海竞相咆哮，
　　　　　　愤怒地在四处形成了
　　　　　　一副效应十分深刻的链条。
　　　　　　那边一道毁灭性的电闪
　　　　　　照亮了道路以待霹雳[45]；
　　　　　　可是，主啊，你的使者[46]仍崇敬
　　　　　　你的时日之轻盈的推移。

三　人　　　天使们见了便元气勃勃，
　　　　　　虽无人能探测你的深浅，
　　　　　　你所有的崇高功业，
　　　　　　像开天辟地一样庄严。

梅菲斯特[47]　主啊，既然你又一次屈尊光降，垂询我们的一切近况，加之你惯常乐于把我惠顾，所以你今天也看见我厕身你的仆从之中。请原谅[48]，我说不出什么豪言壮语，虽然难免为在座诸位所揶揄；我的慷慨激昂肯定会惹你见笑，假如你没有把笑人的习惯戒除掉。关于太阳和大千世界我不知说些什么，我只知道，人类是怎样在把自己折磨。世界的小神[49]总是禀性难移，而且就像第一天那样古怪离奇。假如你没有把天光的光泽交给他，他也许会过得稍好一些。他把它称作"理性"，可一旦运用起来，却变得比任何野兽还要残忍。请允许我打个比方，我看它就像一只长腿蚱蜢又飞又跳，跳着飞着一下子钻进草丛去唱它的老调；唯愿它永远躺在草丛里才好！可什么垃圾废料，他都要伸着鼻子掏上一掏。

天　主　　　你再没有什么要同我聊聊？你来总是为了发发牢骚？难道你永远觉得人世间一无是处？

梅菲斯特　是啊,主!我发现那里糟糕透顶,依然如故。人们悲惨度日,甚至使我不胜怜悯;我简直不想去折磨那些可怜的生灵。

天　主　你可认识浮士德?

梅菲斯特　那位博士?

天　主　我的仆人[50]。

梅菲斯特　当然!他侍奉您非同一般。人间的烟火这蠢货一概不沾。心神骚乱使他好高骛远,他多少明白一半自己的疯癫;他想摘天上最美的星斗,他想寻地上最高的乐趣,可远远近近满足不了那深处激动的心曲。

天　主　纵然他现在侍奉我有点混沌,我将很快把他引向清明。小树发青,园丁就会知道,花与果实将装饰未来的光阴。

梅菲斯特　您赌点什么?您肯定会输掉,如果您允许我把他慢慢引上我的大道!

天　主　只要他活在人世间[51],你要试一试我不阻拦。人只要努力,犯错误总归难免[52]。

梅菲斯特　那就谢您了;因为我从不愿同死人纠缠。我最爱丰满鲜嫩的颜面。我不会在家里接待一具尸骸;它之于我,犹如老鼠见猫一般。

天　主　好吧,随你去吧!去诱引那个灵魂脱离他的源头[53],只要你抓得住他[54],就把他随身拽上你的歧途,到你不得不交待的时候,你就会含羞带愧地承认:一个善人即使在他的黑暗的冲动中,也会觉悟到正确的道路[55]。

梅菲斯特　好吧!是非分明不会拖得很久。我毫不为我的赌赛发愁。如果我达到目的,就请您允许我鼓起胸膛把凯歌高奏。让他一辈子去啃尘土[56],而且甘心情愿,像那条大名鼎鼎的蛇,我的姨母。

天　主　那时你尽可以随便来见我[57];我从不曾憎恶过你的同类。在所有否定的精灵中间,促狭鬼[58]最不会使我感到累赘。人的行动太容易松弛[59],他很快就爱上那绝对的安息;因此我愿意给他一个伙伴,刺激他,影响他[60],还得像魔鬼一样,有创造的能力。——可你们,真正的神之子[61],欣赏丰富而生动的美吧!让永远活跃永远生动的化育者[62]以爱的温柔栅栏围绕你们,而那飘浮于游移现象中的一切[63],请用持久的思维将它们固定!

〔天界关闭,天使长散开。

梅菲斯特 (独白)我愿意时不时见一见这位老头儿[64],当心不跟他闹别扭。一位伟大的天主同魔鬼本人讲话,竟这么富于人情味,实在难能可贵。

悲 剧

第 一 部

夜

〔在一间高拱顶的、狭窄的哥特式房间里。浮士德,烦躁不安地坐在斜面书桌旁的安乐椅上。

浮士德　唉,我劳神费力把哲学、法学和医学[65],天哪,还有神学[66],都研究透了。现在我,这个蠢货!尽管满腹经纶,也并不比从前聪明;称什么硕士,称什么博士,十年来牵着我的学生们的鼻子,天南地北,上下四方,到处驰骋——这才知道我们什么也不懂!想到这一点,简直令我五内如焚。比起博士、硕士、官员和教士所有这些夜郎自大之辈,我诚然要懂事一点;没有什么犹豫或疑虑来打扰我,也不畏惧什么地狱或魔鬼[67]——为此我却被剥夺了一切乐趣,不敢自以为有什么真知灼见,更不敢好为人师,去矫正和感化人类。我也没有什么财产与货币,更没有人间的荣华富贵;就是狗也不想再这样活下去!所以我才向魔术求助,看能不能通过精灵的咒语和威力,多少获知一些玄机;这样,我才用不着汗流浃背,讲述一些自己也不知道的东西;我才感悟到[68],是什么从最内部把世界结合在一起,才观察到所有的效力和根基[69],而不再去搜索故纸堆。

　　哦,盈满的月光,唯愿你是最后一次看见我的忧伤,多少个午夜我坐在这张书桌旁把你守望;然后,凄凉的朋友,你才照耀在我的书籍和纸张之上！唉，但愿我能借你可爱的光辉走上山巅，在山洞周围和精灵们一起翱翔，活动在你的幽光下面的草原之上，摆脱一切知识的乌烟瘴气[70]，健康地沐浴在你的露水中央。

唉，难道我还要困守在这地穴里吗？这该死的潮湿的洞眼，连可爱的天光[71]从彩绘的窗玻璃透进来，都是混浊不堪！被这一大堆虫蛀尘封的古籍团团围住，它们一直堆到高高的拱顶，到处插着熏黄了的纸签；四周摆满了玻璃器皿，坛坛罐罐，塞满了各种器械，里面还堆着老祖宗的家具——这就是你的世界！这就叫作一个世界！

你难道还要问，为什么你的心惶恐不安地紧缩在你胸中？为什么一种说不出的痛苦阻拦着你所有的生命运动？神创造人类，让它进入大自然，你不投身于这生动的自然，却在烟雾和霉腐里为兽骨和尸骸所围困。

逃吧！起来！逃到广阔的国土去！诺斯特拉达穆斯[72]亲手所写的那本秘籍，做你的向导难道还不够？那时你将会认识星辰的运行，再经自然的指教，你的心力会使你恍然大悟，懂得一个精灵怎样同另一个精灵对语[73]。让枯燥的悟性在这里向你解释神圣的符箓[74]，是白费气力。你们精灵，飘到我身边来吧；你们听得见我，就请回答我吧！（打开书，望了一下大宇宙的符箓[75]）

哈！我所有的感官此刻突然流遍了怎样一阵狂喜！我感到年轻的神圣的生命之福重新炽烈地流过我的神经和脉络。这些符箓镇定了我内心的激荡，以欢悦充实了我可怜的心，并以神秘的本能在我周围揭示了自然的力量——书画这些符箓的，不就是一个神祇吗？我不就是一个神祇吗？我何等心明眼亮！从这些简洁的笔锋我看见活动的自然展示在我的心灵面前。现在我才懂得那位智者[76]所说的话:"灵界并未关闭;是你的感官关闭了,是你的心死了!起来吧,门徒,坚持用朝霞涤荡你凡俗的胸怀吧!"(凝视符箓)万物怎样交织而成整体,又怎样相互作用并彼此依存!天庭诸力怎样上升下降,黄金吊桶又怎样一一传送[77]!它们以散发天香的翅膀从天空贯穿人间,和谐地响彻宇宙!

多奇妙的一出戏剧!可惜,唉,不过是一出戏剧!我到哪儿去把握你,无穷的自然?哪儿找得到你们,乳房?你们是众生之源,天地之所系,憔悴的胸怀所向往的地方——你们迸涌着,你们滋润着,我难道是枉然的渴慕?(不由自主地翻动着书页,看见了地灵的符箓)这道符箓对我的影响多么不一般!地之灵啊,你挨我更近些;我已感觉我的力量在高涨,我已燃烧得像喝了新酒一样。我觉得有勇气,到世界上去闯一趟,去承担人间的祸福,去跟暴风雨奋战,在沉舟的碎裂声中毫不沮丧。我头顶上乌云四合——月亮掩藏了它的清辉——灯火渐灭!烟雾缭绕!——我的头颅周围闪烁着红光——一阵阴风从拱顶上刮了下来,把我抓住了!我觉得,你飘浮在我四周,我祈求降临的精灵啊。请显形吧!哈!我神不守舍!我所有感官翻腾激荡,产生了新的感觉!我觉得我整个的心都交给了你!你务必!你务必显形!哪怕牺牲我的生命!

〔他拿起书,神秘地念出地灵[78]的符箓。一道微红的火焰颤动着,精灵出现在火焰中。

精　灵　是谁呼唤我?
浮士德　(旁白)好可怕的相貌!
精　灵　你大力把我吁请,你在我的灵界长久啜饮[79],可现在——

浮士德　哎呀，我受不了你！

精　灵　你气咻咻祈求见我，听我的声音，看我的脸面；你强烈的心愿感动了我，我来了！——可你这个超人[80]却吓得这样可怜！灵魂的呼唤到哪儿去了？曾经在自身创造过、承担过并包容过一个世界的胸怀到哪儿去了？那种欢欣鼓舞想同我们精灵并驾齐驱的胸怀？我听见你的声音，你拼命想向我靠近，哦浮士德，你在哪儿？难道你就是一旦为我的气息所包容，就在生命的深处颤抖起来的一条蜷缩得可怕的毛毛虫？

浮士德　难道我怕你吗，火焰的变态？我就是，我就是浮士德，你的同侪？

精　灵　　　以生命的浪潮，
　　　　　　以行动的狂飙，
　　　　　　我上下翻滚，
　　　　　　来去飘摇[81]，
　　　　　　诞生与死亡，
　　　　　　一座永恒的海洋[82]，
　　　　　　一件变化的织品，
　　　　　　一个热烈的生命：
　　　　　　在飒飒作响的时间织机上
　　　　　　我为神明织出了活的衣裳[83]。

浮士德　忙忙碌碌的精灵，你周游广阔的世界，我觉得我同你多么接近[84]！

精　灵　你只像你所理解的精灵，并不像我！（隐去）

浮士德　（颓然倒地）不像你？那么像谁呢？我是神的肖像[85]！竟不像你！（敲门声）见鬼！我知道——是我的助手——我最美好的幸运[86]将变成泡影！枯燥无味的小爬虫一定会扰乱这丰满的幻境！

〔瓦格纳[87]穿寝袍，戴睡帽，持灯上。浮士德恚然转身。

瓦格纳　请原谅！我刚才听见您在朗诵；您一定是在念一出希腊悲剧吧！我想凭这门艺术图点便宜，因为它在今天很有出息。我常常听见人们称道，优伶可以把牧师教导[88]。

浮士德　是的，如果牧师凑巧是个优伶，像时下司空见惯的那样。

瓦格纳　唉，如果人们镇日困守在博物馆[89]里，例假也难得出门见见世情，难得用望远镜从远处瞧瞧，又怎能通过劝说把世人加以指引[90]？

浮士德　你们达不到这一步[91]，除非有真情实感，除非它发自心灵，并以充满原始力量的快意去打动所有听众的心。可你们尽管坐着！粘粘贴贴，拼拼凑凑，用别人的残羹剩汁去烩一碗佳肴，从你们一小堆灰烬里吹出寒伧的火苗！如果你有这种嗜好，未尝不可博得儿童和愚人们的赞颂——可你们永远做不到心心相印，如果你们言不由衷。

瓦格纳　只有口若悬河[92]才能使演说家走运；我痛感到这一点，可我还差得很。

浮士德　去追求诚实的奖品吧！别当挂响铃的笨蛋[93]！即使没有技巧，单凭悟性和正确的见解，也可以侃侃而谈；只要你真心诚意想说点什么，又何须乎寻章摘句？是的，你们的言论尽管妙舌生花，也不过是为人类玩玩剪纸游戏[94]，讨厌得像秋风扫枯叶，沙沙吹过一层凉雾！

瓦格纳　天啦，艺术悠久而人生短促[95]。尽管我从事批判，我仍常常觉得头昏脑胀，惶恐疑惧。探本求源的方法[96]，不知怎么这样难以掌握！路还没有走到一半，那可怜的家伙就会死去。

浮士德　羊皮纸[97]难道是饮一口可以永远止渴的圣泉？你将喝不到那提神的一口，如果它不是流自你的心田。

瓦格纳　请原谅！潜心于各个时代的精神，看看先哲是如何思想，我们后来又如何加以发扬，这才使人感到莫大的欢畅。

浮士德　是的，一直发扬到星球上去吧！我的朋友，过去的时代对于我们不啻一本用七印封严了的书[98]。你们所谓的时代精神[99]，归根到底不过是先生们自己的精神，偶尔反映了一下各个时代而已。因此，常常搞得真是惨不忍睹！人们见到你们，第一眼就会拔脚走开。一只垃圾桶，一个废品间，充其量是一部帝王将相的大戏连台[100]，加上一些俏皮而实用的治世格言，放在木偶口中真倒是得其所哉！

瓦格纳　每人总想从中认识一下世道人心吧。

浮士德　哼，什么叫作认识[101]！谁又敢直言不讳？少数人诚然从中认识到一点什么，却笨到掩藏不住他们的满腹心事，竟然向庸众泄露他们的感觉和体会。这些人自古以来都没有好下场，不是被钉上十字架就是被烧死[102]。——对不起，朋友，夜深了，我们这次就谈到这里为止。

瓦格纳　我原想熬个通宵，继续同您进行学术上的探讨。明天是复活节的第一天，请允许我带一两个问题再来请教。我一直孜孜不倦地专心研究；我虽然知道很多，可一切我都想知道。（下）

浮士德　（独白）怎么他头脑里还保留着全部希望，老是粘连着一些鸡毛蒜皮，一味用贪婪的手把宝藏挖掘，就是挖到了蚯蚓，也高兴得什么似的！

在我四周出没精灵的地方，怎么可以有这样的人声喧响？可这一次我要感谢你了，世间最可怜的俗子凡夫，是你把我从绝望中拖了出来，它曾想把我的神志摧毁无余。哎呀，那个幻象是如此巨大，简直把我比成了一个侏儒。

我是神祇的肖像，自以为同永恒真理之镜十分相近，在天辉与澄明之中自得其乐，已将肉眼凡胎蜕尽；我是一个超天使[103]，曾经预感不祥地让自己的自由力量流过自然的脉络，希图在创造中享受诸神的生活,到头来不得不自食其果!一声雷霆般的呵斥[104]把我扫到了犄角。

我竟不敢同你相比!即使我有力量把你请来,我也没有力量挽留你。在那幸福的一刹那,我觉得自己又渺小又伟大;你却残忍地将我踢回到毫不可靠的人类命运。谁来教导我?我应避免什么?我难道应当听从那种冲动?哦,我们的行动本身,正如我们的苦恼,是它们妨碍了我们生命的进程[105]。

即使心灵臻于最庄严的境界,也总会有各种异质掺杂其间;我们达到了今世的善,更善就可以叫作妄想和虚幻。给予我们以生命的美妙情感,就会僵化在尘世的扰攘里面。

如果想象力从前鼓起勇敢的翅膀,满怀希望地向永恒扩张,那么当幸福一次又一次地搁浅在时间的湍流之上,想象力便会满足于一小片地方。忧愁[106]立刻盘踞在内心,在那儿酿造隐秘的痛苦,它辗转反侧,破坏着兴致和安宁;它不断用新的假面掩饰自己,或以家室出之,或以妻孥出之,或者是火、水、匕首和毒剂;你将为不相干的一切战栗,你不得不经常为你从未丧失的事物而悲泣。

我不像诸神!对这一点我深有所感!我不过像虫蚁往尘土里钻,当它在尘土里求生觅食,路人会一脚把它踩死,踏烂。

这道由成百个书格堆成的高墙把我团团围住,用千变万化的花样把我困在这个蠹虫世界里的旧家具,它们可不就是尘土?我难道在这里找得到我所缺乏的什么?也许我该读破万卷书才能知道,人类无处不把自己折磨[107],幸运儿零零落落难得有一

19

个？——你为什么向我狞笑,空洞的骷髅？除非你的头脑像我的一样,曾经迷惘过,寻求过轻快的时日,却又为了热衷真理,悲惨地误入迷津,在朦胧中沉落。你们这些有轮、有齿、有轴、有柄的器械无疑也在嘲笑我:我站在门口,你们就应当是钥匙;尽管你们的棱棱道道错综复杂,可你们拔不开这个门闩。大自然在光天化日之下充满神秘,不让人揭开它的面纱,而它不愿向你的心灵表露的一切,你用杠杆用螺旋也撬它不开。你古老的工具,我用不着你[108],只因我父亲用过你,你才摆在这里。你古老的卷轴,你将被熏得又黑又干,只要污浊的油灯在这书桌旁继续冒烟。我早该把我这点微薄所有挥霍殆尽,也免得在这里为它们累得大汗淋漓!你从祖先继承的一切,需要努力获取才能占有[109]!凡是用不着的东西,都是一件沉重的累赘;只有眼前制作的,才能够于人有益。

可为什么我的目光盯住了那个地方？那边那个小瓶子难道对于眼睛是一枚磁体？为什么我一下子觉得豁然开朗,仿佛夜间林中月光在我们周围飘溢？

我向你请安,你无与伦比的长颈玻璃瓶!我现在虔敬地将你取下来,我在你身上惊叹人类的理智和技能。你是安眠芳剂之真髓,你是致命妙力之精华,向你的主人显示你的诚意吧!我看见你,痛楚就缓解了,我抓住你,努力就放松了,精神的浪潮逐渐退落下去。我被引向了大海,海水如镜,在我脚下粼粼闪闪,一个新的白昼把我带到了新岸。

一部火焰车辆[110]鼓着轻盈的双翼向我飘来!我觉得自己准备就绪,将在新的轨道上穿过以太,到达纯粹活动[111]的新天体。这崇高的生存,这神圣的欢悦!你刚才还是虫蚁,怎么配受用这些?好吧,那就坚决背弃温煦的人间太阳吧!大胆撞开那人人甘愿匍匐而过的大门吧。现在是用行动[112]来证明的时候了,证明人的尊严不会屈服于神的崇高,不会在那阴暗的洞穴面前颤抖,尽管想象力[113]在那儿注定要忍受特有的痛苦,去努力寻找那个通道,虽然在它狭窄的道口有整个地狱之火在燃烧;兴高采烈地下决心走这一步,即使有危险流入虚无[114]。

透明的、纯净的酒杯,请下来吧,从我多年没有想到过的你古老的匣子里出来!你曾在父祖们的欢宴上光彩熠熠,人们把你互相传递,你又曾使道貌岸然的宾客欣然色喜。你那精雕细刻的人物花鸟显得富丽堂皇,饮者有义务吟诗作赋加以阐扬,并将杯中物一饮而尽,使我记起了多少次春宵值千金。我现在不把你递给任何邻人,不在你的艺术上显示我的才能。这儿是使人一饮而醉的琼浆;它以棕色液体注满你的空腔。它是我亲手挑选,亲手调匀,而今是我全心全意作为节日的崇高祝福向清晨呈献的最后一饮!(把酒杯举到嘴边)

〔钟声和合唱的歌声。

天使们的合唱[115]　　基督复活了!
　　　　　　　　为危险的、隐秘的、
　　　　　　　　从原罪遗传的缺陷
　　　　　　　　所包围的凡人哪,
　　　　　　　　向你们道喜。

浮士德　怎样深沉的嗡嗡声,怎样一种爽朗的声音,猛然把酒杯从我的嘴边移开?你们低沉的钟声是否宣告复活节第一个庆祝时辰的到来?你们合唱班是否在唱那慰问的歌,它作为对于一种新约的确信,从前曾经由天使在墓茔之夜唱颂过?

妇女们的合唱　我们给他
　　　　　　　抹上了香膏，
　　　　　　　我们，他的信徒，
　　　　　　　把他安葬掉；
　　　　　　　我们用布帛和绷带
　　　　　　　把他收殓得干干净净，——
　　　　　　　啊哈，在我们这里
　　　　　　　基督再也找不到！

天使们的合唱　基督复活了！
　　　　　　　经受这困苦的、
　　　　　　　有益的、磨炼人的
　　　　　　　考验的爱者，
　　　　　　　向你祝福了。

浮士德　你雄浑而温柔的天籁，为何在尘埃中把我找寻？请响到那边去吧，那里有温顺的人们。我虽然听到了福音，可我缺乏信仰；而奇迹正是信仰的宁馨儿。我不敢向那传来福音的天体攀登；我自幼听惯了这种音响，它现在又把我唤回到生活之中[116]。从前在安息日的肃静里，上天由于眷顾曾向我投下一吻；那时钟声齐鸣，凶吉未卜，祈祷才是热烈的欢欣；一种不可思议的亲切向往驱使我穿过草原和树林，我热泪千行，感觉到一个世界对我形成。那歌声宣告了青春时期的欢快游戏，春日佳节的自由幸福；记忆起儿时的情感，才阻止我走上最后的严峻的一步。哦继续响下去吧，你们甜美的天歌！我泪如泉涌，大地重新有了我！

门徒们的合唱　如果被埋葬者
　　　　　　　已经飞升，

生前的荣耀者
超凡入圣，
如果他在变化的意向中
接近创造的喜悦：
啊哈，我们，匍匐在地
悲不自胜。
他抛下我们，他的门徒，
在这里苦苦思慕，
啊哈，主啊，我们
为你的幸福恸哭！

天使们的合唱　基督复活了
来自腐朽的母胎！
快把你们的束缚
兴高采烈地撕开！
积极颂扬他的人们，
表白爱心的人们，
友爱分食的人们，
沿途布道的人们，
应允极乐的人们，
主在你们身旁，
他与你们同在！

城门口

〔各种游人从内走出。

第一拨手艺学徒　往那边走干吗？
第二拨　我们想去猎人之家。
第一拨　可我们想到磨坊去歇歇。
学徒一　我劝你们还是去水榭。
学徒二　那条道没有什么好看。
第二拨　那你怎么办？
学徒三　我跟大伙儿一起走。
学徒四　还是到堡村去吧；那里你们一定找得到最漂亮的妞儿和最好的啤酒，连吵架都是第一流。
学徒五　你这吹牛的家伙，你的皮又第三次发痒？可我不想去，到那儿我就发慌。
使女甲　不，不！我要回城去。
使女乙　我们肯定会看见他站在那儿，靠着那棵白杨树。
使女甲　这对我什么好事也不算；可他老摽在你身边，他到广场只跟你跳舞。你的快乐跟我有什么相干！
使女乙　他今天肯定不是一个人，他说那个鬈发小伙子会跟他同行。
学生一　瞧，那些娘们走得多带劲！老兄，来吧！我们跟上去。一杯浓啤酒，一卷烈烟草[117]，和一个盛装的妞儿，现在最合我的胃口。

城市姑娘一 瞧那些漂亮小伙子！真叫不知羞：本来可以结交名门闺秀，偏去追那些下贱丫头！

学生二 （对第一个）别走那么快！后面又来了俩，她们打扮得真可爱。里面就有我的芳邻；我对这姑娘十分倾心。她们踏着安详的脚步，可终归会同我们走到一处。

学生一 不，老兄，我可不喜欢打打闹闹。快点！可别让那份野味给丢掉。星期六拿扫把的手，星期天给你抚爱最温柔。

市民一 不，我一点也不欢喜他，那位新市长！他上任以来，一直趾高气扬，可为城市干了些什么？日子可不越来越不好过？人们得比任何时候更加俯首帖耳，付起账来比以往更多更多。

乞　丐 （唱）善心老爷，漂亮太太，
　　　　　　花枝招展，脸泛红晕，
　　　　　　看我一眼，慈悲为怀，
　　　　　　天可怜见，济我贫困！
　　　　　　别让我白奏手风琴！
　　　　　　好布施的人上天保佑！
　　　　　　人人欢庆的佳日良辰
　　　　　　在我也该落个丰收。

市民二 在遥远的土耳其那边，各国人民正在相互砍杀，那么在星期日和节假日，谈谈战争和战争风声[118]，不知还有什么比这更好耍。人们站在窗前，痛饮自己的杯盏，望着下面流水流走彩色的画舫；然后晚上愉快地回家，祈祷和平和平的时光。

市民三 可不是，街坊！我也听其自然：他们打破脑袋，搞得天翻地覆，我都不管；只要我们家里保持原样。

老　妪 （对城市姑娘）天啦，打扮得好俊俏！年轻貌美的小姣姣！谁个见了，不会神魂颠倒？——可别装模作样！这就可以了！你们

　　　　　　想要的,我都能办到。
城市姑娘一　阿迦特,快走!我一直留心,不跟这样的巫婆公开搭伴;
　　　尽管她在圣安德烈节前夜[119],让我看见未来的情郎活灵活现。
城市姑娘二　她让我在水晶球里去看他,说是个士兵模样,还有几个
　　　雄赳赳的小伙伴;我四下张望,八方寻找,可他就是不露面。

士　兵　　　　雉堞高又高
　　　　　　　拱卫着城堡,
　　　　　　　泼辣又倨傲
　　　　　　　还有女阿娇,
　　　　　　　我都想得到!
　　　　　　　攻打逞英豪,
　　　　　　　犒赏真美妙!

　　　　　　　喇叭一吹响
　　　　　　　我们就应召,
　　　　　　　既是在寻欢
　　　　　　　也是把命抛。
　　　　　　　冲锋这一次!
　　　　　　　人生这一遭!

　　　　　　　娇娃和城堡
　　　　　　　一齐来告饶。
　　　　　　　攻打逞英豪,
　　　　　　　犒赏真美妙!
　　　　　　　勇敢士兵们
　　　　　　　拼命往前跑。

〔浮士德和瓦格纳上。

浮士德　由于明媚春光的眷顾，河流和小溪都解冻了，山谷里绿遍了希望的幸福；古老的冬天衰弱不堪，躲回到荒凉的深山去了。它一面逃遁，一面还从那里送来一阵无力的冰屑，呈条状铺洒在发绿的郊野上。可太阳容不得一点苍白，到处活跃着生机和热望，它要用彩色使万物复苏；这地区却见不到一朵花卉，它于是拿盛装的人群来代替。请转过身来，从这高处向城市回顾一下。一群五颜六色的游人从那空洞而黑暗的城门拥出来了。每个人今天都高兴晒晒太阳。他们庆祝着主的复活，因为他们自己也复活了：从低矮屋舍的陋室里，从手艺和行业的束缚中，从山墙和屋顶的压迫下，从摩肩接踵的窄狭街巷里，从教堂森严的黑夜，他们一齐被带到光明里来了。看哪，看哪，人们是多么轻快地消失在花园和田野里，河面上又是怎样纵横交错地漂浮着那么多快乐的小艇，那最后一只满载得快要下沉，也还是开走了。甚至从遥远的山路上，也有花衣服在向我们眨眼。我已经听见村落里的骚动，这里是人民真正的天堂，老老少少都在心满意足地欢呼："我在这里是个人，我在这里才敢是个人！"

瓦格纳　博士先生，和您一起散步，实在不胜荣幸，而且收益不浅；可我不会一个人溜到这里来，因为我是一切粗鄙行为的敌人。乱弹，乱叫，玩九柱戏，都是我最憎恶的噪音；他们任性打闹，像中了魔一样，却称之为乐事，称之为歌唱。

〔农民们在菩提树下。

舞蹈和歌唱　　牧羊人为跳舞细心打扮[120]
　　　　　　　有花衫有彩带还有花环，
　　　　　　　他穿戴得真个俊俏。
　　　　　　　菩提树周围人已站满，
　　　　　　　大家跳舞跳得发狂一般。

唷海！唷海！
唷海沙！海沙！海！
提琴拉得呱呱叫。

他匆匆忙忙赶了来，
想不到双肘一拐
碰上了一个小姣姣；
二八佳人回头看：
"原来是个大笨蛋！"
唷海！唷海！
唷海沙！海沙！海！
"请别这样不礼貌！"

圆舞一圈一圈飞快转，
或左或右转成团，
衣衫四下飘。
脸儿发红身儿暖
手挽手歇着把气喘——
唷海！唷海！
唷海沙！海沙！海！
肘子托住了腰。

"别尽给我灌米汤！
多少男人骗新娘
叫人难哭笑！"
可他还是把她骗到手，
菩提树下响个够：
唷海！唷海！

> 唷海沙！海沙！海！
> 原来是提琴弓子和喧闹。

老农民　博士先生，承蒙您这位大学者今天赏光，不嫌弃我们，到这拥挤的人群中间来。那么，请接住最美好的酒杯，里面灌满了新酿的酒！我把它向您敬献，高声祝愿，它不仅能为您解渴，还能帮助您益寿延年，让它所包含的滴数统统加在您的岁数上。

浮士德　我领了这爽心的一杯，祝福你们大家，并向大家道谢。
　　　　〔人们围成圆圈聚拢来。

老农民　从前在受难的日子，您曾经照顾过我们；今天您又在这个快乐的日子光临，实在是太好了。当年令尊大人[121]在这里扑灭瘟疫，许多人是他老人家最终从热症的虎口救出来的，他们都还活着，就站在这里。那时您虽然是个青年人[122]，却经常走东串西去探望病人，许多尸体给抬走了，可您本人走出来却总是安然无恙；你度过了重重难关：救人者自有天相。

众　人　愿经过考验的人永远健康，继续搭救世人！

浮士德　让我们向天上的救主躬身致敬[123]，是他教导我们救人又把我们搭救。（和瓦格纳向前走去）

瓦格纳　受到这一大群人的崇敬，哦大人先生，你一定感慨横生！谁能凭自己的才力挣到这样一份利益，实在是运气！父亲把你指给他们的孩子看，人人争先恐后地问长问短，提琴中断了，舞蹈停止了。你走过去，他们就站成排，帽子抛到了半空，有些人几乎快双膝跪倒，就仿佛圣体[124]来了。

浮士德　再走几步就到了那块石头；我们不妨在这里稍事休息。我常常心事重重地独自坐在这里，用祈祷和斋戒来折磨自己。我满怀希望，坚定信仰，想以泪水、叹息和扭手的绝望姿势强求天主结束这场瘟疫。现在，众人的欢呼在我听来不过是讥讽。但愿你能看透我的内心，父子俩哪配享有这样的美名！先父是一位玄虚不可捉摸的正人君子[125]，他异想天开地沉思自然及其神圣的循环，态度诚实，方法上却颇不一般；他在黑色丹房里与炼金术士为伍，按照数不尽的单方把相克的药物倾注在一起。一头红狮[126]，大胆的求婚者，将在温水里跟百合交配，然后两者从一间洞房转到另一间，再受明火的熬煎。于是，年轻的女王五彩缤纷地出现在玻璃杯中，药剂调成了，病人死去了，没人过问有谁给救活过。我们就这样拿甜丝丝的虎狼药在这些高山低谷之间涂炭生灵，比瘟疫还凶。我曾经亲自给几千人送过毒药，他们一个个憔悴而死，我却不得不活下来作为见证，人们在赞扬厚颜无耻的凶手。

瓦格纳　您怎么可以这样糟蹋自己！施行别人传授的技术，问心无愧，精确无讹，难道还不足以称为正人君子？你年轻时崇敬令尊，乐于从他领教受益；而今你年事已高，学问倍增，令郎当会达到更高的造诣。

浮士德　有希望摆脱迷津的人真是幸运！人们正在使用他们不知道的东西，而知道的东西却不会去使用。——可别让我们的这些愁绪破坏了眼前的良辰美景！看哪，绿围翠绕的农舍正在夕照中闪耀。太阳西沉，退隐，白昼就此完结，它匆匆离去，去催促新的生命。哦，竟没有翅膀把我从地面升起，永远永远去把她追随！这样我才会在永恒的晚霞里看见我脚下的宁静世界，所有顶峰燃烧起来，每个低谷都安息了，银色的溪水流进金色的河川。那时，丘壑无限的荒山妨碍不了这神仙般的游历；大海连带温暖的海湾展现在惊讶的眼睛面前。但女神[127]似乎终于要沉坠；而新的冲动苏醒了，我匆匆向前，赶着去啜饮她永恒的光辉，我前面是白昼，后面是黑夜，上面是天空，下面是海浪。正值她将逝未逝之际，我做了一个美梦。唉，怎奈任何肉体的翅膀都不容易同精神的翅膀结伴而飞。然而，当云雀[128]在我们头上，在蔚蓝天空的深处，发出嘹亮的歌声，当苍鹰在险峻的松林高处展翅翱翔，当白鹤飞过平原飞过湖泊努力飞回故乡时，人的感情不禁随着高飞远飏，这可是人类的天性啊。

瓦格纳　我自己也常有异想天开的时辰，但像这样的冲动我却从来没有体验。树林和田野很容易看厌，飞鸟的翅翼我也从不艳羡。我们从一本本、一页页书卷中，将获得怎样不同的精神愉悦啊！那时冬夜将变得温馨宜人，一股极乐的生气会把所有肢体暖遍，咳！你展开一卷珍贵的羊皮纸古籍，整个天国就会降临到你面前。

浮士德　你只意识到一种冲动，哦另一种最好不要知道！在我的胸中，唉，住着两个灵魂[129]，一个想从另一个挣脱掉；一个在粗鄙的爱欲中以固执的器官附着于世界；另一个则努力超尘脱俗，一心攀登列祖列宗的崇高灵境。哦如果冥冥中确有精灵，在天地之间活动着从事统治，那么请从金色的氛围中降临，把我引向新的、彩色的生活！是的，要是我有一件魔袍[130]，把我带到异域番邦，那该多好！就是拿最贵重的衣裳，例如拿一袭皇袍来，我也不会把它换掉。

瓦格纳　请别把人所共知的妖兵魔将召唤，它们在缭绕烟雾中铺天盖地地涌现，从四面八方为人类准备了百般千种危险！从北方[131]有锐利的魔齿，连同尖如箭矢的舌头向你扑来；它们又从东方渐次推进，使万物干枯，并从你的肺部吸取养分；如果南方把它们从沙漠加以派遣，把一团团烈火堆在你的头上，那么西方就带来了成群结队的妖魔，它们正为了淹没你和田亩牧场，才使人感到凉爽。它们欣然倾听，乐于损伤，欢喜服从，因为它们欢喜欺骗我们；它们装作从天而降，撒起谎来轻言细语像天使一样。——咱们走吧！四野已经苍茫，空气凉了下来，雾霭在沉坠！到晚间人才觉得家宅可贵。——你为什么还站着，诧异地望着那边？昏暗里还有什么让你如此动心？

浮士德　你可看见一条黑狗[132]在秧苗和禾茬中间漫步。

瓦格纳　我早就看见了它，不觉得有什么了不起。

浮士德　再瞧瞧，你当它是什么动物？

瓦格纳　一条鬈毛狗,在苦苦追寻主人的踪迹。

浮士德　你可注意到,它在转着螺旋形大圈向我们靠近?如果我没有弄错,它一路走来,身后正拖着火焰的漩涡。

瓦格纳　我只看见一条黑色的鬈毛狗,您也许眼花了吧。

浮士德　我觉得它似乎在施魔法,安排不易觉察的圈套,准备将来把我们的双脚套住。

瓦格纳　我看见它犹疑不定,畏葸不前,围着我们跳跃,因为它看见了两个陌生人,而不是它的主人。

浮士德　圈又变小了,它已经很近了。

瓦格纳　你瞧,一条狗,可没有什么鬼怪!它猜猜不已,满腹狐疑,趴在地上,摇尾乞怜,完全是狗的习惯。

浮士德　跟我们一道吧!来吧!

瓦格纳　它是个像鬈毛狗一样滑稽可笑的动物。你站着,它就等着;你跟它说话,它就蹿到你身上;丢了什么,它会去找回来,它会跳到水里去找你的手杖。

浮士德　你说得对:我看不出一点精灵的痕迹,一切都是由人驯出来的。

瓦格纳　一条狗调教好了,甚至可以博得哲人的眷顾。不错,它完全值得你宠爱,它就是大学生们的高足。(他们走进城门)

书　斋

浮士德　（引着鬈毛狗走进来）我离开夜色所覆盖的郊野和草坪,善良的心灵便带着不祥的、神圣的恐怖在我们身中苏醒。狂乱的冲动连同每个躁急的行为已经入睡了;对人的爱兴奋起来,对神的爱[133]也随之兴奋。——

　　安静点,鬈毛狗! 别跑来跑去! 你在门槛上嗅些什么呀? 躺到火炉后面去,我把最好的枕头给了你。你在外面山路上又跑又跳,逗引过我们一阵,现在就请接受我的照顾,做一个受欢迎的文静的客人。

　　咳! 我们狭隘的斗室重新燃起了友好的灯光,于是在我们胸中,在富于自知之明的心里,便一下子豁然开朗。理性重新讲话,希望重新开花;人们渴念生命的溪流,咳! 渴念生命的源头[134]。

　　别呼叫,鬈毛狗! 狗叫声同现在围绕我整个灵魂的神圣音响不相配。我们已经习惯:人们总爱嘲弄他们不懂的事物,对于他们经常感到烦难的善与美,他们也嘀嘀咕咕;难道狗也像他们一样猖猖不已?

　　但是,唉,尽管再怎样愿意,我也感觉不到满足的心情从我胸中流出。可那道泉流何以枯竭得那么快,使我重又成为涸辙之鲋?我在这方面有过许多经验。但是,这个缺陷未尝不可弥补:我们要学习珍视超尘脱俗的事物,要渴慕只有在《新约》中才燃烧得最高贵最美丽的"启示录"。我迫不及待地打开了古本,怀着至诚的心情试将神圣的原文翻译成我心爱的德语。(打开一卷,着手翻译)上面写道,"太初有**言**[135]!"这里给卡住了!谁来帮我译下去?我不能把"言"抬得那么高,如蒙神灵开导,就得把它译成另外一个字。那么,上面可是"太初有**意**"了。第一行得仔细推敲,你的笔不能操之过急!难道"意"能够实行和创造一切?我想它应当是"太初有**力**"!可一写下这一行,我就警觉到,还不能这样定下来。神灵保佑!我可有了主意,于是心安理得地写下:"太初有**为**!"

如果我得和你分享这个房间,那么鬈毛狗,你就别叫,你就别嚎!像这样一个捣乱的伙伴,把他留在身边我可受不了。我们两个总得有一个离开这房间。我不愿意下逐客令,房门开着,你尽可以自便。但是,我看见了什么!难道这能自然发生吗?是幻影还是现实?怎么我的鬈毛狗变得又高又大!它使劲地站了起来,这可不是一个狗的架势!我把一个什么妖怪带到了家!他看来就像一头河马,火红的眼睛,吓人的大牙。哦,我可看透了你!你这地狱里的魔鬼坯子,只好用"所罗门的钥匙"[136]来整治。

众精灵 (在过道上)[137]
    里面一个逮着了!
    待在外面,可别跟进去!
    像狐狸上了圈套
    吓坏了地狱里老山猫。
    可请留神看!

晃过来荡过去,
晃上来荡下去,
他就挣脱了羁绊。
你们如能伸手救援,
可别让他待着不管!
他曾把我们大家
一再逗得笑哈哈。

浮士德　首先,对付这个孽畜,我要念"四精咒"[138]了:

火精快燃烧,
水精弯弯绕,
风精且隐匿,
土精操点劳。

谁要是不认识这四大元素,看不见它们的力量和特性,谁就主宰不了那些精灵。

在火焰里熄掉吧,
火精!
哗哗流到一起去吧,
水精!
流星般闪烁吧,
风精!
帮忙搞搞家务吧,
因库布司!因库布司!
请现形告个结束吧!

四大元素没有一种把这孽畜治得了。它泰然自若地躺在那儿对我冷笑；我还没有让它尝到苦头。且听我念更厉害的符咒。

  伙计，你可是
  地狱里的逃犯？
  那么，看看这个标志[139]，
  牛鬼蛇神都要
  对它低头发颤！

它浑身竖起鬃毛，开始肿胀起来。

  该死的无赖！
  你可认得出他来？
  这个从无来由的[140]，
  未曾宣布的，
  弥漫诸天的，
  被残暴刺穿的？

  它被禁锢在火炉后面，肿胀得像一只大象，充塞着整个房间，想化为雾气散掉。不要飘到天花板上去！乖乖在你主人的脚下躺倒！要知道，我不会平白吓唬人。我要用神圣的烈火把你烧焦！别等那三重炽烈的光华[141]！别等我最厉害的一种魔法！

梅菲斯特[142] （雾散时身着游方学者服装从炉后出）缘何喧闹？怎样为主人效劳？

浮士德 那么这就是鬈毛狗的本色！一个游方学者？可真叫我发笑。

梅菲斯特 谨向博学的主人敬礼！您已经搞得我大汗淋漓。

浮士德 你叫什么名字？

梅菲斯特　对于一位如此轻视"言"的人[143]，远离所有皮相、一味探讨深奥本质的人，这个问题我觉得实在微不足道。

浮士德　关于你们这些先生们，一般从名称就读得出本质来，人们既然管你们称作"蝇神"[144]、"堕落者"、"撒谎精"，不就把问题说得一清二楚了吗？得，你到底是谁？

梅菲斯特　是总想作恶却总行了善的那种力量的一部分。

浮士德　这个哑谜是什么意思？

梅菲斯特　我是永远否定的精灵[145]！这样说是有道理的；因为发生的一切终归要毁灭；所以什么也不发生，反而更好些。因此，你们称之为"罪孽""破坏"的一切，简言之，所谓"恶"，正是我的原质和本性。

浮士德　你自称是"一部分"，怎么又完完整整地站在我面前？

梅菲斯特　我给你讲点朴素的真理吧。如果人这个愚蠢的小宇宙[146]惯于把自己当作整体，我便是部分的部分，那部分最初本是一切[147]，即黑暗的部分，它产生了光，而骄傲的光却要同母亲黑夜争夺古老的品级，争夺空间了。但它总没有成功，因为它再怎样努力，总是紧紧附着在各种物体上面。光从物体流出来，使物体变得美丽，可又有一个物体阻碍了它的去路；所以，我相信，等不了很久，它就会同物体一起归于毁灭。

浮士德　我可明白了你高尚的职守！你不能大规模从事毁灭，便从小处着手。

梅菲斯特　当然这样也成不了气候。对于同虚无相对立的这个什么，这个粗笨的世界，我再怎么动手也无可奈何，哪怕波浪、暴风、地震、火灾都没有用，——海洋和陆地到头来仍然纹丝不动！至于禽兽、人类这些可诅咒的家伙，简直用什么也加害不了它们：我已经埋葬了许许多多，可仍不断有新鲜血液在运行！再这样下去，简直要发疯！从空中，从水下，从地里，迸发出胚芽几千种，不管是在干燥、潮湿、温暖、寒冷之中！要不是我为自己保留了火焰，我便毫无绝招可言。

浮士德　你就这样握紧冷酷的魔拳,白白刁钻一场,同永远活跃的、从事健康创造的权威相对抗!设法干点别的营生吧,混沌的古怪儿子!

梅菲斯特　我们何妨从长计议,那么下次再谈吧!这次可否容我告退?

浮士德　我不懂你为什么要问。我们现在已经相识,你要来随你高兴。这儿是窗,这儿是门,一只烟囱对你也行。

梅菲斯特　我得承认!我要走出门,有个小小障碍挡住我:就是您门槛上的巫脚[148]。

浮士德　那五角星折腾了你?那么,告诉我,你这地狱之子:如果它把你挡住,你又怎么进来的?这一道灵符怎么会被你蒙混过去?

梅菲斯特　仔细瞧瞧!它没有画好:冲外的那个角,你瞧,有个缺口还豁着。

浮士德　真是太凑巧!你难道成了我的阶下囚?这笔收获叫人想不到!

梅菲斯特　鬈毛狗没留神,一下跳进了门;而今情况有变故,魔鬼出不了屋。

浮士德　那么你为啥不从窗户走?

梅菲斯特　这是魔鬼和幽灵的一条规矩:从哪儿溜进来,就从哪儿出去。第一次随便我们走,第二次我们就成了奴仆。

浮士德　难道地狱也有它的法?我看很好,可以安心跟你订个契约,你们这些先生会不会说话不算话?

梅菲斯特　答应了的东西,你当然可以完全享用,一点也不会克扣。但说起来不那么简单,咱们下次再谈吧;现在我衷心恳求您,这次务必放我走。

浮士德　再留片刻吧,先给我讲点趣事儿!

梅菲斯特　现在放我走吧!我很快就转来;那时你问什么都可以。

浮士德　我又不曾把你套上,是你自己自投罗网。谁抓住魔鬼,谁也不会放!第二次要捉他,可不那么便当。

梅菲斯特　既然你高兴,好吧,我就留下来陪你做伴;但有个条件,让我用法术为你消遣消遣。

浮士德　悉听尊便,我也高兴看看;不过,法术总得讨人喜欢!

梅菲斯特　朋友,你的感官在一小时内所获得的,将比在平淡的一年之内所获得的还要多。温柔的精灵为你唱的歌曲[149],它们带来的美妙的绘图,都不是一场空幻的魔术。连你的嗅觉都会感到愉快,然后你会觉得齿颊生香,然后你的触觉也会陶醉起来。用不着事先准备,人都到齐,咱们开场!

精　灵　　消散吧,你高高在上
　　　　　的阴暗穹苍!
　　　　　让蔚蓝的以太
　　　　　亲切而迷人地
　　　　　照进书房!
　　　　　但愿乌云
　　　　　一扫而光!
　　　　　星星明灭处,
　　　　　闪现了
　　　　　更慈祥的太阳。
　　　　　天使们
　　　　　以灵性的美姿
　　　　　模糊的曲线
　　　　　摇曳而徜徉。
　　　　　憧憬的意向
　　　　　随之而往;
　　　　　而衣裳

的飘带
覆盖着乡野，
覆盖着避暑别庄，
里面有对对情侣
为相互献身
而沉思默想。
庄外还有庄！
须蔓袅袅！
葡萄累累
倾入了压榨器下
的酒缸，
起泡的美酒
流成了小溪，
潺潺流过纯粹
的宝石中央，
让高峰
留在身后，
围绕碧绿
丘陵而汇成
一片汪洋。
且看禽类
啜饮着欢乐，
向着太阳，
向着光明
的岛屿飞翔，
岛影在波心
摇摆动荡；
我们听见那里

有欢呼似的合唱,
看见有人翩翩
起舞在草地上,
他们出门在外
个个神怡心旷。
有几个
爬上了山,
有几个
游进了湖,
还有几个在飘飏;
人人向往生命
人人向往远方
那儿爱星灿烂,
神恩浩荡[150]。

梅菲斯特　他睡着了!得,轻飘、温柔的小家伙!你们忠实地将他唱入了睡乡!为了这番合唱,我欠了你们的情。你还不是能捉住魔鬼的人!请用甜美的梦境逗弄他,请把他沉入错觉的海洋;但是,要破除这个门槛的魔法,我还要借重老鼠的利牙。我用不着再念咒,这里已有一只在沙沙作响,而且马上会听我的话。

　　大鼠、小鼠、苍蝇、青蛙、臭虫、虱子的主人[151],现在命令你们,大胆地出来,狠狠咬啮这个门槛吧,他给它抹过了油——你已经跳出来了!那么快干活吧!妨碍我的那个尖端,就在那个角的正前面。再咬一口,就大功告成了。——好吧,浮士德,把梦做下去,直到我们再见!

浮士德　(醒来)我难道又一次受了骗?纷至沓来的精灵就此烟消云散[152],难道是一场梦向我谎报了魔怪,不过一只鬈毛狗从我身边逃开?

书　斋(二)

〔浮士德、梅菲斯特上。

浮士德　有人敲门？进来吧！谁又来打扰我？

梅菲斯特　是我。

浮士德　进来吧！

梅菲斯特　你得说三遍[153]。

浮士德　那么,进来吧!

梅菲斯特　这样方称我心！希望我们两个合得来,处得好！为了排遣你的烦闷,我这里打扮成一位贵公子[154],身穿滚金边的红袍,加上锦缎小外套,帽子上还插着公鸡毛,外佩一柄又长又尖的战刀——我干脆奉劝你,也像我这样穿戴,你品尝人生滋味才能自由自在。

浮士德　我穿任何衣服,都感到局促人生的痛苦。让我一味玩耍,我未免太老,但要我清心寡欲,我又太年轻。这世界还能给予我什么呢？你应当安贫守命！应当安贫守命！这永久的歌曲响在每人耳旁,在我们漫长的一生中,每个时辰都在沙哑地[155]向我们歌唱。每天早晨醒来,我总是惶惶不可终日,几乎泪流满脸,眼见这一天悠悠忽忽,又将一事无成,一事无成,连每种兴致的预期都会为任性的吹求所消磨,活跃胸臆的创造精神倒为千百种人生蠢态[156]所耽搁。黑夜降临,还必须惴惴不安地躺在床榻上；那时也不会给我送来什么安宁,倒是一些狂乱的噩梦使我胆战心惊。住在我胸中的神可以深深激动我的内心;它凌驾我的全部力量,却动摇不了外界的任何事情。因此,生存对我只是一种负担,我宁死而厌生。

梅菲斯特　可死亡绝不是受欢迎的客人[157]。

浮士德　哦,在凯旋的荣耀中戴上染血的桂冠而死去的人,在疾速的狂舞之后死在一个少女怀抱里的人,都有福了!我前几天在崇高精灵的力量面前销魂失魄,要是就此离世,那该多好!

梅菲斯特　可某人在那个晚上并没有饮尽那杯棕色的汤药。

浮士德　看来,刺探隐私正是你的嗜好。

梅菲斯特　我并非全知;但我的确知道很不少。

浮士德　如果说有一种甘美熟悉的声音,将我拽出了可怖的混乱,用快乐时光的余响[158]欺骗了残剩的情感,那么我将诅咒以诱骗与欺诈围困灵魂、以眩惑与谄媚之力将它禁锢在这悲伤洞窟[159]的一切!首先诅咒精神用以缠绕自身的高尚主张!诅咒向我们的感官纷至沓来的炫惑的假象!诅咒在梦中对我们佯装的、由荣誉和经久令名做成的虚妄!诅咒作为产业、妻儿、奴仆和锄犁向我们献媚的一切!诅咒玛门[160],如果他以财宝刺激我们从事冒险活动,如果他摆好坐垫,让我们端坐着,沉溺于闲适的受用!诅咒葡萄的香液!诅咒那种最高的恩宠!诅咒希望!诅咒信仰!尤其要诅咒忍从[161]!

精灵合唱[162]　（隐身）
　　　　　悲哉!悲哉!
　　　　　你用粗拳
　　　　　摧毁了
　　　　　这美丽的世界;
　　　　　它倾覆,它瓦解!

一位半神将它砸坏！

我们把废墟

打扫干净

并为失去的美

而伤怀。

强有力的

地之子啊，

快把它

在你的胸中

重建得更气派！

光明磊落地

开始

新的人生历程吧，

让新的歌曲

响彻世界！

梅菲斯特　这些小家伙，都是我的随从。听吧，它们劝人享乐和行动，说得多么老练啊！它们诱导你走向广阔的世界，摆脱使人神倦血枯的孤独。别再玩弄你的忧伤吧，它将像兀鹰[163]一样啄噬你的生命！最坏的交游也会让你觉得，你是一个合群的人。可这并不是说，要你去同流合污。我算不得什么伟人；但你愿意和我一起，去经历一番人生，我倒乐于马上听你吩咐。我是你的同伙，如果你觉得合式，当你的仆人，当你的奴隶也未尝不可！

浮士德　那么我向你回报又该怎么说？

梅菲斯特　你想回报，时间有的是。

浮士德　不，不！魔鬼是个利己主义者，不会平白去做于别人有益的事。请把条件说明白！这样一个仆人会把危险带进屋里来。

梅菲斯特　我愿**今生**负责为你服役，奉行你的任何指示，决不偷懒；待到**来世**,我们相遇,你也应当对我如此这般[164]。

浮士德　什么来世不来世,我才不关心;一旦你把这个世界砸成废墟,另一个就会应运而生。从这个世界才流得出我的欢欣,是这个太阳才照临到我的苦闷;一旦我同它们分开了,任何事情爱怎么发生就怎么发生。将来人们是爱还是恨,那个星球上还有没有高下之分,我可再也不想去打听。

梅菲斯特　在这个意义上,你不妨冒冒险。签个契约吧!这几天你尽可高高兴兴,领略一下我的法术,我要让你见人之所未见。

浮士德　你这可怜的魔鬼又会给人什么——一个人的精神在高尚奋发之际,又几曾被你们这些家伙理解过?你可有让人吃不饱的食品[165]?你可有像水银一样不停地从你手中流走的赤金?可有一场从来赢不了的赌博?可有一个在我的怀里山盟海誓、同时向邻人频送秋波的情人?可有美妙极乐像流星一样消逝的荣誉?让我看看什么果实还没有采摘就腐烂了[166],看看什么树木每天重新发青!

梅菲斯特　这样一张订单吓我不倒,我正可以拿这些财宝来为你效劳。可是,好朋友,我们把安静当作美餐品尝的时辰也快到了。

浮士德　如果我安静下来,游手好闲,虚度时光,那就让我马上完蛋!如果你能谄媚我,诳骗我,使我自得其乐,如果你能用享乐把我哄弄[167]——那就算我的末日来临!我争这个输赢!

梅菲斯特　一言为定!

浮士德　奉陪到底[168]!如果我对某个瞬间说:停留一下吧,你多么美呀[169]!那么你就可以把我铐起来,我心甘情愿走向毁灭!那么,就让丧钟敲响,让你解除职务,让时钟停止,指针下垂[170],让我的时辰就此完结!

梅菲斯特　好好考虑一下!免得我们忘记。

浮士德　对此你有充分的权利;我也决非胆大妄为。一旦我停止奋斗,我就成了奴隶,不管是你的,还是谁的,都无所谓。

梅菲斯特　今天在新进博士授衔宴会上，我将立即尽责做好你的仆
　　　　役。只是有一桩！——无论如何，我恳求你为我写上几行。
浮士德　你这个书呆子还要什么字据？难道你不认识一诺千金的大
　　　　丈夫？我说过的话永远支配着我的余生，难道这还不成？世界并
　　　　没有停滞在所有河流里，一个诺言又岂能将我拘禁？但是，这个
　　　　偏见既已深入人心，谁又可能将它摆脱？胸怀纯洁讲信义的人有
　　　　福了，任何牺牲都不会使他悔约！只有一张羊皮纸，写上字并盖
　　　　上蜡印，才是人人望而却步的鬼影。文字一经写出便已死去，封
　　　　蜡和皮纸[171]则掌握了权柄。——你这恶灵向我要什么呢？青
　　　　铜、大理石、羊皮还是纸张？要我用刻刀、凿子还是鹅毛管？随你
　　　　的便，我都照办。
梅菲斯特　你又何必夸夸其谈，说上这么一大摊？其实，任何一张纸
　　　　片儿都行，还得用一滴血签上你的大名。
浮士德　如果这样能使你心满意足，也不妨把表面文章做做[172]。
梅菲斯特　血可是一种十分稀有的液体[173]。
浮士德　别担心我把盟约毁弃！我所全力以赴的，正是我答应要做
　　　　的。我曾经自视甚高；其实跟你差不离。伟大的精灵蔑视过我，
　　　　大自然又给我吃闭门羹。思维的线索已经纷乱，我久已厌弃一切
　　　　学问。让炽烈的情欲从我们的官能深处熄掉吧！让每个奇迹带
　　　　着未穿透的魔术外壳立即发生！让我们投身到时间的澎湃，投身
　　　　到事变的翻滚！任苦与乐、成与败尽可能相互交替；君子唯有自
　　　　强不息。
梅菲斯特　没有给你订过什么目标和尺度。你到处可以随心所欲，开
　　　　溜时也不妨顺手牵羊，无论你欢喜什么，都能如愿以偿。尽管动
　　　　手吧，不要害羞！
浮士德　你听着：问题不在于作乐寻欢。我愿为之献身的，是销魂的
　　　　境界，是最痛苦的赏玩，是被迷恋的憎恨，是令人心旷神怡的厌
　　　　烦。我的心胸既已为求知欲所控，今后将不会拒绝任何苦痛，凡

是属于人性的一切,我将在我的内心独自享用,并以我的心神掌握至高至深的道理,在我的胸中积累全人类的祸福休戚,于是我的小我将扩大成为它的大我,最后将像这个大我一样一败涂地!

梅菲斯特　哦,我把这份粗粮啃了几千年,请相信我,从摇篮到棺架,没有人消化得了这块老面!请相信我们中间的一个:这个整体只是为神而设!他住在永恒的光华之中,却将我们投进了黑暗,只让你们去享用昼与夜。

浮士德　可我愿意[174]!

梅菲斯特　说得真动听!只是我担心一宗:时光有限而技艺无穷。我奉劝您,何妨向人请教。最好同一位诗人结交,让这位先生驰骋想象力,把所有高贵品质都堆上您光荣的头顶:如狮子的勇敢,公鹿的奋迅,意大利人的热血,北欧人的耐久。让他为您找到窍门,把慷慨和狡狯结合起来,以热烈的青春冲动按计划去寻花问柳。这样一位先生,我也愿意识荆:打算把他称为"小宇宙先生"。

浮士德　如果不能获得全心全意追求的人类冠冕,我又算得是什么?

梅菲斯特　你是什么——终归会是什么。且戴上用无数鬈发编成的假发,穿上高靴和衬鞋,你是什么——终归还是什么。

浮士德　我觉得,我枉然将人类所有精神财富聚到自己身上,待我终于坐了下来,从我内心并没流出什么新的力量;我并没高出毫发,离无限也并不更近一拃。

梅菲斯特　我的好主人,您看事情简直跟常人没有两样;趁生之乐趣尚未飞逝,我们动手以敏捷为上。岂有此理!你的手和脚,还有脑袋和屁——固然都是你的;可我新近享用的一切[175],难道因此就不是我的?我付得起六匹马的价钱,它们的力气难道不是我的?我驱策前进,威风凛凛,好像长了二十四条腿。咱们振作起来,别瞻前顾后,笔直一起冲向人间去!我告诉你:一个徒事思辨的可怜虫有如一头牲口,在枯槁的荒原上,被一个恶灵牵着兜圈子,却不知周围尽是绿油油的草地。

浮士德　我们怎样开始呢？

梅菲斯特　我们马上就走。这是怎样一种殉道的场所？让自己腻味，也让学生腻味，这过的是怎样一种生活？把它交给大腹便便的邻人[176]吧！何苦去打这没有穗粒的稻草？你满腹经纶，却不敢去把学生教。——我刚听见走廊上来了一个！

浮士德　我现在可不能见他。

梅菲斯特　可怜的孩子等了很久，他不应当怏然而去。请把你的斗篷和便帽借我一用！这套伪装对我倒挺合式。（改装）好，现在让我也来开开心！我只需要一刻钟；你乘此准备一下这美妙的旅行！

（浮士德下）

梅菲斯特　（穿着浮士德的长袍）你且蔑视理性和科学，人类最高的力量，你且在幻境和魔术中为谎精所鼓舞，这样你用不着签约就落入我的手掌[177]！——命运已经赋予他这样一种精神，它将永远奔放不羁地向前冲去，它急切的努力超越了尘世的欢乐。我将拽着他去过放荡的生活，去经历肤浅的烦琐，他将坐立不安，呆望着我，离不开我，并由于贪得无厌，将只看见佳肴美酒从他馋涎欲滴的唇边滑过，他枉然祈求解渴充饥；即使他没有把自己出卖给魔鬼，他也一定毁灭无疑！

〔一个学生上。

学　生　我初到贵地，便真心诚意前来拜望先生；人们提到先生的大名，无不肃然起敬。

梅菲斯特　阁下的礼貌使我感到荣幸！鄙人也不过是个常人。您可曾在别的地方摸过门径？

学　生　我请求您收我做个门生！我满怀勇气而来，钱还够用，人更年轻，家母不愿我背井离乡，我却很想在外面长长见识和学问。

梅菲斯特　您倒找对了地方。

学　生　老实说，我又想离开此地：在这些高墙内，这些大厅里，简直无从使我惬意。这是一个非常局促的空间，看不见绿意，看不见

　　　　　　树木,在课堂里,在坐凳上,我什么也听不着,看不见,想也想不出。

梅菲斯特　这可要看是不是习惯。譬如一个婴孩,一开始接受母乳也未必欣然,但很快就高高兴兴地吮吸。看来您也会日益贪爱智慧的乳液。

学　　生　我乐意搂住她的脖子;可告诉我,怎样才能达到那个境地?

梅菲斯特　您在深谈之前,请先说说您选修哪一科!

学　　生　我有志成为饱学之士,上至天文,下至地理,又博又专,就是说,想选修科学和自然。

梅菲斯特　您这算是走上了正道;可您千万不能意马心猿。

学　　生　我当全部心身以赴;但到了美妙的暑假,总得有点自由和消遣,让我舒服舒服。

梅菲斯特　光阴似箭,要好好加以检点!不过,循序渐进将教您赢得时间。尊贵的朋友,我劝您先选修逻辑学[178]。这样你的精神就会被训练得服服帖帖,无异于给套上了西班牙的长靴[179],今后它将更其审慎地爬上思维的轨道,不至于像鬼火似的横冲直撞,东荡西飘。然后,人们花许多天来教您,您平常一下子完成的事情,本来像吃饭喝水一样随便,也必须来它一个"一!二!三!"。的确,思维工厂就像织布师傅的杰作[180]一样,踩一下就牵动了千丝万缕,梭子飞过来又飞过去,纤维流动着简直看不见,一下子就接上了千头万绪。哲学家接着走了进来,教导你必须如此这般:第一是怎样,第二是怎样,第三、第四也会是怎样;如果没有第一和第二,第三、第四也决不会出现。各地的学生齐声赞扬,可就没有一个成为织布匠。谁要想认识和描述一件活物,首先设法把精神从中撵走,然后才把各个部分拿到手,可惜!单单缺少了精神的连贯,化学称之为 Encheiresin naturae(自然的操作)[181],不过是自我解嘲,它也不明个中所以然。

学　　生　简直听不懂先生的高论。

49

梅菲斯特　您要是学会了还原一切,并将它们相应地分类,不久就会
　　　　　渐入佳境。

学　　生　这一切把我搞得昏昏沉沉,好像脑子里转着一张磨轮。

梅菲斯特　然后,放下其他一切,您必须研习形而上学!这样,您就会
　　　　　深刻地掌握那些不适合人脑的学科;不管是钻得进还是钻不进,
　　　　　都得给它们选用一个堂皇的名称。特别是这半年,要认真注意循
　　　　　序渐进!每天您得上课五个小时;钟声一响,就得走进课室!事
　　　　　先要把课备好,每章每节要记牢,这样您日后才会明白,除了书本
　　　　　上有的,他什么也没有讲;您还得勤于抄写,就像圣灵向您口授
　　　　　一样[182]!

学　　生　您用不着再三叮嘱!我懂得抄写的好处;因为白纸写上黑
　　　　　字,可以放心带回家去。

梅菲斯特　可您总得选一门专科!

学　　生　我不大适应法学。

梅菲斯特　我会为此见谅,我知道这门学问是个什么名堂。法律和规
　　　　　程可以遗传[183],就像永久的疾病一样;它们从一代拖向另一代,
　　　　　从一个地方悄悄移到另一个地方。理性变成了荒谬,善行变成了
　　　　　灾殃;你作为子孙,真是不幸!至于我们与生俱来的权利,遗憾!
　　　　　从来没有人过问。

学　　生　经您这样一说,我对法学更加厌恶。能受到先生的教导,才
　　　　　真算有福!我现在几乎想学神学。

梅菲斯特　把您引入歧途我可不愿。谈到这门学科,要避免迷津还实
　　　　　在很难,其中暗藏着许多毒素,同良药几乎难以分辨。这里最好
　　　　　只听一家之言,要对老师的话信誓旦旦。总之,要重视言辞[184]!
　　　　　然后,您才可以从这可靠的门洞走进确实的神殿。

学　　生　可是词儿总得有点意义。

梅菲斯特　当然!不过也不必为此过分着急;因为正是在没有意义的
　　　　　地方,塞进一个词儿总来得及。用词儿可以争个水落石出,用词

儿可以建立一个体系，对词儿要信仰得五体投地，一个词儿决不能落画缺笔。

学　生　请原谅，我拿许多问题打搅了阁下，现在还得劳驾。您可否再就医学对我有所启发？三年是一段短暂的时光，但是天啦，医学范围实在太广。如果得到先生的指点，今后就可以自己摸索前往。

梅菲斯特　（旁白）这一大套实在枯燥乏味，现在我该来扮演一下魔鬼。（高声）医学的精粹不难领会：您得透彻研究大小世界，到头来却须听从上帝安排[185]。您枉然四下漫游求学，每人只学得到他能学会的一点点；谁要抓住了那一刹那，谁就是个真正男子汉。您的身体还相当结实，也不会缺乏勇气，只要您相信自己，别人也就会相信您。特别要学会驾驭女人！她们长吁短叹虽有百种千般，对症下药只须从**一点**，马马虎虎装出一副道貌岸然，您很快把她们个个弄得团团转。先必须有个头衔使她们相信，您的医术比许多人高明；然后，作为见面礼，您才可以去摸索所有随身细软，别人连哄带骗得花好几年。再要懂得把脉按好，还得斜着火热的目光把她们的纤腰搂抱，看看她们是否把紧身儿系牢。

学　生　说得已经很清楚！的确知道从哪儿开头，又怎么着手。

梅菲斯特　尊贵的朋友，所有理论都是灰色的，生活的金树常青[186]。

学　生　我向您发誓，今天对我像是一场梦境！下一次可否再来烦渎阁下，好让我把您的智慧听出一个究竟？

梅菲斯特　只要做得到，自当乐于应命。

学　生　我不能徒入宝山，空手而归。我得呈上我的纪念册，如蒙错爱，敬请留题！

梅菲斯特　好的！（写毕归还）

学　生　（念）"你们便如神，能知善与恶。"[187]（郑重掩卷，躬身告退）

梅菲斯特　紧跟这句古话，紧跟我的蛇姨妈，有朝一日你肯定会因同上帝相仿而担心害怕！

〔浮士德上。

浮士德　现在上哪儿去？

梅菲斯特　随你高兴！我们先去访问小世界，大世界随后再说[188]。你将多受用，多快活，一路吃喝玩乐，读完这一课！！

浮士德　只是我胡子拉碴，过不来这轻松的生活方式。这次尝试难保不是白费力气；我不知道怎么适应这个世界。在人面前我觉得自己十分渺小；我总是非常尴尬。

梅菲斯特　我的朋友，这一切都不必多说；只要你相信自己，你就会懂得怎样生活。

浮士德　我们怎么出门呢？你的马匹、奴仆和车辆又在哪里？

梅菲斯特　只要把这件斗篷展开，它就会带着我们飞过天空。只是你走这勇敢的一步，行李千万不能太重。我将准备一点点可燃气体[189]，它会轻便地带着我们离开大地。如果我们体轻，它就会飞快上升——我祝贺你开始这段新的人生旅程！

莱比锡奥尔巴赫地下酒店

〔开心的伙伴们碰杯痛饮。

弗罗施[190]　怎么,谁都不肯喝?谁都不肯笑?亮出牙齿来我把你们教!你们平日火烧火燎,今天个个蔫得就像湿稻草。
布兰德　这得把你怪;你什么也没带,既没有傻气,也没有荤玩意儿。
弗罗施　(往他头上浇了一杯酒)两样你都有了!
布兰德　双料猪!
弗罗施　您愿意,我才给的嘛!
西贝尔　谁要吵架,就滚出去!让我们开怀轮唱[191]吧,喝吧,叫吧!喂,喂,来呀!
阿尔特迈尔　糟糕!真吃不消!快拿棉花来!那家伙把我的耳朵震聋了。
西贝尔　拱顶发出了回响,才感受到低音的浑厚力量。
弗罗施　可不是,爱发牢骚的就请出去!啊!塔拉,那拉,达!
阿尔特迈尔　啊!塔拉,那拉,达!
弗罗施　嗓门儿调好了。(唱)
　　　　亲爱的神圣罗马帝国[192]呀,
　　　　怎样才能捏到一起呀!
布兰德　一支恶心的歌!呸!一支政治歌[193]!一支讨嫌的歌!每天早上只向上帝谢恩,你们用不着为罗马帝国操心!我不是皇帝,也不是宰相，至少该认为自己福从天降。可是咱们也少不了一个头儿呀：咱们好歹选出一个教皇[194]。要凭什么资格，推举谁来当，大家知道不用讲。

弗罗施　（唱）
　　　　　高飞吧，夜莺夫人[195]！
　　　　　千遍万遍问候我的小亲亲！

西贝尔　别问候什么小亲亲，我简直不想听！
弗罗施　就要问候小亲亲，还要抱着亲个吻！你可拦不住我！（唱）
　　　　　拨开门闩吧，夜深人静。
　　　　　拨开门闩吧，情郎久等。
　　　　　关上门闩吧，快要天明。

西贝尔　是的，唱吧，唱吧，吹捧她，夸耀她！到时候看我怎么来笑话。她骗得我够呛，对你想必也不会两样。快送个丑八怪给她做情人！让他在十字路口去跟她调情；让一个老山羊从布罗肯山回来[196]，跑过去咩咩叫着道晚安！一个有血有肉的男子汉，去配那个贱人，实在太不大合算。我可不知道怎么去问候，除非冲她的窗子扔块大石头！

布兰德　（拍桌）注意！注意！请听我说！诸位得承认，世面我可见过；这里有几位情种在座，我祝他们晚安，得按照他们的身份，送一点什么。留心听！是一支最时新的歌！大家使劲来唱和！（唱）
　　　　　地窖里藏着一只大耗子[197]，
　　　　　每天奶油脂肪当小菜，
　　　　　圆鼓鼓吃出个大肚子，
　　　　　能跟路德博士赛一赛。
　　　　　不料厨娘给它下了毒；
　　　　　从此觉得世界太局促，

　　　　　　　只怕欠下了风流债。

合　　唱　　（欢呼）只怕欠下了风流债。

布兰德　　　它到处乱窜往外奔，
　　　　　　见了水坑就痛饮，
　　　　　　满屋子乱抓又乱啃，
　　　　　　怎么发泄也不行；
　　　　　　它心慌意乱跳不停，
　　　　　　可怜就要丢小命，
　　　　　　只怕欠下了风流债。

合　　唱　　只怕欠下了风流债。

布兰德　　　大白天它痛苦难当，
　　　　　　一溜烟跑到了厨房，
　　　　　　颤巍巍倒在了灶旁，
　　　　　　喘吁吁一副伤心模样。
　　　　　　笑坏了下毒的厨娘：
　　　　　　"哈哈！一命呜呼见阎王，
　　　　　　只怕欠下了风流债。"

合　　唱　　只怕欠下了风流债。

西贝尔　　瞧这些无聊的小伙子多开心！给可怜的耗子下毒药，我看真
　　　　　算有本领！
布兰德　　看来耗子深受你宠幸？
阿尔特迈尔　　瞧这个秃顶大肚汉[198]！失恋把他变得软绵绵；再瞧这

只肿胀的耗子,让他看见自己的翻版。

〔浮士德和梅菲斯特上。

梅菲斯特　首先得把你引到寻欢作乐的社交场合来,让你看看生活过得怎样轻松又愉快。这里人们每天在过节。才气并不多,乐子倒不缺,每人兜着圈子把圆舞跳,就像追着自己尾巴的小雌猫。只要老板肯赊账,不致喝得晕头又转向,就乐得无忧无虑地快活一大场。

布兰德　从他们的怪模怪样看得出,他们刚刚旅行到这里;来了怕还不到一小时。

弗罗施　当真,你说得有理!我要赞美我的莱比锡!它真是个小巴黎[199],把市民培养得彬彬有礼。

西贝尔　你看这两位生客有何来历?

弗罗施　让我去!我去敬他们一满杯,就可以掏出他们的底细,像拔掉一颗童齿那么容易。他们似乎出身贵胄之家,显得很傲慢,处处不满意。

布兰德　我打赌,是两个江湖骗子!

阿尔特迈尔　也许是吧。

弗罗施　瞧着,我去捥捥他们的拇指[200]。

梅菲斯特　(对浮士德)这个小家伙万万认不出魔头,哪怕他抓到他们的领口。

浮士德　诸位先生,请安了!

西贝尔　多谢多谢,彼此彼此!(斜视梅菲斯特,低声)这家伙怎么瘸了一条腿[201]?

梅菲斯特　我们可否跟诸位坐在一块?即使喝不上难得的美酒,能够高攀也十分愉快。

阿尔特迈尔　看来您还惯于讲究好歹。

弗罗施　您大概从里帕赫动身已经很晚[202]？您是不是刚同汉斯先生一起用过晚餐？

梅菲斯特　今天我只是路过他家；上次我倒跟他谈过话。他啰啰嗦嗦把他的表兄弟谈了很久，还托我们向他们每一位多多问候。（向弗罗施鞠躬）

阿尔特迈尔　（低声）你上当了！他可懂得多！

西贝尔　狡猾的家伙！

弗罗施　等着瞧，我就去收拾他！

梅菲斯特　如果没有弄错，我们听见了训练有素的嗓子在合唱？当然，这里唱歌最好不过，从这个拱顶会发出回响！

弗罗施　看来你还是个音乐行家？

梅菲斯特　哦，谈不上！本领不济，兴致颇高。

阿尔特迈尔　可有一曲让我们领教！

梅菲斯特　只要你们高兴，多唱几曲也无妨。

西贝尔　只挑一曲崭新的来唱！

梅菲斯特　我们刚从西班牙回来，那是个有酒有歌的好地方。（唱）

　　　　从前有一位国王[203]，
　　　　　养一只肥大跳蚤——

弗罗施　听哪！一只跳蚤！你们晓不晓得？跳蚤可正是一位贵客。

梅菲斯特　（唱）从前有一位国王，
　　　　　养一只肥大跳蚤，
　　　　　他爱它爱到发狂
　　　　　胜似那亲生宝宝。
　　　　　他传呼裁缝师傅，
　　　　　那裁缝应声前去，
　　　　　"给公子量量衣服，

再给他量量长裤!"

布兰德　别忘了把裁缝提醒,量要量得很准很准,他要是爱惜脑袋,裤子可不能出现皱纹!

梅菲斯特　丝绒绸缎身上加,
　　　　　　打扮起来真叫帅,
　　　　　　挂上一只十字架,
　　　　　　另外还有花飘带,
　　　　　　马上就任当大官,
　　　　　　星形勋章佩胸前,
　　　　　　兄弟姐妹一大摊,
　　　　　　个个进宫享恩典。

　　　　　　满朝文武和命妇,
　　　　　　可怜个个受了苦,
　　　　　　哪怕王后和宫女,
　　　　　　咬得简直咧嘴哭,
　　　　　　他们不敢掐死它,
　　　　　　浑身发痒也不挠。
　　　　　　我们马上掐死它,
　　　　　　要有一只敢来咬。

合　唱　（欢呼）我们马上掐死它,
　　　　　　要有一只敢来咬。

弗罗施　唱得真好! 唱得真好!
西贝尔　就该这样对付每个跳蚤!

布兰德　捏尖指头，把一个个掐得粉碎！

阿尔特迈尔　自由万岁！葡萄酒万岁！

梅菲斯特　你们的葡萄酒要是再好一丁点儿，我也情愿为自由干上一杯。

西贝尔　这话可别让我们听到第二回！

梅菲斯特　我只担心老板会见怪；否则我可以从我们酒窖里拿出上好美酒来，把诸位嘉宾招待招待。

西贝尔　尽管去拿！都包在我身上。

弗罗施　您要拿得出一杯好酒，我们会捧您捧个够。只是评酒的样品不可太少！要我来评，我可得满满喝上一口。

阿尔特迈尔　（低声）我猜他们是莱茵人[204]。

梅菲斯特　拿个钻头来！

布兰德　要钻头干什么？您该不会有几桶酒放在门口？

阿尔特迈尔　老板在门后放着一篮子工具。

梅菲斯特　（取出钻头。对弗罗施）请问，您想尝什么酒？

弗罗施　这是什么意思？难道您有好几种酒不成？

梅菲斯特　愿尝哪一种，悉听尊命。

阿尔特迈尔　（对弗罗施）哈哈，你开始舔嘴唇了。

弗罗施　好！要是可以选择，我愿意喝莱茵葡萄酒：祖国的产品永远最优。

梅菲斯特　（在弗罗施座位旁的桌边上钻了一个孔）拿点蜡来，马上做一些小塞子。

阿尔特迈尔　哈哈，这可是变戏法的招子。

梅菲斯特　（对布兰德）你呢？

布兰德　我要香槟酒，还要起泡泡的！

〔梅菲斯特钻孔；一人在旁制蜡塞，把孔塞住。

布兰德　总不能躲着外国人，好货常常只在国外才有。地道的德国人可能受不了法国人[205]，却很爱喝他们的葡萄酒。

西贝尔 （这时梅菲斯特走近他的座位）我得承认，我不爱酸酒，请给我一杯纯甜酒！

梅菲斯特 （钻孔）马上就给您流出妥凯酒[206]来。

阿尔特迈尔 不，先生们，瞧我的眼睛！我看得出来，你们不过是拿我们开心。

梅菲斯特 哪里！哪里！拿这样高贵的客人开心，未免有点失敬。快点！直截了当说出来！我该用什么样的酒来劝饮？

阿尔特迈尔 各种都要！别老馋人！

〔所有洞眼被钻出并被塞住之后。

梅菲斯特 （做出奇异的姿势）

> 葡萄藤上结葡萄，
> 公羊头上长犄角！
> 葡萄多汁藤是木，
> 木头桌子酒流出。
> 请把自然看仔细！
> 此处奇迹何须疑！

现在请拔掉塞子畅饮吧[207]！

众　人 （拔掉塞子，每人杯中灌进了想喝的酒）

> 美酒如山泉，涌流更滔滔。

梅菲斯特 大家请留神，一滴也不能溅掉！

〔众人一再畅饮。

众　人 （歌唱）

> 我们喝得酩酊大醉，
> 五百头野猪挤成堆！

梅菲斯特　老百姓真自由,瞧瞧吧,日子过得多顺溜!

浮士德　我真想把他们摆脱。

梅菲斯特　请注意,兽性就要大发作。

西贝尔　(鲁莽地喝着,酒洒在地上变成了火焰)救火!救火!地狱烧起来了!

梅菲斯特　(念咒灭火)亲爱的元素[208],稍安勿躁!(对酒伴)这一次不过是一滴涤罪之火。

西贝尔　这是什么意思?等着瞧,您会自食其果!看来,我们您还不认识。

弗罗施　谅他也不敢跟我们来第二次!

阿尔特迈尔　我想,我们最好悄悄打发他走掉。

西贝尔　怎么,先生?您竟胆敢在这里恶作剧,瞎胡闹?

梅菲斯特　安静点,老酒桶!

西贝尔　扫帚把!你还想跟我们动粗?

布兰德　等着,狠狠挨一顿揍!

阿尔特迈尔　(从桌子拔掉一个塞子,火向他扑来)我烧着了!我烧着了!

西贝尔　他搞魔法!捅过去!这家伙无法无天[209]!

〔众人抽出刀来,向梅菲斯特奔去。

梅菲斯特　(做出严肃姿势)

　　　　假象连同虚字眼
　　　　改变意义和地点!
　　　　这里那里都一般!

〔众人愕然立定,面面相觑。

阿尔特迈尔　我在哪儿?多美的风景!

弗罗施　葡萄园!我可看得真?

西贝尔　还有葡萄伸手摘得到！

布兰德　在这簇绿叶下面,看哪,多好的藤蔓,多好的葡萄！

〔他捏住西贝尔的鼻子。余人相互捏鼻子并举起刀来。

梅菲斯特　（如前状）阴错阳差,给他们解除障眼法！你们要记住,魔鬼会怎样玩耍。

〔他和浮士德一同消失,酒伴们松手分开。

西贝尔　怎么回事？

阿尔特迈尔　好怪？

弗罗施　是你的鼻子吗？

布兰德　（对西贝尔）我也捏住了你的鼻子！

阿尔特迈尔　浑身四肢受够了这一下！搬把椅子来,我都快散架！

弗罗施　不,快告诉我:到底发生了什么？

西贝尔　那家伙呢？要是让我碰见了,他就别想活着走！

阿尔特迈尔　我亲眼看见他走出了酒窖大门——骑着一只酒桶走了——我的腿像铅一样沉。（转向桌子）我的天！酒怎么还在流？

西贝尔　一切都是欺骗、谎言和借口。

弗罗施　我倒真像喝了酒。

布兰德　可葡萄又搞的什么把戏？

阿尔特迈尔　随便怎么说,难道不应当相信奇迹？

女巫的丹房

〔一座矮灶生着火,火上放着一只大汤锅。蒸汽从锅中上升,现出各种形体。一只长尾母猿坐在锅旁,撇去锅中泡沫,防止沸溢。长尾公猿和小猿坐在一旁取暖。四壁和天花板装饰着女巫的各种家用器具,其状至为奇特。

〔浮士德、梅菲斯特上。

浮士德　我厌恶荒谬的魔力!你难道答应我,在这一片疯狂似的混乱里恢复元气?我难道需要听从一个老太婆的主意?这污秽的羹汤又岂能使我年轻三十岁[210]?如果你别无良方,那我就算倒了霉!我的希望就此云散烟消。不论是自然还是高贵的精灵,难道就不曾发明任何一种灵丹妙药?

梅菲斯特　我的朋友,你又一次说话在理!要使你变得年轻,还有一副天然的药剂;不过,是写在另一本书[211]上,而且是奇特的一章。

浮士德　我想知道!

梅菲斯特　好!这副药剂不要金钱,不要医生,不要魔力:马上出门到田野里去,动手刨,动手挖,把你和你的感官局限在十分狭窄的范围里,吃些粗茶淡饭,像牲口一样同牲口住在一起,亲自为你所收割的田亩施肥,而且毫不介意!这就是最佳的方案,使你青春常在,活到八十岁!

浮士德　扛锄头,我可不习惯,怕也吃不消;狭隘的生活同我根本对不上号。

梅菲斯特　那就只有来向女巫求教。

浮士德　为什么偏找这个老太婆,你难道不能亲自熬汤药?

梅菲斯特　这本是一场消遣实在美妙!不过,我宁愿去造一千座桥。熬药这项工程不仅需要技术和学问,还需要耐心。一个人平心静气干上多少年,只有时间才能促进微妙的发酵。有关的一切都非常稀奇古怪!魔鬼诚然教会了她,可他自己却干不来。(瞥见诸猿)瞧,多优美的家族!这是女婢,这是男仆!(对诸猿)看来主妇不在家?

诸　猿　　出门去了,
　　　　　赴宴去了,
　　　　　从烟囱里走了!

梅菲斯特　她通常要逛荡好久才回来?

诸　猿　逛到我们把爪子烤暖了。

梅菲斯特　(对浮士德)你以为这些驯良的动物如何?

浮士德　大煞风景,见所未见。

梅菲斯特　不,我最欢喜同它们进行这样的交谈!(对诸猿)告诉我,该死的木偶,你们在糨糊里穷搅拌些什么?

诸　猿　我们在给乞丐煮稀粥[212]。

梅菲斯特　你们会有一大批主顾吧。

公　猿　(走过来,向梅菲斯特献媚)
　　　　　骰子有一副,
　　　　　帮我来致富,
　　　　　让我这次赢!
　　　　　日子真难挨,
　　　　　一心想发财,

　　　　　　　我才变聪明。

梅菲斯特　要是猿猴也能抽签中彩,它会觉得多幸福!
　　　　　〔这时小猿们在玩一只大球,把它滚了过来。

公　猿　　它就是世界[213]:
　　　　　上去又下来,
　　　　　一滚滚个不歇;
　　　　　响得像玻璃——
　　　　　马上就粉碎!
　　　　　中间空空如也。
　　　　　这边它很亮,
　　　　　那边它更亮:
　　　　　我可兴高采烈!
　　　　　我的好乖乖
　　　　　快点儿滚开!
　　　　　当心小命糟蹋!
　　　　　它本是土块,
　　　　　马上稀里哗啦。

梅菲斯特　干吗拿筛子[214]?
公　猿　（取下筛子）如果你是个贼子,我会马上认出你的脸来。（奔向母猿,让她透视）

　　　　　　　瞧瞧这个筛子!
　　　　　　　你可认得这贼子[215],
　　　　　　　咋不叫他的名字?

梅菲斯特 （走近火）这个钵呢？

公猿和母猿 笨蛋笨得了不得！
        钵也认不得，
        锅也认不得！

梅菲斯特 粗野的畜生！
公　猿 　　拂尘拿在手里，
        请你坐上安乐椅！（固请梅菲斯特坐下）
浮士德 （这段时间一直面向一面镜子站着，时而近前，时而退后）我看见了什么？怎样一个天仙似的形象[216]映现在这魔镜里！哦，爱神，请将你最快的翅膀借给我，把我引到她的乐土去！如果我不停留在这个地方，如果我敢于走近前去，咳，我就会像在雾中那样看见她了！——一个女人最美的形象！难道真有这样的美女？我从这横陈的玉体看到的，敢情是天姿国色的凝聚？人间哪能找到这样的尤物？
梅菲斯特 当然，一个上帝辛苦了六天[217]，最后自己也叫起好来，那一定是件聪明的杰作。这一次你的眼福倒不错！我会给你物色这样一位情人，谁有幸当上新郎把她娶回家，谁就真叫有造化。（浮士德频频注视镜中。梅菲斯特在安乐椅上舒展肢体，玩弄着拂尘，继续说下去）我坐在这里，就像国王坐上了金銮，王笏拿在手里，就是缺少王冠。
诸　猿 （一直手舞足蹈，做出各种怪异动作，大喊大叫地捧出一顶王冠给梅菲斯特）

        请你行行善，
        流点血和汗
        胶好这王冠[218]！

（拿着王冠乱转，把它撕成两半，继续拿着四下蹦跳）
    这下可完蛋！
    我们说，我们看，
    我们倾听，我们咏叹！

浮士德 （对镜）天啦，我快发疯了。
梅菲斯特 （指诸猿）连我的脑袋都发晕了。

诸 猿   只要运气好，
    事情又凑巧，
    思想就会呱呱叫！

浮士德 （如前状）我的胸口开始发烧了！我们还是快点离开吧！
梅菲斯特 （保持原先姿势）至少必须承认，这是些坦率的诗人[219]。
  〔由于母猿至此未加留意，煎锅开始沸溢；发出一大股火焰，从烟囱腾空而出。女巫发出可怖的尖叫，从火焰中降落。
女 巫 噢！噢！噢！噢！该死的畜生！瘟猪！不照料锅子，烫坏了老娘！杀千刀的孽畜！（看见浮士德和梅菲斯特）这是何人？你们是谁？想干什么？谁溜进来？让火烧痛你的骨头！
  〔她把撇沫汤勺伸进锅中，将火焰泼向浮士德、梅菲斯特和诸猿。诸猿啜泣。
梅菲斯特 （用手中拂尘挡回去，击打坛坛罐罐）
    两半两半！
    浆汤打翻！
    玻璃碎掉！
    开开玩笑，
    唱呀混蛋，
    给你拍板。

〔女巫惊退,狂怒而恐怖。

你可认识我?你这怪物,你这皮包骨!你可认识你的主子和师傅?什么也拦不住我把你痛打,把你和你的猴精们打个稀里哗啦!看你还敢不尊重这件红马甲?你难道不认得这公鸡毛?我的脸难道给遮住了?还要我向你把姓名自报?

女　巫　哦老爷,请原谅我没有礼貌!我没有看见马脚[220]。你的两只乌鸦[221]到哪儿去了?

梅菲斯特　这次可以恕你无罪;因为我们没见面,已经有了好一会儿。连影响全世界的文化都涉及到魔鬼:北方的幽灵现在再也见不着;你哪儿看得见犄角、尾巴和利爪?至于马脚嘛,我虽然少不了它,可它往往让我在大庭广众中丢丑;所以多年来我像许多青年人一样用起了假腿肚[222]。

女　巫　(手舞足蹈)我简直昏头昏脑,在这里又见到撒旦公子真想不到!

梅菲斯特　婆子,不准叫我这个名字!

女　巫　为什么?它怎么了你?

梅菲斯特　它早已进了稗官野史[223];可人们并没有好过起来:他们摆脱了一个恶,更多的恶依然存在。你管我称男爵老爷吧,这样就很得当;我是一个贵人,像别的贵人一样。你可别怀疑我高贵的血液;看哪,这就是我佩戴的纹章!(做了一个猥亵的姿势[224])

女　巫　(纵声大笑)哈!哈!这就是你的本相,你这流氓,跟从前没有两样!

梅菲斯特　(对浮士德)我的朋友,要好好领会,这就是对付女巫的成规!

女　巫　老爷们要点什么,请吩咐小的。

梅菲斯特　一大杯闻名遐迩的琼浆玉液!还得请您搬出陈年老窖:年份越久才越见效。

女　巫　欣然从命!这里就有一瓶,我有时也亲自品它一品,它再没有一点臭味；我来给二位斟上一小杯。(低声)不过,这位先生没有准备好[225],临时喝了,您知道,怕他连一个时辰也活不到。

梅菲斯特　这是一位好朋友,他的药效不用愁;我想拿你丹房的精品招待他。画你的魔圈,念你的魔咒,给他一碗斟个够!

〔女巫做出怪异的姿势,画了一个圆圈,放进一些不可思议的物件;同时,玻璃杯叮当作响,锅子也发出声音,共同奏出音乐来。最后,她拿出一本大书,使诸猿进入圈内,手执火炬,充当她的诵经台。她示意浮士德向她走去。

浮士德　(对梅菲斯特)不,告诉我,这成什么名堂?荒唐的胡说,疯狂的姿势,最无聊的骗局,我都知道,讨厌透了。

梅菲斯特　咄!这不过是开开玩笑,别那么斤斤计较!她既当郎中,自必要耍点花招儿,才能让药剂对你生效。(强使浮士德进入圈内)

女　巫　(装腔作势,开始从书中朗读)

　　　　汝须熟谙!
　　　　十由一变,
　　　　二可不管,
　　　　三若成偶,
　　　　汝即富有。
　　　　四要摆脱!
　　　　且听女巫说——
　　　　五六一凑,
　　　　七八成数,
　　　　于是告成:
　　　　九与一等,
　　　　十等于零。
　　　　这就是女巫的九九相乘[226]!

浮士德　我觉得这老婆子尽是胡说八道。

梅菲斯特　还得好久才念得完,我知道,整本书都是这个调调儿;我为它耗费时间可不少,因为一个彻底的矛盾谁都会莫测高深,不论智愚贤不肖。我的朋友,技艺又陈旧又新颖。历代都是用三而一、一而三来传播迷妄[227],而不是求真。他们就是这样喋喋不休地教人,从没受到干扰;试问谁愿意同傻瓜打交道？世人听见一句什么话,往往就相信,里面总该有点值得玩味的诀窍。

女　巫　（继续朗读）
　　　　学问威力
　　　　无所不至,
　　　　惜不为世人所知！
　　　　谁人不思,
　　　　始可赠之,
　　　　其将不意而获致[228]。

浮士德　她在给我们胡诌些啥？我的脑袋快炸开了花。我想,我在听十万个傻子凑在一起叽里呱啦。

梅菲斯特　够了够了,哦,杰出的神巫！快把你的饮料拿来,把这只碗斟满,斟到边边上！我这位朋友可不在乎这种饮料：他是个多次得学位[229]的人,可喝过不少佳酿。

〔女巫以许多仪式将饮料斟入碗内；她将它刚送到浮士德嘴边,就出现一股轻微的火焰。

梅菲斯特　快喝下去！快喝！马上叫你心旷神怡。难道还怕火焰不成,你既同魔鬼称兄道弟？

〔女巫祛除魔圈。浮士德从中走出来。

梅菲斯特　快出去！你可歇不得。

女　巫　愿这口酒使您身心快乐！

梅菲斯特　（对女巫）你要是高兴我为你做点什么,到瓦尔普吉斯之夜[230]务必告诉我。

女　巫　这里有一支歌[231]！您不时唱它一唱,会发现它效力非常。

梅菲斯特　（对浮士德）快来,快来,让我把你指点：为了药力好内外渗透,你必须发汗。然后我教你品味高尚的闲散[232],很快你就会从心眼儿高兴地感到,丘比特[233]跳来跳去跳得欢。

浮士德　让我再把镜子瞧一瞧！那幅女照实在太美了！

梅菲斯特　不必,不必！你马上就会实实在在看见一切妇女的典型。

　（低声）他肚子里喝进了这药酒,会把任何女人都看成海伦[234]。

街　道

〔浮士德上。玛加蕾特[235]走过。

浮士德　漂亮的小姐,我可不可以伸手护送您回家?
玛加蕾特　我不是小姐[236],也并不漂亮,可以自己回家,护送不敢当。
　　（掉头而去）
浮士德　天啦,这小妞儿真美!我从没见过。是那样一本正经,同时又有点儿骄矜。红唇鲜艳,容光焕发,今生今世让我难以忘情!她两眼低垂,那娇态深深打动了我的心。可说话的那股冲劲儿,更叫我销魂!
　　〔梅菲斯特上。
浮士德　听着,把那个小妮子给我弄来!
梅菲斯特　嗯,哪一个?
浮士德　刚走过去的那个。
梅菲斯特　她吗?她刚从神父那儿来,神父说她清白无辜。我刚从她坐的那张忏悔椅旁边溜过;她可是个纯洁的小家碧玉,根本用不着去忏悔;对她我实在无能为力。
浮士德　可她已经满了十四岁。
梅菲斯特　你说话就像个好色之徒:什么鲜花都想摘到手,认为什么荣誉和恩宠都可据为己有;可天下事不如意者常八九。
浮士德　我可敬的冬烘先生,请别拿清规戒律缠磨人!直截了当地对您说吧:要是今晚可爱的小心肝躺不到我怀里来,夜半时分咱们就只好各奔前程。

梅菲斯特　前因后果都得掂一掂!单是寻找机会,我至少得花十四天。

浮士德　要是七小时我能忍的话,也用不着魔鬼帮我这一把。

梅菲斯特　你讲话简直像个法国佬;不过,我求您,也不要懊恼:一下子吃到口,又有什么好?还不如照许多言情小说[237]所教,用各种各样的胡说八道,把那个小木偶搓了又搓,揉了又揉,搞得她神魂颠倒,那才叫妙不可言,不可言妙。

浮士德　不来这一套,我的胃口也很好。

梅菲斯特　现在别发牢骚,也别开玩笑!我告诉您:对付漂亮妞儿,决不能操之过急。动起粗来,必吹无疑。咱们还得使一点儿诡计。

浮士德　去把那位天仙的珍宝给我弄点来!把我领到她的闺房里去!给我取来她胸口的一条围巾,或者一根袜带,来满足我的爱悦之心。

梅菲斯特　为了消除您的苦恼,我当刻不容缓,竭诚效劳;让你知道这一点,我们不会错过一分一秒,今天把您引进她的闺房好不好?

浮士德　那么就可以看见她?占有她?

梅菲斯特　不行!她将去看望一位邻人。这时你将独自一人待着,虽然见不到她本人,却可以在她所待过的氛围里,预先把未来的欢乐尽情细品。

浮士德　可以去了吧?

梅菲斯特　还太早。

浮士德　费心为我弄一件礼物送她!(下)

梅菲斯特　就要送礼?妙极妙极!这样无往而不利!我知道许多好地方,和许多埋了很久的宝藏;还得稍微合计合计。(下)

黄　昏

〔一个狭小而雅洁的闺房。

玛加蕾特　（编发辫并挽上）只要知道今天那位先生是谁，我拿出什么来都成！他看上去的确十分英俊，而且一定出自名门[238]；我从他的额头就看得出来——否则他不会那样旁若无人。（下）

〔梅菲斯特，浮士德上。
梅菲斯特　进来，进来！脚步放轻些！
浮士德　（沉默片刻之后）求你让我一个人歇歇！
梅菲斯特　（四下窥探）不是每个少女都这样清洁[239]。（下）
浮士德　（环视）欢迎你，甜蜜的暮晖[240]，是你交织着这片圣地！抓住我的心吧，你甜蜜的相思之苦，你靠希望的甘露活着，活得多么憔悴！周围怎样弥漫着恬静无声、井然有序、心满意足的情愫！这种贫困里多么丰富！这个地牢里又多么幸福[241]！（躺在床边的皮制安乐椅上）椅子啊，你从前不论是苦还是乐，曾经扬臂把她的前辈接待过，现在请让我也来坐一坐！啊，就在这张家长的宝座旁，常常有一大群儿女依恋地围着不走！也许我的小亲亲为了对圣基督[242]表示感谢，曾经在这里用她丰满的童面虔诚地吻过祖先枯皱的手。哦姑娘，我感到你丰裕而整洁的精神在我周围簌簌作响，它每天像慈母般教你学榜样，吩咐你把台布干干净净地铺在桌子上,我甚至感到白沙子[243]在你的脚下泛起细浪。哦可爱的纤手!像神仙的手!小屋被你布置成一个天堂。还有这里!(揭开床幔)我是何等的惊喜!我真想在这里逗留几小时。大自然啊,你在这里用轻盈的梦幻造就了这个天生的天使!小人儿就躺在这里,温柔的酥胸注满了热情的生命,而天姿国色在这里随着神圣、纯洁的织造[244]逐渐显示!

而你[245]!是什么把你引到这里来?我多么深切地感动!你在这里想干什么?你的心为什么如此沉重?可怜的浮士德,我再也认你不得!

这儿可有一股魔雾笼罩着我?我本来渴望享受一番,怎么仿佛只见到梦里的婵娟?难道我们由每种气压闹着玩儿[246]?

如果她顷刻间走了进来,你将如何为你的亵渎而挨罚!唉,偌大汉子会变得何等渺小!马上就会瘫软下来,躺在她的脚下。

梅菲斯特　(上)赶快!我看见她回来了,走到下面来了。
浮士德　走开!走开!我决不回去!
梅菲斯特　这里有个小盒子,沉得够可以;是我从别处弄来的[247]。赶快把它放进橱柜里!我向你发誓,她见了一定会神魂颠倒;我在里面放进了一点小玩意儿,你好再把另一个[248]也弄到。小姐儿终归是小姐儿,游戏终归是游戏。
浮士德　我不知道该不该这样做[249]?
梅菲斯特　难道这还要问?说不定您想把那件宝贝独吞?那么我奉劝您,别为了色欲浪费大好光阴,也替我节省一点精神。我想您还不至于那么悭吝!让我搔搔头,搓搓手,——(把小盒子放进柜中,重新锁上)走吧!快走!只为了让那可爱的小姐儿使您称心

如意；可您在这儿让人看来，就仿佛走进了讲堂，面前阴沉沉，活生生，竖立着玄学和物理！咱们走吧！（下）

玛加蕾特　（持灯上）这里多闷气，多霉湿。（开窗）外面倒不那么热。可我觉得这样，不知怎么回事——希望妈妈回了家。我浑身在发抖——真是个蠢女人，事事都害怕。（一面脱衣，一面唱起来）

　　　　有王有王在屠勒[250]，
　　　　钟情至死不稍减，
　　　　王妃弥留心悱恻，
　　　　赠他一只黄金盏。

　　　　王爱金盏无所似，
　　　　设宴不忘把盏空，
　　　　每逢举盏痛饮时，
　　　　眼泪汪汪如泉涌。

　　　　大限将届王下旨，
　　　　历举全国各城关，
　　　　悉数遗赠诸世子，
　　　　留下金盏独不传。

　　　　大摆国宴王亲临，
　　　　骑士围坐一大圈，
　　　　古堡巍巍海之滨，
　　　　赫赫祀堂更庄严。

　　　　席间立起老酒徒，
　　　　饮尽生命之余沥，

圣杯顺手往下投，
投入滔滔白浪里。

只见金盏倾而灌，
深深沉入海中心，
两眼一闭再不看，
从此一滴也不饮。

（开柜放衣，瞥见首饰盒）怎么会有这美丽的小盒呢？我的确把橱柜锁得好好的。这真怪呀！里面到底装着什么？也许有人拿它来作押头，我妈妈曾经凭它放过债。带子上系着一把小钥匙，我想可以把它打开来！这是什么？天哪！瞧瞧，我一辈子也没有见过！一件小首饰！贵妇人在良辰吉日就戴着它招摇过市。这项链对我多么般配！这些珠光宝气能属于谁？（用以打扮起来，走到镜前）这副耳环要是我的多开心！戴起来会全然变了一个人。美貌对你又有什么用，小妮子？尽管你这也好那也好，可人家就是看不中；人家称赞你，一半是出于怜悯。一切都需要金钱，一切都依靠金钱。唉，我们穷人！

散步小径

〔浮士德沉思着来回踱步,梅菲斯特向他走来。

梅菲斯特 哪怕是被鄙弃的爱情!哪怕是地狱的元素!我希望还有更坏的东西,让我能拿来赌咒!

浮士德 怎么回事?是什么使你心烦意乱?我这辈子还没有见过这副嘴脸!

梅菲斯特 要不我自己是个魔鬼,我真愿让魔鬼拖住了腿。

浮士德 是什么搞得你晕头转向?看来你只配像个疯子那样大叫大嚷!

梅菲斯特 想想看,为格蕾琴备办的首饰,落到了一个教士手心!——她妈妈看到那件东西,暗中就开始胆战心惊:那位太太的嗅觉非常灵敏,她常常在祈祷书上嗅来嗅去,还要把每件家具闻个不停,看它是圣洁的还是亵渎不敬。她从首饰上也觉察得一清二楚,这不会给她带来什么福分。她喊道[251],"孩子,不义之财[252]会损耗心血,会拘束灵魂。还是把它奉献给圣母吧,她会把神圣的吗哪[253]赐给我们!"小玛加蕾特于是噘起了嘴唇,心想道,这不过是别人送的一匹马[254],好意送马来的,肯定不会是个作孽的人。可妈妈却请来了一位教士;他刚听说这件妙事,便满脸堆笑地把宝物瞧个够。他说,"这个主意真不错!得胜者才有赢头[255]。教会有个好胃口,四面八方都吃光,却从来不知饱足;亲爱的大妈大姐,这笔不义之财只有教会才能消受。"
浮士德　这不过是人之常情;犹太人和国王也不会两样。
梅菲斯特　于是他便把别针、项链和戒指一股脑儿拿了,仿佛一文钱也值不到,没有少谢也没有多谢,又仿佛不过是一篮子胡桃,还对她们允诺了一大堆天福——母女俩为此受到很大熏陶。
浮士德　格蕾琴呢?
梅菲斯特　坐在那儿心神不宁,不知想干什么,也不知该干什么,日夜思念那些金玉,但更思念把金玉送给她的那个人[256]。
浮士德　小亲亲的悲伤把我折磨。你尽快给她弄一件新的珠宝来!头一回算不了什么。
梅菲斯特　啊,是的,对主人说来,一切不过是儿戏!
浮士德　按照我的意思做去,去缠住她的邻妇!魔鬼,别像稀粥那样黏黏糊糊,快去把崭新首饰弄一副!
梅菲斯特　是,仁慈的主人,我欣然从命。

〔浮士德下。

梅菲斯特　瞧这个傻瓜多痴情,为了让情人开心,竟把你们的太阳、月亮和所有星辰爆炸得一干二净。(下)

邻妇之家

玛尔特 （独白）愿上帝宽恕我心爱的丈夫,他可没做什么好事让我难忘！一溜烟跑到了天涯海角,扔下我独守空房好凄凉。我可真没让他伤过心,天晓得！我从心眼里爱他这个人。(哭泣)说不定他真的死了！——苦哇！——但愿弄到一张死亡证明书才好[257]！

〔玛加蕾特上。

玛加蕾特 玛尔特太太！

玛尔特 格蕾特琴[258],什么事？

玛加蕾特 我两腿快要站不住！我在乌木柜里又发现一个小盒子,里面的东西妙极了,比上一次的还要丰富。

玛尔特 可别对你妈妈说漏嘴；她又会马上拿它去忏悔。

玛加蕾特 咳,您瞧瞧！您瞅瞅！

玛尔特 （帮她打扮起来）你真是个有福气的小妞妞！

玛加蕾特 可惜不能戴着满街跑,也不能到教堂去让人瞧。

玛尔特 那你不妨到我家来试试,在这儿悄悄戴上这些首饰；在玻璃镜子面前走来走去,走上个把钟头,咱们自己也好美滋滋；然后瞅个机会,等个什么节日,再一件件戴着出门露露脸：先戴上项链,再戴上珍珠耳坠——妈妈不会看见的,看见了也不妨躲躲闪闪。

玛加蕾特 可到底是谁送来这两个小盒子？这里面总有点蹊跷！（敲门声）天啦！莫非妈妈来了？

玛尔特 （从帷幔窥视）是一位面生的先生——请进！

〔梅菲斯特登场。

梅菲斯特 冒昧走进府上,务请太太小姐原谅。(在玛加蕾特面前恭敬地后退)我想见玛尔特·施韦特莱因夫人。

玛尔特 我就是,先生有何见教?

梅菲斯特 (对她低语)现在认识了您,实在不胜荣幸;您正有贵客临门。请原谅我冒昧造访,下午再来也成。

玛尔特 (大声)孩子,天下事真能胡扯!这位先生把你当作千金小姐。

玛加蕾特 我是个穷家姑娘;天啦,这位先生未免过奖:首饰珠宝都不是我的。

梅菲斯特 啊,我不是只看您的金银首饰;您有人品,两眼炯炯有神!我要能留下陪您,该多高兴!

玛尔特 您有何贵干?很想知道——

梅菲斯特 唯愿我有喜讯奉告!要不希望你为此把我饶:您的丈夫死了,托我向您问好。

玛尔特 他死了?我忠实的心肝!真痛心!我的丈夫死了!哎呀,我也活不成!

玛加蕾特 唉,不要绝望,亲爱的太太!

梅菲斯特 听我讲讲那悲惨的意外!

玛加蕾特 所以我才一辈子也不恋爱;他要死了,我也会悲痛欲绝。

梅菲斯特 须知乐中有苦,苦中也有乐。

玛尔特 快把他的下场给我讲讲!

梅菲斯特 他葬在帕多瓦[259],在圣安东尼的墓旁,有一个吉祥的地段,给他安放着永远阴凉的寝床。

玛尔特 您另外没有给我捎点什么?

梅菲斯特 是的,捎来了一个请求,重大无比:让您为他唱三百次弥撒!此外再没有什么,我的口袋里空空如也。

玛尔特 什么?纪念币也没有一枚?小首饰也没有一件?每个手艺

人宁愿挨饿,宁愿乞讨,也会掏空钱袋,节省钱财,保存起来作个纪念!

梅菲斯特　夫人,我由衷感到遗憾;只是他的确没有抛洒钱财。他甚至为他的过失懊悔不已,是的,他更悲叹自己惹祸招灾。

玛加蕾特　唉,想不到人是这样的不幸!我一定要为他多念几遍弥撒安魂。

梅菲斯特　您快要出阁了吧:您真是个可爱的姑娘。

玛加蕾特　啊不,现在还谈不上。

梅菲斯特　先不忙找丈夫,找个情郎倒不妨。把心上人抱在怀里,可是最大的天福一桩。

玛加蕾特　本地没有这个风气。

梅菲斯特　管它风气不风气,只要想干总可以。

玛尔特　请接着讲下去!

梅菲斯特　我那时正站在他的床边,他躺在半烂的草垫上,怕比粪堆好不了一点;但他死得还像一个基督徒[260],发现还有好多酒肉账没有还完。他这样喊道,"我打心眼儿自怨自艾,就这样抛开了手艺,丢下了老婆,实在不该!唉,回想一下,我就呕得不得了!唯愿她今生把我宽饶!——"

玛尔特　(哭泣)好人哪!我早就宽饶他了。

梅菲斯特　"只是,天晓得,她的罪过也不比我少。"

玛尔特　他撒谎!怎么!死到临头还撒谎!

梅菲斯特　肯定是他断气之前的胡说八道,尽管我这个局外人莫名其妙。他说,"我可没有打呵欠混日子,先跟她一块生孩子,后来又为他们弄面包,最广意义上的面包,可一次也不能安安生生把自己一份吃掉。"

玛尔特　难道他忘了我所有的忠贞,所有的恩爱,以及辛辛苦苦的日日夜夜?

梅菲斯特　不不,他由衷惦记你的这一切。他还说,"我离开马耳他时,曾经热烈地为妻儿祈祷;那时托天保佑,我们的船拦截了土耳其舰只一条,它在为大苏丹运送珍宝。勇者总有报,那时我也得到我应得的一份,相当丰饶。"

玛尔特　怎么弄到的?又在哪儿?也许把它埋起来了?

梅菲斯特　东南西北风把它吹到哪儿去了,又有谁知道!一天他在那不勒斯异乡四下游玩,一个漂亮小姐[261]给他便宜占;她在他身上留下了柔情蜜意说不完,直到升天时他还痛感这一点。

玛尔特　这个恶棍!扒窃儿女的家伙!所有艰难困苦都拦不住他过无耻的生活!

梅菲斯特　可不是!他也就因此一命呜呼!如果我现在换了您,我就守他一年寡讲个规矩,然后随时去物色一位新丈夫。

玛尔特　唉,天哪,要像先夫那个样,世上怕不容易找到第二个!难得他是个可爱的小丑角。只是他爱抛下我走南闯北,爱外国的花天酒地,还爱抓起该死的骰子来赌博!

梅菲斯特　得,得,从他那方面说,他大概也不计较你什么,这样两下里也就差不多。我倒向您发誓:就按这个条件,我本人愿意跟您交换戒指!

玛尔特　您先生爱开玩笑!

梅菲斯特　(自语)我还是及时告辞为上。言多必失,她听了会把魔鬼扭住不放。(对格蕾琴)您的芳心如何?

玛加蕾特　先生是什么意思?

梅菲斯特　(自语)你这善良、纯洁的小妞儿!(大声)再见,太太小姐!

玛加蕾特　再见!

玛尔特　快告诉我!我想要一张证明书,上面写明我的先夫在什么时候、什么地方,怎么死,怎么葬。从来我就欢喜按规矩办事,还想为他登个讣告在周报上[262]。

梅菲斯特　是的,好太太,通过两个证人的嘴巴[263],什么真相都可大白于天下。我还有一个可靠的伙伴,也可以为您见官说话。我去把他找来。

玛尔特　那就劳驾!

梅菲斯特　那时这位妙龄女郎也在这里?——一个翩翩少年!见过不少世面,对小姐们礼貌周全。

玛加蕾特　在那位先生面前,我一定会羞红了脸。

梅菲斯特　在世上任何国王面前,您都用不着腼腆。

玛尔特　那么,今晚恭候二位光临。就在我家的后花园。

街　道(二)

〔浮士德,梅菲斯特上。

浮士德　怎么样了?在进行吗?快得手了吧?
梅菲斯特　妙极了!我看您真是欲火中烧?要不了多久,格蕾琴就是您的人!今儿晚上您就可以在邻妇玛尔特家里见到她:那妇人可是个拉皮条的老手,一个吉卜赛的女光棍。
浮士德　那好,那好!
梅菲斯特　可她也有求于我们。
浮士德　礼尚往来嘛。
梅菲斯特　我们只要开一张有效的证明,声称她的先夫的遗体安葬在帕多瓦就行。
浮士德　真聪明!看来我们还得先往那儿跑一趟!
梅菲斯特　这才叫"神圣的单纯"[264]!用不着煞费周章。随便打听一下,就可以开出证明书一张。
浮士德　要是你别无良策,这计划就只好告吹。
梅菲斯特　把您那一套收起来吧,好个圣人!您作伪证难道生平第一回?您难道不是厚着脸皮,挺着胸膛,使劲为上帝,为世界,为里面熙熙攘攘的一切,为人及其脑中心中活动的一切下过界说?如果您愿意扪心自问,您得老实承认,您对于这一切的了解,未必像了解施韦特莱因先生之死一样多。

浮士德　你是个骗子，是个诡辩派，本性难移。

梅菲斯特　可不，要不是懂得深一点[265]！明天你不就要体体面面，勾引那可怜的格蕾琴，向她发出海誓山盟？

浮士德　那可是发自内心。

梅菲斯特　说得好极了！那么，所谓永恒的忠诚和爱情，所谓唯一的极其强烈的冲动也是发自内心啰。

浮士德　够了！当然是的！——当我心有所感，想为这种感觉、为这种骚乱寻找一个名称而又找不到，于是动用全部感官，逍遥于天地之间，捕捉所有最高级的字眼，把这种使我燃烧起来的热情称之为无限，永远，永远[266]，这难道是一种魔鬼般的撒谎游戏？

梅菲斯特　可我还是对的！

浮士德　听着！记住这一点——我求你——爱惜一下我的肺：谁要强词夺理，而且坚持到底，那么他肯定就是对的。好了，好了，我实在不想再饶舌了，因为你是对的，特别因为我不得不承认你对[267]！

花 园

〔玛加蕾特挽着浮士德的手臂,玛尔特和梅菲斯特在一起,来回踱步。

玛加蕾特　先生这样屈尊体贴我,实在受之有愧。出门人习惯与人为善,处处随和;我很知道,像您这样见过世面的人,不会欣赏我这可怜的谈吐。

浮士德　你的一颦一笑,一言一语使我高兴,胜似世上所有智慧。(吻她的手)

玛加蕾特　可别麻烦您!您怎么能吻我这双手?它们是那样脏,那样粗,家务事几乎样样都得做!妈妈持家太严了。(二人走过去)

玛尔特　那么,先生,您老是出门在外?

梅菲斯特　唉,业务和职责迫使我们不得不这样!好些地方实在不忍离开,可一次也不敢久待!

玛尔特　年轻力壮,在世界上到处溜溜达达,倒还过得去;到了多难之秋,还是个光棍汉,孤零零走向坟墓,恐怕谁也不认为是福。

梅菲斯特　看到这个前途,是不免令人发憷。

玛尔特　那么,尊贵的先生,我劝您要未雨绸缪!(二人走过去)

玛加蕾特　俗话说得好,"眼不见心不烦"!献殷勤在您本是家常便饭;您有许许多多朋友,他们的见识我可赶不上一半。

浮士德　我的好人!请相信我,人们所谓见识,往往不过是虚荣加上小气。

玛加蕾特 此话怎讲？

浮士德 唉,只有单纯、贞洁才从不认识自己和自己的神圣价值!而谦逊、卑微,才是布施恩泽的大自然最高的赏赐——

玛加蕾特 只要您想念我一时片刻,我就会永世把您记牢。

浮士德 您大概总是一个人在家?

玛加蕾特 是的,我们家庭虽小,也得要人照料。我们没有女仆;烹饪,洒扫,纺织和缝纫,从早忙到晚,样样少不了;我妈妈对什么都要求一丝不苟!也不是说,她非得这样节省不可;我们本来可以过得比别人要宽松:我父亲留下了一笔可观的遗产,在市郊有一栋小房子和一座小花园。我现在日子倒过得相当安静:我哥哥是个兵,我妹妹死了。我当年带引她,可受了不少苦;那些劳累我情愿再受一遍,你不知道我妹妹多么逗人怜。

浮士德 如果她像你,那真是个天使!

玛加蕾特 是我把她抚养大,她也非常爱我。她在我父亲去世后才生出来;我们以为妈妈不行了,她当时气息奄奄,躺在床上真个惨;后来才慢慢地,慢慢地缓过来,却再也想不到亲自哺养这个小可怜。于是我一个人用牛奶和水把她喂,她就像是我的孩子,在我的怀里,我的膝间亲亲热热,活蹦乱跳,长得也真快。

浮士德 你一定享受到最纯洁的幸福。

玛加蕾特 当然也还有许多磨人的时刻。小摇篮夜间挨着我的床:它一有响动,就把我吵醒;一会儿给小家伙喂奶,一会儿把它放在我的身边,一会儿它哭个不停,又得从床上爬起来,在房间里轻晃着走上走下,一大早就站到洗衣水槽前;接着上街采买,还要照顾炉膛,天天如此,明天就像今天一个样。可是,先生,人不是铁打的,总不能老这样干;不过,倒是吃也吃得香,睡也睡得酣。(二人走过去)

玛尔特 可怜的女人狼狈不堪:感化一个老光棍真是难上难。

梅菲斯特　要把我感化过来,全靠您这样的人。

玛尔特　照直说吧,先生:您是不是还没找到心上人?您的心是不是在哪儿给什么拴紧?

梅菲斯特　常言道得好[268]:自己的炉和灶,妻贤不乱搞,胜似金和宝。

玛尔特　我是说:您难道没有看中什么人?

梅菲斯特　我走到哪儿,哪儿对我客气又周到。

玛尔特　我还想说:您难道从没认真动过情?

梅菲斯特　可不敢跟太太们开什么玩笑。

玛尔特　唉,您不懂我的意思!

梅菲斯特　那我可真对不起!不过,我懂得——您确是一片深情厚谊。(二人走过去)

浮士德　哦,小天使,我刚到花园里来,你可认出了我?

玛加蕾特　您没看见吗?那时我正低着眼睛呢。

浮士德　那么你可原谅我的冒失,前不久[269]你从教堂出来,我怎会那样放肆?

玛加蕾特　我当时简直不知所措,这档子事从没遇见过;照说我身上,从没人能说短道长。唉,我当时这样想,是不是他从你的举止看出了什么下贱、轻狂?说不定他立刻觉得,跟这个丫头勾搭一下没有什么了不起。还是老实承认吧!不知怎么这里开始冲动起来,竟对你那么中意;只是可以肯定,我当时怨恨自己,为什么没能对您发一顿脾气。

浮士德　亲爱的小心肝!

玛加蕾特　等一会儿!(摘下一朵翠菊[270],把花瓣一片一片撕下来)

浮士德　这干吗?束一个花球吗?

玛加蕾特　不,玩个游戏。

浮士德　什么游戏?

玛加蕾特　去吧!您会笑我的。(一面撕,一面念念有词)

浮士德　你念些什么?

玛加蕾特 （半大声）他爱我——他不爱我——

浮士德 你这娇媚的天女！

玛加蕾特 （继续念）爱我——不爱——爱我——不爱——（撕落最后一片，露出欣喜的脸色）他爱我！

浮士德 是的，乖乖！让这句卜花词成为你的神谕吧。他爱你！你懂得这是什么意思吗？他爱你！（握住她的双手）

玛加蕾特 我在发抖！

浮士德 哦，别怕！让这副目光，让这次握手把说不出来的话都告诉你：我要把自己完全交给你，同时感到一阵狂喜，这种狂喜一定要永远，永远[271]保持住！——它的尽头就是绝望。不，没有尽头！没有尽头！

〔玛加蕾特紧握了一下他的手，挣脱，跑开[272]。他沉思片刻，然后追下。

玛尔特 （走来）天色晚了。

梅菲斯特 是的，我们该走了。

玛尔特 我求您，再待一会儿；只是这个地方太糟了。人人好像什么也不弄，什么也不舞，除了张口呆望邻人进进出出。其实随你怎么做人，总会有流言蜚语。——我们那一对呢？

梅菲斯特 飞到那条花径上去了。淘气贪玩的蝴蝶！

玛尔特 他似乎看中了她。

梅菲斯特 她也看中了他。可见天下乌鸦一般黑！

园中小屋

〔玛加蕾特跳了进来,躲到门后,用指尖按住嘴唇,从门缝向外窥看。

玛加蕾特　他来了!
浮士德　(上)哈,小滑头,你在逗我!我可抓住了你!(吻她)
玛加蕾特　(拥抱他,以吻回报)好人!我从心眼里爱你[273]!
〔梅菲斯特敲门。
浮士德　(蹬脚)是谁?
梅菲斯特　好朋友!
浮士德　畜生!
梅菲斯特　该分手了。
玛尔特　(上)是的,很晚了,先生。
浮士德　我可不可以陪你?
玛加蕾特　妈妈会对我——再见!
浮士德　我就非走不可吗?那么,再见!
玛尔特　再会!
玛加蕾特　不久再会!
〔浮士德和梅菲斯特同下。
玛加蕾特　亲爱的上帝!像他这样一个人,还有什么想不到的呢!我站在他面前,只有面红耳赤的份儿,对他说的什么都只能答是。可怜我是个无知无识的小妞儿,不知他在我身上看中了什么。(下)

森林和洞窟

浮士德　（独白）高尚的精灵[274]，你给了我，给了我一切，我所祈求的一切。你并没有枉然在火焰[275]里向我显示你的尊容。你将壮丽的大自然给我作为王国[276]，给我力量去感受它，去把它享用。你不是只要我做一次冷淡的惊讶的游历，你允许我深刻透视它的肺腑，有如洞察一位友人的胸臆。你领着一排排活物从我面前走过，教导我在寂静的丛林里，在空中和水中认识我的兄弟[277]。森林里暴风雨轰然咆哮而起，巨大的松树倒了下来，把邻近的树枝和树干统统压坏，并由于它们的倾倒，山丘发出了空洞而沉郁的隆隆声，于是你又把我引进了安全的洞窟，教导我进行反省，让秘密而深刻的奇迹向我的内心豁然而开。我眼前抚慰地照过来皎洁的明月[278]，从岩壁上，从潮湿的丛林里向我浮现出往古的银白色的形象[279]，冲淡了沉思的强烈喜悦[280]。

　　哦，我现在才意识到，天下没有什么让人觉得十全十美。在这种使我日益接近诸神的狂喜中，你给了我一个伙伴，我已经再也少不了他，虽然他冷淡而无耻，使我在自己面前自轻自贱，只言片语就把你的恩赐付诸流水。他风风火火在我胸中煽起了一股狂烈的欲焰，使我又为那一幅优美的画像[281]燃烧一回。于是我从情欲摇摇晃晃转到享受，又在享受中为新的情欲而憔悴。

〔梅菲斯特上。

梅菲斯特　您难道转眼就把生活过腻了？怎样才能让您快快活活日久天长？偶然尝试一下倒也不错,可接着还得另找花样!
浮士德　唯愿你另有贵干,不要在吉日良辰把我纠缠。
梅菲斯特　好吧,好吧！我乐意让你安静,可你也不必跟我讲话板着脸。失掉你这个无礼的、粗鲁的、撒野的伙伴,实在算不了什么难堪。镇日价我忙得不可开交！可什么让他中意,什么不应当办,从主人的脸上看不出个一二三。
浮士德　这倒说到点子上了！他让我厌烦,还要我说盛情可感。
梅菲斯特　可怜的凡夫俗子,你没有我,怎么过你的日子？这么些时,是我把你的胡思乱想医治；要不是我,怕你早已从地球上消失[282]。你为什么像一只猫头鹰那样枯坐在洞窟、岩缝里？为什么像一只蟾蜍从潮湿的苔藓和滴水的石块汲取养分？多么美好、舒适的消遣方式！看来你身上还依附着博士的幽灵[283]。
浮士德　你可懂得,像这样孤处荒郊,为我带来怎样新的生命力？是的,你要是料到这一点,肯定会魔性大发,不让我享受我的福气！
梅菲斯特　好一种超凡脱俗的欢娱！躺在夜露覆盖的丛山中,怡然拥抱天和地,让自己飘飘欲仙,以预感的冲动挖掘大地的精髓,在心胸里感觉那六天的神功[284],以傲岸的力量去享用我也不知道的东西,随即又以爱的欢悦融入万物,俗骨凡胎全然消亡,于是把高尚的直觉——(做一个姿势[285])我不好说,怎样去——加以结束!
浮士德　呸!
梅菲斯特　这些话您当然听不进；您有权道貌岸然地向我"呸"一声。在贞洁的耳朵面前提不得的,对贞洁的心却不可少。总而言之:我不会对您吝惜那种不时骗骗自己的乐趣；可是搞久了阁下怕也受不了。你已经再度被赶得精疲力尽[286],再搞下去,就会给耗成疯狂,恐惧或震惊。够了!——你的情人正在城里枯坐着[287],对一切感到局促而暗淡。她怎么也忘不掉你,爱你爱得发了癫。当初你的情欲泛滥开来,有如溶化的积雪漫过了小溪;你已经把它注入了她的芳心——可现在你的小溪枯得露出了底。我以为,您这位大人先生与其在林中南面称王,还不如为了她的深情厚爱,酬答一下那可怜的傻姑娘。时间对她漫长得实在够呛;她坐在窗前,望着白云飘过了古老的城墙。"假如我是一只鸟[288]!"她整天一个劲儿唱,一唱唱到半夜三更。有时她高高兴兴,多半又悲不自胜,有时哭得死去活来,接着又显得安安静静——她一直在害相思病。

浮士德　蛇!你这条蛇!

梅菲斯特　(旁白)这一下我可抓住了你!

浮士德　恶棍!从这儿快滚[289],不准提到那个美人!别让我这半疯的神志对那美妙的肉体生了邪心!

梅菲斯特　这是什么意思?她还以为你逃之夭夭,我看你就是这样,差不了多少。

浮士德　我跟她挨得很近,即使我离得很远,我决不会忘记她,决不会失去她;是的,我甚至会嫉妒天主的身体,如果她的嘴唇挨着了它[290]!

梅菲斯特　说得太好了,我的朋友!为了在玫瑰下面吃草的孪生小鹿[291],我常常把你嫉妒。

浮士德　滚吧,你这老鸨!

梅菲斯特　好!您倒骂起人来,我不由得好笑!上帝创造出少男少女,立刻就认识到这最崇高的天职,要为他们撮合亲自当月老[292]。去吧,真是可惜之至!须知你是到情人的闺房里去,可不是去找死。

浮士德　在她的怀抱里是何等幸福?让我偎着她的酥胸取取暖吧!即便这样,可不我也常常感到她的困苦?可不我就是那个逃亡者,那个无家可归者？可不就是那个无目的、无宁息的怪物,像一道瀑布从巉崖奔向巉崖,狂热地咆哮着,一直向深渊奔去？而她却在一旁,怀着幼稚的痴情,在阿尔卑斯山区的小茅屋里给那个小世界圈住,一心忙着她的整个家务。而我这个被上帝厌弃的人,手抓住岩石,把它们拧得粉碎,还觉得意犹未尽！我非得把她、把她的安宁葬送不可！而你,地狱啊,也非得要这个牺牲不可！魔鬼,请帮我缩短这痛苦的时间！一定得发生的,就让它马上发生！让她的命运在我的身上崩溃,让她和我一起毁灭吧！

梅菲斯特　又开锅了,又冒火了不是！进城去安慰她吧,你这傻瓜！这个脑袋瓜一旦看不见出路,马上就想到了吹。谁勇敢坚持,谁就永生！否则你就会走火入魔了。可我觉得,世上没有什么比一个灰心丧气的魔鬼更乏味。

格蕾琴的闺房

格蕾琴　（独坐纺轮旁）
　　　　　　我浑身烦躁，
　　　　　　心儿沉闷；
　　　　　　我再也找不到
　　　　　　找不到安宁。

　　　　　　哪儿见不着他，
　　　　　　哪儿就是坟墓，
　　　　　　整个世界
　　　　　　令我痛苦。

　　　　　　可怜头儿
　　　　　　疯疯癫癫，
　　　　　　可怜心儿
　　　　　　撕成片片。

　　　　　　我浑身烦躁，
　　　　　　心儿沉闷；
　　　　　　我再也找不到
　　　　　　找不到安宁。

为了看他
我眺望窗外，
为了找他
我走下台阶。

他豪迈的步武，
他高贵的身材，
他嘴角的微笑，
他眼中的神采，

他的口才
如魔河奔腾，
他的握手，
唉，他的亲吻！

我浑身烦躁，
心儿沉闷；
我再也找不到
找不到安宁。

我忐忑不安
把他思慕：
唉，要是找到他，
就把他紧紧抱住。

还要把他痛吻，
吻个痛快，
哪怕送了小命，
那也活该！

玛尔特的花园

〔玛加蕾特、浮士德上。

玛加蕾特　答应我吧,海因利希[293]!
浮士德　只要我能够[294]!
玛加蕾特　那么你说说:你是怎样对待宗教的?你是个真正的好人,只是我觉得,你未免把它看得太轻。
浮士德　别这么说,孩子!你会感觉到,我待你好;为了爱,我可以牺牲自己的性命,决不强迫任何人放弃他的宗教感情[295]。
玛加蕾特　这还不够,一定要信仰宗教才行!
浮士德　一定要?
玛加蕾特　唉,我要能感化你就好!你连圣餐都不尊敬。
浮士德　我尊敬的。
玛加蕾特　只是不想去领受。你好久没有去望弥撒,去忏悔了。你相信上帝吗?
浮士德　我的小亲亲,谁敢说"我相信上帝"?你去问问神父或贤能,他们的回答就像是在取笑发问的人。
玛加蕾特　那么你就不相信?
浮士德　别误会了,漂亮的小脸蛋[296]!谁敢提他的名字?谁又敢承认,我相信他?谁感觉到,并且敢说:我不相信他?那无所不包者,无所不养者,不正是包含着又养活着你、我、他?天空不正是形成穹隆于上,大地不正是坚固地静卧于下?永恒的星辰不正是亲切回顾地升到天上?我不正是眼睛对眼睛地凝望着你,万物不正是拥向了你的头脑和心,并在永恒的秘密中或隐或显地活动于你身旁?用这一切充满你的心吧,尽管它是那么庞大,如果你完全陶醉于这种感情,你愿意怎么叫,就怎么叫它。管它叫幸福!叫心!叫爱!叫上帝!就这样称呼。我还没有给它起过名称!感情就是一切;名称不过是回声[297],是笼罩天火的烟雾。

玛加蕾特　这一切听起来是多么生动;大概神父也这样说过,只是语句略有不同。

浮士德　光天化日之下,任何地方的任何心灵都会这样说,只是每个人都用自己的语言来说;为什么我不用我自己的语言呢?

玛加蕾特　这样听起来,似乎还过得去,不过里面总有点不对头;因为你不信基督教。

浮士德　亲爱的孩子!

玛加蕾特　看到你的交游,我早就有些不安。

浮士德　怎么会这样?

玛加蕾特　你身边的那个人[298],我从内心深处感到厌憎;在我一生中,没有什么比那张讨厌的面孔更叫我恶心。

浮士德　亲爱的宝贝,别怕他!

玛加蕾特　他一出现,我就烦躁不安。我平时对别人个个都好;可是,正像我渴望见到你一样,我一见到那个人就觉得毛骨悚然,认为他就是个流氓!要是冤枉了他,就请上帝把我原谅!

浮士德　人上一百,种种色色,这样的怪物总会有的。

玛加蕾特　唯愿不跟这种人一起过才好!他一进门,就是一副嘲弄的面孔,而且似恼非恼;看得出来,他对什么都不同情;他一个人也不爱,在他的额头上写得分明。我在你的怀抱里那么舒服,那么自由,那么温暖地倾心相许,可他一来我就憋气憋得要死。

浮士德　你这疑神疑鬼的天使,你!

玛加蕾特　有一种预感是那么压迫着我:只要他一走近我们,我甚至觉得,我连你也不再爱了。他来了,我连祷告都不能够,这就使我心焦如焚;海因利希,你也一定有我这样的感情。

浮士德　我看你跟他真是水火不相容!

玛加蕾特　我该走了。

浮士德　唉,我就不能在你怀里安安静静待上个把小时,胸贴着胸,灵魂搂着灵魂?

玛加蕾特　唉,我一个人睡觉就好了!今儿晚上我会为你不闩门;可我妈妈睡得不很沉,要是我们给她撞见,那我会当场送了命!

浮士德　宝贝,别着急。这儿是个小瓶子!只要在她的茶水里滴三滴,包管让她一觉睡得真惬意。

玛加蕾特　为了你,我还有什么事情不肯做?只希望不要害了她!

浮士德　要是能害人,亲爱的,我怎会向你推荐它?

玛加蕾特　好人,我一见到你,不知是什么逼我顺从你的心意;我已经为你做了很多,几乎再没剩下什么要我去做。(下)

〔梅菲斯特上。

梅菲斯特　毛丫头呢,她走了?

浮士德　你又在刺探?

梅菲斯特　我听得清清楚楚:博士先生刚才受到了一番宗教盘问;唯愿这对您大有好处。少女们确实很关心,一个人是不是按照古风虔敬而单纯。她们认为,要是他在这方面俯首帖耳,她们的话更不会不听。

浮士德　你这怪物不会理解,这忠实可爱的心灵充满着唯一使她得救的信念,一想到她不得不相信最爱的人迷途不知返,便陷入了怎样圣洁的忧烦!

梅菲斯特　你这追逐肉欲和意淫的能手,一个小女子就能牵着你的鼻子走。

浮士德　你这粪土与火的怪物!

梅菲斯特 她还精通相面术：我一出场，她不知怎么搞的，就从我的假面看透了那潜藏的鬼胎；她觉得，我的确是个天才[299]，也许还是个魔怪。——怎么样，今儿晚上——？

浮士德 跟你有什么相干？

梅菲斯特 可也同样正中下怀！

水井边

〔格蕾琴和莉丝辛持水罐上。

莉丝辛　听说贝贝辛的事情没有？
格蕾琴　没有。我一向很少出门。
莉丝辛　当真，是西比尔今天告诉我的：她终于让人给耍了[300]。正是她平日摆臭架子的报应！
格蕾琴　怎么回事？
莉丝辛　说起来真败味儿！她现在吃饭喝水，得喂两张嘴。
格蕾琴　噢？
莉丝辛　到头来她是自作自受。她跟那个小伙子泡了好久！要么一路溜达，要么到乡村舞场去乱扭，处处都要拔尖儿，不是吃馅儿饼，就是喝葡萄酒，自以为天姿国色好风流；可又那样没廉耻，一点也不害臊，还接受那个家伙送的礼物[301]，卿卿我我，搂搂抱抱，那朵小花儿到底给摘掉！
格蕾琴　可怜的人！
莉丝辛　还可怜她！我们哪个不是坐在纺车旁，到夜晚妈妈也不让停纺，可她却甜甜蜜蜜，老跟情郎摽在一起；或者在大门口的凳子上，或者在阴暗的弄堂里，从来不觉时间会太长。现在够瞧的，她可要低着脑袋，穿着罪服进教堂[302]！
格蕾琴　他一定会正式娶她的。

莉丝辛　除非他是傻蛋！一个精明小伙子尽可以到处作乐寻欢。他溜掉了。

格蕾琴　那可做得不漂亮！

莉丝辛　就是得到了他，她也落不到好：男孩们会撕掉她的花环，我们会在她门前撒干草料[303]！

格蕾琴　（走回家去）要是一个可怜的姑娘走错了一步，我平日会理直气壮地把她鄙薄！对于别人的罪过，我说什么话都觉得不够！随它怎么黑，还要弄得更黑，总觉得黑得不够，同时还要画十字私自庆幸[304]，夸大其词，想不到如今我也得赤裸裸面对自己的罪过！可是，把我逼到这个地步的一切，天啦，又是多么美妙，多么快活[305]！

城墙角

〔墙龛里有一尊"痛苦圣母"[306]的祈祷像,像前摆有花瓶。

格蕾琴 (把鲜花插入瓶中)
受苦受难的圣母啊,请俯首垂怜我的灾殃!

利剑穿透你的心[307],你带着万般痛楚,仰视你儿子的死亡。

你望着天父,向他发出叹息,为了他的和你的忧伤。

谁能感觉、谁能体验我这彻骨的痛楚?

我可怜的心为何担忧,它为何战抖,何所祈求,只有你知道,只有你知道!

无论我走向何方,总有那么多、那么多、那么多悲苦堵住我的胸口!

唉!只要我单人独处,我就哭啊,哭啊,哭啊,哭得心痛如绞。

我清早为你摘下这些鲜花,唉!我的泪水淋湿了窗前的花缸。

朝阳明亮地照进了我的小房,我已完全绝望地坐在我的床上。

救救我吧!把我救出耻辱和死亡!受苦受难的圣母啊,请俯首垂怜我的灾殃[308]!

夜(二)

〔格蕾琴家门前的街道。

瓦伦廷 （兵士,格蕾琴的哥哥）从前每逢参加一次盛宴,只见许多人在那儿自吹自擂,酒友们向我大声夸耀他们的少女之花,还干一大杯,把她没口称赞——这时我总是两肘支在桌上,泰然自若地坐着,倾听所有这些夸夸其谈,然后微笑着捋一捋胡须,手里举一满杯,说道:"诚然,各领各的风骚! 但是,全国可有一个比得上我最亲爱的格蕾特尔[309],配给我的妹妹送茶递水当丫鬟?"对呀! 对呀! 叮叮当当,满座碰起杯来;有人还大声叫喊:"说得有理,她的确是全体女性之花!"于是,刚才夸口的人们一下子噤若寒蝉。可如今!——我恨不得把自己的头发拔光,恨不得把脑袋往墙上直撞!——任何一个无赖都可以讽刺挖苦我,都可以对我嗤之以鼻! 而我却像一个欠债人坐在那儿,听见一两句闲话都会一身冷汗! 真想把他们痛揍一顿,可又不能说他们撒谎。

谁来了? 谁溜过来了? 要没弄错,就是他们两个。要是他的话,我马上就揪住他;他休想从这儿活着逃走!

〔浮士德、梅菲斯特上。

浮士德　从圣器室的窗子看去,长明灯的微光向上闪烁不定,可侧面的光线越来越弱了,昏暗已从四周逼近!我的心胸正如夜色深沉。

梅菲斯特　我却情急得像一只小猫,沿着救火梯爬上去,悄悄围着山墙探头探脑;可我觉得还挺自在,既可以小偷小摸,又不妨拈花惹草。我周身出现了绝妙的瓦尔普吉斯之夜的预兆。后天它就来临了,怪不得人们睡不着觉。

浮士德　我看见宝藏在那后面金光闪闪[310],是不是它就要露出地面?

梅菲斯特　你很快就会笑逐颜开,挖出一个宝盆来。我前几天去瞅了一眼:只见里面尽是白晃晃的狮章银圆[311]。

浮士德　难道没有一件项圈,没有一枚指环,好把我的情人打扮?

梅菲斯特　我在那儿倒看见一样东西,好像是一串珍珠项链[312]。

浮士德　这就好了!我到她那儿去,要不带点礼物,总觉得遗憾。

梅菲斯特　不会让你去丢脸,白白享受一番。——现在,已是满天星光,您且听一首真正的绝唱:我给她唱一支劝化歌,肯定把她迷得直痒痒。(抚齐特尔琴而歌)

> 天刚破晓,
> 上门把郎找,
> 卡特琳小姣姣,
> 你想干啥事?
> 千万别进门!
> 你若把门进,
> 进去女儿身,
> 出来就不是。
>
> 你可要当心!
> 好事一完成,
> 翻脸不认人,

可怜的小乖乖！
你可要自重，
别睬小杂种，
裤带不能松，
除非戒指手上戴[313]！

瓦伦廷 （上前）你在这儿拐骗谁？真该死！万恶的拐子[314]！滚你妈的乐器！再让唱歌的见鬼去！

梅菲斯特 齐特尔琴碎成了两半，什么歌曲也不能弹。

瓦伦廷 还要劈开你的头盖骨！

梅菲斯特 （对浮士德）博士先生，别退缩！挺住！靠拢我，我来指方向。拔出您的鸡毛掸子[315]来！只管刺过去！我来挡。

瓦伦廷 你挡！

梅菲斯特 为什么不？

瓦伦廷 再来一下！

梅菲斯特 当然！

瓦伦廷 我想一定是魔鬼在格斗！怎么搞的？一挨着就麻了我的手。

梅菲斯特 （对浮士德）刺过去！

瓦伦廷 （倒地）哎唷！

梅菲斯特 这家伙服了！快走吧！咱们得马上开溜；已经有人在喊"杀人！"了。我对付警察绰绰有余，可死刑判决[316]却让人棘手。

玛尔特 （在窗口）来人！来人！

格蕾琴 （在窗口）快掌灯！

玛尔特 （如前）刚才又是骂又是打，又是喊又是斗！

众 人 有个人躺在那儿快死了！

玛尔特 （走出来）凶手呢，逃走了吗？

格蕾琴 （走出来）是谁躺在那儿？

众 人 你妈妈的儿子！

格蕾琴 全能的主啊！好惨！

瓦伦廷　我要死了！真叫作"说时迟，做时快"。你们娘儿们干吗站着直矐？过来听我说道说道！（众人走过来围着他）我的格蕾琴，听着，你还年轻，可一点也不精明，弄糟了自己的事情。我跟你说句知心话：你现在可是个破鞋了；那就干脆这样混！

格蕾琴　哥哥！天啦！怎么给我这样讲话？

瓦伦廷　别拿天主的名义开玩笑！事情既然不幸发生，今后只好听天由命。你先跟**一个人**偷着搞，很快有更多人找上门，等十几个人找上了你，全城的人就会一窝蜂跟。

　　　　现世报一旦生下来，得让它悄悄地出世，用黑夜的纱罩把它连头带耳蒙起来；是的，简直真想把它一下子闷死。可它尽管活下来，还长大了，大白天抛头露面走出去，并没有变得更漂亮。它的脸越是难看，它越想到光天化日之下去亮亮相。

　　　　我的确知道会有那一天，所有规矩市民都躲避你，你这个荡妇，像躲避一个传染瘟疫的尸体。只要他们瞅你一眼，你就会吓掉了魂！你再也戴不成金项链[317]！在教堂里再也站不到祭坛旁边，也不能披着漂亮的花边领去跳舞寻开心！你只能躲在一个阴暗的角落，跟乞丐和残疾人为伍，即使上帝宽恕你，在人间也将遗臭万年！

玛尔特　快盼咐您的灵魂祈求上帝慈悲！难道您还要给自己添上诽谤罪？

瓦伦廷　我真想揍扁你干瘪的臭皮囊，你这拉皮条的老虔婆！这样我才能充分请求宽恕我所有的罪过。

格蕾琴　哥哥！简直像下地狱一样痛苦啊！

瓦伦廷　我说，眼泪汪汪又何益！须知你当初失身之际，就给了我心窝最沉重的一击。我将作为堂堂一名军人，通过死亡的长眠去见上帝。（死去）

大教堂

〔礼拜仪式,大风琴和赞美歌。
〔格蕾琴在人群中。恶灵在格蕾琴身后。

恶　灵　　格蕾琴,想当初你天真无邪,
　　　　　来到祭坛前,
　　　　　打开这本翻烂了的小册子,
　　　　　咿咿唔唔地祷告,
　　　　　一半是儿戏,
　　　　　一半出于对上帝的虔诚,
　　　　　而今你可判若两人！格蕾琴！
　　　　　你的脑袋转到哪儿去了？
　　　　　你心里装着什么样的罪孽？
　　　　　你的母亲由于你而长眠不醒[318],
　　　　　将忍受长久长久的痛苦[319],
　　　　　你可为她的灵魂祈祷？
　　　　　你的门槛上又是谁的血？
　　　　　——而在你的心房下面,
　　　　　可不已经出现胎动,
　　　　　那小家伙正蠕动着膨胀起来,
　　　　　以不祥的存在

　　　　　使你和它自己诚惶诚恐?

格蕾琴　苦啊！苦啊！那些念头转来转去折磨我,怎么我也摆不脱！

合　唱　　震怒日既临,
　　　　　尘世化灰烬[320]。

　　　　〔大风琴声。

恶　灵　　震怒向你降临！
　　　　　喇叭长鸣！
　　　　　坟墓颤动！
　　　　　你的心也颤动起来,
　　　　　从死灰般寂静被唤醒,
　　　　　去接受火刑！

格蕾琴　我真想从这儿离开！我觉得风琴声几乎窒息了我的呼吸,赞
　　　　美歌从最深处溶化了我的心。

合　唱　　审判者登堂,
　　　　　隐恶皆昭彰,
　　　　　无一逃天网[321]。

格蕾琴　我觉得多么局促！壁柱禁锢着我,圆屋顶压迫着我！——我
　　　　要空气！

恶　灵　　躲起来吧！可躲不脱
　　　　　耻辱和罪愆。
　　　　　要空气吗？要光吗？
　　　　　天可怜见！

合　唱　　怜我复何言？
　　　　　向何神请愿？
　　　　　正人亦难安[322]。

恶　灵　　圣者对你掉头不顾,
　　　　　清白人向你伸手
　　　　　都毛骨悚然。

　　　　　　天可怜见！
合　唱　　怜我复何言[323]？
格蕾琴　隔壁大妈！您的小瓶子[324]！——（昏倒）

瓦尔普吉斯之夜

〔哈尔茨山。希尔克和埃伦特地区[325]。
〔浮士德、梅菲斯特上。

梅菲斯特　你不想弄一根扫帚？我倒希望找一只最强壮的山羊[326]。我们走这条路,离目标还远着呢。

浮士德　只要我觉得腿干还硬朗,这节节疤疤的手杖也就够用。又何必要抄近路呢？爬行这山谷的迷宫,再攀登这永远有清泉喷涌奔泻的山峰,就正是如许幽径引人入胜的雅趣！春意已在桦树枝头喧闹,连枞树也感觉得到,它难道一点也不影响我们的手和脚？

梅菲斯特　当真,我一点也没有觉察到！我体内还像冬天一样,我希望路上还是雪上加霜。半圆的红月亮带着迟发的余晖[327],阴惨惨地升了上来,照得如此之暗,每走一步都会撞上一棵树,碰上一块岩！且让我向磷火借个光！那边我看见一朵,燃得正旺。喂,朋友！可否请你帮帮忙？何必这样白白燃烧？求你为我们上山照照亮！

磷　火　我希望,出于崇敬,强迫自己收敛一下轻浮的天性；只是我已习惯于弯弯曲曲地步行。

梅菲斯特　嘿嘿！它竟想模仿人类。快走直线吧,我以魔鬼的名义具结！否则我会把你摇曳不定的生命吹灭。

磷　火　我知道,您是家主[328],我乐于听从您的吩咐。只是请想一想:山上今晚群魔乱舞,扑朔迷离,您要让一朵磷火为您引路,可不能过于挑剔。

浮士德、梅菲斯特、磷火 (相互唱和[329]):

　　看来我们已走进
　　梦境和魔乡。
　　仔细引导,好把名扬,
　　让我们快快前往,
　　那去处辽阔又荒凉。

　　我看见树后有树,
　　多么迅速地退移,
　　那俯身的绝壁,
　　那长长的岩鼻[330],
　　怎样在打鼾,怎样在吹气!

　　穿过石丛,穿过草地,
　　山涧和小溪向下奔腾。
　　可是流水潺潺?歌咏阵阵?
　　可是温柔的爱之呻吟,
　　那良辰吉日的声音?
　　我们多么希望,多么爱慕!
　　那回声又在响应,
　　有如古代的逸闻。

　　"呜呼!嘘呼!"越响越近了:
　　那鸱鸮、田凫和地鸦,
　　它们可都一直醒着吗?
　　蝾螈是不是在灌木丛里爬?

腿好长,肚好大!
而树根就像蛇
从岩石和沙土里蜿蜒而出,
伸出了奇怪的轮箍
把我们恐吓,把我们捉拿;
从栩栩如生的坚固的树瘤
它们将水螅般的触手
伸向了行人。还有鼠类,
各色各样,成群结队,
窜过沼泽,窜过荒原;
而流萤熙来攘往,
挤成一团又一团,
成为乱人心曲的陪伴。

但请问我们咋办——
是止步还是向前?
一切,一切好像在旋转:
那些扮鬼脸的巉岩
和树木,还有那鬼火
自吹自擂,越来越多。

梅菲斯特　抓紧我的衣角!这就是中峰,看见玛门[331]在山里放光,人人都会大吃一惊。

浮士德　一道朝霞似的幽光,多么奇异地闪过了谷底!它甚至透进了绝壁之间深邃的裂隙。那边烟雾蒸腾,山岚缭绕[332],这边从沼气中亮出了火焰;接着那火焰像一根细线蜿蜒,又现出了一道喷泉。这里它以成百条脉络穿过山谷,盘绕于整个地带,那里它又在狭窄的角落突然分裂开来。而左近不远,只见火星喷发,有如撒开的金砂。看哪,在整个高处,岩壁着火了!

梅菲斯特　不就是玛门先生为了这个节庆,才把宫殿照得金碧辉煌?
你能目睹这一盛况,真是三生有幸;我已隐约听见宾客骚嚷。

浮士德　狂风[333]怎样在空中横冲直撞!它怎样猛烈地打击我的颈项!

梅菲斯特　你得把岩石的老肋骨抓紧,否则狂风会把你刮进这峡谷的深坑。雾霭使夜色显得更浓。听!是什么噼啪作响在林中!猫头鹰受惊飞散。听,长青宫的圆柱[334]已经寸裂!枝桠戛然折断!树干轰然倒地!根块咯吱一声打呵欠!它们东倒西歪,相互倾轧,乱成一团,而在瓦砾层见叠出的峡谷里,狂风在呼啸,在咆哮。你可听见高处、远处、近处的声音?是的,一阵狂热的魔歌流遍了整个山道!

女　巫　　合唱女巫们走向布罗肯[335],
　　　　　　茬梗枯黄,秧苗青青。
　　　　　　那儿围着一大群人,
　　　　　　上座是乌脸先生[336]。
　　　　　　跨过石头,跨过树根,
　　　　　　女巫(放屁),山羊(臊死人)[337]。

声　音　老包玻[338]一个人来了,骑着一头老母猪。

合　唱　　当恭敬就恭敬[339]!
　　　　　　包玻太太请先行!
　　　　　　壮猪背上坐着老母亲,
　　　　　　后面跟着女巫一大群。

声　音　你从哪条路上来?

声　音　从伊尔森斯坦[340]那边！我在那儿瞄过猫头鹰的巢，它睁着
　　　　一对大眼睛！
声　音　往地狱里冲怎么着！干吗骑得那么慌！
声　音　她擦破了我的皮[341]：你瞧瞧我的伤！

女巫合唱　　路又宽，路又长，
　　　　　　干吗挤成这个样？
　　　　　　叉棍戳它，扫把搔它，
　　　　　　儿快闷死，娘快爆炸[342]。

巫　师　（半数合唱）
　　　　　　我们爬着像蜗牛，
　　　　　　女人事事在前头。
　　　　　　且向恶魔家走去，
　　　　　　女人要快一千步[343]。
　　　　（另半数）
　　　　　　我们一点不在乎！
　　　　　　让她先走一千步；
　　　　　　随她走得怎么忙，
　　　　　　男人一跳就赶上[344]。

声　音　（上方）来吧，一起来吧，从石头湖里一起来！
声　音　（从下）我们很想一起把高登。我们洗过澡，全身洗得干干净
　　　　净；可永远像个石女不受孕[345]！

双方合唱　　风歇星遁，
　　　　　　昏月藏身。
　　　　　　群魔合唱闹腾腾，

喷出千万火星。

声　音　（从下）站住！站住！
声　音　（从上）谁从岩缝里叫喊？
声　音　（下方）带我去！带我去！我攀登了三百年[346]，还没能达到顶峰。我真想跟我的同类一起飞升。

双方合唱　　且骑扫把，且骑拐杖，
　　　　　　且骑叉棍，且骑山羊，
　　　　　　谁今天不能飞升，
　　　　　　就注定永远沉沦。

半女巫[347]　（下方）我磕磕碰碰赶了好长时间；可别人走了老远老远！我在家恓恓惶惶，到这里还是赶不上趟儿。

女巫合唱　　油膏[348]使女巫变勇敢，
　　　　　　破布正好做风帆，
　　　　　　揉面木盆做船真个妙；
　　　　　　今儿不飞永远飞不了。

双方合唱　　我们围着山顶转，
　　　　　　轻轻掠过了地面[349]，
　　　　　　茫茫荒野远又近，
　　　　　　覆满女巫一大群。（落下来）

梅菲斯特　挤呀，撞呀，冲呀，闹呀，咝呀，搅呀，拉呀，嚷呀，闪呀，喷呀，臭呀，烧呀！地地道道的女巫本色！紧紧跟着我！要不我们马上会走散。你在哪儿？

浮士德　（在远处）这里这里！

梅菲斯特　怎么！给挤到那么远？我只得执行家法了。让路,伏郎公子[350]来了。让路！听话的老百姓,让路！这儿,博士,抓住我！让我们一起跳,跳出这拥挤的人潮；对我这样的人来说,也未免太乱套。那附近是什么放出了特异的光,招引我向那灌木林走去。来吧,来吧！让我们悄悄溜进去。

浮士德　你这矛盾的精灵！去吧！你尽可引我前去。不过,我觉得,这安排实在够巧妙：我们在瓦尔普吉斯之夜逛到布罗肯来,原来是为了在这儿远离一下尘嚣。

梅菲斯特　你瞧：五颜六色的火焰！有个快活的小团伙在联欢。规模虽小,可并不孤单。

浮士德　我倒宁愿到那上面去[351]！我已看见火光和烟雾的漩涡。那儿人群正向恶魔涌去；许多哑谜在那儿一定可以解破。

梅菲斯特　不过那儿也有许多哑谜纠缠不清。且让大世界去扰攘喧腾,我们不妨在这儿安安静静停留一阵。大世界里造出了小世界[352],这种事由来已久。我看见年轻的女巫赤身裸体,而年老的却明智到懂得遮羞。看我的面子,请放和气些！须知少费劲可以多开心。我听见什么乐器在响！该死的嘎嘎声！还非习惯它不成。跟我来！跟我来！别无去处了：我走在前面,把你引进去,让你重新缔结一份姻缘。你说什么,朋友？这可不是个小空间。望过去,你简直望不到边。上百条火头摆成一排在燃烧；跳呀,聊呀,煮呀,喝呀,爱呀——说说看,还有什么地方更好玩？

浮士德　你在这儿把我们引荐,请问是作为巫师还是作为魔鬼出面？

梅菲斯特　我诚然惯于隐姓埋名；可节日庆典总想亮一亮勋章才不失身份。虽没有袜带[353]使我出众,马脚[354]在本乡本土倒也不胜光荣。你可瞧见那边一只蜗牛？它爬过来了；它以摸索的视力已经嗅出我几分。即使想装假,我也装不成。来吧！让我们从火堆走向火堆；你想求爱,我来做媒。（对几个坐在炭火余烬周围的人）

诸位老先生,你们在此有何贵干?四周青年人花天酒地,鼓乐喧
阗,何妨参加进去及时行乐;诸位在家枯坐也未免够寂寞。

将　军[355]　谁还会信赖国民,
　　　　　尽管为他们立下了功勋!
　　　　　民众就像女人一样,
　　　　　总是青年人高高在上。

大　臣　　人们背离正道太远,
　　　　　我只把完美的旧物称赞;
　　　　　当年我们处处吃得开,
　　　　　那才是真正的黄金时代。

新　贵　　我们从前实在并不笨,
　　　　　却往往做些不该做的事情;
　　　　　正当我们想把一切抓牢,
　　　　　可一切都已七颠八倒。

作　家[356]　谁还爱读这样的文章,
　　　　　尽管内容明智而稳当!
　　　　　说到那些年轻娃娃,
　　　　　从没有像今天这样狂妄自大。

梅菲斯特　(突然现出龙钟老态)[357]
　　　　　我觉得已经活到了末日审判,
　　　　　我也是最后一次来登女巫山,
　　　　　我的小酒桶只流出浊酒几滴[358],
　　　　　看来世界同样只剩下余沥。

卖旧货的女巫[359]　先生们,可别匆匆走掉!别把机会错过!留心看
看我的货色:这儿品种实在花样繁多。我的货架上没有一样不是
天下无双,没有一样不曾使人类和世界蒙受莫大损伤。这儿匕首
没有一把不是沾染过鲜血,没有一只高脚杯不是装着灼热的鸩
毒,灌进了十分健康的躯干,没有什么首饰不曾引诱过可爱的妇

人，没有什么刀剑不是背信弃义，从背后把对手一下刺穿。

梅菲斯特　干姨妈！您可太不识时务。既往不咎，不咎既往！您还是卖点新货！只有新货才能把我们吸引住。

浮士德　我可别忘形了！这岂不是一次庙会！

梅菲斯特　人山人海往上挤；你以为你在挤人，其实你在被人挤。

浮士德　那人是谁？

梅菲斯特　仔细瞧瞧她！她是莉莉特。

浮士德　谁？

梅菲斯特　亚当的前妻[360]。你要提防她那漂亮的头发，她唯有这件首饰可以炫耀。她靠它把一个青年弄到手，就不会让他轻易再溜掉。

浮士德　那儿坐着两位，一老带一少；她们好像已经跳够了！

梅菲斯特　今天可歇不成。新舞开始了；来吧！咱们请。

浮士德　（跟年轻一个跳起来）
　　　　　我美美做了一个梦[361]：
　　　　　梦见了一株苹果树，
　　　　　树上两只红苹果[362]，
　　　　　招引我拼命爬上去。

美　女　小小苹果把人馋，
　　　　自它生长在乐园。
　　　　我的果园今也有，
　　　　叫人激动又喜欢。

梅菲斯特　（跟年老一个跳舞）
　　　　　我可做了个古怪梦：
　　　　　梦见一株分叉树，
　　　　　它有一个——[363]
　　　　　尽管——，我也心满意足。

老　妇　我向马脚骑士

致以衷心祝福！

您要准备一个——

如果——您不畏惧。

尾脊幻视者[364] 混账东西！胆敢这样胡闹？不是早就向你们证明过：鬼魅从来没有普通人的脚？可你们还是使劲跳，跳得跟人类不差分毫！

美　女 （跳着）他到我们舞会上来干吗？

浮士德 （跳着）哼！他哪儿都少不了。别人跳舞，他一定要胡说八道[365]。要是有一步没有说到，那一步几乎就等于没有跳。一旦我们往前进，他就会十分气恼。如果你兜起圈子来，像他在他的旧磨坊[366]里那样，他倒会说这样怎么怎么好；特别是你竟然向他请教。

尾脊幻视者 你们怎么还在这儿！真是闻所未闻。快滚开！我们早就进行了启蒙[367]！——这个魔鬼团伙，全然不讲常规。我们已经这样聪明，可泰格尔还在闹鬼[368]。我扫除愚昧扫了多久，就是扫不干净，这真是闻所未闻！

美　女 闭嘴吧，别在这里讨人嫌！

尾脊幻视者 我当面向你们鬼魅说：我受不了精神的专制[369]！我的精神不搞这一套。（舞蹈继续着）看来我今天什么也做不了；好在我身边总带着一本游记[370]，希望我在跨出最后一步之前，能够把魔鬼和诗人压倒。

梅菲斯特 他就要坐到一个积水潭[371]里去：这是他自得其乐的妙方，如果蚂蟥在他的臀部受用起来，鬼魅和精神就会从他身上一扫而光。（对从舞池退出来的浮士德说）你干吗让那漂亮妞儿走掉，她跳着给你唱，唱得多美妙？

浮士德 咳！她唱着唱着，从她嘴里跳出了一只红老鼠[372]！

梅菲斯特 那算得了什么！可别吹毛求疵；老鼠只要不是灰的[373]，不就够了！幽会时刻，谁管这档子事？

浮士德　接着我还看见——[374]

梅菲斯特　什么？

浮士德　梅菲斯特，你可看见远远那边，孤零零站着一个苍白的少女？她缓慢地向前移行，似乎用戴镣的双脚在走路。我不得不承认，我认为她很像善良的格蕾琴。

梅菲斯特　别睬它，谁睬了都不吉祥。那是个幻影，是个没有生命的偶像。遇上它不是什么好事：被它凝视一眼，人的血液就会凝固，人几乎变成顽石；想你听说过墨杜萨的故事[375]。

浮士德　的确，那正是一个死者的双目，连眼皮都没有让亲人合拢。正是那酥胸格蕾琴向我袒露过，正是那玉体我曾受用。

梅菲斯特　那可是魔法，你这容易上当的傻瓜！她在每个人面前都显得像个小娇娃。

浮士德　何等的欢喜！何等的忧伤！我避不开这道目光。奇怪的是，怎么这美丽的颈项还得系上一根红色的细绦带[376]，差不多只有刀背那么窄！

梅菲斯特　可不是！我也看见了。她还能把脑袋掖在腋下；因为珀耳修斯已经把它砍下了。——别老这样胡思乱想[377]！咱们到这小山头来吧；这儿热闹得像普拉特一样[378]；如果我没有着迷的话，我可真看见了一个剧场。那儿不知在演什么？

后台人员[379]　马上又要开演了：一出新戏，七出的最后一出；一演就演这许多，正是本地的风俗。戏文是一位业余作者写的，演员也都是业余客串。先生们，恕我失陪了：我的业余任务[380]就是揭开幕布让人看。

梅菲斯特　布罗肯山的幸会正中下怀；阁下在这里倒也得其所哉。

瓦尔普吉斯之夜的梦或奥白朗和
蒂坦尼亚的金婚。插曲

舞台监督　　米丁门徒兴冲冲[381],
　　　　　　今天咱们且歇工,
　　　　　　峡谷潮湿山古老,
　　　　　　全部移作布景用。
报幕人[382]　共同生活五十龄,
　　　　　　方可称作金婚姻;
　　　　　　争吵从此不再有,
　　　　　　这才更加贵似金。
奥白朗　　　精灵如在我身边,
　　　　　　就此快把原形现!
　　　　　　且看他们王与后
　　　　　　今日重新结良缘。
扑　克[383]　扑克来了斜着转,
　　　　　　拖着脚步往前赶;
　　　　　　后面跟着一百个,
　　　　　　和他一起来联欢。
阿莉儿[384]　阿莉儿带头把唱领,
　　　　　　歌喉美妙又纯净;
　　　　　　招来许多丑八怪,

却也引来大美人[385]。

奥白朗　　　夫妇和美如人意，
　　　　　　请向我们来学习！
　　　　　　恩恩爱爱要长久，
　　　　　　就得时时小分离。

蒂坦尼亚　　男人噘嘴女作怪，
　　　　　　快把两个抓起来，
　　　　　　一个送往南极去，
　　　　　　一个送他到北海！

管弦乐队[386]　（全奏·最强音）
　　　　　　苍蝇嘴巴蚊子鼻，
　　　　　　加上七姑八大姨，
　　　　　　草中蟋蟀叶下蛙，
　　　　　　个个都会玩乐器！

独　奏[387]　那边风笛过来了！
　　　　　　原来是个肥皂泡。
　　　　　　且听塌鼻把它吹，
　　　　　　一吹吹得呜呜叫！

刚成形的精灵[388]　蜘蛛腿加蟾蜍肚，
　　　　　　长翅膀的小鬼头！
　　　　　　这样动物何曾有；
　　　　　　小诗倒还有一首。

一对小配偶[389]　小小步子跳得高，
　　　　　　跳过甘露和香草！
　　　　　　任你婆娑跳个够；
　　　　　　天空你总跳不到。

好奇的旅行家[390]　假面舞剧可在演？
　　　　　　难道是我看花眼，

,, 还有美神奥白朗，
岂料今天也得见？

正教徒[391]　没有爪子没有尾！
毫无疑问不隐讳：
恰像《希腊的诸神》，
他也是个大魔鬼。

北方的艺术家[392]　不管我画啥东西，
看来不过是漫笔；
收拾笔墨准备好，
及时留学意大利。

语言洁癖者[393]　我来这里真不幸：
这里风气真荒淫！
试看女巫一大堆，
只有两个扑发粉。

年轻的女巫　发粉有点像裙子，
只配白发老婆子；
我才精光骑羊子，
露出结实小身子。

端庄老妇　我们懂得讲礼貌，
不跟你们来争吵；
愿你年轻柔嫩人，
个个早日腐烂掉。

乐队指挥[394]　蚊虫鼻子苍蝇嘴，
别把裸女来包围！
草中蟋蟀叶下蛙，
拍子总该打得对！

风信旗[395]　（向一方）欢聚如人愿：
地道好新娘！

　　　　　　　英俊青少年,
　　　　　　　个个大有望!
风信旗　（向另一方）
　　　　　　　地如不裂开
　　　　　　　把他们吞没,
　　　　　　　我就要赶快
　　　　　　　跳进地狱去。
《酬宾集》[396]　我们犹如小虫蚁,
　　　　　　　小小螯钳真锐利,
　　　　　　　且向老爷撒旦爸,
　　　　　　　致以显赫的敬礼。
亨宁格斯[397]　且看它们结成帮,
　　　　　　　尖酸刻薄把人伤!
　　　　　　　到头还会这样说,
　　　　　　　它们出于好心肠。
《艺术保护人》　忘乎所以真高兴,
　　　　　　　我跟女巫来厮混;
　　　　　　　正因此道我精通,
　　　　　　　胜似指导缪斯群。
前《时代精神》　攀龙附凤本有术。
　　　　　　　快来抓住我衣裾!
　　　　　　　布罗肯山好宽顶[398],
　　　　　　　恰似德国帕纳苏。
好奇的旅行家[399]　那个愣汉又是谁?
　　　　　　　大模大样迈大腿;
　　　　　　　见到什么嗅什么。——
　　　　　　　"他在侦查耶稣会。"
鹳　鸟[400]　清水捕鱼我高兴,

　　　　　　　浊水捕鱼我也行；
　　　　　　　请看善男和信女
　　　　　　　也将混进魔鬼群。

凡夫俗子[401]　那些善人不一般，
　　　　　　　事事不过是手段；
　　　　　　　他们就在布罗肯
　　　　　　　建立秘密小社团。

舞蹈者[402]　又来一个歌咏队？
　　　　　　　远远听见把鼓擂。——
　　　　　　　"且勿扰我听仔细，
　　　　　　　苍鹭芦中齐声啼。"

舞蹈教练　　人人轻盈把腿抬！
　　　　　　　尽量显出功夫来！
　　　　　　　驼子蹦兮胖子跳，
　　　　　　　休问风度好与歹。

提琴手[403]　地痞相互仇恨深，
　　　　　　　一心想要对手命；
　　　　　　　风笛及时来解冤，
　　　　　　　有如莪菲驯兽琴。

独断论者[404]　不论批判抑怀疑，
　　　　　　　决难令我误入歧。
　　　　　　　魔鬼总归是魔鬼，
　　　　　　　否则何以有该词。

唯心论者[405]　我的感官幻觉多，
　　　　　　　颐指气使太过火。
　　　　　　　今天我就是疯子，
　　　　　　　要把一切当作我！

实在论者[406]　本体实在太恼人，

　　　　　　　使我不得不烦闷；
　　　　　　　这里我是头一回，
　　　　　　　觉得自己站不稳。
超自然论者[407]　我在这里真开心，
　　　　　　　欣逢这些好事情；
　　　　　　　纵打恶魔身上看，
　　　　　　　亦可推断有善灵。
怀疑论者[408]　他们跟着燐火滚，
　　　　　　　相信宝藏已接近；
　　　　　　　"魔鬼""怀疑"韵相叶，
　　　　　　　看来我倒有点门儿。
乐队指挥[409]　草中蟋蟀叶下蛙，
　　　　　　　浅薄涉猎真该杀！
　　　　　　　苍蝇嘴巴蚊子鼻，
　　　　　　　你们倒是音乐家！
左右逢源者[410]　哥儿们快活玩个够，
　　　　　　　起个诨名叫"无忧"；
　　　　　　　既然用脚走不成，
　　　　　　　咱们且用头走路。
不知所措者[411]　当年捞摸靠拍马，
　　　　　　　而今空喊老天爷！
　　　　　　　跳舞已把鞋跳穿，
　　　　　　　跑路只好光脚丫。
磷　火[412]　我们来自沼泽地，
　　　　　　　朽木腐草是亲戚；
　　　　　　　一旦列入品与位，
　　　　　　　风流倜傥何足奇。
流　星[413]　我从上天落下界，

　　　　　　　闪闪烁烁放光彩；
　　　　　　　而今斜卧草丛里，
　　　　　　　有谁把我扶起来？

庞然大物[414]　滚开滚开快滚开！
　　　　　　　四周小草倒下来；
　　　　　　　精灵现形休小看，
　　　　　　　它们肢体一大块。

扑　克　　　踩地脚步要放轻，
　　　　　　　别学象崽那么愣！
　　　　　　　今日最重数哪个，
　　　　　　　结实扑克不让人[415]！

阿莉儿　　　慈爱自然与心灵，
　　　　　　　助汝翅翼两肋生，
　　　　　　　我的轻踪引着走：
　　　　　　　一起去登玫瑰岭[416]！

管弦乐队（最弱音）
　　　　　　　乱云飞渡雾迷蒙，
　　　　　　　转眼霁色亮天中。
　　　　　　　叶间芦中微风起，
　　　　　　　一切散作一场空[417]。

阴天　原野

〔浮士德、梅菲斯特上。

浮士德　真叫惨！真叫人灰心丧胆！可怜在世上迷惘了许久,如今被捕了！给关在监狱里受可怕的折磨,不幸的小家伙变成了女犯！落到了这步田地！这步田地！——背信弃义的卑劣的精灵,你竟将这件事向我隐瞒！尽管站着,站着！把你那双魔眼在眼眶里恶狠狠地转呀转！站着以你不堪忍受的姿态同我对抗吧！可她被捕了！陷于难以挽救的灾难！交给了恶灵[418]和冷酷无情的审判员！这时你竟用陈腐无聊的娱乐[419]来糊弄我,向我隐瞒她那与日俱增的悲叹,让她无依无靠地走向深渊！

梅菲斯特　她可不是第一个[420]！

浮士德　你这狗！可恨的怪物！——法力无边的精灵啊,请把它、把这浑虫再变成它的狗模样,就像它从前夜间常常欢喜跑到我面前来,欢喜在老实的过路人[421]脚前打滚,欢喜等他跌倒下来,一下子扑到他的肩上。请把它再变成它心爱的形状,好让它在我面前的沙土上贴着肚皮爬行,我好用脚踢它,这遭天罚的坏家伙！——"不是第一个！"——可叹！可叹！世上没有一个人能理解,沉入这悲惨深渊的竟不止一个,那第一个在永远宽恕者眼前[422],忍受着痉挛的临死痛楚,竟不足以为其余一切人赎罪！这唯一者的苦难使得我痛彻骨髓；你却在一旁狞笑,对千万人的命运无所谓。

梅菲斯特　如今我们的才智山穷水尽，你们人类便往往神魂颠倒。既然你不能善始善终，为什么当初要跟我们结交？你想飞又怕晕得受不了？是我们强求于你，还是你把我们找？

浮士德　别冲我露出那副狼吞虎咽的牙齿！我恶心！——伟大、庄严的精灵啊，你惠允向我显圣[423]，你了解我的心和精神，可为什么把我跟这幸灾乐祸的恶棍捆得紧紧？

梅菲斯特　说完了没有？

浮士德　去救她，否则让你遭灾受难！要用最可怕的咒语咒你几千年！

梅菲斯特　我解不开复仇者的绳索，也打不开他上的门锁。"去救她！"请问是谁把她推向了堕落？是你还是我？

〔浮士德怒目环顾。

梅菲斯特　你想动用雷霆不成？幸亏它没有交给你们可怜的凡人！粉碎无辜的对手，不过是狼狈不堪之际用来出气的暴君行径。

浮士德　带我去！去把她解救出来！

梅菲斯特　就不在乎你所冒的危险？须知城里还留着你亲手欠下的血债。被害者的墓地上空飘荡着复仇的幽灵，在伫候杀人犯的归来。

浮士德　不也有你的份儿？愿全世界的暗杀和死亡都归到你这怪物名下！我说，带我去，去解救她！

梅菲斯特　我带你去，可我办得到什么，请听我说！我哪有天上地下所有的权柄？我不过给看守布个迷魂阵，你去抢钥匙，再用凡人的手把她引出来[424]！我来把风，准备好魔马，送你们一程。这就是我办得到的一切。

浮士德　马上就走！

夜　开阔的原野

〔浮士德、梅菲斯特骑黑马飞奔而来。

浮士德　刑场[425]周围那些女人在干什么？
梅菲斯特　不知道她们煮些什么，搞些什么。
浮士德　飘上去，飘下来，又鞠躬，又打千。
梅菲斯特　一帮子女巫。
浮士德　她们在泼洒，在祭奠！
梅菲斯特　走吧！走吧！

地 牢

〔浮士德拿着一串钥匙和一盏灯,站在一扇小铁门前。

浮士德　我又感到一阵久已生疏的惊慌,人类的全部苦难落到了我身上。她就待在这里,在这道湿墙后面,而她的罪行完全是一场善良的痴狂!你还迟迟不肯走到她面前?你还害怕同她再见?去吧!你的畏缩不过催促死神前往[426]。

〔他抓住监锁。歌声由内传出。

我的娘,那暗娼[427],
她把我杀了!
我的爷,那流氓,
他把我吃了!
我的小妹子
拾起了骨殖
埋在荫凉处——
我变成林中一只美丽的小鸟,
飞走了,飞走了!

浮士德　(开锁)她哪料到情人就在身旁,在偷听锁链锒铛,稻草窸窣作响。(走进来)

玛加蕾特 （躲在稻草铺上）苦哇！苦哇！他们来了。死得好惨！

浮士德 （低声）别嚷！别嚷！是我来了，我来把你搭救。

玛加蕾特 （滚倒在他面前）你要是个人，就请体谅一下我的苦楚！

浮士德 你这样叫喊，会吵醒了看守！（抓住锁链，把锁打开）

玛加蕾特 （跪下）刽子手，是谁给你这个权力？何必深更半夜来提我！行行好，让我活一会儿！到明天早上不也来得及？（起身）我还年轻，这样年轻，就要把命丧。我从前也曾漂亮过，那正是我的致命伤。我的朋友从前就在身旁，而今却远走他乡；花冠已经撕破，花朵已经抛散。别把我拽得那么紧！饶了我吧！我给你捣了什么乱？别让我白白哀求一场，我可一辈子也没把你碰上！

浮士德 我怎么受得了这样的祸害？

玛加蕾特 我现在完全听你安排。先让我给孩子喂喂奶！我搂了它一整夜；他们为了折磨我，从我抢走了它，还说是我把它害。我再怎么也不会快活。他们唱歌编排我[428]！这些人真缺德！有个老故事结尾倒是这样说，可谁叫他们用来指我？

浮士德 （匍匐在地）一个情人在你脚前拜倒，要把苦难的枷锁搬掉。

玛加蕾特 （向他跪拜[429]）让我们跪下来，向圣徒祈祷！看哪，在这些台阶下面，在门槛下面，地狱在沸腾！恶魔怒发冲冠，正在大声喧闹！

浮士德 （大声）格蕾琴！格蕾琴！

玛加蕾特 （注意）这是我朋友的声音[430]！（跳起身来，锁链脱落）他在哪儿？我听见他在唤我。我自由了！没人阻拦我了。我要扑到他脖子上去，躺在他怀里！他刚才在唤：格蕾琴！他就站在门槛上。透过地狱的哀号和切齿声，透过恶魔冷酷的讥嘲，我听出了甜美可爱的口吻。

浮士德 是我呀！

玛加蕾特 是你！哦，再说一遍！（抓住他）是他！是他！所有痛苦到哪去了？地牢、锁链给我的恐惧到哪去了？是你！你来救我！我得救了！——那条街道又摆在我面前,我在那儿第一次见到你。还有那欢快的花园,我和玛尔特在那儿等过你。

浮士德　（争取离去）跟我走！跟我走！

玛加蕾特　哦,待一会儿！我就想待在你待的地方。（温存抚摩）

浮士德　赶快！你再磨蹭,就误了我们的大事。

玛加蕾特　怎么？你再不会接吻么？我的朋友,你离开我并不很久,连接吻也荒疏了？从前你的情话、你的眼神曾经铺天盖地地压在我身上,你吻起我来,仿佛要把我吻闭了气,为什么我现在搂着你的脖子,却这样惶恐不安？吻我吧,要不我来吻你！（拥抱他）唉,你的嘴唇又冷又哑。你的爱情留在哪儿了？是谁从我把它抢走了？（转身背向他）

浮士德　来吧！跟我走！亲爱的,拿出勇气来！我以千倍的热情拥抱你；跟我走吧！我只求你这一点！

玛加蕾特　（转身面向他）那么,是你喽？确确实实是你喽？

浮士德　是我！一起走吧！

玛加蕾特　你打开了枷锁,又把我搂在怀里。怎么你不怕我了呢？——你可知道,我的朋友,你解救了谁啊？

浮士德　走吧！走吧！黑夜已快离去。

玛加蕾特　我杀了我的妈[431],我淹了我的孩子。它不是上天赐给我们两人的吗？也是给你的呀！——是你！我简直不相信。伸出你的手来！这可不是梦么！你可爱的手！——哎呀,它怎么是湿的！把它揩干净！我觉得上面有血迹[432]！天哪,你干了什么？快把剑插进鞘里去！我求求你。

浮士德　过去的事情让它过去吧！要不你会害死我。

玛加蕾特　不,你得活下去！我要给你谈谈坟墓的事情,明日一早你就得为它操心了：妈妈要占最好的位置,哥哥紧挨着她,我稍微隔开一点,也不要隔得太远！小家伙在我的胸口右边！再不要有谁躺在我附近！——从前偎依在你身旁,真是温柔、甜蜜的幸福！

可我再也偎依不成了;我觉得,我非勉强挨近你不可,仿佛你要把我从你身旁推开似的[433];可这毕竟还是你啊,你的眼神还是那么亲切、那么温顺。

浮士德　既然觉得是我,就跟我走吧!

玛加蕾特　出去?

浮士德　到外面去!

玛加蕾特　外面是坟墓,死神在等着,那么去吧!从这里到永眠的卧榻去吧,再远一步也去不成! ——你要走了?哦,海因利希,我要能跟你一起走多好!

浮士德　你能,只要你愿意!门是开着的。

玛加蕾特　我可不能出去;我什么也指望不上了。逃有什么用?他们埋伏下来等着我。不得不讨口过日子,也够悲惨的,何况还要受良心的谴责!流落他乡,也够悲惨的,何况他们还会把我逮住!

浮士德　我一直陪着你呀!

玛加蕾特　赶快!赶快!去救你可怜的孩子!去吧!沿着小溪笔直走,过了独木桥,走进林子去,左边竖着一块木牌,在池塘里。快把它捞起来!它在向上浮,它还在挣扎!快救!快救!

浮士德　清醒清醒吧!只要跨一步,你就自由了!

玛加蕾特　我们要是经过那座山多好!妈妈就坐在那儿一块石头上,怎么我像冷水浇颈!妈妈就坐在那儿一块石头上,脑袋摇来晃去;她不眨眼,不点头,脑袋昏昏沉沉,她睡了那么久,她再也醒不了——她睡着了,好让我们寻欢作乐。那可是我们的吉日良辰啊!

浮士德　求也没有用,说也没有用,我只好冒险把她抱走。

玛加蕾特　放手!我受不了暴力!别那么凶神恶煞地抓住我!从前为了讨好你,我什么事情不曾做?

浮士德　天快亮了!亲爱的!亲爱的!

玛加蕾特　天!是的,白天来了!最后一天要来了;这是我举行婚礼的一天[434]！别对任何人说，你到格蕾琴这儿来过！可怜我的花冠，它已经撕碎了！我们还会再见——但不是在舞会上。人群在拥挤，可都屏住气；广场、街巷都容不下他们。丧钟[435]在召唤，小木棍撅折了。他们把我捆绑起来，我已被推上了血椅。向我拔出的利刃，已经拔向了每个人的颈项[436]。世界像坟墓一样死寂！

浮士德　哦，唯愿我从没出生过。

梅菲斯特　（门外露面）快走！否则你会倒霉。畏缩、踌躇、啰嗦全都不管用！我的马儿在颤抖[437]，只因晨光熹微。

玛加蕾特　是什么从地下冒了出来？是他！是他！快把他撵走！他到这块圣地[438]来干什么？他要来捉我！

浮士德　你得活下去！

玛加蕾特　我听凭上帝裁判！

梅菲斯特　（对浮士德）走吧！走吧！否则我扔下你跟她在一起。

玛加蕾特　我是你的，天父，拯救我吧！你们天使，你们神圣大军，请在四周驻扎下来，保护我吧！海因利希！见到你我就心惊胆战！

梅菲斯特　她被审判了[439]！

声　音　（从上）被拯救了！

梅菲斯特　（向浮士德）到我这儿来[440]！（与浮士德一同隐去）

声　音　（从内，渐次消沉）海因利希！海因利希！

（第一部完）

第一部注释

〔**献词**〕这首诗大约写于一七九七年,当时席勒热情鼓励作者把二十四年以前执笔的《浮士德片断》写完。这时作者已经四十八岁,二十一岁开始酝酿的《浮士德》创作思想已属于遥远的过去,而今重新执笔,景物全非,不禁感慨万千,遂写出这篇与正文无关的遣怀式的献词。

〔1〕 游移不定的身影:从字面看,当指《浮士德片断》中尚未定型的人物轮廓。同时,该词与作者当时对于形态学的研究有关。为了说明自然与艺术的关系,歌德一八〇〇年在他的刊物《神殿入口》上曾经谈到形态学的意义:"它(形态学)从自然史获得各种形体的一般标志……但是,如果**游移不定的形体**使得自然史家陷于狼狈,他便把形态学作为遁逃薮,并且不仅为了认识、同时为了整理,还将从形态学得到许多帮助。"

〔2〕 痴想:借喻艺术想象力的产品。此处指将浮士德传说写成戏剧的最初构思。

〔3〕 烟雾:参阅歌德同年致席勒的信:"我们的谣曲研究又把我带到**烟雾**之中。"

〔4〕 一股灵气:一说指"地灵",参阅后文《夜》。

〔5〕 最初的恋情与友谊:歌德四十八岁时,一些朋友和熟人如女友格蕾琴、弗里德里凯、洛特、莉莉等,友人贝里施、赫尔德、克林格尔、伯爵施托尔贝格兄弟、雅可比、克洛普施托克等,均已疏远或阔别;妹妹珂尔涅莉亚、友人苏珊娜·封·克勒腾贝格、默尔克和父亲则均已亡故。

〔6〕 愁肠重结,太息不已:在伤逝过程中,将再次经历充满歧路的一生。

〔7〕 我的苦衷只好向陌生的众人倾诉:歌德的秘书里默曾经宣称,此处"苦衷"(Leid)系"歌曲"(Lied)的勘误。实际原文如何,迄无从知悉。但从下一句

"他们即使喝彩也会令我心伤"来看,作者似乎把诗歌创作过程视作一种苦难(Passion),诗人在其中只完成一种被动的职能,即"握紧"那些重新临近的身影。它们带来"欢乐韶华的风物",也带来痛苦的回忆,而"一种久已生疏的憧憬"则使他"不禁浑身战栗"。"众人"即观众对诗人作品的隔膜反应,在《舞台序幕》中将由经理和诗人(剧作者)分别按不同的观点加以讽刺和贬斥。

〔8〕 嗫嚅的歌声:由于与空中灵界对话,祈求的声调使这首献词显得低沉。

〔9〕 风神之竖琴:中世纪初期开始流行的一种借风力奏鸣的竖琴,一排相互协调的琴弦绷在共鸣箱上,发音温柔;歌德时期常置于花园中。

〔10〕 我所有的一切:指家庭、今日的友人、名誉地位等,这些将让位于消逝的往事,才能使作者恢复当时的创作心境,得以续完《浮士德》。

〔舞台序幕〕 一七九一年歌德读到印度诗人迦梨陀婆的戏剧《沙恭达罗》的英译本,该剧在脚本前面增加一个"开场白",先让一位婆罗门教徒发表一段祝词,然后由经理和一位女演员进行对话。这个手法显然引起歌德的兴趣,于是《浮士德》也有了一个类似的《开场白》,约写于一七九八年。作者在这场序幕中利用三个人物发表了三种不同的戏剧观,将诗人(剧作家)最纯粹的创作活动同一般观众的趣味和要求形成对照,后者则由经理和丑角作为代表。对白预示各种不同的创作因素,如想象、幻想、世故、笑料、"戏剧荒诞"等,将交织于本剧中;同时间接反映作者(即诗人、剧作家)的观点最终并没有得到承认。

〔11〕 在德国的尝试:指按照德国各邦流行的戏剧观点,也就是下文由经理和丑角所代表的观点而进行的尝试。

〔12〕 众人:即观众,参阅注〔7〕。

〔13〕 已经撑好棚柱,已经搭成了戏台:指歌德时期出现在露天集市中可以移动的简陋的傀儡戏台。

〔14〕 眉飞色舞:指对戏剧抱取乐态度、准备对演出进行褒贬的精神状态。

〔15〕 具有深意而又令人快活:歌德在一八〇八年致福格特信中说:"我们舞台的主要目的,就是提供有意义而又中看的演出。"意即演出的戏剧自应包括深刻意义,但这种意义必须以悦人耳目的形式出之。

〔16〕 狭窄的恩宠之门:出自《新约·马太福音》第七章第十三节:"你们要进窄门。"

〔17〕 "四点以前":演出通常从上午六点开始,观众在两小时以前就蜂拥

而至。

〔18〕 作者:又可译作"诗人",他的第一段道白可与《献词》相互参照,正流露了《浮士德》作者的内在心情。同时,"作者"和"经理"的对白中还可隐约听出浮士德和梅菲斯特的若干气质。

〔19〕 培育出我们心灵的恩泽:"恩泽"并非从天而降,需要通过爱与友谊的"培育"才能增长。

〔20〕 为放荡瞬间的暴力所吞噬:初次演出的直接效果往往很肤浅,当时人们并不能认识剧本的内在价值;这种价值往往只能为后世所了解。

〔21〕 披沥衷曲:演员虽说扮演一个异己的角色,同时也是在显示自己。

〔22〕 睁着眼睛瞧个够:歌德在《魏玛宫廷剧场》(1802)一文中写道:"对观众最大的敬意莫过于耐着性子,把他们当乌合之众看待。他们一时兴起,跑到剧场来,要求马上可以取乐的玩意儿,希望睁着眼睛瞧个够。边瞧边吃惊,又哭又笑,于是迫使依仗他们谋生的经理们多少下降到他们这些人的水平。"

〔23〕 观众只能靠量来争取:是说一般观众缺乏艺术鉴赏力,只要有"足够的情节"和冗长的脚本就可以对付。

〔24〕 谁带来的东西多,谁就会给许多人带来点什么:歌德在一七九八年致席勒信中说:"应当尽最大可能使自己的作品多样化,这样每个读者才可能为他自己选取一点什么,因此以他自己的方式成为一个参加者。"

〔25〕 还不如把它分成好几段:参见《维廉·麦斯特的学习时代》中赛罗关于《哈姆莱特》的排演工作的一段话:"那些剧作家逼迫我们去做这可厌的破坏工作,而且观众也允许。……我们就不应该同时利用我们的长处吗?我们用割裂的剧本和完整的剧本能同样地成功。"(中译本第270页)

〔26〕 那些正人君子的粗制滥造:一说此处暗讽奥古斯特·封·科采布。科为一魏玛官吏的儿子,曾任驻俄国外交官,并为俄国外交部收买,遭返德国为沙皇亚历山大一世做密探;同时从事戏剧写作,多次抄袭他人作品。

〔27〕 您要劈的是一块软木塞:要劈软木,最重的斧子恰巧不是最适当的工具;同样,对于广大观众,完美的艺术也并不起作用。

〔28〕 报章杂志:报章杂志作为舆论工具,特别在文学艺术方面,有使读者接受先入之见、丧失判断力的危险。

〔29〕 仕女们……参加演出:参阅罗马诗人奥维德的《爱经》:"他们罗马妇女为看而来,但也是为了给人看。"

〔30〕 一半冷淡：指纯粹理智化的人。

〔31〕 每一种元素：指火、水、风、土，古称四大元素。此处是说诗人凭借什么来调遣每一种元素，作为机关布景为他的剧作演出服务。

〔32〕 那种和声：整句的含义是，未开化的人对于不相关的个别事物谈不上有所知觉；但是，诗人却凭借其内心的和谐，认识到一切既成事件的高级单一性，甚至在高级眼光下将不相关的现象综合于自身。因此，诗人不仅能够赋予个别的孤立事物以原则上适合其种属的意义，甚至在神话想象（诸神）令人迷惘的丰富性中，找到了据以进行诗歌创作的单一性（奥林波斯山）。参见《塔索》："他的耳朵听得见自然的和声……"《维廉·麦斯特的学习时代》第二部第二章："是的，如果你同意，那么我要问，除了诗人以外，有谁创造了群神，把我们提升到他们的行列，又把他们拉下来和我们一起？"（中译本第71页。译文略有改动。）

〔33〕 微不足道的绿叶：月桂树叶本身没有任何意义，制成了桂冠才有意义。

〔34〕 奥林波斯山：希腊神话中群神居住地。须知这个神话是由诗人创作的，而诗人这样做，又是体现了人的力量。本句的全部意义是：是谁为群神保证了他们在人间具有约束力的权威？参阅注〔32〕的《学习时代》引文。

〔35〕 ……老先生，这才是您的义务：丑角的这句话是对诗人说的。他肯定天才的永久的青春，并非为了讽嘲，而是存心恭维。

〔36〕 老年并不……使人变得幼稚，它却发现我们都是真正的儿童：老年不是人生的累赘，而会通过返老还童，重新开始人生。

〔37〕 发号施令：歌德在创作实践中的主动精神，即从不受心情干扰的创作决心十分令人钦佩。参见席勒一七九九年五月十七日致歌德信："您能通过自己的决心对自己的心情施加多么大的影响啊。"

〔38〕 把烈酒啜饮：此处指强烈的感官印象。

〔39〕 因为不这样不行：谁开始干一件事，就应当一直不停地干下去，直到把它完成。实际上是作者借"经理"之口在发言。

〔40〕 大大小小的天光：指太阳、月亮。参见《旧约·创世记》第一章第十六节："神造了两个大光，大的管昼，小的管夜……"

〔41〕 从天堂通过人间直到地狱：参见歌德一八二七年对爱克曼的谈话："人们常来问我，我在我的《浮士德》里体现了什么思想？仿佛我知道，而且说得出来似的！如果需要回答，那么也可以这样回答：'从天堂通过人间直到地狱'；

但是,这并不是一个思想,而是行动的过程。"令人不解的是,这一行的意思只适合旧浮士德传说的"行动的过程"(浮士德的灵魂最终被梅菲斯特带向了地狱),而不适合《浮士德》第二部的结尾(那个场景是天堂而不是地狱)。

〔天堂序曲〕 本幕约写于一七九七年,《开场白》之前。这里提出了全剧的主旨,即撒旦到天堂来,请求上帝允许他下凡,去引诱浮士德,而上帝深信浮士德具有不断进取精神,不会受到诱惑,因此允许了这个请求。作者的这个构思一方面来源于他儿时见过的根据民间传说改编的傀儡戏,同时更明显地受到《旧约·约伯记》头两章的影响。关于这一点,歌德曾对爱克曼这样说过(1825):"如果我的浮士德的剧情同《约伯记》有几分相似,那也是十分正确的,为此我毋宁应受到奖励,而不是受到责备。"参阅注〔313〕。

〔42〕 天兵:参见《新约·路加福音》第二章第十三节:"忽然有一大队天兵,同那天使赞美神说,在至高之处荣耀归于神,在地上平安归于他所喜悦的人。"天兵由天使长率领,天使长在此处共有三位,按品位次序而上:拉斐尔居末位,故最先出场;米迦勒居首位,由他结束歌唱。这个次序首见于狄奥尼修斯·阿依俄帕吉塔的《天堂圣秩》,但丁的《神曲·天堂》在这一点上亦以此为根据。

〔43〕 兄弟天体:指其他星球。

〔44〕 开天辟地:原文为"第一天",指上帝第一天开天辟地,分出昼夜的"崇高功业"。

〔45〕 照亮了道路以待霹雳:破坏性的电闪为雷鸣开路。

〔46〕 使者:希腊文"天使"的直译。

〔47〕 梅菲斯特:全称为"梅菲斯特费勒斯",简称"梅菲斯特"。按希腊文解释,意为"不爱光者","不爱浮士德者";按希伯来文解释,意为"破坏者—撒谎者",转义为"魔鬼"。但是,他的性格和形象在《浮士德》全剧中是十分复杂的,不能按照一种印象予以简单化。

〔48〕 请原谅……:梅菲斯特从此处开始流露嘲弄口吻,这个口吻尤见于所谓"像第一天那样古怪",即重复提到天使长前句所谓"开天辟地"的那个第一天。

〔49〕 小神:指人。与其他生物比较,人显得崇高;就整体而论,又显得渺小。参见莱布尼兹《辩神论》第一章第一一七节:"人在他的世界里就仿佛是一个小神。"

〔50〕 我的仆人:参阅《旧约·约伯记》第一章第八节:"耶和华向撒旦说,你

曾用心察看我的仆人约伯没有?"

〔51〕 只要他活在人世间:也就是说,人活一天就要接受一天的考验。

〔52〕 人只要努力,犯错误总归难免:名句。人不怕犯错误,但怕不努力。

〔53〕 源头:指神赋予人的不断努力向上的天然本性。

〔54〕 只要你抓得住他:只要你能掌握他的本质,从而施加影响。

〔55〕 一个善人即使在他的黑暗的冲动中,也会觉悟到正确的道路:此二句概括浮士德自强不息的一生。

〔56〕 让他一辈子去啃尘土:参见《旧约·创世记》第三章第十四节:"你必须用肚子行走,终生吃土。"蛇是人的第一个引诱者,后来变成了魔鬼,故梅菲斯特尊称她为"姨母"。

〔57〕 那时你尽可以随便来见我:梅菲斯特作为魔鬼并不能随便见到天主。但如他打赌胜利,天主惠允他那时可以随时到天堂来。

〔58〕 促狭鬼:原义为幸灾乐祸的恶作剧者,耍手段的小流氓,后转义为爱说笑打趣的人。梅菲斯特一贯冷嘲热讽,阴阳怪气,故以此名称之。

〔59〕 人的行动太容易松弛:天主对于人的最重要的要求就是"行动"。梅菲斯特却自信能把浮士德"引上我的大道",并把他的努力转变为"绝对的安息"。浮士德后来自己认识到"行动"的福音("太初有为"),这本是符合天主的心意,但此刻梅菲斯特已化犬而入其室。天主让魔鬼去与那自动"爱上绝对安息"的人交朋友,乍看之下似乎有点矛盾。如果说他认为与魔鬼的交游有益于医治人所惯有的怠惰,这似乎是从一个虚假的前提出发,因为梅菲斯特的任务正在于引诱浮士德趋向满足,躺上"睡椅",而不是促使他进一步行动。但是,须知浮士德是"一个善人","觉悟到正确的道路",因此"只要他活在人世间",他便能够经受魔鬼所安排的种种危难。总而言之,天主和梅菲斯特的这场辩难,不仅有圣经上的根据,而且有社会批判的意义。

〔60〕 因此我愿意给他一个伙伴,刺激他,影响他……:梅菲斯特认为人("世界的小神")"禀性难移";天主却愿给浮士德"一个伙伴"以便"刺激他""影响他",则反映了歌德对于人生的辩证观点。

〔61〕 真正的神之子:天主这时从梅菲斯特掉过脸来同天使长和天兵们讲话。所谓"真正的神之子",不包括撒旦和堕落的天使在内。参见《新约·启示录》第十二章第九节:"大龙就是那古蛇,名叫魔鬼,又叫撒旦,是迷惑普天下的。他被摔在地上,他的使者也一同被摔下去。"第十二章第十二节:"所以诸天和住

在其中的,你们都快乐吧!只是地与海有祸了,因为魔鬼知道自己的时候不多,就气愤愤的下到你们那里去了。"

〔62〕 永远活跃永远生动的化育者:指生生不已的宇宙本身。这句话的意思是:化育者的美,即生生不已的创造的美,会在你们身上引起爱,这种爱会把你们束缚住,而这种束缚又使你们觉得温柔而不可抗拒。事实上,每种爱都限制人对于其对象的思维。

〔63〕 那飘浮于游移现象中的一切:现象世界要在永恒的变化中来理解。不是一般的理智,而是高级的理性,才能在变迁中认识持久,才能利用超时间的观念或理念(柏拉图)来把握倏忽即逝的个别现象。

〔64〕 这位老头儿:梅菲斯特对天主的亲昵而调笑的称谓。

〔夜〕本场以回顾性的独白形式表现了一个渊博学者变成魔术士的发展过程,有关情节借自英国剧作家克里斯多夫·马洛(1564—1593)的《浮士德博士》。从浮士德的独白到他与瓦格纳谈话结束为止,有关情节借自德国民间《浮士德》傀儡戏。浮士德与地灵相晤为本场的高潮,他的向往与努力先受到地灵的祝福,继而遭受驳斥,遂引起了自杀的念头。为了给舞台形象提供线索,歌德曾经在《浮士德片断》(1790)中参考过由画家李普斯略加修改的伦勃朗铜版像:"浮士德,无须老人,身着法衣与便帽,站在斜面桌前,凝视大窗,上面有烧制出的玄妙符号,同心圆圈,神秘文字;另有书籍,地球仪,骷髅等。"(据魏玛歌德席勒博物馆馆长埃里希·施米特文。)

〔65〕 ……哲学、法学和医学:浮士德已修完中世纪的传统学科,既获得"硕士"学位,又获得"博士"学位。不过,读完这几门学科,需要多年时间。浮士德求学还不到十年,此刻仍比他在女巫丹房里要年轻得多,据后文他那时服完汤药,年轻了三十岁。但是,歌德初写《浮士德》,只有二十五岁,从他那时看来,浮士德算是老人了。

〔66〕 天哪,还有神学:在浮士德(以及歌德)的时代,神学已僵化成为学校必修科目。浮士德虽然摒弃它,他作为魔术士仍然是个求神者。

〔67〕 魔鬼:浮士德虽不否认它的存在,但并不由于畏惧而放弃对于最后秘密的探求。

〔68〕 我才感悟到:指对于世界关联的直观认识,而不是个别知识的抽象分析。

〔69〕 根基:原材料,元素。又作"种子"解。据瑞士哲学家巴拉塞尔士云:"一切元素的基础是土地;它本身包含有种子……"

〔70〕 知识的乌烟瘴气:知识的充溢并没有带来澄明,反倒蒙蔽了目光。

〔71〕 天光:此处不指月亮,而是指太阳。

〔72〕 诺斯特拉达穆斯:原名"圣母院的米歇尔",一五〇三年生于普罗旺斯的雷米,一五六六年卒于沙龙。法国外科医生,占星术士,预言家。一五五五年出版押韵四行体预言集,引起轰动。仔细推敲起来,历史上的浮士德死于一五四〇年,不可能打开这本书,除非他有这本书的手抄本。但也不必认真,歌德此处不过用这个名字代替一般的占星术士而已。

〔73〕 你的心力会使你恍然大悟,懂得一个精灵怎样同另一个精灵对语:歌德少时在其母女友克勒腾伯格夫人处接触到瑞典神学家斯维登堡(1688—1772)的观点:人的心灵与上界相通。斯氏认为,整个天界是由彼此相关的精灵构成,这些精灵上升下降,只与那些能够感觉它们的人们相答问。

〔74〕 神圣的符箓:一些富于魔力的象形文字或几何图形。

〔75〕 大宇宙的符箓:这些符箓以象形的线条和图案表示宇宙的整体结构。当时的占星术士认为,大宇宙与小宇宙即人之间有着神秘的联系;他们的大部分理论均以前者对于后者的影响为基础。

〔76〕 那位智者:可能指诺斯特拉达穆斯,也可能指一般的招魂术士。歌德这时已读过神秘作家雅可布·伯麦的著作《奥罗拉》。

〔77〕 天庭诸力……黄金吊桶……:这个比喻在歌德当时比较流行,因为救火时,为了把水从取水处送到消防梯,消防水桶正是从一只手传递到另一只手。此外,黄金水桶还指光的容器,即发光的天体。

〔78〕 地灵:歌德关于地灵的观念来自十六世纪的自然哲学家。据云,每个星体都有一个精灵居住着,地球也不例外;地灵给地球以生命,用火把金属熔化在地球身上,并给植物和石头以力量。歌德也受过瑞典哲学家斯维登堡的影响,后者自夸能与行星精灵相通,故亦能与地灵相通,谓曾见地灵为一团彩色或红色火焰,或化为飞鸟,或如细雨吹拂在他身上。实际上,从作品本文来看,所谓地灵无非是大自然生生不息的化身。参阅注〔73〕。

〔79〕 你在我的灵界长久啜饮:据斯维登堡云,每个精灵都有一个灵界,有些精灵俯身在人的头上啜饮。在歌德笔下,浮士德却像一个吸奶婴儿向地灵祈求它显现。

〔80〕 超人：此处系讽语。

〔81〕 来去飘摇："飘摇"（wehe），在一些版本中作"织造"（webe）。

〔82〕 永恒的海洋：指不停的潮汐。类似生生不息的思想，亦可见于歌德的著名散文《自然》。

〔83〕 活的衣裳：自古以来，可用感官感知的生动的自然，就其全部现象而言，可视作一袭锦绣衣裳。斯维登堡有云："精神为自然所掩蔽，有如人之于衣裳。"

〔84〕 我觉得我同你多么接近：浮士德认为地灵的本质只在于漂泊和忙碌。他不理解它的活动的目的性和创造性。他所以不理解，是因为他自己的努力并无目的，只是一味忙碌和勤勉，并因此觉得他同它多么接近。大概正是这个缘故，地灵在下句才说，"你并不像我！"

〔85〕 神的肖像：按照《旧约·创世记》第一章第二十七节，"神就照着自己的形象造人"，所以人是神的肖像。地灵位于神之下，故浮士德位于地灵之上。

〔86〕 最美好的幸运：浮士德虽然遭受地灵的屈辱，他仍觉得精灵肯光顾他，乃是他的生命的顶点。

〔87〕 瓦格纳：作为浮士德教学上的助手，这个名字取自古代传说（克里斯多夫·瓦格纳）。关于这个人物的性格，研究家们说法不一。或认为他代表哲学上的经验主义，或认为他代表治学上的迂腐倾向，或认为他象征德国小市民的鄙陋性。但他一开口就暴露自己的庸俗性格，只是浮士德的无限追求的陪衬。他毫无生动的思想，不懂诗，甚至不懂宗教，他不可能与梅菲斯特发生任何关系。

〔88〕 优伶可以把牧师教导：神学家巴尔特，启蒙主义者，于一七七三年提倡让演员教导未来的教士；赫尔德于一七七四年表示激烈反对，认为前者只注重形式而不注意内容。歌德本人既不赞成无形式的内容，也不赞成无内容的形式，他主张有形式的内容。

〔89〕 博物馆：在新拉丁时期，人文学者和巴罗克学者均以博物馆为研究室。

〔90〕 通过劝说把世人加以指引：为了说服听众，戈特舍德在《雄辩术详论》（1728）一书中有详尽的指示。

〔91〕 这一步：指内在的、从素材本身产生的并与之相适应的雄辩形式。瓦格纳不懂歌德的这段话，才认为"口若悬河"是演说家的诀窍。

〔92〕 只有口若悬河：瓦格纳此刻可能想起昆狄里安的雄辩术要旨："口才

不是首先的,而是唯一的。"

〔93〕 挂响铃的笨蛋:从前逗乐的傻瓜戴着系铃的便帽,每走一步,便发出可笑的音响。参见《新约·哥林多前书》第十三章第一节:"我若能说万人的方言,并天使的话语,却没有爱,我便成了鸣的锣、响的钹一般。"

〔94〕 玩玩剪纸游戏:指玩弄辞藻,而无实际内容的言论,只能算是不成熟的悟性,像儿童用纸剪花样一样。

〔95〕 艺术悠久而人生短促:拉丁作家常用的格言,源自罗马哲学家塞尼加,但在希腊名医希波克拉底笔下即已出现。

〔96〕 探本求源的方法:瓦格纳按照文艺复兴学者的号召("ad fontes","回到本源"),想到了可视作最高权威的古代作家,但要研究他们只能借助古代语文,故有"难以掌握"之叹。但是,浮士德对于"本源"却有一个完全不同的概念,即它必须是"从你自己的心灵流出",并非藏在"羊皮纸"里。

〔97〕 羊皮纸:西方的古代文献大都写在羊皮上面。

〔98〕 用七印封严了的书:难解的文献。参见《新约·启示录》第五章第一节:"我看见坐宝座的右手中有书卷,里外都写着字,用七印封严了。"

〔99〕 你们所谓的时代精神:赫尔德和歌德都嘲笑过自作聪明的十八世纪学者,他们想用自己的尺度来判断过去的时代及其关系。

〔100〕 一部帝王将相的大戏连台:指按照三十年战争历史,表现国家大事、朝代更迭、王室兴衰的戏文。当时戈特舍德等人曾予以酷评,这类戏文仍在傀儡舞台盛演不衰。

〔101〕 "认识……":瓦格纳用以指外表上的纯理论的理解,浮士德则指从内心获得的经验。

〔102〕 不是被钉上十字架就是被烧死:除了耶稣外,作者这里还想到被判火刑的胡斯(1372/1373—1415)、萨伏那洛拉(1452—1498)、布鲁诺(1548—1600)以及遭受酷刑并长期被监禁的康帕奈内拉(1568—1639)等宗教改革家。

〔103〕 我是一个超天使:此处天使指长有双翼的小天使,只能从事静观;而人接近上帝则在于创造,故谓超天使。

〔104〕 一声雷霆般的呵斥:指地灵的回答:"你只像你所理解的精灵,并不像我!"这句回答在浮士德身上造成强烈印象,为瓦格纳的造访所打断,现在又重新回到他的心头。

〔105〕 是它们妨碍了我们生命的进程:浮士德把他召遣精灵的成功行动和

遭受地灵拒绝所引起的苦恼一律视作生命进程的障碍。他在迷惘中把这些经验普遍化了。

〔106〕 忧愁:参阅第二部第五幕《午夜》一场,浮士德晚年为"忧愁"吹瞎了眼睛。

〔107〕 人类无处不把自己折磨:歌德于一八〇六年对历史学教授卢顿说过,探本求源的结果,只能导向一个久已被发现的真理,即"任何时代、任何国土都是悲惨的;人类一直在折磨自己。"参见梅菲斯特在《天堂序曲》中对天主所说,"我只知道,人类是怎样在折磨自己……"歌德不止一次向爱克曼、里默和法尔克等人表露过类似的悲观思想。这也是促使他下决心尽可能完成自己独立发展的原因之一。

〔108〕 你古老的工具,我用不着你:浮士德不用他父亲的工具,因为他知道他用它们认识不到自然的本质。歌德本人作为自然研究者进行过多种实验,但他并不指望由此揭示最终的秘密。

〔109〕 需要努力获取才能占有:即使遗产也不能不劳而获。凡不经过努力获得的一切,都不可能真正地占有。歌德认为,他所继承的财富以及他的人生机遇都不过是手段,其价值得由其达到的结果来衡量。

〔110〕 火焰车辆:死亡前的幻觉。这一段写浮士德企图饮鸩自杀的思想活动。参见《旧约·列王纪下》第二章第十一节:"忽有火车火马,将二人隔开,以利亚就乘旋风升天去了。"

〔111〕 纯粹活动:指自然界不为任何人间事物所干扰或限制的活动。

〔112〕 行动:指自杀。在科学的和魔术的实验失败以后,浮士德便把自杀的行动看作英雄的尝试。他想到另一个世界去解决他的理论思维所无从揭示的永恒的秘密。

〔113〕 想象力:人的想象力创造了地狱,因此也引发了死后将要进入地狱的痛苦。

〔114〕 即使有危险流入虚无:浮士德宁愿忍受这样的可能性,即在死后等待他的不是他所向往的最高秘密,而是彻底的虚无,他本人将丧失自己的意识以至他的自我。

〔115〕 天使们的合唱:不是真正的天使,而是附近大教堂的唱诗班在合唱。唱词内容借自《新约·马太福音》第二十七、二十八章,《新约·路加福音》第二十四章,《新约·约翰福音》第十九、二十章。

〔116〕 它现在又把我唤回到生活之中:不是浮士德已经不相信的复活节信仰的内容,而是他对于与复活节相连的幸福的童年体验的回忆,又把他唤回到生活之中,从而放弃自杀的念头。

〔城门口〕 据考证,本场的风土人情为德国一般城镇所常有,若干地名则取自作者的故里法兰克福地区,如"猎人之家"在罗德尔海因,"水榭"在俄贝拉特村等。本场通过浮士德与瓦格纳的郊游,引致梅菲斯特化犬出场,并通过浮士德与老农民的谈话,交代他的身世。

〔117〕 烟草:烟草出现在歌德时代,并不在浮士德时代。

〔118〕 战争和战争风声:土耳其战争在浮士德时代当指十六世纪初叶奥斯曼帝国征服阿拉伯世界的战争;在歌德时代则系十八世纪末叶的俄土战争。

〔119〕 圣安德烈节前夜:圣安德烈为十二使徒之一,殉教而被钉死在叉形十字架上。圣安德烈节为十一月三十日。德国少女们相信,在该节日前夕上床之前,呼唤圣安德烈的名字,便可在梦中见到未来的情人,或者从水晶球里可以找到关于未来婚事的答案。

〔120〕 牧羊人为跳舞细心打扮:这首民歌在《维廉·麦斯特的学习时代》第二部第十一章由菲利娜提到过(见中译本第 115 页)。

〔121〕 令尊大人:据民间传说,浮士德的父亲是一位农民;但在本文中却是一个医生,并且是浮士德的这门技艺的老师。此处所述实为诺斯特拉达穆斯的事迹,参阅注〔72〕。

〔122〕 那时您虽然是个青年人:一五二五年,诺斯特拉达穆斯二十二岁,普罗旺斯流行瘟疫,他大胆地沿门进入农家治病,救活许多病人,而本人始终无恙。

〔123〕 让我们向天上的救主躬身致敬:浮士德的宗教信仰诚然与众不同(见后文《玛尔特的花园》一场中他和玛加蕾特的谈话),但为了不伤害乡民的虔敬感情,他却用他们所习惯的宗教语言说话。

〔124〕 圣体:即圣饼,天主教弥撒祭品中由基督肉体化成面包,人人在它面前都要顶礼膜拜。此处指宗教仪式行列中高举的圣体。

〔125〕 玄虚不可捉摸的正人君子:指他用心良好,但由于误用炼金术士的单方,偶然造成灾祸,以致成为后文所谓"厚颜无耻的凶手"。

〔126〕 一头红狮:这一段是用诗意语言描述炼金术士制造点金石、追求长生的过程。他们在实验室("黑色的丹房")里把红色的氧化汞("狮")和白色的

盐酸("百合")放在一只温水锅里,用文火使之化合(有如男人和女人、国王和王后的"交配")。然后把二者一同从一个曲颈瓶("洞房")取到另一个瓶中,再用更大的明火煎熬。把固体气化后,在烧瓶内壁便现出彩色的沉淀("五彩缤纷")。整个过程不过是一次蒸馏,由此产生的所谓"点金石"被称为"年轻的女王",即狮王和百合后的女儿,据云不仅能制造黄金致富,并有治病、增寿的效力。但是,浮士德充满厌古情绪,不相信这一套,并把自己和他父亲的医道称之为用毒药杀人,虽然用心是好的。

〔127〕 女神:指太阳。德语的"太阳"为阴性。

〔128〕 云雀,苍鹰,白鹤:这些形象多次出现在歌德笔下。飞翔的梦想伴随歌德终生。

〔129〕 两个灵魂:关于两个灵魂的观念自古有之,到十七八世纪重新流行。歌德首先从维兰、继而从他那时读到的希腊哲学家色诺芬的政治小说《居鲁士的教育》一书中获得这个观念。后来他从荷兰神学家巴·贝克尔的《着魔的世界》中读到摩尼教教义,从中获悉,"每人有两个灵魂,一个永远同另一个斗争。"

〔130〕 魔袍:预示后文中浮士德利用梅菲斯特的袍服在空中飞行。

〔131〕 从北方:指东南西北风及其对人类的危害。在德国,东风干燥而锐利,西风则常伴雨而成灾。

〔132〕 黑狗:据传说,浮士德养过一条大黑鬈毛狗,有一对火红眼睛,名叫"普雷斯蒂吉尔",它被抚摩时能够改变颜色,实际上为一精灵所化。

〔书斋〕 浮士德散步回来,携黑犬进书斋,准备把《新约》圣经从希腊文译成德文,刚译出第一句,黑犬即梅菲斯特现出原形——本场描述梅菲斯特同浮士德的初晤情景,其中梅菲斯特的自我介绍一段对于理解全剧有重要意义。

〔133〕 对神的爱:指纯思维的、摆脱一切欲念的、仅致力于认识万有之生动联系的自我感悟,即斯宾诺莎所谓的"出自心智的爱"。

〔134〕 生命的源头:指神。神性的本源表现在圣经所说的启示中。下文将有说明。

〔135〕 太初有言:出自《新约·约翰福音》第一句:"太初有道"。"言"或"道"的希腊原文为"逻各斯",此字由画廊学派和亚历山大学派哲学进入新约,意为"字""概念""理性"等。赫尔德在《新约阐解》(1775)中译为"思！言！意！行！爱！"浮士德首先像路德一样用"Wort"(字)来译"逻各斯",接着他试图更深

刻地掌握它的含义，便与其本义越离越远，结果不是在翻译，而是在阐释自己对于万有之本源的见解。当他在思考中接近这个本源时，不觉间惊动了化身为犬的魔鬼，它正代表这个本源的反面，这时它开始在火炉前面向浮士德现出原形。

〔136〕 所罗门的钥匙：所罗门系希伯来大卫王之子，以智慧著称，在中世纪被尊为最伟大的魔术士。以他命名的《所罗门的钥匙》是一本召遣或降服魔鬼的魔法大全，曾从希伯来文译成拉丁文，十六至十八世纪又译成其他欧洲文字。这本书并不教人召遣或降服真正的魔鬼，只可以用来对付"侏儒、山灵、水精、林妖"等元素性精灵，即浮士德所称的"地狱里的魔鬼坯子"，或尚未成形的魔鬼幼虫。

〔137〕 众精灵（在过道上）：它们诚然忠于梅菲斯特，并为解救他而被招来，但一进入魔术士的书斋，便使自身也陷入困境。

〔138〕 四精咒：用以召遣火、水、风、土四大元素精灵的咒语。四大精灵的名称由中世纪瑞士医学家帕拉切尔苏斯所拟。从下文看，浮士德念本咒无效，于是改变咒文，将"土精"去掉，换成"因库布司"，即矮小、淘气的宅精，二者在德国童话中有密切关系，但并非一物。

〔139〕 这个标志：挂有圣体并有 INRI（拿撒勒人耶稣，犹太人的王）铭记的十字架。这就是前句所谓"更厉害的咒语"。

〔140〕 "这个从无来由的……"：根据《新约》，基督来自永恒，故云"从无来由的"；他的意义不能用任何名字充分表达，故云"未曾宣布的"；他的荣耀充满"诸天"；虽然如此，他却被士兵的长矛"刺穿"了（参阅《约翰福音》第十九章第三十四节）。这四行是对耶稣的素描，但没有提及他的名字。

〔141〕 三重炽烈的光华：指圣父、圣子、圣灵三位一体。被认为最厉害的降魔法。

〔142〕 梅菲斯特：参阅注〔47〕。这是梅菲斯特最初与浮士德对话。梅菲斯特在下文中向浮士德解释自己的本性，可能就是歌德对于这个名字的理解。虽然一般传说把梅菲斯特和"魔鬼"等同起来，但须知他只是一个魔鬼，而且在魔界仅位于第四级。歌德从传说中只借用了这个名字及其初现时的若干情景，这个性格从头到尾乃是他的创造。作者有时狡狯地用这个名字作为面具来说自己的话，但基本上是以他的早期友人、批评家约翰·默尔克为原型。他在一八三一年三月二十七日对爱克曼说过，"默尔克和我常常在一起，就像浮士德和梅菲斯特一样。……他所有的嘲弄和讥诮无疑都来自较高层次的文化基础；但他不是一个创造性的人，相反他有一种强烈的否定倾向，所以他对人常常责备多于表扬，不自觉

地寻找一切机会来满足这种快感。"

〔143〕 如此轻视'言'的人:指浮士德在前文所说,"我不能把'言'抬得那么高"。

〔144〕 蝇神:魔鬼的别称。在《旧约·列王纪下》第一章称作"以革伦的神巴力西卜";在《新约·马太福音》第十章第二十五节称作"别西卜"。

〔145〕 我是永远否定的精灵:梅菲斯特在前一句坦率地宣称自己"是总想作恶、却总行了善的那种力量的一部分",这与天主在"天堂序曲"中最后一段训词中对梅菲斯特所安排的任务是相一致的。这里他又说自己是"永远否定的精灵",即与肯定的真善美相对立,这一点自始至终贯穿着他的性格。他的不敬与嘲讽不仅是他的性格的一部分,而且反映了他想破坏真善美而无能为力,反倒刺激人类对真善美的进一步追求,也就是"总想作恶、却总行了善"。

〔146〕 这个愚蠢的小宇宙:人把自己视作完整的宇宙,不过是梅菲斯特对于大宇宙的嘲讽。参阅注〔49〕。

〔147〕 那部分最初本是一切:即后文浮士德所称的"混沌的古怪儿子"。混沌原本是一切,从它产生了世界,后来混沌又把世界贬为低级的本体。按照中世纪的宗教信仰,魔鬼原本是天使,后由于堕落而被推入地狱。梅菲斯特这里表述的一段关于原始黑暗的理论,来自希腊诗人希西阿的《神统记》。

〔148〕 巫脚:即五角星形,被认为有特殊的降魔效验。据说是由于它可化解为三个三角形,即三位一体的三重象征。

〔149〕 温柔的精灵为你唱的歌曲:下面一首精灵之歌将对听觉、视觉、嗅觉、味觉、触觉都产生作用。

〔150〕 ……神恩浩荡:这首精灵之歌是一首催眠曲,浮士德自己并不知道,但是梅菲斯特知道。他所以产生几乎绝望的不耐情绪,正由于缺乏肉体上的一切享乐。于是,精灵们首先要做的,便是让这首催眠曲具体地演现在浮士德昏昏欲睡的眼前:天花板蒸发而成云;云又蒸发掉,并软化了升起的太阳;一群群飘荡的精灵继而变幻成为人,人们沉醉于醇酒与美色之中,在空幻的景色里,葡萄酒流成了溪,汇成了海;而从山丘那边,有禽鸟向遥远的光明的欢乐岛飞去;从那儿一切将化为无限——歌曲就此结束。这一系列古怪、朦胧、淡出又淡入的景色,引起了他的甜蜜的、无形的、梦幻般的也因此更其危险的肉欲感,从而在他的心灵深处不自觉地激发了进一步追求这种快感的欲望。

〔151〕 大鼠、小鼠、苍蝇……的主人:即魔鬼,参阅注〔144〕。

〔152〕 纷至沓来的精灵就此烟消云散:使得醒来的浮士德反倒相信,魔鬼不过是一场梦,只有他再见不着、因而认为"逃掉"了的鬈毛狗才属于现实。

〔书斋(二)〕 本场描写梅菲斯特利用浮士德对书斋生活的绝望心情,再次进行诱惑,提议两人联合起来,一同去经历人生;浮士德为了享受"今世",宁愿把灵魂抵押给魔鬼,答应来世做它的奴仆,并用鲜血签了合同;接着梅菲斯特乔装浮士德,对一个青年学生尽情嘲讽中世纪的伪科学和大学教育——这些情节说明:人类正如天主所安排,将在魔鬼的"作恶反行善"的刺激下,永不满足现状,不断追求和实现最高愿望。

〔153〕 说三遍:与魔鬼交往的先决条件之一,浮士德果然照办。

〔154〕 贵公子:原文系一种武士称谓。在《女巫的丹房》中被称为"撒旦公子";在《瓦尔普吉斯之夜》中又被称为"伏郎公子"。在傀儡舞台上,梅菲斯特第二次出场,身着红色紧身马甲,外披黑绸斗篷,头戴公鸡羽毛帽。歌德有意保留这套西班牙朝服,是为了让梅菲斯特打扮成一个见过世面的人,正如他在《女巫的丹房》中回答女巫时所说,"把世界舔遍了的文化也影响到魔鬼"。

〔155〕 沙哑地:指古老钟楼的钟声沙哑地报告生命缩短而一事无成。

〔156〕 人生蠢态:现实的丑恶面妨碍高级想象力的自由创造,反过来还扮出怪相来观看创造精神。

〔157〕 死亡绝不是受欢迎的客人:暗讽浮士德在复活节前夕意图自杀而未遂。下文"有人在那个晚上并没有饮尽那杯棕色的汁液",亦指此。

〔158〕 快乐时光的余响:指记忆。

〔159〕 悲伤洞窟:指肉体、躯壳。柏拉图已有此感觉。

〔160〕 玛门:财神。《新约·马太福音》第六章第二十四节:"你们不能又侍奉神,又侍奉玛门。"参阅注〔331〕。

〔161〕 ……尤其要诅咒忍从:《新约·哥林多前书》第十三章第十三节:"如今常存的有信,有望,有爱,这三样,其中最大的是爱。"浮士德绝望到准备全部舍弃这一切,甚至拒绝在今世为来世而忍耐任何痛苦,这就为梅菲斯特提供了进行诱惑的最好机会。

〔162〕 精灵合唱:这段唱词有双重含义:既是严肃的,又是嘲讽的。首先它像是一篇危险的诔辞,悲叹"美丽的世界"为浮士德所摧毁,却又原谅这个"半神"的狂妄的诅咒,从而鼓励他走向新的狂妄,从这一方面说是嘲讽的。同时,它又可

视为作者的一番感叹,它鼓励浮士德"开始新的人生历程,让新的歌曲响彻世界",实际上预示了这个"地之子"内心不断向上、终于获得拯救的精神发展,从这一方面说又是十分严肃的。但是,梅菲斯特并不理解精灵合唱的这点真正含义,而从嘲讽的角度加以理解,并认为它"说得多么老练",于是提出了与浮士德一同"经历人生"的建议。

〔163〕 兀鹰:宙斯为了惩罚普罗米修斯给人类以火,将他锁在高加索的悬崖上,并派一只兀鹰每天早晨去啄食他重新长起来的心肝。

〔164〕 你也应当对我如此这般:表面上,梅菲斯特提的条件是公平的;实际上,同浮士德在"今生"的若干岁月相比,永恒的"来世"当然有利于梅菲斯特。但是,浮士德渴望享受"今生",接着却说:"我才不管什么来世不来世。"

〔165〕 让人吃不饱的食品:指纯粹的眼前享受。这些享受由于随之使人感到幻灭,故须接二连三地串联起来,才能通过新的感官陶醉而将增长的嫌恶扼制住。它们可以概括地称为一种本来可食、但已从中腐烂的水果。因此浮士德问梅菲斯特,能否为他提供这样一种享乐生涯,使他不再有所醒悟,从而摆脱自我折磨的思维。

〔166〕 让我看看什么果实还没有采摘就腐烂了:梅菲斯特在上句说,"我要让你见人之所未见",浮士德于是回答了这一段。关于这句话的意思,有过一些不同的解释。一说浮士德嘲笑梅菲斯特只拿得出腐烂的东西;二说浮士德觉得梅菲斯特的诺言不过是开玩笑,故以玩笑对之;三说浮士德认为,梅菲斯特如拿不出任何对于"高尚奋发"的人具有真正价值的东西,也不妨为他提供一些眼前的享受,即"让人吃不饱的食品",等等。

〔167〕 用享乐把我哄弄:表面上是二人赌赛的条件,其实在理解上存在着分歧。梅菲斯特把它理解为一个人为"肤浅的胡闹"而抛弃其人类使命的那种享乐。但是,浮士德却严肃地认为,这是痛苦的生存辩证法,是魔鬼要的价,也正是他本人所期待、所乐于享受而一开始就看透了的。浮士德愿意尽可能全面地体验这种悲剧性的享受,是因为他意识到,这种辩证的"销魂境界"尽管为梅菲斯特加以夸张,却从不足以使他迷惑,以致不认识这种辩证法所包含的悲剧,也就是说,被魔鬼"用享乐哄弄"。浮士德把重点放在"哄弄"二字上,足见他十分怀疑瓦格纳的庸俗的乐观主义。

〔168〕 "一言为定!""奉陪到底!":梅菲斯特按照风俗伸出手来说"一言为定!"浮士德随即伸手相握,同时说"奉陪到底!"表示协议业已达成。

〔169〕 "如果我对某个瞬间说:停留一下吧,你多么美呀!":浮士德充满自信地说这句话,把那个获得最高满足的瞬间视作他追求幸福的无限能力的象征。浮士德和梅菲斯特的赌博,具体落实到这句话上。读者将在本剧第二部结尾再次听到它,参阅该部注〔715〕。

〔170〕 指针下垂:时钟机件损坏后,两个指针垂直下落到六点上。

〔171〕 封蜡和皮纸:封上蜡印的羊皮文书要比实际上真实的意见更受到信任。

〔172〕 把表面文章做做:原文为"装装怪相"。

〔173〕 "血……":据古老传说,血有魔力。梅菲斯特要求浮士德在协议上用血签字,浮士德认为是"表面文章",但仍照办了,从此便为梅菲斯特所掌握。

〔174〕 可我愿意:浮士德说他愿意获得一切,在梅菲斯特听来,是荒谬的;只有驰骋八极的诗人想象力才能创造出这样一个超人,但即使这样一个人也招致梅菲斯特在下文的嘲讽。

〔175〕 我新近享用的一切:指身外之物。一个人的财产远远超出了他的肉体,因此,不仅他从内心涌出的一切,即使他从外界得以享用的一切,也都可以提高他的生活享受。

〔176〕 大腹便便的邻人:大腹便便是当时的风尚。指趣味千篇一律的人们。

〔177〕 "你用不着签约就落入我的手掌!——":梅菲斯特望着浮士德退去的身影这样说,仿佛他就在眼前一样。说完这句话(即在破折号之后),梅菲斯特转过身去,继续他的独白,并用第三人称提到浮士德。

〔178〕 逻辑学:据歌德在莱比锡大学的经验,各门学科的新生入学后均先选修逻辑学。在中古大学中,逻辑学属于必修的人文学科之一。

〔179〕 西班牙的长靴:用铁圈紧夹双腿的刑具。西班牙宗教裁判所常用以拷问异教徒,故云。

〔180〕 织布师傅的杰作:寓意是:创造性的心灵一下子便能综览并掌握整体,而渺小的心灵只能观察个别,从不能到达整体。

〔181〕 Encheiresin naturae(自然的操作):歌德记得他一七六三年在斯特拉斯堡大学听化学教授J·R·施皮尔曼说过,分解了的物质是不可能重新组合的,"因为**自然的操作**结合物质多种多样,有些我们不认识,有些我们还不能证实"。动植物被分解后,结合的纽带便像飞逝的精灵一样被赶走了,原来的物质再不能

从残余中恢复过来。歌德在本文中将这个化学规律援用到逻辑学上。本文中希腊文 Encheiresin 是 Encheiresis 的宾格。

〔182〕 就像圣灵向您口授一样：德国大学教授讲课，大都只是口头转述课文章节；学生则习惯于把他们听到的教授口述记录下来。为了鼓励学生这样做，许多教授往往采取缓慢而有节奏的声调。梅菲斯特的这段劝告，最尖锐地讽刺了这种形式主义的知识传授法。

〔183〕 法律和规程可以遗传：当其前提改变很久以后，法律仍然继续通行；随后变得弊多利少，于是后人把先人认为明智的法律视之为荒谬。十八世纪曾热烈讨论过成文法和自然法的对立，梅菲斯特后面所说，"我们与生俱来的权利，遗憾！从来没有人过问"，即指自然法受到忽视。

〔184〕 要重视言辞：这一句及下一段都是梅菲斯特的反话。事实上，歌德认为，言辞只是人们的权宜之计，人们对于事物的思考和认识往往胜于表达。同时，歌德受哈曼和赫尔德的影响，十分厌恶浮华的言辞、抽象的理论、空洞的体系等。

〔185〕 大小世界……上帝安排：对"学生"而言，"大世界"指一般自然科学，"小世界"指人体解剖学、生理学。此句是说：即使熟读这些学科，人也得听天由命，把生命交给上帝。

〔186〕 所有理论都是灰色的，生活的金树常青：这句格言当然不是讽刺，而是歌德戴着梅菲斯特的假面在说话。

〔187〕 你们便如神，能知善与恶：参阅《旧约·创世记》第三章：蛇在伊甸园引诱夏娃吃智慧果时所说。歌德在这里用的是拉丁文。

〔188〕 先去访问小世界，大世界随后再说：对浮士德而言，"小世界"指以第一部的格蕾琴悲剧具体化的人类欲望的个人经验；"大世界"指第二部所表现的更广阔的行动舞台，即市民和王侯的世界，其中智力代替了感情，个人狭隘的利害消融于种族的利害。

〔189〕 可燃气体：一七八二年法国蒙戈尔费埃兄弟发明借发热气体上升的气球，该气球即以发明者的名字命名。

〔莱比锡奥尔巴赫地下酒店〕 本场地址和场景有两方面来历：一与浮士德传说有关，二与青年歌德的大学生活有关。初访莱比锡的游客，今天仍可在市场附近格里姆大街一号找到那栋古老的建筑物，"奥尔巴赫地下酒店"的招牌会把他引向两间拱形地下室,那里似乎仍然轰响着快活小伙子们的歌声和喧笑。坐在大房间桌头浮士德或歌德坐过的位置上,向原来店主的八十多代后继者叫酒,在等待老式酒菜的同时,还可欣赏一下那两幅奇怪的图画,它们据说从一五二五年以来就一直挂在圆拱顶下面,装饰着这半圆形的空间。第一幅画宽十呎,高四呎,画中的浮士德,长大胡子,颈围绉领,穿戴大氅和线帽,坐在桌头,手持镂花酒杯。身旁是一大学生,举手从杯中倒酒出来,作奠酒状。另有七人坐在桌边,其中二人饮酒,五人在玩乐器——翼琴,七弦琴,笛,小提琴,低音四弦琴。画面左端有一酒桶,一个穿大脚管裤的侍酒童子一旁侍候。前景有一条黑狗凝视着浮士德。画面下部有一句拉丁文题词,大意是:"生活吧,痛饮吧,干杯吧,记住浮士德和他所受的惩罚;惩罚来得慢,但多半会来的。"另一幅画着,浮士德骑着酒桶飞出了大门,脸朝下望着酒友挥手告别。店主、侍者、大学生们望着浮士德或者面面相觑,显出恐惧和惊诧的表情。画面下部是六行德文打油诗,可能作于晚期,暗示浮士德已受到惩罚,大意是:"浮士德博士因势利导/从奥尔巴赫一溜烟逃掉/骑着酒桶逃得真灵便/好多妈妈的儿子都看见/他完成那份功业真在行/于是受到了魔鬼的表扬。"歌德让浮士德与梅菲斯特签约后,把他引到莱比锡来这一段,主要依据传说;但其中一些讽刺笔调显然表明,他把自己大学生时期的记忆糅杂在一起。不过,和传说不同的是,梅菲斯特在这里变成了主角,例如把原来由浮士德表演的魔术接过去了,而浮士德变成了配角,甚至是个身不由己的旁观者。

〔190〕 弗罗施,布兰德,阿尔特迈尔:均为大学生啤酒会上的诨号,"弗罗施"为一年级大学生,"布兰德"为二年级大学生,"阿尔特迈尔"为老资格大学生。又一诨号为"西贝尔",原义不详。

〔191〕 轮唱:德国大学生啤酒会上,习惯轮唱一首老式回旋曲:"隆达·狄奈拉"。

〔192〕 "亲爱的神圣罗马帝国……":歌德时期,对神圣罗马帝国的嘲笑已习以为常。

〔193〕 "一支恶心的歌!呸!一支政治歌!":这一句常被歌德的文敌援以攻击歌德企图排斥文学的政治性,并根据他在一八一三、一八一四年反拿破仑战争期间保持沉默,指控他对国家、民族的利害漠不关心。其实,这纯粹是诽谤。歌德衷心赞美法国诗人贝朗瑞的政治诗,证明他决不反对文学的政治性。在本文中,布兰德的这句话也并无深意,因为接着不久,梅菲斯特唱起"跳蚤之歌",那可是一首十分尖锐的政治讽刺诗,却引起满座喝彩。

〔194〕 选出一个教皇:德国大学生聚餐会上,推举酒量最大的当"教皇"。

〔195〕 "高飞吧,夜莺夫人!":十六世纪的一首民歌的首句。"夜莺夫人"一词首见于十一世纪吟游诗人。第二句系弗罗施对西贝尔的打趣。

〔196〕 老山羊从布罗肯山回来:"老山羊"指魔鬼,此句预示"女巫的丹房"和"瓦尔普吉斯之夜"。

〔197〕 地窖里藏着一只大耗子:歌德写这首歌时,正值与莉莉的热恋期。它不仅是剧中人物布兰德对于西贝尔的讽刺,也是歌德本人借以逃避热恋痛苦的自嘲。第四句提及大肚子路德博士,来同西贝尔相比,是因为后者如后文阿尔特迈尔所说,也是一个"秃顶大肚汉"。但此句后来引起一些不良反应,于是蒂克在德累斯顿排演《浮士德》时,将涉及路德一句改成:"能跟最聪明的中国人赛一赛"。

〔198〕 秃顶大肚汉:指西贝尔,参阅上注。

〔199〕 小巴黎:十八世纪中叶,莱比锡在文学艺术及社会风尚等方面模仿巴黎到可笑程度,常自称"小巴黎"。莱辛对于这种矫饰作风曾予以痛斥。

〔200〕 拶拶他们的拇指:狱吏常用这种酷刑迫使犯人招供。弗罗施这样说,表示决心要盘问梅菲斯特一番。

〔201〕 这家伙怎么瘸了一条腿:这里才开始提及梅菲斯特瘸腿,后来又说他是马脚。据云魔鬼从天上跌落时造成跛足。

〔202〕 您大概从里帕赫动身已经很晚:里帕赫是从魏森费尔斯到莱比锡路上最后一个驿站。弗罗施的这句话是德国二年级大学生对一年级生常开的一个玩笑。"里帕赫的汉斯"是一句俚语,指无知可笑的乡巴佬。弗罗施问浮士德和梅菲斯特是否同汉斯先生一起吃晚餐,系暗讽他们同莱比锡的文雅"巴黎人"相比,同样是无知可笑的乡巴佬。梅菲斯特马上回敬了他一句,把弗罗施他们称作汉斯的"表兄弟"。

〔203〕 从前有一位国王:这首著名的跳蚤之歌是对德国诸侯小朝廷佞臣们最尖锐最粗野的讽刺。他们一味巴结主子,骚扰人民,恬不知耻地为其家庭成员谋求权位。最后两句经合唱加以重复,更表示了老百姓对于朝廷的憎恶和蔑视。

〔204〕 我猜他们是莱茵人:莱茵是产酒地区。"莱茵人"指葡萄酒商贩。

〔205〕 地道的德国人可能受不了法国人:这句话是指莱辛、克洛普施托克等人对于德国诸侯(以腓特烈大帝为首)奴从法国文学趣味的强烈反感,还不是指随着拿破仑统治而产生的政治上的反法情绪。

〔206〕 妥凯酒：匈牙利名酒。

〔207〕 现在请拔掉塞子畅饮吧：这段魔术场面是从传说中借来的，不过变魔术的主角从浮士德改成了梅菲斯特。

〔208〕 亲爱的元素：火是魔鬼的元素，故梅菲斯特称它为"亲爱的"。

〔209〕 这家伙无法无天：按照德国法律，行魔术者不受法律保护，因此受人轻视，可以杀死他而不受惩罚。

〔**女巫的丹房**〕 本场的首要宗旨在于使浮士德年轻化，从而恢复情欲，以便过渡到他和玛加蕾特的罗曼史。作者原来把他的主人公写成一位忧郁的高龄老者，比他本人老得多，这时为了让他得以享受梅菲斯特把他引入的花花世界，不得不利用女巫的魔术使他返老还童。关于浮士德的实际年龄，正文有些矛盾，见下注。本场的一些场景，连同梅菲斯特和女巫、长尾猿的一些对白，曾经使许多研究者迷惑不解，以为个中大有深意；其实，这些场景取自中世纪的迷信，都不过是些游戏笔墨，用作者自己的话说，"人们为布罗肯山的扫帚和女巫丹房的猿语伤了近三十年的脑筋，却一直没有能够解释清楚**那些戏剧幽默性的胡诌**。"

〔210〕 "……使我年轻三十岁？"：这句话和浮士德的实际年龄显然有矛盾。减去三十年，浮士德至少得有二十岁，才能开始人生的新经验；但是，按照前文，浮士德只教了十年书，刚获得博士学位，很难想象他会超过三十五岁。研究者们认为，这是作者由于两场写作时间相距太久而产生的一点疏忽。

〔211〕 另一本书：指《旧约·创世记》，参阅第三章第十七节："你必终身劳苦，才能从地里得到吃的。"……

〔212〕 给乞丐煮稀粥：指天主教僧尼武士救护团为贫民布施的稀粥；转义为向广大读者发行的无内容的消遣性文学作品。

〔213〕 它就是世界：貌似意味深长，其实并无意义。

〔214〕 筛子：古时人们相信，借助筛子，往里面一瞧，就可分辨出小偷和正人君子。

〔215〕 你可认得这贼子：梅菲斯特要夺取浮士德的灵魂，故亦可称作"贼子"。

〔216〕 天仙似的形象：这个形象既非玛加蕾特，亦非海伦，而是佛罗伦萨的提香名画或德累斯顿的佐佐内名画浮现在作者眼前。换言之，镜中形象并非一个女性肉体，而是一个纯审美的象征，其意义在本书第一部尚未生发。

〔217〕 一个上帝辛苦了六天:参阅《旧约·创世记》第一章第三十一节。

〔218〕 王冠:暗讽法国大革命。诸猿捧来的可能是指法国的王冠,它原是用人民的血和汗胶住的,现在被革命打碎了。

〔219〕 坦率的诗人:只要他们坦白承认,就如诸猿所说,他们的"思想"都是靠"运气"而"凑巧"得到的。作者对同代诗人们的讽刺。

〔220〕 马脚:魔鬼有一只马蹄。梅菲斯特着骑士装束,把马蹄遮住了。

〔221〕 乌鸦:原为北欧大神倭丁的两个随从,后转义为魔鸟,为梅菲斯特所有。

〔222〕 假腿肚:在裤管里装假腿肚,是当时的风尚。"北方的幽灵",即指梅菲斯特装扮西班牙贵公子,因受文化熏陶,没有原来的魔鬼面貌。

〔223〕 它早已进了稗官野史:"它"即"撒旦公子"这个称号。撒旦在本剧的身份前后不一,此处系指梅菲斯特本人;但有时按原义指比梅菲斯特的品级更高的魔王,例如在《瓦尔普吉斯之夜》,梅菲斯特曾计划引浮士德到布洛肯山顶去朝见撒旦,参阅注〔417〕;在其他情况下,撒旦和魔鬼通用。——梅菲斯特此处和女巫的对话充满讽刺意味:它嘲笑了关于魔鬼长角、长蹄并带两只乌鸦的通俗概念;暗讽康德在哲学中、施莱尔马赫在神学中对于恶的人格化的否定;它断言个人可能"摆脱一个恶",但世间的恶并不因此减少一些;同时还通过梅菲斯特要求称他为"男爵",讽刺了贵族政治。

〔224〕 姿势:歌德后来规定,演员演到这里,必须拍打一下自己的臀部。

〔225〕 没有准备好:饮女巫的药酒,有死亡的危险,须经魔术的花招儿才能防御。下文中,梅菲斯特正是这样向浮士德解释的。

〔226〕 女巫的九九相乘:歌德或许是从一本小书《炼金七星》(1756年法兰克福版)受到启发,才写出这篇女巫的九九相乘歌诀。很古时候,人们迷信数字的平方具有魔力。特别是3,4,5,6,7,8,9这七个数字的平方非常重要,它们代表七颗星,即土、木、火、日、金、水、月等七星。按照女巫的歌诀,把1,2,3变成10,2,3,就可得出横和15;同样,4,5,6和0,7,8也可得出横和15。由此构成一个九格图形,不论横数还是竖数,都可得出15的总数,从而收到"汝即富有"的效果。

图一:

10	2	3	15
0	7	8	15
5	6	4	15
15	15	15	

图二:

4	9	2	15
3	5	7	15
8	1	6	15
15	15	15	

〔227〕 历代都是用三而一，一而三来传播迷妄：这是歌德利用梅菲斯特的假面讽刺基督教的"三位一体"说。他在一八二四年向爱克曼谈到他早年的信仰时说，"我相信神，相信自然，相信善对于恶的最后胜利；但对于一个虔敬的灵魂，这些是不够的。人们还要求我相信三而一，一而三，而我灵魂中求真的本能却深恶这一点；此外，我不知道它对我会有哪怕一点点什么帮助。"

〔228〕 其将不意而获致：女巫是说，知识不需思考，仅凭信心即可获得。

〔229〕 学位：既指硕士、博士等学位，也可用于大学生闹酒的酒量等级。

〔230〕 瓦尔普吉斯之夜：预示后文，见后注。

〔231〕 这里有一支歌：女巫的这句话是对浮士德说的。那支歌是一支淫曲，可能增强药酒的效力。

〔232〕 高尚的闲散：梅菲斯特深知闲散的生活习惯能刺激情欲的增长，故云。

〔233〕 丘比特：罗马神话中的小爱神，此处指情欲。

〔234〕 海伦：希腊神话中的美女，即女性美的典范。此处系泛指。

〔**街道**〕 玛加蕾特的插曲自本场起。直到第二部海伦的出现为止，这一大段剧情全系作者的创作，而与浮士德传说无关。《少年维特的烦恼》的一七七一年八月十二日信中，谈到过一个被遗弃的少女。一七七二年一月十四日，法兰克福有一个姑娘，名叫苏珊娜·玛加蕾特·勃兰特，被处以极刑，因为她于一七七一年八月一日由于"羞耻和众人的谴责"，杀死了她新生的婴儿。显然，这就是剧中玛加蕾特的原型。又有一说：玛加蕾特的原型一半来自歌德十六岁时相识的一个社会地位较低的同名女子，一半来自与歌德订过婚约的银行家之女莉莉（安娜·伊莉莎白·舍内曼）。前者是歌德偶然认识的一个下层阶级朋友的堂姊妹，比歌德大三、四岁，她第一次代替使女同他相见，立即引起他的强烈恋慕，后因那个朋友犯伪造罪而被捕，她才和他从此分手，详见《歌德自传》第五卷。至于后者，她和歌德的婚约则因双方家长不同意而终于撤销。歌德青少年时期的爱情波折迭起，正反映在《浮士德》一剧中。从剧情来看，玛加蕾特天真无邪，未受教育（说话只用一些简单朴素的字眼，有时甚至不合语法），无知无识，容易受骗，终于蒙羞，犯罪，发疯——是文学作品中一个纯洁而不幸的少女典型。读者可以自己研究这个性格，但是须知用任何语言转述她的故事，都会使她的不可言说的青春美丧失殆尽。

〔235〕 玛加蕾特:有时昵称为"格蕾琴""小玛加蕾特""格蕾特琴"等。

〔236〕 小姐:这个称呼当时只用于贵族。玛加蕾特是平民,故云"我不是小姐"。

〔237〕 许多言情小说:指文艺复兴时期南欧流行的小说,如《十日谈》《七日谈》等。

〔黄昏〕 如果说前一场("街道"),浮士德初次邂逅玛加蕾特,是靠女巫的药物同她对话,那么几小时后,这一场的氛围使浮士德恢复了对于纯真爱情的追求。他在玛加蕾特的闺房里,为女主人公的宁静、整洁、满足、贞洁的生活方式深受感动,从而对自己卑劣的占有欲感到羞耻,并自责道:"可怜的浮士德,我再也认不得你了!"然而,梅菲斯特并不能理解浮士德的感情变化,因为他出于否定的性格,对真正的爱情也进行了否定;他在用美色引诱浮士德的同时,准备拿珠宝首饰来引诱玛加蕾特,而玛加蕾特回房后,正由于这种危险的诱惑及其毁灭后果的预感,却感到"闷气"、"害怕"以至"浑身发抖"。

〔238〕 出自名门:是从小市民的眼光来看。

〔239〕 清洁:此处同时指内心的清洁。

〔240〕 欢迎你,甜蜜的暮晖:从这时起,浮士德开始摆脱女巫的药力,而为玛加蕾特闺房的氛围所净化。

〔241〕 这个地牢里又多么幸福:格蕾琴的世界散发着浮士德求之不得的心灵上的满足气氛,但他由于永不满足的追求精神,仍然感觉它是一个地牢。

〔242〕 圣基督:指圣诞节礼物。

〔243〕 白沙子:为了保持清洁,没有涂过漆的地板要撒上一些白沙。

〔244〕 神圣、纯洁的织造:这个形象借自织造业。是说大自然像一个织工,它织上织下织左织右,终于让它的织品显现出天姿国色来。

〔245〕 "而你!":"你"指浮士德自己。

〔246〕 由每种气压闹着玩儿:歌德相信存在着一种精神气氛,可以不通过感官就作用于人的心情,因此说人是"每种气压的玩物"。

〔247〕 是我从别处弄来的:梅菲斯特并非如他在前场末尾所说,打算去挖掘无主的"埋了很久的宝藏",而是从别处偷来了那些首饰。

〔248〕 另一个:初版原作"一个公主",后改此。

〔249〕 我不知道该不该这样做:女巫的药物失效后,浮士德恢复了纯真的

爱情,于是为自己刚才命令梅菲斯特弄珠宝对玛加蕾特进行引诱的卑劣手段感到后悔,以致迟迟不愿利用那个首饰盒子。而梅菲斯特却存心误解他的踌躇,赖他想把宝贝据为己有。但是,正是他,而不是浮士德,把小盒子放进了柜中。

〔250〕 有王有王在屠勒:据罗马传说,屠勒为极北国土;此处指日耳曼高地。这首罗曼采曲作于一七七四年,原来并非为《浮士德》而作,如"奥尔巴赫地下酒店"中所唱诸曲。但是,玛加蕾特在命运攸关的时刻想到爱与死,不觉唱起她儿时就熟悉的这首曲子,是很自然的,虽然她唱时未必理解它的具体内容,歌词对她也有嫌深奥。

〔散步小径〕 玛加蕾特发现宝物,告诉了母亲;母亲认为不祥,交给教士转献圣母;教士予以笑纳,梅菲斯特只得再去弄一份新礼物。这段小插曲表现了玛加蕾特的天真,母亲的虔诚,教士的贪婪,以及浮士德的爱情波折。

〔251〕 她喊道:作者憎恨教会,故以讽刺手法安排玛加蕾特的母亲说出这些教会语言。

〔252〕 不义之财:参见《旧约·箴言》第十章第二节:"不义之财,毫无益处"。

〔253〕 吗哪:天主赐给漂泊荒野的以色列人所用的食粮。参见《新约·启示录》第二章第十七节:"得胜的,我必将那隐藏的吗哪赐给他。"

〔254〕 别人送的一匹马:根据德国成语:"别人送的马,不应看牙口。"意即对赠品不应像买的物品那样挑剔。

〔255〕 得胜者才有赢头:参见《新约·启示录》第二十一章第七节:"得胜的,必承受这些为业。"此处是说征服了自己才算赢家,这是教士向格蕾琴母女骗取财物的借口。

〔256〕 更思念把金玉送给她的那个人:格蕾琴的确更重视送金玉珠宝的人。刚才她称他为"好意送马来的那个人";下一场又觉得他送她两个小盒子,总有点"蹊跷"。

〔邻妇之家〕 玛尔特作为浮士德和玛加蕾特幽会的媒介,这个典型在中国古典小说中是常见的。她的年龄、相貌、性格以及剧中作用,从她的独白和对白中一览无余。据说这个人物在德语文学中,可在十六世纪作家汉斯·萨克斯的《天堂里的游方学生》一剧中找到模型。

〔257〕 但愿弄到一张死亡证明书才好:有了丈夫的死亡证明书,她才好改嫁。不过,在历史上的浮士德时代,"死亡证明书"还没有流行,这是作者为人物性格而采取的艺术捏造。

〔258〕 格蕾特琴:玛尔特太太故意采用的亲昵用语。

〔259〕 帕多瓦:意大利名城,著名方济各会修士圣安东尼(1195—1234)的墓地和教堂设此。梅菲斯特故意提出一个外国地名,让玛尔特太太无从核对。

〔260〕 死得还像一个基督徒:指按照基督教教规,施行了临终涂油礼。此处系讽语。

〔261〕 漂亮小姐:此处指妓女。下句所谓"痛感这一点",指因染性病(又称"那不勒斯症")而致命。

〔262〕 为他登个讣告在周报上:报纸定期摘要发表教堂生死登记册,在歌德时代已经盛行;但是同"死亡证明书"一样,在历史上的浮士德时代并没有开始。

〔263〕 通过两个证人的嘴巴:参见《新约·马太福音》第十八章第十六节:"要凭两三个人的口作证,句句都可定准。"

〔街道(二)〕 浮士德和梅菲斯特在本场为爱情的真假而争辩,进一步反映了两人的基本性格:浮士德基于一贯的真诚追求,认为他对格蕾琴的山盟海誓都是发自内心;而梅菲斯特基于一贯的否定性格,根本否认浮士德的爱情的真诚性,认为那不过是逢场作戏,并且说"我总是对的"。浮士德为了能够同玛加蕾特幽会,不得不依赖梅菲斯特,因此也不得不承认他"对"。

〔264〕 神圣的单纯:原文为 Sancta simplicitas! 捷克宗教改革家约翰·胡斯(1372/1373—1415)临刑时目睹一老妇置一木片于其火刑架上而作此语。后为"善意的愚蠢"的婉辞。

〔265〕 可不,要不是懂得深一点:意即:你只有在这种情况下才有理由称我为"诡辩派";如果我没有深刻认识到,你明天将以同样的想象力向你的格蕾琴允诺一些靠不住的事物,以便使她委身于你。但是,我已经深刻认识到了,所以你不能这样称呼我。

〔266〕 永远,永远:浮士德是想借此表达他的爱情的强度。但是,格蕾琴却不得不按照语言惯例从时间上来理解这个词儿,因此终于使自己误入歧途。这样,即便不是浮士德的本意,她事实上也是被骗了,所以梅菲斯特说的话是"对

的"。参阅下一场("花园")浮士德对格蕾琴的誓言:"永远,永远!"

〔267〕 特别因为我不得不承认你对:强烈的冲动使浮士德失去意志自由。这位求真者为了满足眼前的欲望,不得不瞒心昧己地说假话,承认梅菲斯特是"对的",从而听从他的摆布。

〔花园〕 作者省略了浮士德和梅菲斯特为施韦尔特莱因先生之死作伪证的场面,也省略了本场提到的浮士德和格蕾琴在花园的初会("我刚到花园里来……")。他把这一切留给观众去想象,本场只交待了二人幽会的关键性的结局。

〔268〕 常言道得好:这是由两句成语拼凑起来的:一句是"自己的炉灶胜黄金";另一句见《旧约·箴言》第三十一章第十节:"才德的妇人,谁能得着呢,她的价值远胜过珍珠。"

〔269〕 前不久:按照正文陈述,这个时间不过是"昨天"。

〔270〕 摘下一朵翠菊:少女通过撕花瓣来测量情人的专一程度,是欧洲一个古老的风俗。

〔271〕 永远,永远:参阅注〔266〕。

〔272〕 挣脱,跑开:浮士德的激切表白造成格蕾琴的感情混乱,自此埋下了悲剧的种子。

〔园中小屋〕 本场是前场("花园")的继续,并非第二次幽会。情节虽短,但却是浮士德和玛加蕾特二人短暂恋情的关键:她接受了他的求爱。

〔273〕 我从心眼里爱你:这时格蕾琴对浮士德已不称"您",而改称"你"了。

〔森林和洞窟〕 在《浮士德片段》稿中,本场不是在这里,而是在《水井边》后面,也就是说,在玛加蕾特失身以后。时间上的这点变化,反映了作者对于浮士德的心情描写有所变化。显然,在片段稿中,作者原来试图表现浮士德为自己引诱格蕾琴失身的行为自怨自艾,以致远离情人,遁隐到林中洞窟来进行忏悔。但是,按照现有安排,本场则表示浮士德事先对自己的情欲动机产生过道德上的抵制(虽然终于没有抵制住),从而提高了他对格蕾琴的爱情的纯真度,也发展了他的天性中善的因素。此外,本场这一段富于满足情绪的独白,放在尚未负疚的浮士德的口中,似乎更可信一些。这一段独白可与第一场《夜》的著名独白相互参阅。

〔274〕 高尚的精灵:指地灵。参阅第一场《夜》。

〔275〕 火焰:参见《旧约·出埃及记》第三章第二节:"耶和华的使者从荆棘里火焰中向摩西显现。"

〔276〕 王国:浮士德从前曾枉然试图把握自然(参见第一场《夜》:"我到哪儿去把握你,无穷的自然?"),而今则由于为格蕾琴的爱所引起的自得情绪而将自然据为己有;不过,这种自得情绪反而表现为通过哲学思考("高尚的直觉")对那种爱进行道德上的抵制。

〔277〕 兄弟:据赫尔德,古文献有云,"人与动物是兄弟。"

〔278〕 皎洁的明月:第一场《夜》中的渴望("但愿我能借你可爱的光辉走上山岭……")已经实现。

〔279〕 银白色的形象:月光照耀的云雾袅绕有如自然界的精灵。

〔280〕 冲淡了沉思的强烈喜悦:哲学的沉思,即前句"让秘密而深刻的奇迹向我的内心豁然而开",诚然是令人喜悦的,但只是一种苦涩的喜悦;目睹欢乐的自然,它便被冲淡了。

〔281〕 那一幅优美的画像:指浮士德在"女巫的丹房"中所见到的那一幅女性镜像,但也掺和了格蕾琴的影子。

〔282〕 从地球上消失:梅菲斯特这里说是他劝阻了浮士德自杀。其实,按照第一场《夜》中浮士德独白的末段("记忆起儿时的情感,才阻止我走上最后的严峻的一步"),把浮士德从自杀念头救出的,不是魔鬼的力量。

〔283〕 博士的幽灵:在梅菲斯特看来,浮士德身上原有的那种迂腐的博士气味早应在女巫的丹房中被清除掉。

〔284〕 六天的神功:参阅《旧约·创世记》第一章,上帝六天里创造天地。

〔285〕 姿势:一个猥亵的姿势。暗示浮士德将以那种以格蕾琴为牺牲的肉欲享乐来"结束"他的哲学思考,即所谓"高尚的直觉"。

〔286〕 被赶得筋疲力尽:比喻浮士德被情欲所驱赶,就像牲口被牲口贩子所驱赶一样。

〔287〕 够了!——你的情人正在城里枯坐着:狡猾的梅菲斯特发现浮士德至此对他的嘲弄无动于衷,便突然改变策略,向他描绘被遗弃的格蕾琴的惨状。果然,浮士德接着叫喊:"蛇!你这条蛇!"说明他已经被打动了,于是梅菲斯特才心满意足地旁白道:"这一下我可抓住了你!"

〔288〕 假如我是一只鸟:德国著名古老民歌,见赫尔德编《各民族的歌声》。

潜词为:"我就会飞到你身边来。"

〔289〕 从这儿快滚:参见《新约·马太福音》第四章第十节:"耶稣说,撒旦退去吧。"

〔290〕 如果她的嘴唇挨着了它:如果她吻十字架上的耶稣,或者领圣餐。

〔291〕 孪生小鹿:参见《旧约·雅歌》第四章第五节:"你的双乳,好像百合花中吃草的一对小鹿,就是母鹿双生的。"在路德德译本《旧约》中,"百合花"改作"玫瑰"。歌德一七七五年自己译为:"你的双乳宛如在玫瑰丛中吃草的一对双生小鹿。"

〔292〕 为他们撮合亲自当月老:浮士德骂他是"拉皮条的",渎神的梅菲斯特便戏称创造亚当、夏娃的上帝为"月老",实际上说上帝也是"拉皮条的"。

〔格蕾琴的闺房〕 本场是前场中梅菲斯特关于格蕾琴的间接描述的实写。也可以认为,本场和前场是同时的。情人分离了:浮士德在林中洞窟以其"高尚的直觉"全力抵制情欲,而玛加蕾特则在纺轮旁强烈渴望他的到来。这首情歌在德国广为传诵,有舒伯特的作曲。

〔玛尔特的花园〕 本场是浮士德和玛加蕾特爱情成熟后的一次重要会见。她一开始并未倾诉相思之苦,而是向他提出了信仰问题。全场表现了两人的世界观的差距和精神水准的悬殊,同时也显示了悲剧结局的不可避免。玛加蕾特是个虔敬的普通教徒,她在以身相许之前,不得不从浮士德的宗教信仰争取婚姻幸福的保证;但是浮士德对宗教并无热情,他对于她所提的宗教问题似是而非的回答,实际上是歌德本人的泛神论思想的演绎;他的这些回答当然没有使她安心,但她对他的爱情已经炽烈到"还有什么不肯干"……

〔293〕 海因利希:格蕾琴开始叫浮士德的名字。在浮士德传说中,他名叫"约翰"。

〔294〕 只要我能够:浮士德闪烁其辞,是预感到宗教问题会引起丧失内心平衡的恐惧以及关于情人的心灵安宁的担忧。

〔295〕 决不强迫任何人放弃他的宗教感情:这正是歌德在说话。他毕生的准则不仅是宽容,而且郑重承认一切形式的宗教信仰。但是,玛加蕾特属于德国并不鲜见的小市民阶层,她坚持要求浮士德为自己的观点做出明白无误的解释。当他对于她的"你相信上帝吗?"这一问题,暗示神圣的本体不可理解时,她便立

刻得出"那么你就不相信"的结论。

〔296〕 别误会了,漂亮的小脸蛋:歌德在这一段台词中,显然试图通过浮士德阐述自己关于神格的观念。他早年阅读了斯宾诺莎,常常表示赞同那位哲学家关于**神遍在于万物**的观点。诸如太阳、星辰、人心及其情绪,都不过是**他**(神)的存在的"可见或不可见"的显现。歌德是要在**他**的无限的方面去承认**他**,而不是要规定**他**或描述**他**。这些解释究竟是泛神论,或者唯灵论,或者唯物论?读者可以自己判断。但是,研究者一致认为,这段台词在文学作品中无疑是最庄严、最深沉、最神圣的诗。

〔297〕 名称不过是回声:浮士德一贯重行而轻言,他在遇见梅菲斯特以前,在《书斋》中翻译圣经时,就说过:"我不能把'言'抬得那么高。"这里所谓"名称不过是回声",也是这个意思。

〔298〕 你身边的那个人:善良的玛加蕾特凭直觉感到梅菲斯特的存在对于她的幸福是个威胁。她不能理解她的情人怎么会同那个怪物形影不离,而浮士德也不可能给她一个真实而圆满的解答。连同前面的宗教信仰问题,应当说玛加蕾特并非没有感觉到她和浮士德之间的鸿沟,但是这时在爱情的盲目力量的支配下,她已无法清醒地思考下去,而是拿着浮士德交给她的"小瓶子"走了。

〔299〕 天才:原文为 Genie,又可解作"神灵"。作"天才"解,是狂飙突进时代的口号。

〔水井边〕 水井边是乡村和小城镇汲水姑娘们的聚会地点。莉丝辛言谈粗俗是存心的,她通过说贝贝辛的事情,试图使格蕾琴意识到自己的处境及即将蒙受的羞辱。而格蕾琴在回家路上承认自己不得不"赤裸裸面对自己的罪过",读者的同情心不禁油然而生。

〔300〕 终于让人给耍了:这就是说,归根到底,要怪她自己。

〔301〕 礼物:暗示格蕾琴也接受过情人的礼物。

〔302〕 穿着罪服进教堂:一个少女与人私通被发觉后,虽然有时未必穿着罪服,但一律须站在教堂讲坛前面公开忏悔,这项教规在歌德时期仍然存在。由于畏惧羞辱,杀婴之风遂盛行。一七八一年歌德在魏玛教会会议上对这项教规提出反对意见,到一七八六年使之得以废止。

〔303〕 花环……干草料:少女过早向未婚夫委身,将在婚礼前夕或在上教堂的路上遭受侮弄。她们不能戴桃金娘花环,有谁敢戴,便将从她头上给撕下来。

人们还将在她们门前悬挂一个草环,并撒上干草料代替花朵。

〔304〕 画十字私自庆幸:在自己身上画十字,表示感谢和骄矜,自己不像别人;这是幸灾乐祸的一种表示。参阅《新约·路加福音》第十八章第十一节:"法利赛人站着,自言自语地祷告说,神啊,我感谢你,我不像别人。"

〔305〕 多么美妙,多么快活:格蕾琴诚然自觉有罪,但并不懊悔那个行为及其动机。她认为,那"一切"是命中注定地降临在她头上。

〔城墙角〕 原文 Zwinger,指城墙和城门之间的角形空地。那里常设一个神龛(相当于我国的土地庙之类),放着"痛苦圣母"的神像供人祷告。梅菲斯特在《森林和洞窟》中说到格蕾琴"坐在窗前,望着白云飘过了古老的城墙",看来她的家离此处不远,"痛苦圣母"的神龛是她常来祷告的地方。格蕾琴的这篇祷词可与她在纺轮旁所唱的那首幻想曲对照:后者是犯罪以前对情人的渴望,对现世的憧憬;而前者则是犯罪以后对圣母的呼救,对宗教的皈依。

〔306〕 痛苦圣母:指为耶稣受难而痛苦、悲哀的马利亚,多见于巴洛克艺术中。与此相对照的是"荣光圣母",头戴光圈,从天而降,见《浮士德》第二部结尾处。

〔307〕 利剑穿透你的心:参见《新约·路加福音》第二章第三十五节:"你自己的心也要被刀刺透。""痛苦圣母"的神像常见胸口插一柄剑。

〔308〕 请俯首垂怜我的灾殃:这篇祷词的首尾句,出自十三世纪末意大利宗教诗人雅可波纳·达·托蒂的拉丁文《痛苦圣母颂》。他曾是圣方济各会居士,因批评教皇而下狱。

〔夜(二)〕 本场描写玛加蕾特之兄瓦伦廷为了荣誉,与浮士德比剑而死。这个场面在玛加蕾特的命运之链中又增加了必要的一环。有些研究者认为,瓦伦廷之死与玛加蕾特的堕落并无密切联系,不免近乎赘笔。另一些研究者不以为然,认为浮士德在梅菲斯特的调唆下杀死了瓦伦廷,才不得不逃离城市,从而无以知悉随之降临在玛加蕾特头上的羞辱和灾祸;如果没有这个契机,那么他的逃跑便将是一种残忍的遗弃,与他前后各场的爱情表白大相径庭了。事实上,玛加蕾特虽因走错一步而招致各种可怕的报应,她应得的同情与怜悯亦将与之俱增:瓦伦廷之死亦应作如是观。

〔309〕 格蕾特尔:即格蕾琴的昵称。

〔310〕 金光闪闪：根据迷信，宝藏在地下会自动运行，到露出地面时会闪闪发光。

〔311〕 狮章银圆：一种荷兰钱币，背面镌刻着狮形纹章。

〔312〕 一串珍珠项链："珍珠"指眼泪，本句可能暗示格蕾琴眼前的悲伤心情。但，"项链"原作"细绳"解，则可能预示她未来被处绞刑的命运，参见《瓦尔普吉斯之夜》末尾浮士德的台词："怎么这美丽的颈项还得系上一根红色的细绦带。"

〔313〕 除非戒指手上戴：这两节歌词，前一节系由莎士比亚人物奥菲莉娅所唱民歌（《哈姆莱特》第四幕第五场）改写而成；后一节才是作者自己的创作。拜伦曾就此责难歌德"从某处拿来某一碎片，从另一处拿来另一碎片"；歌德在一八二五年一月十八日对爱克曼说："我的梅菲斯特也唱了莎士比亚的一首歌，他为什么不应该唱它呢？我为什么要费力来另作一首，如果莎士比亚的这一首很切题，说了应该说的话？我的《浮士德》的序曲也颇像《旧约》中的《约伯记》，这也是恰当的，因此我应该得到表扬，而不是受谴责。"（朱光潜译文）为这首民歌伴奏的齐特尔琴是一种古代拨弦乐器，有五根旋律弦和三四十根和声弦。

〔314〕 万恶的拐子：原文为"捕鼠人"，即拐带妇女儿童的骗子，由古代一个吹笛诱鼠的传说转成此义。歌德本人和英国诗人勃朗宁都以这个传说写过谣曲。莎剧《罗密欧和朱丽叶》中也有过"捕鼠人"的用法（第三幕第一场）。

〔315〕 鸡毛掸子："剑"在德语中的俚俗称谓。

〔316〕 死刑判决：关于生死的判决应以天主的名义做出，魔鬼对此当然无能为力。

〔317〕 金项链：一七六五年重印的十六世纪一道法兰克福市的警令规定，本市行为不端的妇女不得佩戴金质或镀金项链，在教堂里亦不得坐椅子。

〔大教堂〕 本场是玛加蕾特上次忏悔回家，在街上初晤浮士德之后，第二次来到教堂，也是她入狱以前最后一次露面。前一次连梅菲斯特都承认，"她是一个真正纯洁的姑娘，根本用不着去忏悔"；而今她除了私通的罪过，还将背负三笔杀人罪：她的母亲、哥哥和婴儿的死都将归到她的名下，虽然从恶灵的开场白的最后一句看，她的婴儿尚未出世，她的杀婴罪显然是她后来在绝望中接着犯下的。本场的情节只是一次向亡灵的祈祷，但是祈祷的对象是谁？作者未予说明。"恶灵"即报复或悔恨的精灵，亦即"坏心肠"的具体化（参见《旧约·撒母耳记上》第十六章第十四节："耶和华的灵离开扫罗,有恶魔从耶和华那里来扰乱他。")恶灵问到"你的门槛上又是谁的血?"立即引起格蕾琴的思想混乱,并预示了她的疯狂,这段心理过程在她的一声"苦啊!"中表露无遗。同格蕾琴在"城墙角"向"痛苦圣母"的祷告相对照,本场恶灵带威慑性的嗄哑耳语和罪人的痛苦呻吟,作为第一部悲剧的最强音伴奏,足以使人毛骨悚然。

〔318〕 你的母亲由于你而长眠不醒:格蕾琴对于那个危险的"小瓶子"(安眠药水)的顾虑已经成为事实。但她只怪自己,并不怪浮士德。

〔319〕 将忍受长久、长久的痛苦:她的母亲服用安眠药而死,临终前来不及忏悔和领圣体,故须入炼狱忍受长久的痛苦。

〔320〕 尘世化灰烬:原文为拉丁文,源于《旧约·西番雅书》第一章第十四节至十八节,为十三世纪意大利圣方济各会僧侣托马斯·封·策拉努所作,后为罗马教会接受为安魂弥撒的祭诗之一。全诗共十七节,歌德这里引用了第一、第六和第七节,并从中借用了其他思想(如恶灵的台词:"震怒向你降临,喇叭长鸣!"等)。

〔321〕 无一逃天网:原文为拉丁文。格蕾琴听到这一节,不禁肝胆俱裂,故连呼"空气"不止。

〔322〕 正人亦难安:原文为拉丁文。这一节使这首可怕的颂歌在格蕾琴身上的效果达到了高潮。如果连正人君子都难以拯救,可怜的罪人试问能向何神请愿呢?又能请愿什么呢?

〔323〕 怜我复何言:原文为拉丁文。在天主教礼拜仪式中,本无此叠句。作者为了戏剧真实性,宁愿不顾细节上的准确。

〔324〕 您的小瓶子:指妇女随身携带的防止眩晕的嗅盐瓶。格蕾琴已经支持不住了,便向隔壁大妈借用一下她的"小瓶子"。

〔瓦尔普吉斯之夜〕 在《女巫的丹房》一场,梅菲斯特已经向女巫预示过,"你要是高兴我为你做点什么,到瓦尔普吉斯之夜务必告诉我。"每年四月三十日到五月一日之间的夜晚,魔鬼们和女巫们在布罗肯山山顶举行狂欢节,这是一个古老的宗教传说。瓦尔普吉斯(或名:瓦尔普加,710—779)是英国传教士圣威利巴尔德之妹,随其兄由英赴德传教,为本尼迪克廷教团尼姑,后为海登海姆修道院主持,死后在德、荷、英等国被尊为最孚众望的圣徒之一。五月一日原为英国土著督伊德教徒的古老节日,后改为圣瓦尔普吉斯的瞻礼日。由于督伊德教在基督教徒看来是异教，其神被认为是魔鬼，还由于督伊德教徒愈来愈少，他们常在夜间秘密举行仪式，到圣山献祭品并燃烧五月篝火，于是产生了魔鬼在布罗肯山聚会的迷信传说，而虔敬的瓦尔普吉斯的名字从此和魔鬼连在了一起，"瓦尔普吉斯之夜"也成为魔鬼狂欢节的代用语。

关于"瓦尔普吉斯之夜"，在《浮士德》以前，弥尔顿的《失乐园》曾有过描写。G·希尔特编著的《三百年文化史画册》中有一幅铜版画，题为《邪恶的该死的魔鬼节日的精确描摹稿》，也是以"瓦尔普吉斯之夜"为题材：左上角是一队跳跃的、舞踊的、卖弄风情的男男女女，有的穿衣服，有的半裸或全裸。吹奏风囊笛和号角的乐师。上方是羊形撒旦，孤零零一个魔鬼群闪着爝火；空中是骑着羊、叉棍和扫帚成群飞行的女巫。处绞刑的法场。中央是一口锅，一个穿衣服的女巫在烧火，一个裸体女巫掀起了锅盖，随着蒸汽升起了各种怪异的形体。其右是只猫，下面是个摊贩，手持剑、头盖骨、死婴，还有一些手捧秘典及瓶瓶罐罐的女人。右下方是倾圮教堂里的乱七八糟的疯魔活动。

〔325〕 哈尔茨山。希尔克和埃伦特地区：哈尔茨山在德国下萨克森州，位于易北河和威瑟河之间，中央最高峰为布罗肯山峰，海拔约三千八百尺。这是一个阴暗而荒野的山区，半山腰长满枞树和桦树；还有不少飞溅的溪流，有一条为垂直达数百呎的迸发岩墙所包围；在更高处，巨大的花岗岩隔断了有时盖过了森林。希尔克是哈尔茨山最高的一个小村落，有一堆简陋的风吹雨打的小木屋；其南较低处，约二三里之遥，是另一村落埃伦特。攀登布罗肯山峰，势必经过这两个小村落。

〔326〕 扫帚……山羊：还有叉棍，都是魔鬼和女巫的代步工具。

〔327〕 半圆的红月亮带着迟发的余晖：此时已近夜半，升起的月亮将是下弦。关于这两句台词，作者曾经这样说过："爱与恨，希望与绝望，以及心灵的情况和激情（不论管它们叫什么），这整个领域乃是诗人生而固有的，他可以成功地把它描绘出来。但是，法庭怎样判案，议会怎样开会，皇帝怎样加冕，却不是诗人生而知之的；如果他描写这些题材而不愿违反真实，就必须向经验或文化遗产求教。所以，我在《浮士德》中就可以凭借预感，来掌握主人公悲观厌世的阴暗心情，以及格蕾琴的恋爱情绪；但是，要说出——

　　　'缺月姗姗来，
　　　　凄然凝泪光。'

就需要对自然进行一番观察了。"（歌德1824年2月26日对爱克曼谈话。译文借自朱光潜译本,略有改动。这里两句引诗,其原文与《浮士德》中的原文稍异:"红月"换成了"迟月","迟辉"换成了"湿辉"。)

〔328〕 您是家主:梅菲斯特在这里是最高级的魔鬼。

〔329〕 相互唱和:分成中音、低音和高音的三重唱,基本上是同时唱出来的,只是一节接着另一节提高了音量。据研究者云,第一、四节为梅菲斯特所唱,第二节为鬼火所唱,第三、五节为浮士德所唱。

〔330〕 长长的岩鼻:希尔克村附近的两座花岗岩石,被称为"打鼾者"。

〔331〕 玛门:按希腊文原义为金银财宝。在《新约·马太福音》第六章第二十四节被人格化:"你们不能又侍奉神,又侍奉玛门。"在弥尔顿的《失乐园》中,玛门曾为撒旦建立一座由火脉放光的宫殿。此处意为管财宝的魔王。

〔332〕 那边烟雾蒸腾,山岚缭绕:歌德在一七九九至一八〇〇年间阅读了德国地质学家约翰·封·夏邦蒂的《论矿层》,此处近乎对矿层的实际描写。

〔333〕 狂风:预告或伴随女巫飞翔行列的信号。

〔334〕 长青宫的圆柱:针叶树的树干。

〔335〕 女巫们走向布罗肯:德国研究家们大都认为,这一群拥挤而喧闹的客人涌向布罗肯山岭,象征着德国文学的"狂飙突进"时期。

〔336〕 乌脸先生:过去用以指称忘记或不知或不愿提及其姓名的某人。此处指魔王。

〔337〕 女巫……山羊:括弧里的字由于不雅,在原文中是缺笔。参阅注〔363〕。

〔338〕 包玻:希腊神话中女谷神得墨忒耳的保姆,她因得墨忒耳为其女珀耳塞福涅被拐而发愁,便讲一些猥亵故事为她解闷。此处象征粗俗、淫荡的女巫。

〔339〕 当恭敬就恭敬:参见《新约·罗马书》第十三章第七节:"当恭敬的,恭敬他。"

〔340〕 伊尔森斯坦:布罗肯山岭的一道悬崖绝壁。

〔341〕 擦破了我的皮:骑得更快的女巫从她身旁擦过,擦破了她的皮。

〔342〕 儿快闷死,娘快爆炸:大多数怀孕的女巫被挤得生出死胎。

〔343〕 女人要快一千步:据歌德的助手里默回忆,歌德于一八〇七年对他说过,"一个女人一旦脱离正轨,她会盲目地不计后果地走向邪恶;而一个走上邪路的男人开始可能跟不上她,因为他总保留着某种良心,而她则让天性肆无忌惮地放纵下去。"

〔344〕 男人一跳就赶上:但男人在邪路上走下去,后果要比女人更厉害。

〔345〕 可永远像个石女不受孕:关于这句话有两种解释:一种是指一些文艺评论家,他们对别人的作品百般挑剔,自己什么也创作不出来;又一种是指一心避免犯错误的作家艺术家,他们小心翼翼,老是"洗澡","洗得干干净净",结果两手空空,一贫如洗——这就是说,完全不犯错误,既是伟大又是无能的标志。

〔346〕 我攀登了三百年:关于这句话也有两种解释:一种是指科学,已经发展三百年,但由于各派门户之见拘泥不化,以致停滞不前;又一种是指当时德国各小邦林立,远远落后于时代发展。

〔347〕 半女巫:指尚未完全入魔的女巫,她们追求接近女巫行列而不可得。此处用以比喻半吊子人才,他们尽管野心勃勃,永远不能超凡脱俗,因此十分妒忌在竞赛中胜过他们的那些更有才能的心灵。

〔348〕 油膏:用来涂抹女巫们所骑的扫帚或叉棍,以便提高飞行速度。

〔349〕 轻轻掠过了地面:双翼残缺的女巫飞不到布罗肯山岭。

〔350〕 伏郎公子:魔鬼的古代称谓,又解作"诱惑者"。参阅注〔154〕。

〔351〕 我倒宁愿到那上面去:歌德本来计划把浮士德引到撒旦的宝座——布罗肯山岭去。浮士德作为一个梦想家,也可能跟着恶魔走向深渊;但是,梅菲斯特却为了进一步诱惑并抓紧浮士德,便试图用一些浅薄的声色把他引开去。

〔352〕 大世界里造出了小世界:小圈子正是在上流社会形成的。此处暗示十八世纪流行的小社团。

〔353〕 袜带:指英国一三五〇年创立的一种最高勋章,用深蓝色天鹅绒制成,用金环扣扣在左膝下面。

〔354〕 马脚:梅菲斯特有一条腿呈马蹄形,在人间往往设法遮住,但在魔鬼世界倒可露出来炫耀一番。参阅注〔220〕。

〔355〕 将军、大臣、新贵:指法国大革命期间被赶到德国来的各种典型人物,他们落后于时代,对一切不满。甚至那些靠革命爬起来的"新贵",也觉得"一切都已七颠八倒"。

〔356〕 作家:指老朽的启蒙作家,他们同浪漫派相反,希望保持中庸之道,实际上近乎甘居中游。

〔357〕 梅菲斯特(突然现出龙钟老态):以上四种人物典型显然代表政治上和文学上传统的反动的残余势力。梅菲斯特在这里装出老态,并说出一番臭味相投的话,乃是对他们的怀旧心态的诙谐模拟。梅菲斯特认为,生活和思想的矛盾

〔358〕 我的小酒桶只流出浊酒几滴:讽刺通过自我来判断世界的人们。酒桶流出浊酒,证明它即将流光。

〔359〕 卖旧货的女巫:"瓦尔普吉斯之夜"作为魔鬼的节日,还摆有地摊,由女巫作摊贩兜售旧货。她们叫卖一些屡试不爽的杀人工具;但在梅菲斯特看来,它们早已被更有效的屠杀亲人的工具所代替。

〔360〕 莉莉特……亚当的前妻:据研究者云,这个人物在犹太传说中被创造出来,是为了解决《旧约·创世记》的一个矛盾:第一章第二十七节说上帝同时造男造女;第二章第二十一节则说上帝取出亚当的肋骨造了夏娃。据说莉莉特和亚当原来共用一个背脊,所以老是吵架;后来上帝把他们分开了,她就离开了亚当,去作魔王的情妇,专事诱惑男人、捕获婴儿。她的"漂亮的头发"正是她的魅力所在。

〔361〕 我美美做了一个梦:这是浮士德的发展过程的最低点。他"跟年轻一个跳起来",意味着直接参与猥亵活动。但是,他很快就清醒过来,离开了舞池(见后文)。

〔362〕 红苹果:中世纪以来,常用以比喻女性的乳房;这里同时指称夏娃叫亚当吃的智慧树的果实。

〔363〕 "它有一个——":梅菲斯特和老妇的两段台词中的四处猥亵文字,在作者的原稿和各版正文中均被省略。

〔364〕 尾脊幻视者:原文由希腊语词缀组成。指德国启蒙主义作家、批评家兼出版商弗里德里希·尼古拉(1733—1811)。原为莱辛、门德尔松的文友,敌视浪漫派,并出版《少年维特的喜悦》以讽刺歌德;又以批评权威自居,引起赫尔德、席勒、康德、费希特等人的反感,被称为德国文坛的"头号市侩"。一七九一年得幻视症,为生人或死人的幻影所困扰,后在脊椎尾部以蚂蟥吸血而愈。一七九九年在柏林科学院作专题报告,详述自己患病及治愈过程,并因此而得此诨号。

〔365〕 他一定要胡说八道:讽刺尼古拉自己什么也创作不出来,却欢喜指摘别人的作品。

〔366〕 旧磨坊:指尼古拉的出版物及其自一七六五年起编印的批评刊物《德国图书总汇》。

〔367〕 我们早就进行了启蒙:指腓特烈二世(1712—1786)招聘伏尔泰,提倡法国式的启蒙运动。

〔368〕可泰格尔还在闹鬼：泰格尔是柏林西北数里开外的一个小城堡，原为勃兰登堡选帝侯狩猎驻跸处，后以洪堡兄弟的宅第和墓地而知名。一七九七年传闻该城堡闹鬼，官方派人前往调查，结果一无所获。尼古拉作为启蒙作家并不相信鬼魅，故此事引起他的烦恼，特地在学术报告中加以评论，一时传为笑谈。

〔369〕鬼魅……精神……：两者在德语中是一个词（Geist）。此处玩弄文字游戏。

〔370〕一本游记：指尼古拉一七八三至一七九六年出版的十二卷冗长的《德国瑞士游记》。其中丰富的资料使这部著作今天成为文化方面重要参考书之一。

〔371〕积水潭：蚂蟥麇集地。

〔372〕从她嘴里跳出了一只红老鼠：据研究者云，出自德国古老传说："从一个睡着的女巫张开的嘴里，爬出了一只红老鼠。"

〔373〕老鼠只要不是灰的：就是说，至少不是平凡的。

〔374〕接着我还看见——："瓦尔普吉斯之夜"本来以一个裸体偶像的显现而告终，那个偶像掉了脑袋，从颈项冲出血来，浇熄了女巫们的魔火。浮士德却由此体验到格蕾琴未来的命运。

〔375〕墨杜萨的故事：希腊神话中蛇发人面三魔女之一，其目光能使人变成石头，后为珀耳修斯斩首。

〔376〕红色的细绦带：据德语古籍，复活的断头者有此印记。

〔377〕别老这样胡思乱想：梅菲斯特又试图把浮士德对格蕾琴的苦苦思念移到墨杜萨的故事上来。但浮士德摆不脱那个少女形象，对瓦尔普吉斯之夜的任何活动再也不感兴趣。

〔378〕热闹得像普拉特一样：普拉特系当时维也纳的一个游乐园，为多瑙河所环绕，优美的车行道和人行道四通八达，在欧洲享有盛名。梅菲斯特这时又想把浮士德引到那个"剧场"去。

〔379〕后台人员：指剧场里热心服务或主动要求服务的业余人员。据云可能暗讽忙忙碌碌的魏玛中学校长卡尔·奥古斯特·贝蒂格（1760—1835），他曾向席勒的刊物投过稿，席勒称他为"无事忙""药中甘草"等等。

〔380〕我的业余任务：是说他在剧场里帮忙。歌德和席勒一七九九年曾经共同计划录用一些热心戏剧艺术的业余人员。

〔瓦尔普吉斯之夜的梦〕 这篇"插曲"写于一七九一年,原为一组"讽刺诗"先拟投交席勒主编的《缪斯年鉴》,到年底又决定还是放进《浮士德》中为好。在这篇"插曲"后面,本来计划接着"瓦尔普吉斯之夜"还有几场撒旦的戏,但这几场戏终于没有写成,《瓦尔普吉斯之夜的梦》便因此与主要情节无关而显得突兀。这篇"插曲"系从莎士比亚的《仲夏夜之梦》演化而来,更具体地说,来源于歌德一七九六年在魏玛剧院演出的符兰尼茨基的小歌剧《仙王奥白朗》,仙王和仙后蒂坦尼亚两人原为一个印度小儿发生争执而离异,后来通过分居唤醒了相互的爱情和慕恋,以复婚告终。歌德在本场中按照浪漫派的手法,把演员、导演、乐师和观众混淆起来。还请注意原文中扬抑格和抑扬格的互换,当然译文无从表现出来。

〔381〕 米丁门徒兴冲冲:米丁是魏玛剧场的舞台装置家。由于上演戏文对舞台的要求不多,米丁和伙计们今天休息。

〔382〕 报幕人:德国狂欢节演滑稽剧,也往往由司仪人员报告节目的内容。这里是说仙王奥白朗夫妇消除隔阂,和好如初。有人认为,奥白朗和蒂坦尼亚象征德国文学史中的古典派和浪漫派,或者理智和想象之间的冲突与和解。

〔383〕 扑克:莎剧《仲夏夜之梦》中的小促狭鬼,似乎代表经常控制大众趣味的荒诞而乖张的因素。

〔384〕 阿莉儿:莎剧《暴风雨》中的小精灵,代表诗歌或者超乎时尚而未受其沾染的纯洁因素。参阅第二部注〔1〕。

〔385〕 丑八怪……大美人:前者指卑下的品质,后者指无关乎性别的优美心灵。

〔386〕 管弦乐队:管弦乐队的演员在演奏过程中自拉自唱,很容易转向文学讽刺,这可能是从阿里斯多芬的《蛙》受到启发。"乐队"暗讽文学上希望成名成家者,他们像昆虫一样哼哼唧唧,聒噪不休;或者暗讽文坛名人周围的啦啦队,他们不断重复几句吹捧的高调。

〔387〕 独奏:"呜呜叫"的原文系作者自造词,指风笛的拖音,暗讽华丽辞藻的追求者。

〔388〕 刚成形的精灵:讽刺一些蹩脚诗人,他们根本不懂一首活诗必须像一个有机的整体自发地从内心流出,而是把一些韵脚搜集拢来,拙劣地缝在一起,构成奇形怪状,冒充美的创造。

〔389〕 一对小配偶:有人认为,是指坏音乐和拙劣诗歌的联姻。

〔390〕 好奇的旅行家:指《德国瑞士游记》的作者尼古拉,参阅注〔364〕、

〔370〕。有人认为,他提到"奥白朗",是因为后者代表古典派。

〔391〕 正教徒:一七八八年弗里德里希·施托尔贝格伯爵在《德意志博物馆》上发表《评席勒先生的诗〈希腊的诸神〉》一文,说这首诗是"最荒谬的偶像崇拜和最阴郁的无神论的结合"。此人是一小撮自大狂的代表,他们不仅贬斥席勒,对莱辛、克洛普施托克和歌德也一概加以攻击。"正教徒"这一节就是针对他的。他这里把奥白朗和希腊群神都称作"大魔鬼"。

〔392〕 北方的艺术家:有人认为是指一七九八年死于罗马的丹麦艺术家卡斯腾斯;有人说是指和卡斯腾斯一起在罗马几年的艺术评论家费尔诺;更有人坚持说是歌德本人,他认为自己在布罗肯山上只能描写女巫,而且写得很草率,只有到意大利去才能找得到高雅的形式。

〔393〕 语言洁癖者:据说指语言学家J·H·卡姆佩(1746—1818),他在歌德的"讽刺诗"中被称为"可怕的洗衣妇",用碱水和沙子搓洗德国语言。

〔394〕 乐队指挥:业余乐队被年轻漂亮的女巫迷住了,指挥才斥责他们"拍子总该打得对!"

〔395〕 风信旗:一说暗讽皇家乐师和作家J·K·莱夏特(1752—1814),他对法国革命采取两面派立场。又一说指施托尔贝格伯爵兄弟,他们原为狂飙突进运动的狂热追随者,崇尚自然,蔑视传统;二十年后变成狭隘、反动的正统派。在这两节中,风信旗先为裸体的女巫所迷惑,把她们视作可爱的"新娘";后则唯愿地面裂开,把她们吞没。

〔396〕《酬宾集》:即歌德、席勒合著的讽刺诗集。它们在席勒主编的《缪斯年鉴》上陆续发表,引起一场反对作者的风暴,他们在某些刊物上被痛斥为受魔鬼的挑唆。故有"撒旦爸"的说法。

〔397〕 亨宁格斯:奥古斯特·封·亨宁格斯(1746—1826),丹麦大臣,《时代精神》、《十九世纪精神》等刊物主编,曾恶毒攻击席勒主编的《时序女神》和《缪斯年鉴》。因此在本节中,他受到点名讽刺,接着《艺术保护人》、前《时代精神》两节也是针对他的;本节讽刺他对歌德、席勒的咒骂(其中的"它们"指二人的讽刺诗);《艺术保护人》讽刺他在布罗肯山的女巫中间比在缪斯之间更加自在;前《时代精神》讽刺他把"德国帕纳苏"的一席之地分给那些对他拍马屁的作家们。

〔398〕 布罗肯山好宽顶:讽刺许多缺乏才能而不配称作诗人的人,都因此在"德国的帕纳苏"占有一席之地。帕纳苏为古希腊山名,相传为阿波罗和缪斯

女神所居之地,故可解作诗坛、文坛。

〔399〕 好奇的旅行家:这里不是尼古拉在说话,而是在说他。作为启蒙作家,他是一切宗教的敌人,因此处处搜寻潜藏的天主教分子。

〔400〕 鹳鸟:指J.C.拉瓦特尔(1741—1801),苏黎世牧师,歌德的朋友。歌德一八二九年二月十七日对爱克曼说:"拉瓦特尔是个大好人,只是屈从于强大的错觉,整个严格的真理不是他所关心的;他欺骗自己也欺骗别人。……他走路就像一只鹳鸟,因此他作为鹳鸟出现在布罗肯山。"

〔401〕 凡夫俗子:作者自称。歌德在他的讽刺诗《科布伦茨的午宴》上写道:"先知在右边,先知在左边/凡夫俗子坐中间。"在那次午宴上,歌德坐在拉瓦特尔和巴泽道(1723—1790,教育改革家)之间。

〔402〕 舞蹈者:指哲学家。当时哲学界所有争论,都集中在"有没有精灵"这个问题上,在局外人听来十分单调。本节讽刺他们按照一个调子跳舞,有如苍鹭在芦苇中齐声啼叫。此外,歌德对于文学界的朋党风气的憎恶也是众所周知的。

〔403〕 舞蹈教练、提琴手:这两节原来没有,后来(1828)由作者补入他生前最后亲订的一部全集中,为了预告和评论后文五个相互仇恨的哲学流派。

〔404〕 独断论者:指康德以前的哲学家,他们凭借概念推断事物的存在,并由此证明神的存在。此后几个哲学流派都在争论同一问题:魔鬼是否实际存在物?独断论者认为既有"魔鬼"这个词儿,便应肯定魔鬼的存在,因此他不相信康德的"批判"和休谟的"怀疑"。

〔405〕 唯心论者:指费希特及其同派哲学家,他们认为整个外在世界不过是内在意识过程的显现,或者说,"非我"是"自我"的一种产物,而不是存在于自我之外的某物;如果这个外在世界对于他们显得混乱,那么理所当然地应当认为,是自己本人混乱的反映。因此,瓦尔普吉斯之夜所以如此癫狂,正因为"今天我就是疯子"。

〔406〕 实在论者:即经验论者,他们只认为可捉摸的事物才是实际存在的,而承认不可捉摸的魔鬼的存在,则无异于丧失了立足点,故云"觉得自己站不稳"。

〔407〕 超自然论者:这一派承认在感觉世界之外或之上存在着一个第二性的、不同种的、绝对的现实。例如弗里德里希·雅可比(1743—1819),歌德的朋友,他从魔鬼及其世界的存在推断出神及其世界的存在,因此他能取乐于瓦尔普

吉斯之夜的鬼怪。

〔408〕 怀疑论者：怀疑论者否认真正认识的一切可能性，因此把超自然论者比作"掘宝者"加以取笑，嘲笑后者愚蠢到相信自己"跟着燐火滚"，便能够获得认识的"宝藏"。一说，"怀疑"（Zweifel）和"魔鬼"（Teufel）二词在德语中押韵，故怀疑论者在布罗肯山十分自在。又一说，怀疑论者视魔鬼为本来的怀疑者，即永恒的否定者，故同时又是他的盟友。

〔409〕 乐队指挥：业余乐队也由于哲学上的混乱而不合拍，故遭到指挥的申斥。

〔410〕 左右逢源者：此后又是五种政治类型。在十九世纪初叶，欧洲旧秩序已全面崩溃。"左右逢源者"即政治上的见风转舵者，他们走路用脚或者用头，全看形势需要与否。"无忧"原文为法语，此处指法国大革命期间轻易变换观点以求适应现实的人们。

〔411〕 不知所措者：许多法国逃亡者都是旧制度的寄生虫，习惯于靠宫廷为生，而今在德国必须自食其力，便手足无措，不知怎么办。

〔412〕 燐火：由于革命而从底层爬到了上层的所谓"暴发户"，即前场的"新贵"。

〔413〕 流星：由于革命而从上层被摔到底层的旧政客，他们处处寻求帮助，以图站稳脚跟。

〔414〕 庞然大物：指革命群众，他们意识到自己的力量，要把上面出场的五种政治类型清除掉。

〔415〕 结实扑克不让人：扑克自称"结实"，近乎《仲夏夜之梦》中小仙向扑克告别时称他为"大块头精灵"。

〔416〕 玫瑰岭：据维兰的诗体小说《奥白朗》，仙宫位于一座玫瑰岭上。按照阿莉儿的信号，众精灵纷纷腾空飞向玫瑰岭。

〔417〕 一切散作一场空：管弦乐随着曙色开展而渐弱，瓦尔普吉斯之夜的鬼怪消失踪影。舞台转空。由这场"插曲"转向下一场，似乎显得太突兀。作者曾经计划补充一场，而且动手写了一部分，让梅菲斯特引着浮士德到布罗肯山顶去朝见撒旦；但是他后来放弃了，故现有版本仍然保留着这个令人感到突兀的缺陷。

〔阴天　原野〕 本场在现存原文中是散文形式。据资料，歌德曾经考虑把本场和"监狱"一场改写成诗体。但是,最后他决定仍然保存原来的散文形式。

〔418〕 恶灵:指良心的谴责,见《大教堂》一场。

〔419〕 陈腐无聊的娱乐:指"瓦尔普吉斯之夜"。

〔420〕 她可不是第一个:语出当年法兰克法院对杀婴女犯的起诉书。

〔421〕 老实的过路人:受妖魔鬼怪困扰的,不仅是浮士德,还有每个偶然路过的人。

〔422〕 那第一个在永远宽恕者眼前:"第一个"指被钉死在十字架上的耶稣;"永远宽恕者"指基督教的上帝,此处带有讥讽口吻。

〔423〕 你惠允向我显圣:在"森林和洞窟"一场中,浮士德说过,是地灵送给他一个少不了的伙伴;这里,他又说,是地灵安排他结交这幸灾乐祸的恶棍。原来歌德计划增加一场,表现地灵指示浮士德去找梅菲斯特,后未写成。

〔424〕 再用凡人的手把她引出来:梅菲斯特不能用魔术把格蕾琴救出来,只能凭借浮士德的凡人的手。

〔夜　开阔的原野〕　本场系前后场之间便于转换情绪的一个过渡,可能受莎士比亚剧作《马克白斯》的女巫启示写成。

〔425〕 刑场:原文直译为"乌鸦石",因设有绞颈架的刑场周围常有乌鸦飞旋。此刻女巫们在为即将被处决的格蕾琴举行魔鬼式的弥撒。牧师在祭坛上走来走去,鞠躬,下跪,撒香,给参加祈祷者洒圣水。

〔地牢〕　本场原先写成散文,后改为诗体。作者一七九八年对席勒写信说过,"一些悲剧场面原用散文写成,它们由于逼真而强烈,同其他各场对比起来,显得不堪忍受。所以我设法把它们改成现在这样的韵体,这样思想仿佛经过一层纱幕透射出来,而可怖题材的直接效果便得以缓和。"

〔426〕 你的畏缩不过催促死神前往:按照原文,"催促"应作"延缓"。作"延缓",意味着"畏缩"无济于事,似不及作"催促",表示"畏缩"加速格蕾琴死亡。这句话的本意模棱两可,只可意会而不可言传,反映浮士德对于格蕾琴的悲剧下场无可奈何。

〔427〕 我的娘,那暗娟:格蕾琴唱的是一则关于杜松子的民歌,本事见《格林童话集》的《桧树》一则。一个小男孩被恶毒的后娘杀害,她把他做成菜肴给他父亲吃了;他的继妹把他的骨头捡在一起,埋在一株杜松树下;后来变出一只美丽

的小鸟,唱着这支歌飞走了。歌德安排格蕾琴死前唱这支歌,可能是受莎士比亚戏剧《哈姆莱特》中奥菲莉娅的疯癫歌唱的启示。

〔428〕 他们唱歌编排我:格蕾琴在疯狂中认为,那支杜松子之歌不是她唱的,而是那些编排她的人唱的。

〔429〕 向他跪拜:浮士德作为情人向格蕾琴匍匐在地,而她却按照教义来理解,所以也随之向他跪拜。

〔430〕 这是我朋友的声音:格蕾琴的目光已经昏暗,她即使看见情人,也不认识。但是,她的听觉却很灵敏。

〔431〕 我杀了我的妈:格蕾琴一点也不责备浮士德。

〔432〕 血迹:指瓦伦廷的被杀。

〔433〕 仿佛你要把我从你身旁推开似的:格蕾琴虽然疯了,却能感觉到,浮士德对她的关怀已不再是从前的爱情。

〔434〕 这是我举行婚礼的一天:有的研究者认为,这一行应当照字面来理解;也就是说,浮士德确实曾经预定这一天同玛加蕾特结婚。

〔435〕 丧钟……小木棍……血椅:执行死刑之前,要敲一阵丧钟;然后,法官要在死刑犯的头上撅折一根白色小木棍,并把它扔在犯人的脚前,作为最后判决的信号;最后,才把被判决者绑在一张椅上,以便引颈受斩。玛加蕾特所讲的受刑细节,已是几百年前的事了。

〔436〕 每个人的颈项:刽子手准备动手时,每个旁观者都会不寒而栗,仿佛利刃已经砍向了自己的颈项。

〔437〕 我的马儿在颤抖:晨光熹微时,魔马即将消失。

〔438〕 这块圣地:监狱和刑场对于格蕾琴意味着赎罪的圣地,因此她不让人把她从这儿弄走。

〔439〕 她被审判了:系借自《浮士德》木偶剧的一句台词:"你被审判了。"这句话本是对浮士德说的,现移到格蕾琴身上来,以便引出下面的"声音,"被拯救了!"

〔440〕 到我这儿来:有的研究者把梅菲斯特的这句话解释为,他从此掌握了浮士德的灵魂。其实,他和浮士德所订的契约远没有实现,他的这一句和"被拯救了"一句一致暗示,浮士德和格蕾琴的发展还有待继续。由个人的欲望、情感、志趣等等构成的"小世界"至此戛然而止;那边还有一个"大世界",浮士德将由梅菲斯特陪伴着,去经受涉及社会、政府和人类命运的种种利害和激情的考验。

悲 剧

第 二 部

图 表

四 卷

第一幕

宜人的佳境

〔浮士德躺在繁花似锦的草地上,倦怠,烦躁,欲睡。薄暮。
〔精灵围成圆圈,飘荡移行,可爱的小形体。

阿莉儿[1]　（歌唱,由风神琴伴奏）

　　　　百花如春雨,
　　　　飘洒于万物;
　　　　庄稼绿田亩,
　　　　向人频瞬目;
　　　　仙小法力大[2],
　　　　忙于济困厄;
　　　　怜悯不幸者,
　　　　不论善与恶。

　　　　你们在空中围着这个头颅荡漾浮沉,
　　　　这儿证明了你们是高贵的妖精:
　　　　请和缓心灵的剧烈斗争,
　　　　拔掉谴责[3]的灼热的箭翎,
　　　　洗净他内心所经历的震惊。
　　　　长夜分成四更[4],切勿因循,
　　　　要好好利用每一段光阴。

先把他的头安放在凉枕,
再用忘川之露[5]把他浇淋!
他将酣然一觉睡到天明,
僵硬的肢体马上恢复柔韧。
请完成妖精最高尚的责任:
把他交还给那神圣的光明!

合　唱[6]　(一个个,一双双,一群群,轮番地并聚精会神地)
　　　　　熏风懒洋洋吹遍
　　　　　绿荫环绕的平川,
　　　　　黄昏降下了
　　　　　雾障不胜香甜,
　　　　　请低唱甘美的静谧,
　　　　　让心儿像孩子般安眠,
　　　　　并为这倦者的双眼
　　　　　把白昼之门轻关。

　　　　　黑夜已降临,
　　　　　星辰虔诚两相亲,
　　　　　小如光点大如灯
　　　　　闪闪烁烁远而近;
　　　　　这厢映照在湖中,
　　　　　那厢彻夜任通明;
　　　　　一片月华高照,
　　　　　祝福好梦深沉。

　　　　　光阴时刻流淌,
　　　　　苦乐均告消亡;

须知君将康复；
请相信新的日光！
山谷泛绿,丘陵膨胀,
灌木丛生好荫凉,
收获秧苗起伏
有如涟漪银浪。

要达到一个个志愿,
请仰望那边的晨曦！
你不过被轻轻裹住,
睡眠如躯壳[7],请将它抛弃！
众人游手好闲,踟蹰不前,
你要大胆行事,切勿迟疑；
高贵者能完成一切,
他知而即行不可及。

〔巨大的嘈声预示太阳临近。

阿莉儿　　听呀,请听时序[8]在沸腾！
　　　　　新的白昼喧闹着
　　　　　已为精灵之耳[9]而诞生。
　　　　　石门咯吱开合,
　　　　　日神的车轮辚辚,
　　　　　光明带来了嘈声[10]！
　　　　　它击鼓,它吹号,
　　　　　使目眩,使耳震,
　　　　　未曾闻者不可闻[11]。
　　　　　快躲到花萼里去,

越深越好,静静藏身,
藏进浓荫与岩缝!
免得一听就耳聋。

浮士德　　生命的脉搏清新活泼地跳动,
　　　　　向太空温柔的曙光致敬;
　　　　　你大地,昨夜依然如故,
　　　　　而今呼吸在我脚下焕然一新,
　　　　　开始使我处处感到欢欣,
　　　　　你鼓舞着激励着一个坚强的决心[12],
　　　　　一再向最高的生存[13]攀登。——
　　　　　世界已经在晨曦中显形,
　　　　　林间交响着万籁的生命;
　　　　　雾霭如带在山谷中流出流进,
　　　　　天光已向深处下沉,
　　　　　枝枝桠桠从它们沉睡处
　　　　　萌发新芽于芬芳的绝壁断层;
　　　　　地面的花叶饱含着颤抖的露珠
　　　　　从那儿展示了姹紫嫣红的美景:
　　　　　一座天堂在我的周围形成。

　　　　　向上望[14]!——山峰如巨灵
　　　　　预告了庄严的时辰;
　　　　　它们先享受永恒的光明,
　　　　　然后光明才降临我们的头顶。
　　　　　现在新的辉煌灿烂才被布施到
　　　　　阿尔卑斯山低陷的绿草坪,
　　　　　一级一级照下去——

太阳出来了！——可惜令人眩晕，
刺得我眼痛，只得掉头转身。

恰如满怀憧憬般的希望[15]
向最高的志愿自信地迈步，
发现成功之门豁然洞开；
但从那永恒的深堑喷出
过量的火焰，我们不禁张皇失措：
我们想点燃生命的火炬[16]，
却被火海包围着，多可怕的火啊！
是爱？是恨？熊熊燃着把我们围住，
或苦或乐不可思议地交错着，
我们只得又向地面回顾，
把自己掩藏在最清新的幕帷[17]之中，
让太阳留在我的背部！

穿岩隙而泻的瀑布，
我越看越是喜不自胜。
它一跌而化为水柱千条，
再跌则万道激流翻滚，
一阵阵水珠飞溅高空。
彩虹万变不离其宗[18]何其鲜明，
拱然横跨于飞泉之上，
时而轮廓清晰，时而消散干净，
在四周化为雾状的凉雨！
这正反映着人的奋进。
沉思一下，你就会懂得：
我们是在五彩折光中感悟人生[19]。

皇帝的行宫

金銮宝殿

〔枢密大臣恭候圣驾临朝。

〔喇叭声大作。

〔各种内侍盛装登场。

〔皇帝升座,星士侍立右侧。

皇　　帝[20]　诸位忠实的爱卿,你们远近来朝,寡人一律表示欢迎。——这位贤能在我身旁,我已看见,但不知弄臣待到哪儿去了[21]?

侍　　从　刚才还在御袍下摆后面,在台阶上跌了一跤;大胖子给人抬走了,是死是醉还不知道。

侍从二　马上又有一个来顶缺,来得也真够快。打扮得一表人才,就是有点丑怪,吓得人人发呆;卫兵们把钺斧交叉着,把他挡在门外,不让他进来——瞧他还是来了,这胆大的蠢材!

梅菲斯特　（跪在御座前）是什么受诅咒又受欢迎[22]?是什么被渴望又被驱逐?是什么永远受到保护?是什么被痛斥并被控诉?是谁你不敢把他唤来?是谁的大名人人欢喜听到?是什么走近了御座的台阶?是什么作法把自己赶跑?

皇　　帝　这次你要废话少讲!到这儿出谜语可不得当,那是这些老爷们的事情。——想猜你就猜猜看！我倒愿意听。我的旧弄臣走了，怕他已经上了西天；你来顶替他，也好，就站在我身边！

〔梅菲斯特走上台阶，侍立左侧。

众人窃窃私语[23]　一个新蠢材——又要降新灾——
他是哪路货？——怎么混进来？——
旧的已倒下——算是交了差——
那个胖似酒桶——这个骨瘦如柴——

皇　帝　忠实可靠的众爱卿，欢迎你们远近来朝！你们聚在一起，总有吉星高照，我们的幸福和康宁都在上面写着。这几天我们摆脱了忧愁，戴上了化装舞会的髯口[24]，正准备乐它一乐，那么，请说说看，为什么现在偏要审议朝政，自寻烦恼[25]！既然你们认为非如此不可，而且已经开始，寡人愿意候教。

宰　相[26]　最高的德行有如圣者头上的光轮，把皇上的头顶环绕，只有他老人家才能行之有效：它就是万人喜爱、万人要求、万人希望而不可或缺的公道！公道是否施之于民，全由陛下做主。可是，天哪！如今举国骚乱若狂，灾祸频仍，试问聪明、善良、勤快于世道人心又有何补？任谁从这座高殿俯览一下广大帝国，他都会像做了一场噩梦，其中怪物丑态百出，非法以合法的名义统治着，一个错误的世界欣欣向荣。

夺人家的妻女，抢人家的牛羊，从祭坛上弄走圣餐杯、十字架和枝形灯架，那些家伙逍遥法外，安然无恙，多年来还借此自夸。现在告状的挤满了法庭，法官在高垫椅上威风凛凛，以致群情激愤，民怨沸腾。如果同党可靠，他尽可以作奸犯科，有恃无恐；如果孤立无援，即使清白无辜，也只好把"有罪"的宣判听从。看来整个世界行将分崩离析,理所当然的一切悉遭抹杀;将我们引上正路的唯一智能,试问如何得以生发?一个心地善良的人最后竟流为阿谀、贿赂之徒;法官不能秉公执法,终于会与犯人同流合污。我可能描绘得过于黑暗;宁愿用一层厚纱把这片景象紧紧遮住。(稍停)

当机立断,势在必行。如果人人害人,人人受害,陛下的尊严恐怕也会成为牺牲品。

军政大臣　如今乱世真是肆无忌惮!人们相互残杀,简直杀红了眼,什么号令都听不见。市民躲在自己的屋墙后面,骑士占据了高山的石砦,共同密谋同我们对垒到底,确保自己的实力永远不败。佣兵们早已失却耐心,吵嚷着要求发饷,如果我们如数发给他们,他们就会逃个精光。可谁胆敢拒绝众人的要求,那无异于捅了马蜂窝;帝国原该由这些人[27]来保卫,如今却受到他们的蹂躏和劫掠。如果放任他们横行霸道,半壁河山就会付之东流;境外诚然也有一些国王,可没一个认为与己有关而伸手。

财政大臣　谁还会指望什么盟友!答应我们的救济金,竟像水管断了流。陛下,在您广大的国土,产业到底落入谁之手?无论走到哪儿,人们都在自立门户,自谋生路;别人也只好瞪眼瞧着,让他们我行我素;我们已经让出了太多权利,再没有一项给自己保留。至于党派,不论它们叫什么名称,今天一点也不能信赖;让它们去骂去捧吧,是爱是恨全都无所谓。吉伯林派也罢,归尔甫派也罢[28],都已偃旗息鼓,将养自身;每个人都得照顾自己,现在谁还会帮助邻人?黄金之门已经堵塞,人人都在聚敛,在扒捞,在搜括,我们的国库早已空空如也。

内廷总监　连我也碰到了灾祸!每天总想节省一点,可每天偏偏耗费得更多。我的苦恼可以说与日俱增。厨师倒一点也不忧虑饥馑:野猪、野兔、公鹿、母鹿、火鸡和鸡鸭鹅之类,这些实物贡品,可靠的税收,都源源不断地送上门。只是葡萄酒到底有所短缺。

从前酒窖里,陈年佳酿一桶桶堆积如山,可叹贵人们贪杯狂饮,终于把它们饮得罄尽而枯竭。市议会不得已只好放开它的酒库来应急,人们于是又大碗小钵地来灌,直灌得酩酊醉倒,把盛馔佳肴都掀翻在地。现在,所有这一切都得由我来支付、赔偿;犹太人[29]什么客气也不讲:他向我放款,要求以未来的收入作抵押,害得年年只好寅吃卯粮。猪还没长膘就给牵走了,床上垫褥送到当铺去当,桌上的面包也是赊的账。

皇　　帝　(沉思片刻,转向梅菲斯特)傻子可知道还有什么困难?你也说说看?

梅菲斯特　我?我可什么也说不上。只见陛下和文武百官威风凛凛,仪表堂堂!须知皇恩浩荡,帝祚绵长,权力齐备,四海称强,仁德借理智而弥坚,随时一举而多得,何愁天下不归降?既蒙群星高照,更何来黑暗与不祥?

窃窃私语　　恶棍一条——精通此道——
　　　　　　只要得逞——撒谎造谣——
　　　　　　我已看穿——个中把戏——
　　　　　　还有什么?——一条诡计——

梅菲斯特　这世界哪会样样齐全?要不缺这,就会缺那,只是这儿缺的是金钱。金钱诚然不能俯拾即是;智慧却懂得从深处把它发现。铸好的和没有铸好的黄金,大都埋在墙根下,矿脉里。你们问我,谁能让它们得见天日:只有靠天才的自然力和精神力[30]。

宰　　相　自然和精神[31]——对基督徒可不能这样说。这种话太危险,所以无神论者都给烧死掉。自然是罪孽,精神是魔道,它们生出了怀疑,那畸形的杂种。别给我们来这一套!——皇帝古老的国度里,只产生了两个世系,威严地捍卫着皇统:那就是圣徒和骑士[32];他们共同抵挡每一次狂风暴雨,而拿教会和国家作为酬劳。可是,从群氓的迷惑心理,却发出一种阻力[33]:那就是异教徒!巫术士!他们败坏着城市和邦国。而今你[34]竟想用厚颜无耻的戏谑,把他们偷运到这高尚的社会里来;你们[35]都怀藏着邪念:他们[36]和弄臣实际上是一丘之貉。

梅菲斯特　听了这番高论,才知道阁下博学多识!原来你摸不着,就认为它离你十万八千里;你抓不住,就认为它全是空无;你没计算过,就相信它纯属子虚;你没有衡量过,就觉得它无足轻重;你没铸成钱币,就想象它不能流通!

皇　　帝　空口说白话,解决不了我们的匮乏!你的四旬斋说教[37]无济于事,何必叽里呱啦?老一套如果、但是,我早已听厌了;须知眼前缺的是钱,还是去弄钱为妙。

梅菲斯特　你要什么,我都可以去弄,而且弄得很多很多;这种事情,说容易也容易,可容易的也很难做。财宝就在那儿,要弄到手,还少不了一点本领,可谁知道怎么动手才成?想想看,在那些恐怖的时代,异族的洪流[38]淹没了国土和群氓,任何人不论多么惊慌,都会把自己心爱的财宝东掩西藏。自强盛的罗马时代以来,直到昨天以至今天,千百年可以说无一例外。那一切都悄悄埋在地下;土地归皇上所有,他理应享受里面的钱财。

财政大臣　他虽是个弄臣,说话倒也在理,这的确是皇上的权利[39]。

宰　　相　魔鬼给你安下了金丝圈套:这里面气味不对,我总觉得有些蹊跷。

内廷总监　只要他为宫廷及时弄到款项,就是有点不大正当,那又何妨。

军政大臣　弄臣可真乖,凡是于人有利的事情,他都应承不贷;士兵们只要有钱,可不管它从哪儿来。

梅菲斯特　也许你们认为我在骗你们:请问问这位先生,他就是星士!黄道带内的星座他都认识,他还按照星座知道时辰[40]。那么,目前的天象如何?请说个分明。

窃窃私语　两个无赖——狼狈为奸——

　　　　　傻子怪物——近在御前——

　　　　　　陈词滥调——早已听厌——
　　　　　　蠢货提词——贤士开言——

星　　士　（由梅菲斯特提词）太阳本身是一块纯金；水星听差，是为了酬劳和宠幸；金星[41]夫人把你们个个迷住，从早到晚对你们脉脉含情；贞节的太阴性情古怪，反复无常；火星不管烧不烧得着，其势不可当。而木星一直散放着最美的光；土星很大，看起来却很远很小，它作为金属我们并不十分敬仰：尽管它很重很重，其价值却渺不足道。是的，如果太阳和太阴代表金子和银子结伴同行，那就会出现皆大欢喜的人生！其余的一切无不有求必应：宫殿，花园，酥胸，红颜等等，这位博学之士都可弄到手，我们做不到的，他则无所不能。

皇　　帝　他讲的话，我听来像两个声音，终究不能让我相信。

窃窃私语　　陈旧把戏——又有何用？——
　　　　　　历书预言[42]——烧丹炼汞——
　　　　　　常听人说——无不落空——
　　　　　　即使他[43]来——也未必中——

梅菲斯特　他们面面相觑，站成圆圈，不相信这高贵的发现；一个胡说什么曼德拉草[44]，另一个大谈什么黑犬[45]。可为什么又有人在说俏皮话，还有人在谴责魔邪，即使他脚掌发痒[46]，走起路来趔趔趄趄。

　　　　对于永远主宰一切的自然，你们[47]都感觉到它神秘的功效，而从最深的地层，不断向上透露出生动的征兆。如果四肢疼痛，身上什么地方不舒坦，那么马上拿起锹镐去挖掘：乐师[48]就在这下面，财宝就在这下面！

窃窃私语　　我的双脚重如铅[49]——
　　　　　　风湿作怪——手臂痉挛——
　　　　　　大脚趾发痒——背脊发酸——
　　　　　　根据这样一些征兆，
　　　　　　最丰富的宝藏就在眼前。

皇　帝　赶快！别再开溜，快来兑现你的胡诌，马上给我们指出金窖的地头。如果你说的属实，我将放下宝剑和权杖，亲自用御手来完成这番壮举，但如果你撒了谎，我就要送你下地狱！

梅菲斯特　下地狱的路我终归找得到！——可是，各处有待开采的无主宝藏，我却无法一一奉告。农民犁沟，翻开土块就捡了一只金罐；黏土墙下，想刨出一点硝石[50]来，想不到发现金锭黄灿灿，捧在枯瘦的手里又惊吓又喜欢。什么拱顶都得炸掉！什么缝隙，什么坑道，识宝者都得去走一遭，哪怕走到地府阴曹！在宽大的陈年老窖里，他看见金杯、金碗、金碟排列成行；还摆着红玉高脚杯，如果他想享用一番，积存多年的佳酿就在身旁。可是，行家的话，你们也许不相信——酒桶的木料早已腐朽，酒石[51]却凝成桶状把酒装牢。不仅是金银珠翠，连这种名酒的精华，都为黑夜的恐怖所笼罩。智者在这里孜孜不倦地探讨；白昼识宝，是开玩笑，秘方得在昏暗中才能见效。

皇　帝　由你去吧！黑咕隆咚有什么必要？值钱的东西，总得让它见见天日才好。谁在深夜认得出恶人？那时牛都是黑的，猫都灰不溜秋。地下的罐子装满了金器，快拿起你的锄，把它们刨出土！

梅菲斯特　拿起你的锹和镐，亲自动手去掘宝，农活使你变得了不起，瞧一群金牛犊[52]纷纷钻出了地。然后毫不迟疑，欢天喜地，装饰你自己，以及你的嫔妃；一颗亮晶晶的彩色宝石，会提高你的尊严，还有她们的美丽。

皇　帝　马上动手！马上动手！还要挨到什么时候？

星　士　（如前）[53] 陛下，请少安毋躁，等花花绿绿的乐子[54]过了再瞧；分心的玩意儿使我们达不到目标。首先，我们必须持斋守戒，同上帝和好[55]，才能托天保佑，挖出地下的财宝。须知行善才有善报，血气平和才能快乐逍遥，压榨葡萄的人才能喝到酒，增强信心才能把奇迹等到。

皇　帝　那么让我们把日子过得兴高采烈！圣灰星期三[56]即将如愿来临。我们乘此庆祝狂欢佳节[57]，无论如何要搞得更加开心。

〔喇叭声大作。退场。

梅菲斯特　功绩和幸运连在一起，愚人永远不明这个道理[58]；他们捡到一块哲人之石[59]，往往留下石头而把哲人抛弃。

四通八达的厅堂

〔附侧室数间，为假面舞会装饰一新。

报幕人[60]　别以为在德意志境内，你们只看得到魔鬼舞、小丑舞和骸骨舞[61]！今天就有一场狂欢的盛会恭候诸位光顾。当年皇上出巡罗马[62]，为了自己也为了与民同乐，曾经翻越崇高的阿尔卑斯山，赢得了一个欢乐的帝国。皇上首先伏在神圣的脚下[63]，把统治大权求讨，等他去领取皇冠时，又为我们带回了丑角帽[64]。现在我们都成了刚出世的宝宝；一个个饱经世故，竟把小帽儿扬扬得意往脑袋、耳朵上套；小帽儿使他们活像可笑的白痴，尽管戴它的人精明得不得了。——我已看见他们聚在一起，或者蹒跚地分离，或者亲密地配对；合唱队紧接着合唱队。出出进进，乐此不疲！然而，我们这个世界尽管插科打诨，千姿百态，说到底依旧是个大傻瓜天下唯一。

女园丁们[65]　（唱，曼陀林伴奏）

今晚诸位请多表扬，
我们打扮得漂漂亮亮，
佛罗伦萨的年轻姑娘
借重德国朝廷的风光；

头戴一朵朵鲜花，
插满棕色的鬈发；
丝线绺绺，丝绒团团
起的作用叫呱呱。

我们的假花[66]却盛开，
一年四季开不败：
这点功劳不算啥，
到底值得人人爱。

条条片片五彩缤纷[67]
拼凑起来对称均匀；
一枝一叶也许可笑，
花团锦簇煞是喜人。

看来我们长得真俊，
女花儿匠从来多情；
这本是女人的气质：
个个天生赛过艺术品。

报幕人　把你们顶在头上、挎在臂间的丰盛花篮放下来，让我们瞧瞧吧！谁高兴谁就来挑！快让林荫小道变成花园吧！卖花姑娘和她们的花儿，很值得大家围拢来瞧上一瞧。

女园丁们　　快到热闹地方来买花，
　　　　　　可别一味讲价又还价！
　　　　　　不论谁买到什么花，
　　　　　　都将奉送几句俏皮话。

带果实的橄榄枝　我不妒忌任何花草，
　　　　　　我避免一切争吵；
　　　　　　这与我的天性不对：
　　　　　　我是大地的精粹，
　　　　　　还拿得出可靠的保证，
　　　　　　是每片原野的和平象征。
　　　　　　今天希望我有幸能够
　　　　　　装饰美丽而高贵的头颅[68]。

穗　冠　（金黄色）刻瑞斯的礼物[69]打扮你们，
　　　　　　温雅可爱而又美观：
　　　　　　最受欢迎的生活用品
　　　　　　做你们的装饰真个好看。

奇巧花冠　　锦葵似的五色花，
　　　　　　沼泽地里出奇葩！
　　　　　　自然界中不常见，
　　　　　　时尚却能推出它。

奇巧花球　　特俄弗拉[70]谅也不敢
　　　　　　把我的名字向你言谈；
　　　　　　人人爱我未必可能，
　　　　　　但愿博取多人的欢心，

　　　　　　归她所有是我的夙愿，
　　　　　　只要她把我编入发辫，
　　　　　　只要她能拿定主张，
　　　　　　让我留在她的心房。

蔷薇骨朵儿　（挑战）[71] 任这些玩意儿花花绿绿，
　　　　　　为了赶时髦花样百出，
　　　　　　造型新颖而又怪诞，
　　　　　　大自然从未如此这般；
　　　　　　叶柄绿油油，花萼金灿灿，
　　　　　　花枝招展丰发间！——
　　　　　　可我们一贯遁隐不显眼：
　　　　　　有福人才发现我们多么新鲜。

　　　　　　每当夏季惠然来临，
　　　　　　蔷薇苞蕾便盛开如焚，
　　　　　　这种福分谁会嫌多？
　　　　　　须知在春神[72]的王国，
　　　　　　眼光、感觉和心曲
　　　　　　一并接受允诺与眷许[73]。

　　〔在绿色林荫道上，女园丁们雅致地修饰和展示她们的花篮。

男园丁们　（以双颈大琵琶伴唱）
　　　　　　且看花朵悄悄开放，
　　　　　　围在你头上漂漂亮亮；
　　　　　　果实却不愿把人引诱，
　　　　　　人们尽可以把它品尝。

褐脸汉子[74]在喝价:
樱桃,桃子,青梅快买吧!
比起舌头、味觉来,
眼睛算不上鉴赏家。

熟透了的水果实在好,
美滋滋快来尝个饱!
玫瑰让人把诗做,
苹果却得用嘴咬。

容许我们沾沾光[75],
闻闻丰盛的春花香,
且把成熟的商品
摆在左右高邻旁。

在可爱的花彩下面,
在美观的拱廊里面,
蓓蕾、叶片、花朵和果实
同时可说一应俱全。

〔在六弦琴和双颈大琵琶的伴奏下,两个合唱队轮番唱着[76],并把他们的货品一层层向上攞起来,准备出售。

〔母亲和女儿[77]上。
母　亲　　闺女,想当初你一出世,
　　　　　我给你戴上小软帽;
　　　　　你脸蛋多么标致,
　　　　　你身材多么窈窕。

满以为你福星高照，
会嫁给一位阔佬，
夫人头衔少不了。

想不到青春岁月
全被你因循蹉跎，
求婚者络绎不绝
打身旁匆匆而过！
跟这个舞步婆娑，
跟那个拐一下又送秋波，
到底也没找到一个。

费脑筋白白举办
多少次相亲宴会，
罚物游戏和抓阄[78]
没有成功过一回；
今天出丑卖乖人人会；
宝贝，不妨撩开裙围，
说不定剩一个跟你配对。

〔更多年轻貌美的女伴参加进来；亲密的闲谈，声喧可闻。

〔渔夫和捕鸟者携网、钩、胶竿及其他用具上，混入美丽少女中间。双方试图勾搭、捕捉、逃避、擒获，为最愉快的对话[79]提供机会。

樵　夫[80]（上，急躁而粗笨）

让开！快让开！

　　　　　我们要过来，
　　　　　我们砍了树，
　　　　　哗啦倒下去；
　　　　　我们来扛起，
　　　　　当心撞着你。
　　　　　要把我们夸，
　　　　　得说清楚话[81]；
　　　　　国内没粗汉
　　　　　累得满头汗，
　　　　　试问细人们
　　　　　怎样动脑筋[82]，
　　　　　如何能生存？
　　　　　这点记在心！
　　　　　我们要是不流汗，
　　　　　你们冻得直叫唤。

丑　角　（笨而蠢）你们是蠢货，
　　　　　生来就罗锅[83]！
　　　　　我们可懂行，
　　　　　什么也不扛；
　　　　　便帽小又小，
　　　　　破衫加烂袄
　　　　　穿戴一身轻，
　　　　　我们真开心：
　　　　　一向多闲暇，
　　　　　脚上拖鞋靸，
　　　　　市场和人群
　　　　　穿出又穿进，

路旁张嘴站，
　　　彼此高声喊，
　　　喊声一听见，
　　　便往人群钻，
　　　滑得像泥鳅，
　　　一起跳个够，
　　　跳着又起哄，
　　　要捧尽管捧，
　　　要骂尽管骂，
　　　我们全不怕。

食客们　（谄媚而贪婪）
　　　柴夫真强悍，
　　　加上烧炭汉，
　　　你们两老表，
　　　我们少不了。
　　　尽管把腰弯，
　　　尽管把头点，
　　　说话弯弯绕，
　　　吹气有两招[84]，
　　　吹暖和吹凉，
　　　感觉不一样，
　　　又有什么用——
　　　即使有火种，
　　　雷电放光彩，
　　　打从天上来——
　　　要没有柴片
　　　和煤一大担，

炉灶再宽敞,
怎能烧得旺?
烤得吱吱响,
煮得沸了汤。
谁把滋味品,
且看舔盘人,
他闻到烤肉,
他预料鱼香;
主人餐桌旁,
身手显一场。

醉　汉　（酩酊大醉）

今天可别把我惹!
我可自由又自在;
新鲜喜悦欢乐歌,
由我自己带过来。
那么我饮,饮呀饮!
诸位碰杯叮,叮,叮!
后面那位[85]也请出!
咱们碰杯才算数。

我的老婆发脾气,
对着花衫撇嘴巴,
随我怎样夸自己,
骂我是个穿衣架。
我偏要饮,饮呀饮!
碰起杯来叮叮叮!
衣架碰杯把酒祝!

酒杯碰响才算数。

休道迷路没了辙,
哪儿舒畅我哪去,
老板不赊娘们赊,
最后还有侍酒女。
我只管饮,饮呀饮!
大伙碰杯叮叮叮!
相互一路把酒祝!
我想这样才算数。

高兴在哪就在哪,
爱咋摆谱就咋摆:
哪儿躺下就躺下,
再也不想站起来。

合　唱　　哥们开怀把酒饮!
举杯相碰叮叮叮!
坐稳木凳大声嚷!
谁喝够了桌下躺。

〔报幕人宣告各派诗人登场[86],自然诗人,宫廷歌手,骑士歌手,伤感诗人和狂热诗人。人人争先恐后,不让别人出面朗诵。其中一位咿唔数语,匍匐而过。

讽刺诗人　　区区诗人何所嗜?
各位不妨听端详。
人人厌闻糟心事,

我倒很想说了唱。

〔黑夜诗人和墓茔诗人[87]表示歉意，因为他们正在同一个刚复活的吸血僵尸进行一场饶有兴味的谈话，由此可能生发一种新的诗风；报幕人只得听其自然，同时吁请希腊神话出场，后者虽然戴着现代面具，仍不失其动人的气质与风度。

〔美惠三女神[88]上。
阿格莱亚　　我们把优雅引入生活；
　　　　　　馈赠优雅何须说！
赫革摩涅　　受领也须讲优雅！
　　　　　　如愿以偿传佳话。
欧弗洛绪涅　即使在安静的日子里
　　　　　　也须极其优雅表谢意！

〔命运三女神[89]上。
阿特洛波斯　身为长姊我应邀，
　　　　　　这次邀我把线纺；
　　　　　　生命细线难担保，
　　　　　　纺长纺短费思量。

　　　　　　让你觉得软而韧，
　　　　　　我选纯麻上纺锤；
　　　　　　为了平滑又光润，
　　　　　　巧手捋去又捋回。

　　　　　　你们作乐又寻欢，
　　　　　　可别搞得出了圈，

　　　　　　　须知此线容易断，
　　　　　　　当心一下玩儿完。

克罗托　　　须知最近几天内，
　　　　　　　剪刀由我来掌管；
　　　　　　　只因大姊行为悖，
　　　　　　　使得人人都不满。

　　　　　　　无用织品长又长，
　　　　　　　她却拉向风和光；
　　　　　　　美妙锦标有希望，
　　　　　　　一下拖进了墓坑。

　　　　　　　想我青春年少时，
　　　　　　　也曾犯过一百起；
　　　　　　　为将自己来约制，
　　　　　　　才把剪刀藏鞘里。

　　　　　　　于是情愿受约制，
　　　　　　　来此欣作观光客；
　　　　　　　目下你们闲散时，
　　　　　　　正好纵情去作乐！

拉刻西斯　　解事明理数我行，
　　　　　　　调节整顿我管事；
　　　　　　　我的纺机从不停，
　　　　　　　慢条斯理不造次。

纱线过来捻着纺，
每根长短有尺寸，
不让一根走了样，
一根一根圈成锭。

我如忘形不自觉，
世人命运更堪虑；
计时辰，量岁月，
织工[90]把线取了去。

报幕人　即使你们通晓古代典籍，怕也认不出目前来的这些人；为了见识一下她们，你们还得把这些作恶多端的家伙称作嘉宾。婀娜多姿，和蔼可亲，而且貌美年轻，这就是复仇女神！说来可有谁相信；你们不妨接近一下她们，原来这些鸽子竟像毒蛇一样伤人[91]。她们诚然阴险，可今天每个傻子都在夸耀自己的缺点，她们也不至于要求天使的名声，而会自认是城乡的瘟神。

〔复仇三女神[92]上。

阿勒克托　有什么办法？你们还得相信我们，
　　　　　只因我们年轻貌美，猫一样阿谀逢迎；
　　　　　你们中间哪位如有意中人，
　　　　　我们将会对他百般奉承，

　　　　　直到我们当面对他说破：
　　　　　她对张三李四同时暗送秋波，
　　　　　脑又笨，背又驼，脚又跛，
　　　　　倒霉鬼才会讨她做老婆。

          我们还会把那婆娘怄一怄：
          几个星期前她那个男朋友
          曾向别的女人把她编派够！——
          如今和解了，还留下好一条鸿沟。

墨该拉   这不过是笑话[93]！他们一旦结了婚，
          就得听我的，我可什么都不论，
          只会任性折磨最美的幸运；
          人人一日三变，时辰也不相等。

          无人重视如愿以偿，
          得陇望蜀近乎愚妄，
          最高的幸福竟视作寻常；
          他躲避太阳，却靠拢冰霜[94]。

          我懂得同这些家伙怎样交手，
          且把忠实的阿斯摩狄[95]带在身后，
          在适当的时机散布诅咒，
          把人间一对对夫妻变成怨偶。

提西福涅   负心汉子我可不谩骂，
          要用毒药匕首对付他；
          谁要另有所欢不像话：
          迟早鸩酒一杯作报答。

          片刻欢娱一转眼
          变成浮沫和苦胆！
          不是市场不讲价：

自己欠债自己还。

谁也别想把饶求！
我向岩石把冤诉，
且听回声答道：复仇！
不要命才敢喜新厌旧。

报幕人　对不起，请靠边站！现在来的可跟你们不一般[96]。瞧吧，挤过来了一座大山[97]，软腹神气地披挂着花毯，头上长着长牙和蛇似的长鼻子，真是古怪极了，且让我来给你们提示一番[98]。它颈项上坐着娇媚的女人，用一根细棒小心地把它驾驭；另一个站在它背上，显得庄严高贵，光芒四射，眩惑了我的双目。旁边还走着一些带锁链的贵妇人，有的愁眉苦脸，有的喜笑颜开；有的渴望自由，有的觉得自由自在[99]。她们姓甚名谁，一个个自己报来。

恐　惧　　烟雾腾腾的火把、灯具、蜡烛
　　　　　把纷乱的节日照得昏暗；
　　　　　哎！锁链把我紧紧禁锢
　　　　　在这些骗人的假面中间。

　　　　　去吧，笑人的人倒真可笑！
　　　　　你们的冷笑令人生疑；
　　　　　我的对手都来了，
　　　　　今夜一步步把我紧逼。

　　　　　就在这里！朋友变成冤家，
　　　　　我已认清了他的假面；
　　　　　那家伙原想把我谋杀，

被发现,连滚带爬一溜烟。

哎,我多想逃出这世界,
打从四面八方逃出去!
可哪儿都有灭亡的威胁,
使我困于烟雾和恐怖。

希　望　　亲爱的姊妹,向你们行礼!
尽管昨天和今天你们满意
这化装跳舞的欢乐,
可我知道你们一个个
明天都会现出原形。
如果有火炬照明
我们还不称心如愿,
那么在晴朗的白天
我们完全可以自便,
或结伴,或耍单,
在秀丽的郊野漫步缓行,
休息行动随我们高兴,
而生活无虑无忧
从不匮乏,一味追求。
到处是嘉宾贵客,
我们参谒而无愧色:
肯定不论走到哪里,
都会遇到最好的东西。

明　智　　人类的两大敌人[100],
恐惧和希望,已经被囚,

我不让她们向社会靠近——
躲开！——你们于是得救。

瞧我引来活着的庞然大物，
它背负着高塔般的重担，
沿着崎岖小路一步步
不知疲倦地向前蹒跚。

而在高塔的尖顶
那女神展开轻盈、
宽阔的翅翼，为了取胜
正向四面八方转身：

周围是荣耀的光华
远远向四方辉映；
她名叫维多利亚[101]，
是一切活动的女神。

佐伊罗—忒耳西忒斯[102] 噢噢！我恰巧赶来了，我要把你们统统痛骂一顿！不过我选中的目标，却是上面那位维多利亚夫人；她长着一双白翅，自以为是一头巨鹰，不论飞到哪儿，要由她来掌管国土和人民。可哪儿要是功成名就，立刻就会使我怒发冲冠。让低的变高，高的变低，曲的变直，直的变曲，这才使我痛快而舒坦；唯愿全世界都如此这般。

报幕人 且挨这魔杖狠狠的一击，你这贱坯！瞧你马上蜷缩、蠕动起来！双头侏儒这么快就团成令人恶心的肉块！——怪哉！肉块变成了蛋，膨胀起来又裂成两半。想不到一个双胞怪胎——蝮蛇和蝙蝠从里面钻了出来:一个一直在尘埃里爬行,另一个黑咕隆咚飞向了天花板。它们接着冲了出去,沆瀣一气地搞在一起,我可不愿意参加进去,跟它们称兄道弟。

私　语　赶紧点!后面已经跳起舞来——
　　　　不,我想我还不如走开——
　　　　你可觉得那鬼怪似的贱种
　　　　正在我们周围晃动?——
　　　　它刚在我头上飒飒作响——
　　　　我又觉得它在我的脚旁——
　　　　我们没有一个受伤害——
　　　　可大家个个都吓坏——
　　　　兴致完全被败丧——
　　　　畜生们巴不得这样。

报幕人　自从在假面舞会上承担报幕职责以来,我一直在大门口认真守望着,不让任何败兴的家伙溜进这寻欢作乐的场所,我既不迟疑,也不退缩。但我担心,空中的鬼怪会从窗口钻进来,而我又无法将你们从幽灵和魔障中加以解脱。侏儒尽管招人猜疑,嗬,后面还跟着拥来一大群。按照职责,我本想解释一下这些怪物的意义。可那些莫名其妙的东西,我也无从向你们说明;只好请大家启我愚蒙!——瞧,是谁从人群中间遨游而来?有一辆豪华车辆[103]由四匹骏马拉着,穿过了一切;但它并没有把人群分开[104],我哪儿也看不见拥挤和堵塞。远处闪光呈五色斑斓,繁星迷乱如魔灯一般,挟罡风呼啸而过。让开让开!我浑身毛骨悚然!
御车少年　吁,吁!骏马,收敛你们的翅膀吧,听凭你们所习惯的缰绳指挥吧,像我控制你们一样控制你们自己,我激励你们,你们就向前飞驰吧!——在这些地方[105]我们可得认真谨慎!瞧瞧四周,人越来越多,都是看热闹的人,一层又一层!报幕人,快来快来!请按照你的方式,在我们逃离你们之前,说出我们的名字,把我们描摹一番!因为我们都是譬喻[106],你应当识破我们的机关。

报幕人　虽然我叫不出你的名字,倒可以把你描摹一番。

御车少年　那就试试吧!

报幕人　不得不承认,你首先貌美而年轻。可你是个没成年的娃娃,而妇女们却巴望你完全长大。我觉得你将来一定欢喜寻花问柳,因此天生是个勾引女人的能手。

御车少年　说得挺动听!说下去,为你的哑谜再想出几句俏皮的暗示!

报幕人　两眼闪出黑色的电光,一头乌发黑得像夜一样,和嵌着珠宝的饰带相衬益彰!多么华丽的衣裳[107],从你的肩头一直披到鞋袜,滚着紫色的边儿,加上一些亮晶晶的小玩意儿!人们会笑话你是个姑娘;而今不管是好是坏,你会在姑娘们中间大吃其香:她们会很快教给你一点名堂。

御车少年　可这一位呢,他气宇轩昂,盛装高踞马车的宝座之上?

报幕人　他看来像一位国王,富贵而慈祥;蒙受他的恩惠的人们有福了!他已别无所求,只关注哪儿有什么欠缺需要补足;他乐善好施的纯粹兴趣,超过了幸福和占有。

御车少年　你不能就只说这些,还得把他的人品详细讲一讲。

报幕人　威严气度可不好讲。且说那健康的满月式的脸庞,一张丰腴的嘴,如花盛开的双颊,在头巾[108]的装饰下闪闪发光,穿着有皱襞的官服真是风流倜傥!他的仪表我还有什么好说?在我看来他就是一位君王。

御车少年　这就是财神爷普路托斯,请记住这个鼎鼎大名:只因皇帝陛下对他渴慕已久,他本人今天特地盛装光临。

报幕人　那么请问你本人的尊姓大名,有何贵干?

御车少年　我是奢侈,我是诗[109],我是挥霍自己的家私来完成自己的诗人。我的财富不可限量[110],我把自己看得和普路托斯相当;我点缀他的歌舞和盛宴,他缺乏什么由我来补全。

报幕人　牛皮吹得倒不小;拿出本事来让我们瞧瞧!

御车少年　瞧我弹指一挥间,就让马车周围辉煌又灿烂,从中迸出珍珠一大串。(不断向四周弹指)快来拿黄金项圈和耳环!还有无瑕的金梳和金冠,贵重的宝石把戒指镶嵌;我还不时弹出星星之火,看它在什么地方可以燎原。

报幕人　瞧大伙儿怎样又抓又攥!几乎把施主挤得不能动弹。他像做梦似的弹出了珠玉,于是大家便在广场上抢来抢去。可我还体会到新的窍门:不论一个人抢什么再怎样拼命,实际上他两手空空吃了大亏,赠品从他纷纷不翼而飞[111]。珍珠串子一下松开,甲壳虫在他手上爬去爬来;可怜的傻瓜,他连忙把它们摔掉,它们便围着他的脑袋嗡嗡叫。别人抢硬货,同样八字没一撇,只不过是几只轻佻的蝴蝶。尽管那无赖答应了很多,原来只是金光闪闪虚晃了一招[112]!

御车少年　我看,你虽然能够道破假面,可要探究外壳的内核,却不是你报幕人的宫廷职分;这要有更敏锐的眼光才行。可我留神不跟你争论;主子啊,我倒要向你发问和申明。(转向普路托斯)你难道没有把护送四驾马车的飓风委托给我?我是不是驾驭得像你所指示的一样顺遂?你想到的地方,我是不是已经把车驾到?我难道不能展开猛勇的双翼,为你把棕榈枝夺取?我经常为你而战,而且每次大获全胜:装饰你额头的桂冠,不正是我别出心裁亲手为你编成[113]?

普路托斯　如果需要我为你作证,那么我愿意说:你就是我的精魂的精魂[114]。你总是按照我的心意行事,你比我本人还要富饶。为了奖励你的功劳,我把青枝[115]看得比我所有的冠冕还重要。有一句真言我要向大家宣示:亲爱的儿子,你使我称心如意[116]。

御车少年　(对众人)我手里大部分赠品,瞧吧,已经向四周布施干净:

我抛洒的火苗,在一个个头颅上燃烧;从这个头上往另一个头上跳,在这个头上停一下又在另一个头上滑掉,难得见它喷薄而起,匆匆一闪如昙花一现[117];更多的是,人们还没看到,它就黯然熄灭在路边。

妇女的闲谈　坐在四驾马车上的怪汉,
　　　　　　一定是在招摇撞骗;
　　　　　　蹲在后座上的小丑
　　　　　　又饥又渴,憔悴不堪,
　　　　　　那模样实在见所未见;
　　　　　　拧他一把,怕也毫无所感。

形销骨立者[118]　讨厌的娘儿们,离我远一点!我知道,你们从来看我不顺眼。——从前女人看炉灶管家,我就叫作"阿瓦莉霞"(拉丁语:贪吝,阴性);那时家境还算不错,出得少进得多,有进无出也可说!我一心想把箱子和柜子装满;这难道是一种坏习惯!可是最近几年间,女人不再讲节俭,个个开始挥金如土,欲望比钱袋大得多,搞得她的丈夫真够受:到处一瞅,真个是债多不发愁。她把纺织赚来的一点钱全花光,花在自己身上,花在情人身上;还大吃二喝,结交不三不四的野汉子一大帮;使我不得不对金钱越来越动心:我才改名叫"贪吝",这个(德语)名词是阳性!

领头的妇女[119]　和龙在一起,龙就会贪吝——这真是天大的谎言!他到这儿来,就是为了挑拨男人,可他们已经够令人厌烦。

成群的妇女　稻草人!给他一记耳光!
　　　　　　十字木架岂能吓倒我们?
　　　　　　我们还怕你的怪相!
　　　　　　龙是木头和纸板拼成,

咱们上！戳他一个透亮！

报幕人　看我的手杖！禁止扰攘！——可是，几乎用不着我帮忙；瞧那些狰狞可怕的怪物，扬起了两对翅膀，在迅速占领的地盘晃荡！那些孽龙暴怒了，它们长满鳞甲、喷着火焰的大嘴在震响；场地清净，人群逃光。

〔普路托斯从车上下来。

报幕人　他下车了，巍然有王者风！他一眨眼，群龙随之而动；箱子连同黄金和贪欲，从车上搬了下来，搬到他的脚边：请看就有一场奇迹出现。

普路托斯　（对御车少年）现在你卸掉太沉重的负担，可以自由自在了，赶快到你的天地里去！这儿可不是那个地方！混乱，斑驳，荒野，一片丑陋的景象把我们围住。到那儿去吧，那儿你可以无挂碍地观照澄明的灵境，你将从属于自己，仅仅信赖自己，去吧，到唯有美与善称心如意的地方去，去寻找孤独[120]！——到那儿去创造你的宇宙！

御车少年　那么，我把自己看作称职的使节，我爱你有如至亲[121]。你在哪儿，哪儿就会富裕；可我所到之处，人人都觉得有显赫的收成。即使他常常困顿于荒谬的生活，他是应当投靠你还是投靠我[122]？投靠你，当然可以优游岁月；跟我走，却得不断地工作。我的事业不是秘密完成的，我一呼吸就暴露了自己[123]。那么，别了！承蒙你慨允我造化好；可你轻轻一唤，我马上就回来应卯。（下，与上场时同）

普路托斯　现在是解放宝贝的时候了！我且用报幕人的手杖[124]把锁轻敲。它[125]一下打开了！瞧这儿，在铜锅里，黄金像血液般迸涌着又沸腾着，首先是金冠、金环和金链；金血[126]膨胀起来，这些首饰正在熔化,一个个有被吞没的危险。

群众的对呼　瞧这儿,那儿!真是滔滔不绝,源源不断,
　　　　　　箱子都快装齐了边。——
　　　　　　熔化了各种黄金器皿,
　　　　　　铸出了金锭四下滚。——
　　　　　　杜卡托金币[127]一造出来,就叮叮叮直跳,
　　　　　　我的心跳得不可开交。——
　　　　　　我朝思暮想的东西就在眼前!
　　　　　　它们从地板上滚到我身边。——
　　　　　　送给你的,要马上享用,
　　　　　　弯一下腰就成富翁!——
　　　　　　我们剩下的人,要像闪电一样疾速,
　　　　　　索性把那只宝箱夺到手。

报幕人　你们这些傻瓜,干吗这样胡闹?刚才不过开了一场化装玩笑。今晚可不能再贪得无厌;你们以为真的给了你们黄金和钱串?在这场赌博里,就算是给你们筹码也未免过分。你们这些蠢货,一根针就当作棒槌!一片巧妙的假象就当作粗笨的真。你们又有什么真?不过是把空洞的妄想抓住不放手。扮演普路托斯的舞会主角,快把这些家伙全轰走[128]!

普路托斯　你的手杖正好派这个用场,暂时借我用一下何妨!我马上把它蘸进沸汤似的烈火。——戴假面的诸位,你们要当心灾祸!这儿闪闪发光,噼啪直响,火星四溅!手杖已经烧得通红。谁靠得太拢,对不起,马上就会烫焦。——看我现在把场绕。

叫嚷和拥挤　哎呀!我们完蛋了!——
　　　　　　能逃的,赶快逃!——

退一下,退一下,后面的人借借光!——
滚烫的火星喷到我脸上。——
火红的手杖快把我压扁——
我们大伙儿都玩儿完。——
往后退,往后退,你们这堵假面堤岸!
往后退,往后退,你们这群糊涂蛋!——
我要有翅膀,我也会飞掉。——

普路托斯　周围人群已经后撤,我想不会有人焦头烂额。群众让步了,他们吓怕了。——可是为了保证秩序不乱,我来画一个看不见的魔圈[129]。

报幕人　你完成了一桩宏大的功绩,真感谢你巧妙的法力!

普路托斯　高贵的朋友,还请稍安毋躁,还会发生各种各样的骚扰。

贪　吝　谁要愿意,尽可把这一群人饱览一番;因为哪儿有什么好看好吃的,总是女人跑在最前面。我的感觉还没有完全迟钝!一个美丽的妇女,我总觉得姣美动人;何况今天,完全用不着我破费,我们大可以去找她们调调情。可在人多的地方,讲起话来不是人人听得清楚,我倒有个招子,但愿能够成功,就是演哑剧来把自己露一露。手脚、表情用起来怕还不够,我还得努力卖弄一点噱头。要把黄金当作潮湿的黏土,因为这种金属可以变得什么都有。

报幕人　这干瘦傻瓜想搞什么名堂[130]?一个饿鬼哪有什么幽默可讲?他把金子揉成面团,在他手里变得软绵绵;不管是压成块还是捏成球,样子一律十分丑陋。他还拿给那儿女人们看:她们都大叫大喊,纷纷逃窜,装作非常讨厌;这流氓原来是存心捣乱。我担心,只有靠伤风败俗,他才能作乐寻欢。对此可不能沉默不管,把手杖给我,我来叫他滚蛋!

普路托斯　他料不到祸从天降[131];——再要胡作非为,自有好果子他尝!他没有恶作剧的余地;"法则"诚然有力,"必然"更加逞强。

喧哗和歌唱　粗野群队[132]，一齐出现，
　　　　　　来自林谷，来自山巅，
　　　　　　浩浩荡荡，不可阻拦：
　　　　　　他们祭祀他们的大神潘[133]。
　　　　　　人所不知，他们尽知，
　　　　　　于是拥进了空荡荡的魔圈。

普路托斯　我很熟悉你们和你们的大神潘！你们一起采取的步骤真
　　　　果断。我既知道无人得知的一切，就应当打开这窄狭的魔圈。但
　　　　愿有好运伴随他们！最大的奇迹就要出现；可他们不知向何处
　　　　去[134]，他们没有一点预见。

粗犷的歌声　花枝招展的人们[135]，你们多漂亮！
　　　　　　可俺们来得多寒碜，多粗犷，
　　　　　　跳得高，跑得快，
　　　　　　出场愣头愣脑，莽里莽撞。

芳恩[136]们　芳恩之群
　　　　　　舞姿翩跹，
　　　　　　橡叶之冠
　　　　　　戴鬈发间，
　　　　　　灵敏尖耳
　　　　　　耸立鬓边，
　　　　　　小塌鼻，大宽脸，
　　　　　　无碍跟女人歪缠：
　　　　　　只要他伸手邀舞，
　　　　　　美女想推却也难。
萨蹄尔[137]　萨蹄尔跟在后面跳，

　　　　　　　用的细腿和羊脚，
　　　　　　　腿脚虽瘦却有劲，
　　　　　　　羚羊一样爬山顶，
　　　　　　　东张西望多高兴。
　　　　　　　自由空气呼吸够了，
　　　　　　　他便嘲笑男女老少，
　　　　　　　他们深陷谷底烟雾，
　　　　　　　长年住着觉得舒舒服服，
　　　　　　　而上面的世界纯净无染，
　　　　　　　竟只归他一人独揽。
土精[138]们　　小小一群，碎步向前，
　　　　　　　成双成对，实非所愿；
　　　　　　　穿着苔衣，提着小灯，
　　　　　　　乱七八糟，迅速穿行，
　　　　　　　人人埋头，独自工作，
　　　　　　　有如光蚁，越聚越多，
　　　　　　　来来往往，孜孜不倦，
　　　　　　　东南西北，忙得真欢。

　　　　　　　诚实的小矮人[139]是近亲，
　　　　　　　我们是有名的岩石外科医生[140]；
　　　　　　　我们为高山抽血，
　　　　　　　从饱满的脉管挖掘；
　　　　　　　我们把金属堆成山，
　　　　　　　托福！托福！高兴地祝愿。
　　　　　　　完全由于情深意厚：
　　　　　　　我们是一切好人的朋友。
　　　　　　　可我们挖出了黄金，

却供世人偷盗和奸淫，
恶霸也不愁凶器缺乏，
如果他图谋大规模屠杀。
谁要是这三诫[141]也不遵守，
另几诫也必定付之东流。
这一切可不是我们的错[142]，
且像我们一样忍耐则个。

巨人们　　俺们被称为林中野人[143]，
　　　　　在哈尔茨山远近闻名；
　　　　　天生裸体，孔武有力，
　　　　　一个个巨大无比，
　　　　　右手握住松树干，
　　　　　系紧环带腰滚圆，
　　　　　枝叶做的围裙最结实：
　　　　　教皇也没有这样的卫士。

宁芙[144]合唱　（围着大神潘）
　　　　　他也亮了相！——
　　　　　在大神潘身上
　　　　　天地万物[145]
　　　　　表现得不一而足。
　　　　　最快活的人们，你们围着他跳，
　　　　　围着他，跳起那魔幻的舞蹈！
　　　　　他诚恳而又和蔼，
　　　　　才希望人人愉快。
　　　　　即使躺在蓝天下面
　　　　　他也常常清醒不眠；
　　　　　可众流向他潺潺聚汇，
　　　　　微风轻轻摇他入睡。

要是他中午好梦方酣[146]，
枝头叶片将不再动弹；
健壮的草木散发香气
把寂静沉默的穹苍充溢；
宁芙也不敢醒着笑闹，
站在哪儿就在哪儿睡觉。
但如果他突如其来
大喊大叫把口开，
有如雷电爆裂，大海澎湃，
人人将不知自身何在，
战场上的雄师也将溃散，
英雄在骚乱中也将震颤。
所以该拜服的，我们要拜服，
把我们引到这儿来的，我们要欢呼！

土精代表 （对大神潘）
灿烂辉煌的富足宝矿
一道道沿着罅隙伸延，
只有灵敏的如意棒[147]
才能指出它迷离的路线。

我们就像穴居野人
蛰伏在黑暗坑道，
而你却到处施恩，
大白天把财富分掉。

如今我们已勘探清楚
附近有一道神奇的源泉[148]，

我们有希望马上到手
一笔几乎不可及的财产。

你有能力完成此举[149]，
主人，请对它加以保管：
你手中的每件财富
会为全世界造福不浅。

普路托斯 （对报幕人）我们必须见怪不怪，临危不惧，无论发生什么，都能满不在乎，我看你一向倒有豪迈的气度。马上就会有一件大怪事发生，当代和后世都会坚决否认：你可得把它忠实地写进你的记录。

报幕人 （握住普路托斯手持的手杖）侏儒们把大神潘缓缓引近了火源；火从最深的峡谷烧起，然后又向谷底沉没，露出黑黢黢张开的大嘴，又一次连火带浆地涌出。大神潘兴冲冲站在一旁，欣赏这奇妙的场面，珍珠泡沫正向左右喷溅。他怎能相信这样的怪事？于是弯下身来，往里面深处探看。——哎呀，他的胡子掉进去了！——那光着下巴的[150]又是谁呀？——他忙用手捂住，不让我们看见。——接着阴错阳差：胡子烧着了[151]，又飞了回来，把王冠、头颅和胸脯一一点燃，这才真是乐极生悲！——随从们纷纷赶来灭火，可没一个不是烧得伤痕累累，不论怎么拍怎么打，新的火焰越烧越大：成批的假面都烧着了，一股脑儿卷进了火堆。

可我听见了什么，人们交头接耳说些什么？哦永远不祥的夜晚，你给我们带来怎样的灾难！谁也不愿听到的噩耗，明天就将家喻户晓；我的确听见到处有人在喊叫："皇帝遭了殃！"哦唯愿这是谣言才好！皇帝烧着了，还有他的随从们[152]！那些家伙[153]真该死,竟把他骗到这儿来,用针叶树的枝条把身子捆紧,狂歌乱舞,喧闹沸腾,结果搞得同归于尽!哦青春,青春,你难道不能节制一下寻欢作乐的分寸?哦殿下,殿下[154],你难道不能像你无所不能一样,理智地行使你的权柄?

树林[155]已经烈焰冲天,焰火伸出尖舌向上直舔,舔到了花格子顶棚的木芯,马上就会烧得一干二净。灾难已经大到无以复加,真不知谁能来拉我们一把。眼看帝王的豪华一夜间全部烧毁,到明日变成了一堆冷灰。

普路托斯　恐怖已经蔓延得够远,现在开始解救吧!神圣的手杖,请发挥威力,把大地敲得震颤作响!你广漠无限的穹苍,快充满清凉的芳香!饱含雨水的云片雾条,请向我们四周飘过来,把燃烧的扰攘人群笼罩!淅淅沥沥,窸窸窣窣,让云朵袅袅上升,缓缓舒展,轻轻浇熄,把四处的大火都灭掉:你们将减轻痛苦,将润湿万物,请把这场空幻的玩火游戏[156]变成一道闪电!——如果精灵要来伤害我们,魔术就应该显得灵验。

御　苑

〔旭日。
〔皇帝。朝臣。浮士德、梅菲斯特,穿着得体,端庄而不绚丽;二人跪下。

浮士德　主上可原谅这场玩火的把戏?
皇　帝　我倒想多来些这类玩意儿。——突然发现置身于火海之中,几乎觉得自己成了冥王普路同[157]。由黑夜和煤炭构成了岩基,遍地燠火荧荧。从这个那个罅隙里,有几千条狂暴的火焰向上盘旋,交相辉映,形成一个大拱顶。火舌舔着最高的穹隆时现时隐。我看见人群排成长行,穿过螺旋形火柱的大厅;他们围成大圈蜂拥上前,像平时一样向我致敬。我认出其中有一两个是我的朝臣;我似乎成了上千条火蛇[158]的国君。

梅菲斯特　你就是的,主上!因为每种元素都无条件地承认你的威风[159]。你现在证实了,火对你唯命是从;那么,请跳进奔腾澎湃的大海里去,你一踏上遍地珍珠的海底,波动间出现了一个豪华的地段,你会看见淡绿的海浪[160]镶着紫边,上下荡漾,以你为中心,形成一个壮丽的宅院。你每走一步,不管你走到哪儿,宫殿都会跟着你走。四面水墙本身也享受到生的乐趣,或者像箭一样快地挤在一起,或者荡开去又转身漂浮。海怪们纷纷拥向新的微光,它们冲撞着,但没有一个敢冲进来。五彩金龙在那儿嬉戏,鲨鱼在打哈欠,你望着它的大嘴会笑开怀。尽管宫廷多么使你迷恋,你却从没见过海底这样热闹的场面。你仍然不会同最可爱的美人分开:好奇的神女,尼雷依德们[161],正走近无垠清波中的豪华宅院,最年轻的像鱼一样羞涩而贪婪,年长的却聪明老练。忒提斯听说你来了,她马上会向你这位珀琉斯第二伸出纤手和芳唇——然后,到奥林波斯山上为你把座位找寻……

皇　帝　那太虚幻境你想去尽管去;可登上那个宝座[162]却为时尚早。

梅菲斯特　可是,至高无上的主人!大地你已经得到。

皇　帝　什么好风把你从《一千零一夜》[163]吹到了这里?如果你讲故事的本领高强,堪与山鲁佐德相比,我保证赐给你最高的皇恩。朝廷的陈规陋习经常令我烦闷,你可要随时进宫为我开心。

内廷总监　(匆匆上场)陛下,我一生从未想到有这样的幸运,能够向您禀报如此喜人的佳音:一笔笔欠债都已了结,高利贷的利爪也缩了回去,我可摆脱了地狱之苦;天堂也未必会让我现在这样高兴。

军政大臣　(匆匆跟上)拖欠的军饷终于关清,整个队伍重新编整,佣兵自觉添了新血液,还便宜了饭店老板和娼妓。

皇　帝　你们总算舒了一口气!打褶子的脸添了笑意!一个个跑得那么急!

财政大臣　(露面)请陛下垂询这两位功臣!

浮士德　此事以宰相出面禀奏为宜。

宰　相　(徐步上前)老臣晚年有幸,得悉并亲见这份国运攸关的证券[164],是它使我们转祸为福,转危为安!(宣读)"本票价值一千克朗,其可靠保证为帝国所藏之无数财宝。一俟金银富矿有所开掘,本票即可兑现不误。特此晓谕,一体知照!"

皇　帝　我看这是枉法的行为,天大的欺骗!是谁胆敢捏造皇帝的亲笔签名?这种罪行岂容逍遥法外?

财政大臣　请陛下回忆一下:签名的就是您自己[165]!而且就在昨晚时分!当时您扮演大神潘,宰相率领臣等前来奏禀:"际此隆重庆典,为了造福于民,伏请陛下御赐签名!"您当即大笔一挥,签得清清爽爽,于是一夜之间由魔术师复制出千百万张。为了让万民分享圣恩,臣等即将御签在整个纸币系列加印:一十、三十、五十、一百克朗各张均已加印就绪。您难以想象,这对人民有多大好处。请看京城,从前暮气沉沉,半死不活,而今熙熙攘攘,生气勃勃!陛下的名讳虽久已为世人喜闻乐见,但从没有像现在这样让人人感到欣羡。字母现在正属多余[166],人人凭此标记[167]就得以享受天福。

皇　帝　它在民间可否作为金币流通?可否用以支付全部军饷和官俸?尽管我不胜惊愕,仍得加以认可。

内廷总监　它已像闪电一样四下飞散;飞散的东西要圈拢来,怕是难上加难。钱庄银行的大门洞开着,每张钞票到那儿都可把金银兑换,当然打点折扣[168]也在所难免。然后它又从那儿流进了肉店、面包店和酒馆:世上有一半人似乎只想大吃二喝,而另一半却夸耀自己的服饰鲜艳;零售布商剪剪裁裁,成衣匠人缝缝连连。酒店里一面高呼"圣上健康!"一面喷溅酒浆;那儿又是煮,又是煎,搞得杯盘叮当。

梅菲斯特　谁要是独自在公园草坪上漫步,就会看见艳装浓抹的美人,用旁若无人的孔雀羽毛扇遮住一只眼睛;她望着这样的钞票,对我们露出微笑,比花言巧语更快地传递了最丰富的爱情。人们不必费力带什么钱包和口袋:小小一张票子很容易往怀里揣,就是配上一封情书也划得来。教士虔诚地把它夹在祈祷书里,士兵为了便于开小差,很快减轻了他的腰带。如果我把这项丰功伟绩还贬低了,就请陛下恕臣太不应该。

浮士德　过量的宝藏[169]凝结着,深埋在你的国土的地下,一直没有加以动用。最广阔的思想也无从估计这笔财富;飞得最高的想象怎样努力也不中。只有无愧于洞察深奥的心灵,才能对无限事物具有无限的信心。

梅菲斯特　这样一张纸币代替了黄金和珍珠,实在方便:人们一下子就知道自己有多少财产;用不着议价,也用不着兑换,就可以花天酒地,作乐寻欢。想要硬通货,隔壁就是兑换所,要是没有,临时还可以挖掘一番[170]。高脚杯和项链也可以拍卖,纸币一旦兑现,就会使胆敢嘲笑我们的怀疑派狼狈不堪。使惯了钞票,别的钱币再也没人要。从今以后,你整个的帝国将储存足够的珠宝、黄金和现钞。

皇　帝　有赖二位鼎力相助,帝国才得以如此兴旺;只要可能,奖赏应与功劳相当。帝国的地下宝藏就此托付二位,二位乃是所有财富最称职的监管人。你们能辨认广博的珍藏的财宝,谁要去挖掘,都得听从你们的指引。二位采宝大宗匠,希望齐心协力,欣然实现你们本分的功德,让地下世界和地上世界合并起来,保持幸福的谐和!

财政大臣　我们之间一点点别扭也不会闹,我高兴二位魔术大师当我的同僚。(和浮士德同下)

皇　　帝　我给宫里每个人赏赐一些钞票,说说看,你们打算怎么花销?

侍　　童　(领取)我想快快活活过日子,什么也不干。

侍童二　（同上)我马上为情人去买项链和指环。

内　　臣　(接受)今后我要加倍痛饮好酒。

内臣二　(同上)口袋的骰子又让我痒得难受。

方旗武士[171]　(深思熟虑)我要还清用城堡和田产作抵押的债务。

方旗武士二　（同上)我要把到手的财富一笔笔加以积聚。

皇　　帝　我本来希望你们有兴致和勇气,去干一番新事业;可是认识你们的人,一眼就能把你们的老底揭。我十分清楚:金银财宝就是给得再多,你们为人还是依然故我。

弄　　臣　(走拢来)陛下慷慨施舍,多少也请把我赏!

皇　　帝　你活转来[172],又会把钱喝光。

弄　　臣　这些魔票!我简直莫名其妙。

皇　　帝　我倒相信这一点;因为你根本用不着。

弄　　臣　又落下几张;拿它怎么办,真让人发愁。

皇　　帝　拣去吧!这几张就归你所有。(下)

弄　　臣　想不到五千克朗到了手!

梅菲斯特　两条腿的酒囊,你又出了土?

弄　　臣　常有的事,不过从不像现在这样美。

梅菲斯特　你简直高兴得汗流浃背。

弄　　臣　瞧这个:它真可以当钱用吗?

梅菲斯特　你尽可以用它满足口腹之欲。

弄　　臣　能不能用它买田买屋买牲口?

梅菲斯特　当然!讲好价钱,什么都能买到手。

弄　　臣　买得到城堡,还有森林、猎场和鱼塘?

梅菲斯特　那还用问!我高兴看到"阁下"[173]的称号落在你身上!

弄　　臣　今晚我可要在大庄园里做一场美梦!(下)

梅菲斯特　(独白)我们傻子的聪明[174]谁能不承认!

阴暗的走廊

〔浮士德、梅菲斯特。

梅菲斯特　干吗把我拉到这昏黑的过道来？难道熙熙攘攘、花花绿绿的群臣当中，你还愁玩得不痛快，没有机会取乐和拆白？
浮士德　可别这么讲！这些花样你早就玩厌了，我也不想再玩。现在你逛来逛去，无非是回避对我的诺言。可内廷总监和内臣们一直在催促我，我是非来真格的不可。皇帝要求马上让海伦和帕里斯在他面前出现；他想轮廓分明地看看这一对男女典范。赶快动手吧！我可不敢食言。
梅菲斯特　轻率地承诺，真是荒谬。
浮士德　你可没想到，伙计，你的法术使我们忙得不可开交；开头我们帮他发了财，现在还得逗他发笑。
梅菲斯特　你以为这件事可以一蹴而就；其实我们面前有更陡峭的台阶，你插手了一个最生疏的领域，终于造孽欠下了新债[175]，你以为像请纸币妖怪那么容易，海伦也可以招之即来。——要想见痴呆女巫，魑魅魍魉，大脖子丑八怪，我倒随时可以听差；可是魔王的情妇，即使无可挑剔，拿来冒充女神总不应该。
浮士德　你又在老调重弹！而且总让人提心吊胆，惴惴不安。其实，你才是一切障碍的根源，每一着你都重新讲价钱。我知道，不过咕哝几句，事情就可以办好；回头一望，你就把她变出来了。
梅菲斯特　异教民族跟我无缘[176]，他们待在自己的地狱里面；不过，也不是没有办法。
浮士德　快说吧，不要拖拉！
梅菲斯特　泄露天机那可不成。——女神们都幽居在太虚幻境，周围没有空间，时间更用不上；谈起她们来，实在煞费周章。她们就是

"母亲"[177]！

浮士德 （为之愕然）母亲！

梅菲斯特 你可感到惊异？

浮士德 母亲！母亲！听起来真有点离奇。

梅菲斯特 确实离奇。女神不是你们凡人能认识的，我们也不便叫她们的名讳；要钻到最深的深处，才找得到她们的府第；我们现在需要去拜访她们，这个麻烦可是你自己惹的。

浮士德 走哪条路？

梅菲斯特 没有路！是去无人去过的地方，那里无法可去！是一条通向无人求去之境的路，那里也无法可求！你准备动身吗？——没有锁可开，也没有闩可移，只是被孤寂四下威逼着，你可懂得荒凉和孤寂的滋味？

浮士德 这些话我看你还是少说为妙；它们使人闻到很久以前女巫丹房的味道。当年我未必没有与世人往还？没有学过又教过废话和空谈？——我要是明智地说出我的观察，就会加倍引起抗辩的喧哗；当年我甚至迫于可恶的鬼把戏，才不得不逃向孤寂，逃向荒漠，而且为了不致孤苦伶仃地生活，最后还把自己交给了恶魔[178]。

梅菲斯特 如果你泅渡过一望无际的海洋，你会看见向你涌来的一股股波浪，即使你唯恐遭到灭顶的灾殃。你总会看见一点什么！你会看见寂静海洋的碧波间有漫游的海豚，看见云朵、日月、星辰在移行；可是，在永远空虚的远方，你却什么也看不见，你自己的脚步也听不见，也找不到任何可以歇息的坚实地点。

浮士德 你说话就像所有密教的大宗师，总在诳骗忠实的入门弟子；只是反其道而行之[179]。你把我送进了虚无，好让我在那儿同时增进法术和能力，其实你是把我当作寓言中的那只猫[180]，不过要我为你火中取栗。那就来吧！我们不妨寻根究底：我希望在你的虚无中找到一切。

梅菲斯特　在你我分手之前,我要称赞你,看来你对魔鬼颇有见地。这把钥匙拿去吧[181]！

浮士德　这个小东西！

梅菲斯特　拿着吧,可别小看它！

浮士德　它在发光！它在闪亮！它在我手里越变越大！

梅菲斯特　你马上就会知道,手里是个怎样的无价宝！它会帮你去把正确的地点找；跟着钥匙往下走吧：它会引你把母亲们找到。

浮士德　(毛骨悚然)母亲们！一听就像狠狠挨了一击！是个什么字眼,我这样经当不起？

梅菲斯特　你难道狭隘到受不了任何新字眼？听到你听见过的东西你才情愿？千奇百怪的事情你久已习惯,再听见什么,可别让自己烦躁不安。

浮士德　我的幸运可不在于麻木不仁,毛骨悚然[182]才是人情最好的一部分；尽管世人对它感觉迟钝,一旦染上身来,就会深深感到不可思议的事情。

梅菲斯特　沉下去！也可以说：浮起来！全无所谓[183]。逃离既成的事物,逃进摆脱物象的领域[184]！欣赏久已不复存在的芳菲！扰攘的幻影乱成一团有如浮云,快挥舞钥匙,别让它们挨近！

浮士德　(为之振奋)妙极了！我抓紧它,便有了新的力量,心胸随着开阔起来,能把伟大的事业担当。

梅菲斯特　一只烧得通红的三脚香炉[185]最后会告诉你,你已经到了最深最深的底层。凭借它的微光,你将看见母亲们：有的坐着,有的站着并走动,就看怎样称心。造形也好,变形也好,永恒心灵之永恒颐养也好,周围漂浮着一切造物的图形[186]。她们看不见你,她们只看得见幻影。危险不小,你要鼓起勇气来,笔直向那个香炉走去,用钥匙触它一下！

〔浮士德拿着钥匙做出一副威风凛凛的样子。

梅菲斯特 （望着他）这就对了！它会跟上来，它会像忠仆一样追随你；你让幸运抬举着，从容地上升，在她们发觉之前，你就得把它带回来。一旦你把它带到了这里，你就可以把英雄美人从阴间召唤来，你是第一个敢于担当那件大业的人；它完成了，而且是由你完成的。然后，经过魔法的加工处理，香炉的烟雾马上就会变成一个个的神。

浮士德 那么现在怎么办？

梅菲斯特 你的人努力往下降；顿着脚沉下去，又顿着脚浮上来[187]。

〔浮士德顿脚下沉。

梅菲斯特 唯愿钥匙使他大有作为！可我很想知道，他究竟能不能返回。

灯火通明的大厅

〔皇帝和诸侯。宫廷里人来人往。

内　臣 （对梅菲斯特）你还欠我们一场鬼魂戏；快开场吧，主子爷早已等不及。

内廷总监 圣上刚才还在问；你可别磨磨蹭蹭，让陛下大发雷霆！

梅菲斯特 我的伙伴正为这件事情已经先走；他知道该怎么着手，不得不关在实验室里惨淡经营，专心研究。因为谁想掘到宝藏，找到美人[188]，需要有最高的能耐：方士的符咒。

内廷总监 什么能耐不能耐，都无所谓；皇帝只要求万事俱备。

金发女郎 （对梅菲斯特）借光，先生！你瞧我这张脸蛋多光鲜，倒霉的夏天可不如此这般！上面长满了红得发褐的斑点，白净的皮肤弄得真难看。请给点妙药灵丹！

梅菲斯特 真可惜！这样一个容光焕发的小宝宝,五月间长斑长得像个小豹猫！把青蛙卵、蟾蜍舌头拿去蒸透,再趁月圆小心加以蒸馏,等月渐亏,把它匀净地擦在脸上；来年春天,那些斑点就会一扫而光。

棕发女郎 为了巴结你,多少人纷纷赶来。我也来请教一个单方！我的一只脚冻坏了,路也走不得,舞也跳不成；连动身向人问安也不稳当。

梅菲斯特 让我踩你一脚[189]！

棕发女郎 这可是情人之间玩的把戏。

梅菲斯特 姑娘！我这一踩可大有深意。以毒攻毒,治什么病都随你！脚痛要用脚来医,也可以照办其他肢体。来吧！当心点！你可不要还礼。

棕发女郎 （大叫）噢！噢！痛死我了！这一踩真够呛,就像马蹄一样[190]。

梅菲斯特 你的脚病诊好了。今后跳舞可以尽情跳,酒席上吃得高兴,还可以跟情人脚挨脚,去把膀子吊。

贵　妇 （挤过来）让我过去！我简直痛不欲生,我的内心像沸水一样煎滚；昨天他还在我的目光中寻求幸福,如今就把背转向我,去跟**她**说爱谈情。

梅菲斯特 这可有点麻烦,但请听我一言：你得悄悄走到他身边；拿这块炭在他的袖口、外套和肩头画一条线,只要看得见；他马上就会痛悔前愆。于是,你立即把这块炭吞下肚去,一滴酒水都不能沾；今晚他一定会在你的门前唉声叹气,叹个不完。

贵　妇 有没有毒？

梅菲斯特 （动怒）说话可要客气点！要弄到这块炭,不知得跑好远；它原来是火刑堆[191]的灰烬,那堆火我们从前不知花了多大劲儿,才把它拨燃。

侍　童 我爱上了,可人们总以为我没有成年。

梅菲斯特 （旁白）不知道我该听谁的。（对侍童）不要在少女身上去碰运气，上了年纪的才懂得看重你。——（其余人蜂拥而上）又来了一拨！吵得人要死要活！最后我只好靠真话来帮助自己解脱：没有办法的办法！真把人急煞。——哦母亲们，母亲们！快把浮士德放回来吧！（环顾）大厅里灯火昏暗模糊，所有朝臣同时起步。我看见他们彬彬有礼，鱼贯而行，穿过长长的过道，远远的走廊。喏喏！他们又在广阔的古老骑士厅里聚集起来，它简直不够把他们装。宽墙上挂着花毯，角落和壁龛摆满了剑戟刀枪。我想，用不着什么咒语，鬼魂们就会自动地出场。

骑 士 厅

〔朦胧的灯光。

〔皇帝和朝臣们已在场。

报幕人[192] 预报剧情的职务我原本干得欢，不料鬼魂们暗中鼓捣使我兴致索然；要把这场乱糟糟的胡闹合情合理地解释清楚，实在是枉费工夫有点冤。安乐椅、靠背椅已经摆好；皇帝已经在大墙正面就座；在挂毯上他可以舒舒服服地观看伟大时代的战火[193]。所有人都坐在这儿，君臣围成了一圈，后面还挤着摆满了长凳；就是在鬼魂出没的冥晦时辰，情人们也找得到适当地点相互温存。既然已经各就各位，随时就让鬼魂来与大家相会！

〔喇叭长鸣。

星 士 马上把戏演起来！主子爷有令：你们墙壁，快快分开[194]！再没有什么障碍，魔法尽可以施展，挂毯消失了，仿佛被大火席卷；墙壁开裂，转身后撤，似乎搭起一个深邃的戏台，一道微光神秘地晃了我们一眼,我于是出现在幕前。

梅菲斯特　（从提词洞口钻出来）我这儿请求大家多加关怀；提词正表现了魔鬼的口才。（对星士）你既懂得星辰运行的步武,自然也精通我的窃窃私语。

星　士　凭借神奇的魔力,我们这儿看见了一座巍峨的古代神殿。一排排圆柱竖立着,有如阿特拉斯[195]在擎天；它们足够承担岩石的重负,只要两根就撑得起一个庞大的建筑物。

建筑师[196]　想必这是古式的！我碍难予以赞美,只可说它笨重而累赘。无非把粗野当高贵,把拙劣当雄伟。我倒喜欢细长的支柱,高耸入云,一望无垠；尖形拱顶[197]更能振作精神；这样一座建筑才最有益于世道人心。

星　士　请怀着敬畏的心情,迎接这吉星高照的时辰[198]！且让魔咒把理性拴紧,却让绝妙而恣肆的想象远远朝这儿自由飞行！你们大胆企求的一切,现在亲眼看看吧！正是不可能,才值得相信[199]。

〔浮士德升起,登上前台另侧。

星　士　身穿法衣[200],头戴花环,一个异人,他完成了他放心承担的任务。一只三脚香炉随着他从空穴中升起,我闻到了炉中芬芳的烟雾。他正准备为这项崇高的事业祈神赐福；它今后只会越来越顺遂。

浮士德　（庄严地）哦母亲们[201]——让我凭借你们的名义吧！——你们登极于无边无际之中,永远孤居独处,却又和蔼亲切。在你们头顶周围,飘浮着生命的种种形象,并没有生命,却活泼敏捷。凡在所有光彩与假象中存在过的,仍然在那儿活动着；因为它们希望千古不灭[202]。于是,万能的母亲啊,你们便将它们分摊给白昼的天篷,给黑夜的穹隆。它们有一些走上了吉利的生命之途[203],另一些则只有大胆的魔术师才能探访;他慷慨布施,充分自信,让人看到人人都愿一见的奇迹而无不叹赏。

星　士　灼热的钥匙刚一触着了香炉,马上就铺开了一股蒸腾的烟雾;那烟雾悄悄溜进来,像云一样起伏进退,或扩张,或团聚,或交叠,或分离,或配对[204]。现在请看这场鬼魂显灵的绝技:烟雾缓缓浮荡处,乐声四起。从那空幻的音响流出了一种莫名其妙的谐趣;随着它们的伸延,万物都变成了旋律[205]。连圆柱柱身、三陇板[206]都在嗡然发响;我相信,整个神殿都在歌唱。雾气徐徐沉淀;从薄纱中合着节拍走出了一个美少年。我的任务到此完事,用不着提他的名字,那风流倜傥的帕里斯[207]谁人不识!

〔帕里斯显形。

贵　妇　哦!真是容光焕发,风华正茂!
贵妇二　就像一枚水灵灵的鲜桃!
贵妇三　丰满甜蜜的嘴唇抿得多么温柔!
贵妇四　你是不是想就这个酒杯呷它一口?
贵妇五　虽然不大风雅,却的确很英俊。
贵妇六　要潇洒一点就更动人。
骑　士　我这里只看见一个牧童[208],没有一点王孙气,没有一点宫廷风。
骑士二　不错,他光着膀子也很风光;可我们还想看见他披上戎装。
贵　妇　他坐了下来,多么温柔可亲!
骑　士　坐在他的怀里,想必你会非常称心?
骑士二　他把手臂放在头上,那姿势何其富于风韵。
内　臣　粗野无礼,没有教养!简直不能容忍。
贵　妇　你们爷儿们对什么都有碴儿找。
内　臣　竟敢在皇上面前[209]伸懒腰!

贵　　妇　他不过是在表演！他以为他是独自一人。

内　　臣　就是演戏,在这里也应当文质彬彬。

贵　　妇　妙人儿已经睡得香甜。

内　　臣　他马上就会鼾声大作,这完全合乎自然[210]！

年轻的贵妇　（入迷）是什么气味[211]掺进了香烟的烟气,使我深深感到心旷神怡？

年长的贵妇　果然,一阵香气沁人心脾,是从他身上散出来的！

最年长的贵妇　他正值青春全盛期,芳香的少壮体气已经成熟,像氛围一样弥漫四周。

〔海伦显形。

梅菲斯特　她到底来了！我可以睡个好觉,不再为她烦恼；她的确俊美,却并不对我的口味。

星　　士　这一次我再也无事可做,身为君子我得有话直说。美人来了,我纵有舌如火也自无用,自古以来多少人把美赞颂；谁看见它,谁就神魂颠倒,谁占有它,那真是福气不小。

浮士德　我还有眼睛吗？我的内心深处又如何,可有美的源泉沛然涌出？我的恐怖行程带来了绝妙的收获。我的世界从前是多么空虚,多么荒芜！自从我当祭司以来[212],它才有了转机,对我才有向往的价值,才有稳固的基础,而且天长地久！一旦我疏忽了对你的职责,生命的呼吸能力就会从我身上溜走！——当年我有幸在魔镜中为之着迷的倩影[213],不过是这个美人的泡沫似的幻象！——只有对于你,我才会致以全副激扬的精力、精粹的热情,致以我的癖好、爱慕、崇拜和痴狂。

梅菲斯特　（从提词厢说话）放镇静点,自己的角色可别忘！

年长的贵妇　身材高,姿态也好,只是头太小[214]。

年轻的贵妇　瞧她那脚！再蠢笨不过了！

外交官　这个模样的王妃公主我见过不少;我倒觉得,她可以说从头美到脚。

朝　臣　她走近了那个睡着的青年,轻悄而狡黠。

贵　妇　在这纯洁的青年身旁,她显得多卑下!

诗　人　他可被她的美照得仪表堂堂。

贵　妇　恩狄弥翁和卢娜!就像画上的一双[215]!

诗　人　一点不差!女神好像还弯下身来,俯向他的脸,去吮吸他芬芳的气息:真让人艳羡!——一个吻!——未免太过分。

陪　媪　当着众人的面!实在难以置信。

浮士德　是一个少年受不了的春情!——

梅菲斯特　安静!别作声!让幽灵爱怎么做就怎么做!

朝　臣　她轻盈地走开;他便醒了。

贵　妇　她回眸反顾!我早料到。

朝　臣　他目瞪口呆!对他来说,发生了一件奇迹。

贵　妇　眼前她所见的一切,对她却不足为奇。

朝　臣　她又端庄地转身向他走去。

贵　妇　我看得出来,她在调教他;在这种场合,男人都是大傻瓜:他总相信,自己赶上头茬儿!

骑　士　如此优美而庄严!她倒多少投合我。

贵　妇　娼妇!可以说是下贱货!

侍　童　我真想代他销魂去!

朝　臣　这面罗网开合处,谁个不会被捉住?

贵　妇　这珍宝倒手多少遍[216],上面镀金磨得几乎看不见。

贵妇二　从十岁起[217],她就不值钱。

骑　士　人人趁机采摘精华,我宁愿拾取残剩的娇花。

学　者　我虽看得分明,却须坦率承认:说她就是那个人儿[218],我还未必相信。眼前所见扑朔迷离,难免使人夸大其词;我倒宁信古书,主张言必有据。我曾从中读到,她的确让特洛伊的白须老翁[219]个个倾倒,我看这段故实可以引申到这里:我虽并不年轻,她同样使我称心如意。

星　士　不再是个少年了,而是一个剽悍的勇士,他把她抱了起来,她简直难以推辞。强劲的手臂把她高举过头——他是不是要把她拐走?

浮士德　大胆的蠢货!你敢!你不听话!住手!简直太过分[220]!

梅菲斯特　这场鬼魂丑剧,可不是你自己一手造成!

星　士　只讲一句话!根据发生的一切事迹,我把这出戏称为《海伦受辱记》[221]。

浮士德　什么!受辱?难道我白白站在这里?难道这把钥匙不在我的手里?是它引领我,穿过寂寥境界的沙碛、狂涛和巨澜,终于到达这坚实的海滩。我要在这儿立定脚跟!这儿才是真如实相,从这儿精神才敢于同幽灵对抗,伟大的双重王国[222]才建成有望。可她离我那么远,怎么才能更近些?我要救她,她将再次属于我[223]。我可要试一试!母亲们!母亲们!你们一定要恩准!谁认识了她[224],谁就非要她不可。

星　士　你要干什么,浮士德!浮士德!——他紧紧抓住了她,形象已经模糊下来。他拿着钥匙转向了那个青年,触了他一下[225]——糟糕,糟糕!唷唷!转眼就玩儿完!

〔爆炸。浮士德倒地。幽灵化为烟雾。

梅菲斯特　(把浮士德扛在肩头)你可受用了!傻子要我来背,到头来是魔鬼自己受罪。

〔昏暗。骚然。

第二幕

高拱顶、狭隘的哥特式书斋

〔浮士德故居,一如旧观。

梅菲斯特 (从幕后走出。当他揭幕回顾时,可见浮士德躺在一张古老的床上)不幸的人,陷在情网里难解难分!你就躺在这儿吧!海伦让谁丧魂落魄,谁就不容易恢复智能。(环顾)我四下观望,发现一切都没有改变,也没有损伤;只是彩色玻璃似乎更昏暗了,蛛网加多了,墨水冻结了,纸张变黄了,可一切都留在原来的位置上;连浮士德用来向魔鬼卖身的鹅毛笔也放在这里。是的!我从他骗来的那一滴血,也深深地凝固在鹅毛管里。我希望这样一件无比的珍品,让最大的收藏家也高兴一阵。旧衣钩还挂着那件旧皮袍,我记起当年教给那个娃娃[226]的那些胡说八道,而今他长成小伙子,回味起来也许依然连声称妙。我倒真想再把你来穿一穿,毛烘烘的大氅啊,再一次冒充大学讲师神气一番,世人会视之为理所当然。学者们懂得怎样人过留名,可魔鬼早已敬谢不敏。

〔他抖动取下来的皮袍;蟋蟀、甲虫和飞蛾从中飞出。

昆虫的合唱　欢迎!欢迎,
　　　　　你旧日的恩主[227]!
　　　　　我们飞着嗡嗡嘤嘤,

已经把你认出。
你把我们悄悄
一个个栽培;
父亲啊,我们蹦蹦跳跳,
成千上万一大堆。
恶棍在心里
深深藏着真面目[228],
小小虱子在皮袍里,
怎么藏也藏不住。

梅菲斯特　这些幼小的生物多么令我惊喜!只要播种,收获自可及时。我且把这件旧皮袍再抖搂一次:还有一只只四下飞出去。——向上飞!到处飞!可爱的小家伙,赶快躲进千千万万个角落去,躲进放着旧匣子的那儿去,躲进熏黄了的羊皮纸书卷里去,躲进盖满灰尘的破坛烂罐里去,躲进那个骷髅的眼眶里去!生活在这种霉臭的垃圾堆里,总难免有一些怪癖奇想[229]。(穿起皮袍)来吧,再一次把我的肩膀裹上!今天我可又是一家之长。不过这样称呼自己又有何益:哪儿会有人把我赞赏?

〔他拉铃,发出一阵刺耳的、响彻遐迩的铃声,门厅为之震动,门扉骤开。

助　手　(从昏暗的长廊蹒跚而至)好大的声响!好吓人的气势!台阶在摇晃,墙壁在打战;透过彩色玻璃的震颤,我看见暴风雨的电闪。屋顶裂开了,石灰从上面直筛,土块跌落下来。闩得紧紧的门窗由魔力一下子打开。——瞧那儿!多可怕!站着一个大怪物,穿着浮士德的旧皮袍!他的目光,他的手势,吓得我简直要跪倒。我是站着不动还是逃跑?唉,真不知道还会遇上什么蹊跷。

梅菲斯特　(示意)过来,朋友,你叫尼科得穆斯。

助　手　尊敬的先生！这是我的名字。——俄瑞穆斯[230]。

梅菲斯特　免了！

助　手　您认识我，我真高兴。

梅菲斯特　我可有先见之明：上了年纪，还当学生，原来是个老童生！不过，就是饱学之士，也得继续攻读，因为别的什么他也不会做。就这样为自己建造一座空中楼阁，哪怕普普通通，最伟大的才子也完不了工。不过，令师可是一位行家：谁人不知当今学界的泰斗，崇高的博士瓦格纳！只有他才能把学界团结起来，促使学问日新月异。渴望无所不知的旁听生，成堆地聚集在他的周围。只见他从讲坛上独放异彩；像圣彼得一样[231]，他掌握着钥匙，打开了上界和下界。他光耀夺目，脱俗超凡，谁的声誉也无法与之相埒，连浮士德的名字也显得暗淡；他是唯一有所发明的人杰。

助　手　尊敬的先生！请听我说，如果我斗胆提出异议，务请阁下宽恕。在所有毋庸置议的品质中，谦逊乃是他的天赋。自从那位高人神秘地失踪以后，他一直坐立不安，急不可待，唯愿上天保佑他早日归来。这间书斋也在把它的旧主人盼望，它在浮士德博士离去以后，一直原封未动，保持他当年在时的模样。我年少学浅，简直不敢贸然而进。——今天也不知是什么星君在位[232]？我觉得四壁在震惊；接着门柱抖动，门闩滑脱，否则您想进来怎么也没门儿。

梅菲斯特　你的老师在哪儿？引我去见他！把他带到这儿来！

助　手　哦，他的禁令可森严！不知我敢不敢冒犯。为了伟大的工程，他几个月来过得鸦雀无声。这个文弱书生，看起来就像一个烧炭工[233]，耳朵鼻子搞的黑魆魆，吹火把眼睛吹得通红：他每时每刻渴望大功告成；铁钳的铿锵在他不啻美妙的乐音。

梅菲斯特　难道他会让我吃闭门羹？我可是能够助他一臂之力的人。

（助手下，梅菲斯特俨然就座）我还没有坐稳，就从后面走出了一位客人，我可认识他，他如今属于最新的派系：飞扬跋扈，无所不用其极。

学　士[234]（从走廊上冲过来）

门户竟然洞开！
好事终于盼来：
活人不再像尸体
一直躺在臭霉里，
憔悴又腐蚀，
为了生而死。

这些外墙，这些内壁，
先是歪斜，终于倾圮，
如果我们逃得不快，
马上就会碰上活埋。
尽管我轻率鲁莽，
也不敢向前乱闯。

今天不知该怎么体验！
就在这里已是多少年前，
我兢兢业业，迷迷瞪瞪，
当上了一年级大学生，
多么信赖这些长胡子老头，
他们的废话我听也听不够！

他们揭开古书一大摞，
拿他们知道的东西来骗我，
他们知道的他们并不相信，
把他们和我的生命全都耗尽。
怎么？在后面那个角落

坐着一个人,影影绰绰!

走近一看我不胜惊讶:
那件褐色皮袍还穿着,一点不差,
就跟我离开他时一模一样,
粗羊皮还裹在他身上!
那时他显得的确高超,
我对他怎么也领会不了;
今天那一套可再用不上,
且让我上前小试锋芒!

老先生,如果你歪斜的秃头不曾在忘川的浊水里浸一浸,那么请来认认你当年的学生,他如今已从教鞭下面长大成人。我看你跟我当年见到你时一个样,可**我**跟旧我一点也不像。

梅菲斯特　你一听到铃声就赶来,我很喜欢。我当年可没把你小看;毛毛虫也好,金色蛹也好,都预示了蝴蝶花里胡哨。鬈毛头,尖衣领,曾经使你感到天真的雅兴。——可你似乎从没把辫子梳?——今天倒见你蓄了个"瑞典头"[235]。你显得十分果断而倔强;回家去可别像绝对主义者[236]那样!

学　士　老先生!我们有幸在故地再见;可是请考虑,毕竟星移斗转,别再玩弄妙语双关!我们审时度势,实在是今非昔比。您当年作弄老实的青年,不需要什么手腕,可今天来这一套谁都不敢。

梅菲斯特　要是把纯粹真理告诉青年人,乳臭小儿一定觉得不中听,可多少年过后,他们对这一切有了亲身体会,就会认为真理是他们自己的发明;接着还会说:"老师真笨!"

学　士　也许应该说他是个"青皮"!因为哪位教师当面向我们直接讲过真理?人人都只懂得把它加加减减,时而一本正经,时而谈笑风生,全看怎样对孩子们有益。

梅菲斯特　学习当然需要一段时间;我看,你本人已经准备走上讲坛。待月亮经过许多次盈亏,太阳若干次循环,你的经验一定会十分圆满。

学　士　经验!不过是泡沫和尘土[237]!与性灵不可同日而语!老实说吧:自古所知的一切,根本不值一知,知又何足取。

梅菲斯特　（停顿片刻）我早有自知之明!我是一个笨伯,现在才真正觉得自己无聊而又浅薄。

学　士　听见这句明智之言,我真高兴!你是我遇到的第一个懂事的老人!

梅菲斯特　我本来想找埋藏的黄金,可不断挖出了可恶的煤层[238]。

学　士　老实说:你的头盖骨,你的秃顶,难道比那边摆着的骷髅还多值一文?

梅菲斯特　（沉着地）朋友,你可知道,这样说话是多么粗鄙?

学　士　在德国,谁想撒谎,谁就彬彬有礼。

梅菲斯特　（坐着轮椅,不断移近舞台前沿,面对正厅观众）我在舞台上感到昏暗而又憋闷;真想到你们那里找个犄角藏身?

学　士　早已时过境迁,自己一无是处,还丢人现眼,自命不凡,我觉得实在未免傲慢。人的生命活在血液中,可血液哪儿会像在青年身上那样流动?这是活血才朝气勃勃,新的生命要从生命产出。既然万物奋发,有所成就,弱者于是倒了下去,能者走在前头。试问我们赢得半个世界,你们又干了些什么?无非打瞌睡,想心思,做梦,斟酌,计划接着计划真够受。的确,老年是一场发冷的热症[239],在古怪的烦恼中颤栗不休。一个人过了三十岁[240],无异于行尸走肉。及时自杀,才是上策。

梅菲斯特　魔鬼在这里也为之语塞。

学　士　如果我不愿意,魔鬼也不会存在[241]。

梅菲斯特　（旁白）魔鬼马上就会给你使坏。

学　士　这是青年人最高贵的天职:世界本不存在,得由我把它创造[242]!是我领着太阳从大海里升起来;月亮开始盈亏圆缺也和我一道。白昼在我的道路上容光焕发,地球迎着我发绿又开花。繁星在那个初夜,按照我的暗示大放光彩。除了我,谁还能把你们从市侩思想的狭隘限制里解放出来?我可自由自在,按照我的心灵的吩咐,欣然追随我内心的明灯,怀着最独特的狂喜迅疾前行,把黑暗留在后面,让光明把我接引。(下)

梅菲斯特　特立独行的人[243],唯愿你一帆风顺!——一旦有所觉悟,你会悔之晚矣:谁又能想到什么傻事或聪明事,是前人没有想到过的[244]?——不过这也于我们无妨,几年之内情况就会变样:发酵的葡萄汁即使酸得进不了口,最终仍会酿出一坛好酒。(向正厅里不鼓掌的青年观众[245])你们把我的忠言淡然置之,我可不计较你们这些孩子;想想看:魔鬼可是老年人;你们要懂得他,也得变老才行!

实验室

〔仿照中世纪样式;为荒诞目的而置备杂乱、笨拙的器具。

瓦格纳 （在炉旁）钟声响了[246]，可怕的钟声,把熏黑的四壁震得发颤。我认认真真盼了好久,再也受不了成败未决的忐忑不安。黑暗终于已经破晓;长颈瓶最里面好像活炭一样在燃烧[247]，是的,宛如红宝石光辉灿烂,电闪般闪过了黑暗:一道明亮的白光出现了！哦,唯愿这次不要丢失掉！——天哪,怎么门在格格作响?

梅菲斯特 （走进来）请欢迎吧！我可是善意造访。

瓦格纳 （不安地）欢迎欢迎！趁此吉日良辰！（低声）屏住气,别出声！一件辉煌的工程就要完成。

梅菲斯特 （更低声）怎么回事?

瓦格纳 （更低声）一个人就要被造成。

梅菲斯特 一个人? 莫非你在烟囱[248]里藏着一对什么情人?

瓦格纳 没有的事！男女交媾而生儿育女,虽然照旧流行,我们却认为是无聊的恶作剧。生命之所从出的那个敏感部位,从体内沛然而发、既有所取又有所予、预定把自身模拟出来、先近后远地把一切特征加以吸收的那种令人销魂的精力,如今已经失去了它们的品级[249]；即使动物会继续热衷此道,具有伟大禀赋的人类将来一定有更高尚、更高尚的来历。（转身向炉）瞧！它亮了！——的确有门儿,只要把几百种要素掺和起来——关键在于怎样掺和——

慢慢合成人的要素，再密封在一个烧瓶里，相应加以蒸馏，大功就可悄悄告成。（转身向炉）快了快了！块儿在动，动得越来越分明！我的信念也越来越坚定：人们连声称叹大自然的奥秘，我们却敢于理智地加以试行；大自然一向使之成为有机体，我们却使它们结晶[250]。

梅菲斯特　谁活得久谁就有丰富的阅历，对他来说，世上并无新闻可言，在我的漫游岁月里，结晶的人[251]我就曾见。

瓦格纳　（一直专注着长颈瓶）升起来了，闪起来了，团起来了，马上就要兑现。一个伟大的意图开始总显得疯疯癫癫；将来我们可要嘲笑生殖的偶然性，一个思维杰出的头脑会由一个思想家制成。（狂喜地观察着长颈瓶）玻璃瓶被可爱的威力震得轰鸣，它混浊了重又澄清；这样正好看把戏！我看见一个乖巧的小人儿，露出了纤细的形体。我们还希望啥，世界还希望啥？秘密已经大白于天下：听听这阵音响，它会发声，它会讲话。

荷蒙库路斯[252]　（在瓶中对瓦格纳说话）亲爱的爸爸，一向可好？这可不是开玩笑。来吧，来把我抱，轻轻抱在怀里，别抱得太紧，把玻璃碎了！这是事物的本性：自然物觉得宇宙也不够宽；人工制品却需要关闭的空间。（对梅菲斯特）老表叔，你这无赖也在这里？来得正是时候，我要感谢你。一阵好风把你吹到我们这儿来；既然我存在，我也须努力不懈怠；我恨不能马上卷起袖子来工作；你门槛精，可否把捷径指给我？

瓦格纳　再说一句！我一向感到难堪；因为老老少少拿问题把我纠缠。举个例吧，还没有人能够解答，灵与肉既然那么和谐地配搭，那么稳固地连在一起，仿佛永远也不会分离，可是为什么每天却一直相互嫌弃。再就是——

梅菲斯特　慢着！我倒想问一下：为什么丈夫和妻子老是闹别扭？老兄，恐怕你也搞不清楚。现在小家伙来了，他正好有事可做。

荷蒙库路斯　什么事？

梅菲斯特 （指向侧门）显显你的本事！

瓦格纳 （一直注视着烧瓶）千真万确,你是一个最逗人爱的宁馨儿！

〔侧门打开,可以看见浮士德躺在卧榻上。

荷蒙库路斯（惊讶）真够味儿[253]！

〔烧瓶从瓦格纳手中滑脱,飘浮在浮士德头上,并照亮了他。

周围的景色多美[254]！茂密的丛林,加上清澈的流水！脱掉衣服的女人真可爱！风光越来越精彩。可有一位显得特别出众,好像出自大英雄以至天神的血统。她把脚放在透明的清泉里；高贵身躯的生命火焰冷却在波浪的柔软晶体之中。——可哪儿来了一阵疾飞翅翼的喧腾？是什么哗哗声、扑通声扰乱了光滑的明镜？少女们吓得四下逃散；唯独王后[255],她恬然凝望着,以自豪的女性欢悦,看见天鹅之王偎依在她的膝间,咄咄逼人而又温存缱绻。他似乎养成了习惯。——可是突然间,升起了一阵云雾,以密织的纱幔遮住了最赏心悦目的场面。

梅菲斯特 你还有什么没有说到！瞧你这么小,脑子里的幻想倒真不少。我怎么什么也见不着——

荷蒙库路斯 这话我倒相信。你是北方佬,出生在朦胧世纪[256],成长在骑士和僧侣的狼藉气氛里,你的眼界怎么开阔得了！你只配待在黑暗之中。（环顾）发黄的岩石,长满绿苔,恶心死了,到处是尖拱顶[257],到处是涡卷形装饰,下流极了！——这个人要是醒过来,又会遇上新的烦恼；他马上会当场死掉。林中泉水,天鹅群,裸体美人,这就是他的充满预兆的梦境；他怎么会服这里的水土！我最能迁就[258],怕也不好受。那么还是把他弄走！

梅菲斯特 这个权宜之计,我倒觉得可取。

荷蒙库路斯 命令战士打仗去,把少女引去跳轮舞,这样就会各得其所。我忽然想到,现在正是古典的瓦尔普吉斯之夜[259]：机会难得，把他带到他的生存环境去，让他如鱼得水最好不过。

梅菲斯特　这样的事情，我可是闻所未闻。

荷蒙库路斯　它怎么会传到你的耳朵里去？你只知道浪漫主义的[260]妖精；真正的妖精还必须讲究古典精神。

梅菲斯特　那么，应该朝什么方向起航？我可讨厌那些老古董的同行。

荷蒙库路斯　撒旦，西北部[261]是你的游乐场所，这次我们可要航向东南：大平原[262]上畅流着珀涅俄斯河，四面是灌木，四面是树林，形成一个个幽静而湿润的港湾；平原向山谷伸延，上面就是法尔萨洛斯，城分新旧两半[263]。

梅菲斯特　得了，别说了，别让我再听那些专制政治与奴隶解放之争[264]！我听厌了；真是一波未平，一波又起[265]，谁也想不到：他只是受人作弄，那就是躲在身后的阿斯摩狄[266]。他们为所谓自由权利争斗不休；仔细看去，不过是奴隶反对奴隶而已。

荷蒙库路斯　人类本性乖张，让他爱怎样就怎样，人人得从小尽可能保护自己，最后才长大成人。眼前的问题是，怎样使这一位[267]还魂苏醒。你要有办法，就请当场试验；要是不能，就交给我来办！

梅菲斯特　布罗肯山的许多小玩意儿，未尝不可排练排练，可我发现，异教徒们紧紧闩上了门闩[268]。希腊人，算得了什么！只会拿放纵的官能游戏把你们炫惑，把人心引向了欢快的罪过；而我们的罪过总使人们觉得闷闷不乐。现在，该怎么着？

荷蒙库路斯　你从来就不羞羞答答，要是提到忒萨利亚的女巫[269]，我想总不算是空口说白话。

梅菲斯特　（淫荡地）忒萨利亚的女巫！妙极了！正是我打听很久的娘儿们。每晚跟她们搞在一起，想来也未必舒畅；但春风一度，又何尝……

荷蒙库路斯　拿来你的大氅，裹在这位骑士[270]身上！这块布片会像从前一样,飞起来把你们两个一起带上;我在前面照亮[271]。

瓦格纳 (胆怯地)那么,我呢?

荷蒙库路斯 你么,你留在家里,做最重要的事体。把古老的羊皮纸典籍翻开,按照规范把生命的要素一一齐备,再把它们小心加以调配。要知其然,更要知其所以然!这时我将去游历一小片世界,也许还会发现 i 字上面的一小点[272]。然后才达到了伟大的意图;这样一番努力自会有相应的报酬:黄金,荣誉,令名,健康长寿,以及学问、道德——也许都可以到手。再见!

瓦格纳 (惘然若失)再见!说得我不胜伤感。我想见你,怕再也无缘。

梅菲斯特 快向珀涅俄斯河飞去,努力向下飞!这位小老表真不能轻看。(对观众)想不到我们归根结底,还得靠我们制造的小不点儿[273]。

古典的瓦尔普吉斯之夜

法尔萨洛斯旷野

〔晦暝。〕

厄里克托[274] 每逢今夜这样可怖的节日[275],我总是徐步而来,我这个阴森森的厄里克托;该死的诗人们[276]没完没了地褒贬别人,把我骂得一塌糊涂,我可没有他们说的那么丑恶[277]——我向山谷远远望去,只见灰色篷帐如白浪翻滚[278],原来是最惊惶、最恐怖的那个夜晚的幻影[279]。这个幻影经常重复着!还将永远重复下去!——没有人肯把国家拱手让人,更不肯让人以武力取之并进行暴力统治[280]。因为每个不懂得控制内心的人,总欢喜按照自己的傲劲儿,去控制别人的意志。——但是,这里有过战斗到底的伟大范例:以自己的势力同更大的势力对垒,用千百朵花编成的自由花冠被撕碎[281],胜利者[282]头上戴起了僵硬的月桂。伟大的庞贝[283]在这里梦想过昔日盛大的荣光,凯撒在那里彻夜不眠,把摇摆不定的天平指针[284]端详!他们还得有一番较量。最后鹿死谁手,世人尽知,就用不着讲。

篝火熊熊燃烧,喷发着红色的火焰;大地散射着血流成河的回光,于是为黑夜这稀罕的奇光所诱引,希腊的传奇人物纷纷上场。古代的荒诞形象围着篝火摇摆不定,或者坐得安安稳稳——月亮照得很亮,虽然还不太圆,但它升起来了,将幽光四下布满;篷帐的幻影消失了,火燃得发蓝[285]。

我的头上!是怎样一颗出乎意料的流星[286]!它发着光,照出了一个躯体宛然球形[287]。我猜想它有生命。可我不宜于接近活体[288],我会对它不利:这样也会给我带来恶名,于我也无益。它落下来了。我最好还是小心回避!(下)

〔空中飞人在上空。

荷蒙库路斯　在篝火和惨象上面,
　　　　　　我且再绕一圈;
　　　　　　朝低谷和底层望去,
　　　　　　竟是一片鬼气森然[289]。
梅菲斯特　　像通过古老的窗子
　　　　　　俯览北国可怕的混乱,
　　　　　　看见了极其可憎的鬼怪,
　　　　　　这儿那儿我都一样安然。
荷蒙库路斯　瞧!一个高个子女人[290]
　　　　　　在我们前面快步疾行。
梅菲斯特　　她看见我们在空中飞行,
　　　　　　好像害怕得很。
荷蒙库路斯　让她走吧!且把他放下去,
　　　　　　把你的骑士[291]放稳,
　　　　　　他马上就会醒转过来,
　　　　　　在仙境[292]里寻找生命。
浮士德　　　(着地)她[293]在哪儿?

荷蒙库路斯　我们说不上来,这儿总可能问明。趁天没亮,你赶快到一堆堆篝火那边去探听:敢于寻找母亲们的人,还有什么不能制胜。

梅菲斯特　我在这儿也要尽尽我的本分;可是除了每人通过篝火去各自探险[294],还不知道怎样更好地追求我们的幸运。然后,为了我们重新会合,小家伙,且让你的提灯一面发声一面照射。

荷蒙库路斯　那么,它就来响,它就来闪。(玻璃瓶轰隆作响,强烈发光)赶快来看新的奇观!

浮士德　(独白)她会在哪里?现在不用再打听!……这里即使不是载负过她的乡土,不是向她拍击过的水波,可是却有传递过她的话音的空气[295]。通过一个奇迹,我来到了希腊[296]!来到了这里!我立刻感觉到我所立足的大地。一股新的精神热烈地贯注我这沉睡者的全身,于是我站了起来,情感上像安泰[297]一样安稳。我在这儿还发现最稀罕的世态物情,我将认真探索一下火焰的迷津。(下)

珀涅俄斯河上游

梅菲斯特　(四下窥望)我在这些爝火之间游荡,发现自己完全陌生而迷茫[298]:几乎个个都赤身裸体,偶尔几个也只穿着内衣,人面狮毫不害臊[299],雕头狮恬不知耻,大都披着鬈发,长着翅膀,或前或后,尽收眼底。——虽然我们也是下流成性,总觉得古风未免过于逼真[300];必须按照最新的趣味加以调教,用各种款式来裱一裱。讨厌的种族!可我也不能动怒,作为一个新客,还得按规矩向它们问候。——万福!漂亮的太太们,精明的老头!

雕头狮　(咆哮)不是老头(Greisen)!是雕头(Greifen)!——谁也不欢喜别人称他为老头。每个词儿都按照规定其出处的词根发音:Grau(苍老),grämlich(烦躁),griesgram(牢骚),greulich(残暴),

Gräber(铁锹),grimmig(狂暴),在字源学上[301]同样声韵分明,可听起来怪令人败兴。

梅菲斯特 可是,为了不离题,尊号Greifen(雕头狮)的Grei念起来倒令人中意[302]。

雕头狮 (咆哮如前,下同)那是当然!这种近似性已经通过考验[303],虽然常常受到责备,但更多却是称赞;人们抓少女,抓王冠,抓黄金,只要去抓,就能碰到好运。

蚂蚁们 (巨型)[304]您说到黄金,我们可积攒了不少,秘密藏在岩洞和地窖;阿里玛斯波人探查出来,把它们一股脑儿搬走,还在那儿咯咯发笑。

雕头狮们 我们要叫他们老实把供招。

阿里玛斯波人 只求别在自由自在的狂欢良宵!天明以前,一切都要花个一干二净,这一回我们说到做到。

梅菲斯特 (坐在几只人面狮中间)我很高兴,我那么快就习惯了这里的民风,每个人说的我都听得懂。

人面狮 我们吐出幽灵的声音,你马上就解释得有条有理。请问尊姓大名,我们好更熟悉你。

梅菲斯特 人们想用许多名字来叫我。——这里可有英国人?他们平日欢喜游历,到处探访战场、瀑布、倾圮的城墙、发霉的古迹;这里大概也是一个他们认为值得一游的名胜。他们还考证出:在古代的劝善剧里,人们管我叫"老不正经"[305]。

人面狮 怎么想出这一着?

梅菲斯特 连我自己也莫名其妙。

人面狮 也许是吧!你可懂得一点星象?你对眼前的时辰怎么讲?

梅菲斯特 (仰望)流星交射,缺月生辉,在这称心的地方真是写意,我想就你的狮皮暖和一下自己。离开这儿上天去,实在是太亏;出个谜语吧,要不出个字谜[306]。

人面狮 把你自己说清楚,就是一个谜[307]。不妨诚心诚意破一破自己:"为了修行作剑侠,善人把他当胸甲;为了一起去捣乱,恶人把他当伙伴。他对善人恶人少不得,都只为给宙斯逗逗乐儿[308]。"

雕头狮一 （咆哮）我不喜欢他！

雕头狮二 （咆哮得更粗暴）这家伙想干吗？

两　　者　讨厌鬼不配待在这儿！

梅菲斯特 （撒野）你大概认为来客的指甲抓起人来,不及你的爪子锐利？那么,来试试！

人面狮 （和颜悦色）你尽可以在这儿逗留,可也会自动从我们中间溜走；让你在本乡本土得意的事情,到这儿我想难免令你发愁。

梅菲斯特 瞧你的上半截倒还整齐干净,可下半截那段狮身真叫人胆战心惊。

人面狮 你这骗子会后悔莫及,因为我们的前爪完好无疵；你长着干瘪的马蹄,不会乐意跟我们搞在一起。

〔美人鸟[309]们在上空唱序曲。〕

梅菲斯特 河边白杨枝头是什么鸟在摇晃？

人面狮 你可要提防！多少英雄豪杰经不起她们一唱。

美人鸟们　　哼,为什么要跟
　　　　　　这些丑八怪厮混！
　　　　　　你听,我们成群飞来,
　　　　　　发出美妙的歌声；
　　　　　　这才跟美人鸟的仪表相称。

人面狮们　（以同样的曲调相嘲）
　　　　　　把它们从树上赶下来！
　　　　　　瞧它们丑恶的钩爪

　　　　　　　尽往树杈里踹,
　　　　　　　扑下来就要了你的命,
　　　　　　　你要是倾听它们的歌声。

美人鸟们　　别怀恨！别生忌妒心！
　　　　　　　天底下遍布赏心乐事,
　　　　　　　让我们一一收拢它们！
　　　　　　　在水面,在地上,
　　　　　　　拿出最欢畅的姿势,
　　　　　　　来欢迎过往的客人。

梅菲斯特　这可是绮丽的新声,从嗓子里,从琴弦上,一个音缠着另一个音。这种咿唔吟哦对我可算玩儿完:把我的耳朵唱得直痒痒,就是沁不进我的心坎[310]。

人面狮们　说什么心坎不心坎,自吹自擂一场空:一个皱巴巴的皮袋子,看来倒配得上阁下的尊容。

浮士德　（走上前来）真是不可思议！瞧一眼都令我心满意足:想不到丑陋之中竟含有伟大、优异的风度[311]。我已预感到一阵好运;这认真的一瞥把我带到了何处？（面向人面狮们）当年俄底浦斯[312]曾经昂然站在她们面前！（面向美人鸟们）尤利西斯[313]为了她们用麻绳把自己捆住！（面向蚂蚁们）最值钱的财宝由他们储蓄起来,（面向雕头狮们）又由他们忠心耿耿并且万无一失地守护！我感到全身为一股清新精神所贯注;形体伟大,记忆也会跟着杰出。

梅菲斯特　要是从前,你会念咒把它们撵走,可如今它们对你倒颇能帮忙;因为在寻觅意中人的时候,哪怕丑八怪也高兴碰上。

浮士德　（对人面狮们）诸位女士,借问一声,你们哪一位见过了海伦？

人面狮们　我们没有活到她那个时候,我们最后一拨都被赫刺克勒斯杀死[314]。你不妨去请教喀戎[315]试试,他在这个鬼怪出没之夜四处奔驰;如果他肯为你停下来,你就会八九不离十。

美人鸟们　包你不会错!……
　　　　　尤利西斯跟我们一起待过,
　　　　　可没骂骂咧咧把脚挪,
　　　　　反倒告诉了我们许许多多;
　　　　　如果你肯过访我们的领地,
　　　　　移驾前往海洋碧波里,
　　　　　我们会把一切告诉你。

人面狮　贵人可别受了骗!别像尤利西斯束缚着自我,你还是听听我们的忠告吧;要是找到了高尚的喀戎,你就会明白我对你的承诺。

〔浮士德下。

梅菲斯特　(愠怒地)是什么东西拍着翅膀哇哇飞过,飞得那么快,看也看不见,一个跟着一个飞,猎人追起来也会疲惫不堪。
人面狮　就像冬天怒号的北风,阿尔喀得斯[316]的箭矢怕也射不中:这可是斯廷法利斯湖畔迅疾的铁翼怪鸟[317],它们有兀鹰的嘴和鹅的脚,带着好意哇哇向你祝福。它们很想飞到我们圈子里来,证明自己和我们是同族。
梅菲斯特　(若有所惊)仿佛还有别的什么夹在中间咝咝作响。
人面狮　你对它们倒不必惶恐不安,它们是勒耳那水蛇[318]的脑袋,跟躯体分开了,还在那儿自命不凡。——可是,说说看,你是怎么搞的?干吗惶惶不可终日?你想上哪儿去?尽管自便!——那边的合唱队,我看把你变成了歪脖儿[319]。别难为自己,赶快去吧!去把那些娇滴滴的脸蛋儿张罗张罗。那是些拉弥亚[320],嘴唇微笑脸皮厚的风流娘儿们,好色的羊神才喜欢她们;你有一只山羊脚[321],何妨也到那儿去碰碰好运。

梅菲斯特　你们可要留在这儿,我好再来找你们?

人面狮　好吧!去跟那轻浮的一群厮混去吧!我们从埃及古代起久已习惯,我们几个在这儿端坐了一千年。请重视我们的位置:我们靠它来调整阴历和阳历[322]。

    我们坐在金字塔旁
    阅尽各民族的沧桑,
    战争、和平、洪水和法场——
    纹丝不动一下脸庞。

珀涅俄斯河下游

〔河神珀涅俄斯为流水和宁芙所环绕。

珀涅俄斯河神[323]　摇荡起来吧,你飒飒的马莲!轻轻呼吸吧,芦苇姐妹[324];簌簌作响吧,轻盈的柳树丛;喃喃自语吧,战栗的杨树枝,咱们一齐回到中断了的梦境!一种可怕的预感,暗中撼动一切的震颤[325],把我从涟漪和宁静中惊醒。

浮士德　(走近河边)我听见了,我就得相信:在这些树枝、这些灌木的交错重叠的簇叶后面,响着一种仿佛人语的声音。水波似乎在唠叨,微风仿佛开玩笑。

宁芙们　(对浮士德)你最好
    躺下来,
    歇歇疲劳的肢体,
    何等凉快!
    再来享受一下

难得的安眠；
我们向你低语，
我们飒飒，我们潺潺。

浮士德　可我醒着！让她们爱怎样就怎样，那些无与伦比的形象，就像我所见的一模一样[326]。我浑身充满了神奇的力量！是梦幻？还是记忆？你曾一度有过幸福的经历。溪流爬过茂密、轻摇的丛林更加凉爽，既没有潺潺声，更不会哗哗作响；数百条源泉来自四面八方，汇合成纯净而清亮的凹成浴池形的浅塘。健壮而年轻的女性肢体为水镜映照成双，看起来不由人神怡心旷！然后她们欣然结伴入浴，厚着脸皮游泳，怯生生地涉水，最后便闹嚷嚷打起水仗。我应当满足于这一切，在这儿大饱一番眼福，可是我的感官还有更远的追求。目光锐利地透过那层幔帐：繁茂的绿叶深处掩蔽着高贵的王后[327]。

　　真是妙极了！天鹅群也从水湾游了过来，动作端庄而纯朴，从容地浮荡着，扭动着嘴巴和头部，显得温柔而合群，但又傲岸而自负！……其中有一只更与众不同[328]，昂首挺胸，自鸣得意，穿过鹅群，向前疾划而去；他的羽毛鼓胀起来，像浪花一样在波涛上面翻滚，他正划向那神圣的宝境。……别的天鹅则游来游去，羽毛从容而夺目，时而还活泼地争斗一番，想吓走那些羞怯的少女，让她们只想到自己的安全，而忘却她们应尽的职务。

宁芙们　　姐妹们，请把耳朵
　　　　　贴近绿岸的梯级！
　　　　　我听见响来了
　　　　　得得的马蹄。
　　　　　不知今夜是谁

在把急件传递!

浮士德　我确信有快马奔来,大地在它脚下隆隆发颤。
　　　　且看!看那边!
　　　　幸运在眼前,
　　　　我能否企及?
　　　　真不可思议!
一位骑者[329]疾驰而来,由一匹耀眼的白马驮着,似乎兼备才气和胆量——我不会搞错,我认识他:他就是菲吕拉的著名的令郎!——停住,喀戎!停住!我有话对你讲——

喀　戎　什么话?什么事情?

浮士德　请放慢你的脚步!

喀　戎　我歇不下来。

浮士德　那么,请带我一起去!

喀　戎　骑上来吧!我好就便问问你:你往哪儿去?你站在岸边这儿,要想过河,我乐意驮你过去。

浮士德　(骑上去)往哪儿都随你高兴。我将永远感激不尽!——你是伟人,高尚的教育家,培养出多少英雄人物,自己也功成名就,例如华贵的阿耳戈号远征队[330]的漂亮队员们,以及为诗歌界提供题材的一切名流。——

喀　戎　闲言少叙!就是帕拉斯来当门托耳[331],也谈不上什么荣誉;到头来他们都各行其是,各奔前程,仿佛根本没有受过什么教育。

浮士德　你还是熟谙百草的名医,精通草根的药理,能够治疗疾病,缓解伤痛,我以心身的全部力量拥抱你!

喀　戎　英雄在我身旁负了伤,我总能给他开开丹方;可是我的医术后来都传了人,传给了采药的老太婆和游方僧。

浮士德　你是真正的伟人,不肯听阿谀奉承;他谦逊地支吾其辞,仿佛像他这样的人,天下多的是。

喀　戎　我觉得你这个人善于装假,见了公侯、百姓都能拍马。

浮士德　你得对我承认:你见过与你同时的最伟大的人,在业绩上努力同最高贵的豪杰比过高下,像神人一样威严地度过光阴。请问在那些英雄人物中间,你觉得谁最能干聪明[332]?

喀　戎　在高尚的阿耳戈号远征队员中间,每个人都按照自己的方式出众超群,凭借使本人虎虎有生气的精力,足以完成别人之所不能。在讲究年轻貌美的地方,总是宙斯的孪生子[333]当仁不让;果决行事,急公好义,则是北风神的两个儿子[334]的特长。深思熟虑,勇猛有力,聪明过人,出谋划策,要数逗女人欢喜的船长伊阿宋。然后是俄耳甫斯[335]:温文尔雅,永远沉静而审慎,弹起七弦琴来,真是技压群雄。目光敏锐的林叩斯[336]日夜掌舵操劳,使圣舟平安渡过了暗礁和浅滩。大家同心协力,才能克服难关:一人有所成就,众人无不赞叹。

浮士德　赫剌克勒斯你为什么一句不提[337]?

喀　戎　唉!可别勾起了我的眷恋!我从没见过福玻斯[338],还有名叫阿瑞斯[339],赫耳墨斯[340]的;可是我亲眼见过他[341],被众人奉若神明。他是一位天生的王,一小就仪表堂堂,光彩照人;对兄长毕恭毕敬[342],对最娇美的女人[343]无不低首下心。地母再也生不出第二个这样的儿子,赫柏[344]也不会把第二个引上天国;歌曲枉然为他咏唱,大理石柱然为他雕琢。

浮士德　不管雕刻家怎样矜夸他的作品,实在展示不出他的宏伟庄严。你已经说了最美的男子,请把最美的女人也谈一谈。

喀　戎　什么!女性美何足称赏,往往不过是一副呆板的形象;只有喷涌欣悦生气的女人,我才会加以赞扬。美质总是自得其乐;妩媚[345]才使人无以拒抗,就像我驮过的海伦[346]一样。

浮士德　你驮过她?

喀　戎　是的,就在这个背上。

浮士德　我是不是太迷瞪?坐上这个位置,我真是万幸!

喀　戎　就像你现在这样,她紧紧抓住我的发鬃。

浮士德　哦,我简直快发疯! 讲吧,原原本本讲清楚。她可是我朝思暮想的人儿! 你把她从哪儿驮来,唉! 又驮到哪儿去?

喀　戎　这个问题容易回答且不讲。先说宙斯二子当时把弱妹救出了强盗的魔掌[347]。可强盗不甘心失败,鼓起了勇气又从后面追上。兄妹们仓皇逃遁,却被埃琉西斯附近的沼泽阻挡;两个哥哥涉水而过,她由我驮着趟过了河;于是她跳了下来,把浸湿的鬃毛摸了又摸,又是感谢又是奉承,显得伶俐聪明,又有点怕难为情。她多么迷人! 年纪又轻,真叫老人称心!

浮士德　可她才十岁[348]!

喀　戎　我看是语文学家[349]欺骗了你,也欺骗了他们自己。说到神话里这位夫人,情况更有点特别:诗人可以按照自己的需要来描写。她永远没有成年,永远老不了,一直是秀色可餐,其乐陶陶,幼年被拐,到老年还被人追求;够了,诗人不受时间的约束。

浮士德　就让她不受时间的约束吧! 阿喀琉斯在斐赖[350]找到了她,甚至超越了一切时间。战胜命运而夺得爱情,这幸福是何等稀罕! 那永恒的丽质,尊贵而温柔,高尚而亲切,比起天神也差不多:这独一无二的美人,**我**难道不能凭借最强烈的眷恋而使她复活? 你曾经见过她,**今天**[351]我也见到了她,美得令人销魂,美得让人朝思暮想! 而今我的心灵、我的肉体已被紧紧捆绑:要是得不到她,我就会活不长。

喀　戎　陌生人! 作为人,你这是丧魂落魄;可在妖精中间,大概叫作走火入魔。现在碰巧你交上了好运;因为每年,尽管只有若干片刻,我总要把医神阿斯克勒庇俄斯之女曼托[352]访问;她悄悄向父亲祈求,为了保全他的名声,他终归应当为庸医们开开窍,好让他们改过自新,不再鲁莽杀人——在女巫中间,她最使我感到亲热:和蔼宽厚,助人为乐,举止端庄,从不出格;你要是上她那儿稍事逗留,她有办法拿草药根治你的沉疴。

浮士德　我没有什么沉疴要根治,我的神志很清楚。我不像别人那样甘居下流[353]。

喀　戎　别耽误了宝泉[354]的疗效!快下来吧!目的地到了。

浮士德　你在可怕的黑夜,渡过了砂溪,上得岸来,请问你把我驮到了哪里?

喀　戎　罗马和希腊在这儿打过架[355],右边是珀涅俄斯河,左边是奥林波斯山,最伟大的帝国在这儿折戟沉沙;国王逃跑了,平民胜利了。抬头望!就在这儿不远,永恒的神殿[356]耸立在月光之下。

曼　托　(在殿内做梦)马蹄得得,
　　　　　　圣阶响彻,
　　　　　　神人光临。

喀　戎　　一点不差,
　　　　　　请睁眼睛!

曼　托　(醒来)欢迎欢迎!我知道你不会失信。

喀　戎　你的神殿依然高耸入云!

曼　托　你的逍遥游从不歇息?

喀　戎　你依然独守殿堂,我却欢喜四处游历。

曼　托　我滞留此地,蹉跎岁月而已。——这位是?

喀　戎　声名狼藉的夜晚让人晕头转向,一阵旋风把他刮到了府上。海伦害得他神魂颠倒,他一心想把她得到,可不知怎样也不知从哪儿起头:看来他比任何人更需要神医的妙手。

曼　托　我欢喜贪求不可能事物的人。

　　　　〔喀戎已经远去。

曼　托　进来吧,胆大妄为的人,愿你高兴!这条阴暗小道通向冥后珀耳塞福涅的幽境。在奥林波斯山脚的洞窟里,她把被禁止的问候[357]窃听。我曾经把俄耳甫斯偷偷送进冥府[358];好好利用你的机会吧[359]!大胆前去!

　　　　〔二人同降[360]。

珀涅俄斯河上游

〔同前。

美人鸟们　跳进珀涅俄斯河来吧！这里正好玩水游泳,还可以唱上几首歌,来安慰那些不幸的人们[361]。无水不成福[362]！要是我们成群结队,赶到爱琴海[363]去,就可以享受种种乐趣。

〔地震。

美人鸟们　波浪勃然涌回来,不再顺着河床流下去;大地在震动,河水堵塞而升高,砂岸崩塌而充满烟雾。我们快逃！都来吧,来吧！这种怪事对谁也没好处。

走吧！你们高贵的、快活的客人,去参加大海的欢宴,那儿闪闪烁烁,震颤的波浪悄悄膨胀,浸湿了海岸;那儿月光上下照耀着,用圣洁的露滴滋润着我们！那里是一种自由放荡的生活,这里是一场令人不安的地震;聪明人赶快走吧！这地方真叫人害怕。

塞斯摩斯[364]　(在深处轰轰然,隆隆然)再使一次劲,大胆用肩膀扛着,我们就要到达地面了,一切都得向我们退避三舍。

人面狮们　多讨厌的震颤,可怕而又可恨的预感！怎样在晃荡,怎样在战抖,摇过来又摇过去！真叫人不堪忍受！可我们的位置毫不改变,即使整个地狱突然出现在眼前。

真奇怪,升起了一个圆拱。正是他,那位筑构得罗斯岛的白发老翁，为了一位妇人的阵痛，才把这座岛推出波涛中[365]。他又推又压又挤，绷紧胳膊，弯下背脊，姿势像个阿特拉斯，一下子举起了草皮，土壤，地基，举起了砾石、沙子、黏土和沙砾，以及我们岸边静静的河堤。就这样，他把山谷一块安静的外罩横着撕去。他竭尽全力，毫不疲倦，像一尊巨大的女像柱[366]，顶着一座可怕的石支架，齐胸的半身刚从地面露出；可他不能露得更多：人面狮已经在这儿巍然就座[367]。

塞斯摩斯　世人终归会向我承认，促成这一切的正是我一人；要不是我曾经颠簸和摇撼，这世界怎会变得如此美满[368]？要不是我把它们推出来，展示得分外妖娆，富于画趣，你们的群山怎会高耸于纯净而宏伟的天宇？当时面对混沌和黑夜[369]——世界最古老的祖先，我举止矫健，和提坦神族[370]结伴，像拍球一样拍打着珀利翁和俄萨这两座山[371]。我们充满青春的热情打打闹闹，直到最后厌倦了，便把这两座山当作一顶双尖便帽[372]，恶作剧地戴在帕耳那索斯山的头梢……阿波罗目前正同一群极乐的缪斯在那儿优游岁月。我甚至把座椅[373]高高举起，扛给了手持霹雳箭镞的朱庇特。现在我正努力挣扎着，从深渊向上攀登，大声地召唤欢快的居民们[374]走向新生。

人面狮们　[375]要不是我们亲眼看见，这儿耸立的高山怎样从地下钻了出来，人们一定会认为它从古至今一直存在。繁茂的灌木丛林扩展开去，岩石一层层堆成高峰；一头人面狮对此毫不介意：我们在神圣的位置上纹风不动。

雕头狮们　我看见裂缝里有金叶子金箔在抖动。可别让这笔财富被人抢劫一空！蚂蚁们，赶快走！快去把它们掏到手。

蚂蚁们合唱　　有如巨人
　　　　　　　把山高举，

忙碌蚁群,
快快上去!
进出敏捷!
缝隙当中
每粒碎屑
都很管用。
极小东西
都得搜索,
最快速度
每个角落!
务必勤奋,
你们蚁群;
扔掉废石,
只捡黄金!

雕头狮　进来!进来!进来堆黄金,我们用利爪把它们按紧;门闩最
　　牢靠,大量财物才能保管好。

小拳头矮人　不知怎么一回事,
　　　　　　我们果然得安置。
　　　　　　别问我们哪儿来;
　　　　　　我们反正这儿待!
　　　　　　只要过得还满意,
　　　　　　任何地方都可以;
　　　　　　哪儿岩石有缝隙,
　　　　　　就有矮子的踪迹。
　　　　　　矮子夫妇劳碌奔波,
　　　　　　双双对对堪称楷模;

　　　　　　　不知当年在天堂
　　　　　　　是否也像这个样。
　　　　　　　我们感谢运气好，
　　　　　　　觉得这里最地道；
　　　　　　　不论南北与东西，
　　　　　　　生儿育女地母最欢喜。

小拇指矮人　要是地母一夜间
　　　　　　　生出许多小不点儿，
　　　　　　　她还会生最小崽子一大堆；
　　　　　　　个个都会配成对。

小拳头矮人长老　快站好队，
　　　　　　　各就各位！
　　　　　　　马上干活；
　　　　　　　急起直追！
　　　　　　　太平时刻，
　　　　　　　建锻工厂；
　　　　　　　为军赶制
　　　　　　　盔甲武装！

　　　　　　　蚂蚁听着：
　　　　　　　你们麻利，
　　　　　　　快造铁器！
　　　　　　　小拇指矮人听着：
　　　　　　　你们最小，
　　　　　　　又多又乖，
　　　　　　　接受命令，

去搬木柴！
堆在一起，
用暗火烧，
烧出炭来！

大元帅　　拿起弓箭
赶快出发！
池畔苍鹭
一律射杀！
筑巢无数，
神气活现，
一下射光，
毫不可怜，
何妨拔下翎毛，
装饰头盔[376]正好！

蚂蚁和小拇指矮人　靠谁来解放[377]！
我们开铁矿，
他们铸锁链。
要想争自由，
还不到时候，
只好忍着点！

伊俾科斯的鹤群[378]　杀戮的呼叫，垂死的悲鸣！
惊惶不安的拍翅声！
怎样的呻吟，怎样的哀叹
一声声传到了我们的霄汉！
瞧它们纷纷中箭而坠，

它们的血染红了海水；
那些怪物贪婪之至，
抢走了苍鹭高贵的羽饰。
插在头盔上随风飘荡，
那些凸肚屈腿的流氓！
我们同群的各位伙伴，
列队飞渡大海的好汉，
我们向你们呼吁，
为我们的近亲进行报复。
精力和热血全不吝惜：
要与这些败类血战到底！

〔在半空咯咯叫着飞散。

梅菲斯特[379] （在平地）我应付得了北方的女巫，对这些外国妖精毫无能耐。布罗肯山毕竟是个方便的去处：不论到了哪儿，都特别觉得自在。"伊尔泽夫人"[380]在她的"石座"上为我们守望，"亨利"在他的"山头"风度翩翩，"打鼾岩"尽管冲着"贫困村"谩骂，一切却这样过了一千年。可在这儿，谁还知道他到底置身何地，脚下地面会不会突然隆起？我正轻快地漫步在一个平滑的谷底，想不到背后一下子耸起了一座山，虽然还称不上山，却高得足以隔断我的视线，我的人面狮我再也望不见。——还有许多火光在这谷底闪烁，正把这场奇遇加以烘托。——香艳的一群在我面前舞蹈，飘浮，欲进还退，半推半就，耍尽了骗人的花头。慢着点儿，偷惯了嘴，到哪儿都想趸摸一点油水。

拉弥亚们 （身后拽着梅菲斯特）

快点再快点！
拼命往前赶！
怎么又磨蹭，

  唠叨个不停!
  拽住这惯犯,
  跟着我们窜,
  狠狠整一通,
  让人兴冲冲。
  他的腿脚硬,
  拖着真要命,
  一瘸又一拐,
  踉跄赶上来。
  我们一溜烟,
  他落在后面。

梅菲斯特　（站住不动）该死的运气!受骗的男人!从亚当算起[381],误入歧途的蠢货!人上了年纪,谁还聪明过?你不也曾爱得要死要活?

  谁人不知,这些婆娘尽管束紧细腰,涂抹脸蛋,根本让人看不上眼。她们浑身没有好肉一块,摸一摸看,所有肢体已经腐朽不堪。人人都知道,都看见了,都一目了然,可还是跟着这些烂污货的屁股颠。

拉弥亚们　（止步)停!他在转脑筋,磨磨蹭蹭不肯走;咱们转去拽住他,别让他开溜!

梅菲斯特　（迈步）上!别让你蠢到陷入疑惑的罗网;因为要是没有女巫,哪个魔鬼愿把魔鬼当!

拉弥亚们　（娇滴滴）咱们围着这位英雄转,爱情就在他胸间,肯定有一个他喜欢。

梅菲斯特　尽管天色朦胧看不清,你们个个都像是美人,想骂你们,我也不忍心。

恩浦萨[382]　（冒昧地）也别骂我!我也算美人,让我加入你们这一群！

拉弥亚们　这家伙跟我们混在一起实在多余,总把我们的游戏搅和得一塌糊涂。

恩浦萨　(对梅菲斯特)表妹恩浦萨,长驴脚的亲人,这厢有礼！你只有一只马脚,请接受我由衷的敬意！

梅菲斯特　我还以为这儿尽是生人,不巧还是碰上了近亲;翻翻古书不难知道:从哈尔茨山到希腊,不是姑表就是姨表！

恩浦萨　说干就干成习惯,千奇百怪都能变;为了向你表敬仰,我把驴头且戴上。

梅菲斯特　跟这些人一起我可注意到,亲戚关系最重要;可是碰见什么都随便,我只不愿跟驴头沾上边。

拉弥亚们　别理这个丑八怪！她把任何美妙事物都吓跑;不管美妙事物有多少,她一到马上云散烟消！

梅菲斯特　这些表妹娇柔纤弱,一个个都难以揣摩,在这艳若桃李的脸庞后面,我怕会藏着变形的魔罗。

拉弥亚们　试试看！我们人多别犯愁。快来抓吧！你要是手气好,可以抓到最好的一阄！干吗花马吊嘴地唠叨不休？你可是个不中用的采花贼,趾高气扬地走过来,装得倒挺神气！——如今混到我们这一群来了:渐渐揭去假面,终于露出底细！

梅菲斯特　我选中了最美的一个——(捉住她)哦倒霉！是一把枯扫帚！(去捉另一个)这个呢？——一张脸真丑！

拉弥亚们　你配有更好的？别做梦吧！

梅菲斯特　我想给自己留下那个小的——可她像蜥蜴从我的手里逃走！发辫像蛇一般滑溜。转过来,我去抓那个高个子——想不到抓住了一根酒神手杖[383],脑袋原来是个菠萝模样！下一步呢？——还有一个胖子,也许会让我雅兴大发;那么,最后再试一下！就这样！真是胖乎乎,松垮垮;东方人[384]会出高价来买她——糟啦,马勃菌裂成两半拉！

拉弥亚们　　散开散开！让我们摇摇晃晃,飘飘荡荡像电闪一样！黑黢黢飞成一片,飞成危险可怕的圆圈！把这乱闯的女巫之子团团围起！无声的翅膀,像蝙蝠在飞！让他脱身,未免太便宜。

梅菲斯特　　（战抖）看来我并没有聪明多少；这儿荒谬,北方也荒谬,鬼怪到处一样乖张,老百姓和诗人一样无聊。这儿化装舞会刚刚开场,跟各地肉感舞蹈一模一样。我向可爱的假面行列伸手攫取,抓到手的东西使我毛骨悚然——我很想把自己诳住,只要它稍微持久一点。（误入巉岩之间）我到哪儿来了？出路又在哪儿？本来是一条羊肠小道,却变成了残砖破瓦。我沿着平坦大路来到,却面对一堆乱石碎碴。我上下攀登徒劳无益,哪儿再找得到我的人面狮？我何曾想到会如此荒诞,一夜间冒出了这样一座山！我道是女巫们又一次驰骋,瞧她们携来了名山布罗肯。

俄瑞阿斯　　（从天然岩石上）[385]爬上这儿来！我的山很古老,太初的轮廓依然完好。别小看这险峻的石级,它可是品都斯最后伸延的一支！当年庞贝[386]越过我逃跑,我已巍然直立而不动摇。旁边是虚幻的造型[387],公鸡一叫就无踪无影。我经常看见发生类似的奇谈,转眼之间又会烟消云散。

梅菲斯特　　尊贵的头颅,披满高大橡树的簇叶,向你致敬！你幽暗的深处,连最皎洁的月光也照不进。——可是就在灌木林旁边,却移动着微微一点闪光。这一切到底怎么安排的！荷蒙库路斯,果然是你！你从哪儿来,小伙计？

荷蒙库路斯　　我到处飘飘荡荡,很想活得最有意义[388],因此急不可待,要把我的玻璃瓶儿打碎；只是到目前为止,我所见过的一切身躯,我都不敢贸然进去寄居。仅仅对你说句知心话：我一直紧跟着两位哲学家！侧耳细辨,我只听见："自然！自然！"我不愿离开他们,他们一定深知世故人情；我大概最终会懂得,往哪儿走才是上策。

梅菲斯特　　这种事情最好自己动手,别去问人！因为鬼怪出没的地方,哲学家也会受欢迎。为了让人欣赏他的技艺和美意,他马上会造出十来个新的[389]。如果你不走错路,你就不会明白事理[390]。你要长成人,最好靠自己!

荷蒙库路斯　一片忠告,不敢忘掉。

梅菲斯特　上路吧!我们走着瞧。

〔二人分道扬镳。

阿那克萨戈拉(对泰勒斯)[391]　你顽固的头脑硬是不肯屈尊;还要说些什么,才能使你相信?

泰勒斯　水波乐于向风屈膝[392],却远远避开险峻的岩壁。

阿那克萨戈拉　这种岩壁是由火汽构成。

泰勒斯　万物都是在水分中获得生命。

荷蒙库路斯　(在二人中间)让我在二位左右紧跟,我一直渴望成人。

阿那克萨戈拉　哦泰勒斯,你可曾一夜间用淤泥堆成这么一座山?

泰勒斯　自然及其生动的流程,从不仰仗日夜和时辰。它井井有条地构成各种形体,即使庞大也不借助暴力[393]。

阿那克萨戈拉　暴力这儿可有过!且看阴曹地府的烈火,加上风神云雾的爆炸力[394]惊人,把平地的陈旧表层突破,一座新山不得不立刻形成。

泰勒斯　接着还有什么苗头?山竖在那儿,好吧,让它竖到最后。这样争论下去,徒然浪费时间,只有靠耐性才能把人牵着走。

阿那克萨戈拉　山里很快就住满了蚂蚁人[395],他们把家安在岩石缝里;还有小拳头矮人,蚂蚁,小拇指矮人,以及其他勤快的小东西。(对荷蒙库路斯)你从没有追求过伟大,尽过着隐士般狭隘的生涯;如果你习惯于掌握权力,我想让你南面称王,把这些小东西管辖。

荷蒙库路斯　我的泰勒斯有何高见?

泰勒斯　我可不劝你!小手小脚只能做小事,大刀阔斧小人也能成其大。瞧吧,那乌云似的鹤群[396]!它们威胁着仓皇失措的小矮人,连带他们的王也会惊恐万分。它们扑下来用尖嘴和利爪把小人刺穿;大难临头,有如雷鸣电闪。一群暴徒曾经把安静池塘围困,把苍鹭杀得一个不剩。而今鹤群这边则箭如雨下,致人死命,残酷的复仇祈祷充满了血腥,激起了近亲的愤慨,要向小拳头矮人讨还血债。盾牌、头盔和长矛再多又何如?鹭羽冠饰怎能帮助侏儒?小拇指矮人和蚂蚁纷纷躲藏起来!全军已经动摇,溃散,覆没[397]。

阿那克萨戈拉 (稍停,庄严地)从前我既把地下的一切颂扬,现在我转而求助于上苍,——你!高高在上、长生不老的,有三种名讳、三副形象的天神[398],狄安娜—路娜—赫卡忒,我为人民的苦难向你请命!你胸襟开阔,思想深沉,你静谧照耀,恳挚热忱,请张开你的阴影所形成的恐怖深坑,无须我念咒祈求,就施展你旧日的威棱!(停顿)

  我的话是否

  很快被听取[399]?

  我向上苍祷祝

  可扰乱了自然的秩序?

女神的圆形宝座靠近了,越来越大,看上去十分异常而又可怕!只见它火光熊熊,在黑暗中烧得通红——威风凛凛的圆盘,请别再靠近!你将使我们和陆地海洋同归于尽!

  难道忒萨利亚的妇女[400]果真非法地使用魔术,把你从你的轨道上唱了下来,逼着你降下了最大的灾害?——明亮的盾牌陷入黑暗中间,突然破裂,闪光,火星四溅!怎样一阵爆响!怎样一阵嘶叫!就中还夹杂着雷鸣和风暴!——我诚惶诚恐,匍匐在宝座的阶下!——是我把这一切惹出来,务祈宽假!(五体投地)

泰勒斯 这位仁兄还有什么没有听到和看到[401]!究竟发生了什么,

我可一点也不知道；像他那样感觉一下也不可得。老实说，这是疯狂的时刻，路娜悠闲地摆荡，在她的原位上像从前一样。

荷蒙库路斯　且朝小拳头矮人的住址望去：山是圆的，而今有尖顶凸出！我听见砰的一声巨响，什么东西往下摔，原来岩石从月亮上掉下来！用不着打听，它马上跌得稀巴烂，是友是敌不相干。可我得把这样的本领来称赞，居然别出心裁地一夜间，同时从上又从下，用山造成了这一座高楼大厦。

泰勒斯　安静点！这不过是想当然[402]。让它们去吧，那些丑恶的坏蛋！你没有当王，真上算[403]。大海的盛宴[404]务须莅临，那里正恭候和款待各路贵宾。（同下）

梅菲斯特　（在对面攀登）我得沿着险峻的石梯挪步，在古老橡树的硬根中间彳亍！在我的哈尔茨山，树脂的香气不一般，闻起来有沥青味儿[405]，颇使我心欢；最后还有点硫磺味儿，——可在这个希腊，那些味儿一点也闻不到它；偏我好事，总爱刨根问底，地狱的熊熊孽火究竟怎样煽起来的。

橡树精[406]　尽管你在国内还算聪明，到了外国就未必机灵。你不应当怀念故乡，倒不如把这儿神圣橡树的威严景仰。

梅菲斯特　被委弃的东西让人向往，住惯了的地方总是天堂。——请问：在那边洞窟里，朦胧中蹲着的，是三个什么东西？

橡树精　海神福耳库斯的女儿[407]！如果你不害怕，不妨过去同她们说说话！

梅菲斯特　怎么不怕！——我一看见就目瞪口呆！再骄傲也不得不承认，从没见过这样的妖怪，简直比阿尔劳涅[408]还要歪！看见这三个怪物，十恶不赦的大罪又有什么可恶？它们就是站在最可怕的地狱门槛，我们也难以容忍；何况生根在美的国土，它正因古色古香而闻名！——它们蠢蠢欲动，似乎觉出我是谁，它们吱吱啾啾，蝙蝠似的吸血鬼。

福耳库斯的一个女儿 姊妹们,请把眼睛借给我,我要看看是谁在我们殿堂门前撒泼!

梅菲斯特 最尊贵的夫人!请允许我向你们走近,领谢你们三位所赐的天恩!我斗胆晋谒,虽然素昧平生,如果没有弄错,我们还算是远亲。我曾经见过古老庄严的神祇,在俄普斯和瑞亚[409]面前五体投地;命运女神、混沌之女,你们的姊妹,昨天——或者前天[410]我和她们还曾相会;可是你们几位我却无缘识荆,现在且不说了,我已乐得真个销魂。

福耳库斯的女儿们 这个精怪,他好像还懂道理。

梅菲斯特 没有诗人把你们歌颂,真叫我不胜诧异,说说看,这是怎么回事,是怎么搞的?你们天生丽质实在罕见,竟没有艺术形象加以表现!雕刻家的凿子[411]何妨为你们显显身手,不应尽找朱诺、帕拉斯、维纳斯之流!

福耳库斯的女儿们 在孤寂的黑夜长久沦落,我们三个从未如此想过!

梅菲斯特 这也难怪,你们远离红尘,没有见过任何人,也没有任何人见过你们!你们得到那样地方去安居,那里荣华和艺术平等相处,那里一块大理石每天以双倍的步武,灵巧地活现出一个英雄人物,那里……

福耳库斯的女儿们 快闭嘴,别勾引我们想入非非!即使知道得再清楚,又怎能使我们有所作为?生于黑夜,与黑夜结亲,我们不但不为人知,甚至自己也觉得陌生。

梅菲斯特 如此说来,本没有多话好讲,但何妨把自己向别人转让。你们三位一目一齿已经够用;不如把三位的实体纳入二位身中,再把第三位的外貌暂时借给我,从神话学上来说未尝不可。

其中一人 你们觉得行不行?

另二人 不妨试试!——但不借牙齿和眼睛。

梅菲斯特 恰巧抽掉了最好的部位,叫我怎能装扮得十全十美!

其中一个　闭上一只眼睛,这并不难做到,随即露出一颗大门牙,你的侧面就跟我们姊妹惟妙惟肖。

梅菲斯特　叨光叨光,就这样办!

福耳库斯的女儿们　就这样办!

梅菲斯特　(装出福耳库斯之女的侧像[412])瞧我多神气,俨然是混沌的爱子[413]!

福耳库斯的女儿们　不管争赢辩输,我们是混沌之女。

梅菲斯特　真是岂有此理! 人们会骂我是雌雄同体。

福耳库斯的女儿们　新的三姊妹何等标致,我们有两只眼睛、两颗牙齿[414]!

梅菲斯特　我虽然受不了众目睽睽,却可以到地狱渊薮去吓吓魔鬼[415]。(下)

爱琴海的岩石海湾

〔月在中天。

美人鸟们[416]　(分散在危岩上,吹笛并唱歌)
　　　　　从前忒萨利亚的魔妇
　　　　　利用黑夜的恐怖
　　　　　亵渎地将你召下天庭,
　　　　　现在请从你的夜之拱门
　　　　　泰然俯览震颤浪涛
　　　　　之粼粼波光柔和闪耀,
　　　　　还照亮了浪涛汹涌,
　　　　　涌出了群妖的骚动!
　　　　　我们竭诚为你当差,
　　　　　美丽的路娜,请对我们慈悲为怀!

男女海神们[417]　（作为海怪）
　　　　　　　请用更尖锐的嗓门大声歌唱,
　　　　　　　让大海跟着一起唱响,
　　　　　　　把深处的水族都唤出来!
　　　　　　　我们躲开风暴可怕的咽喉
　　　　　　　准备向最平静的底层逃走,
　　　　　　　优雅的歌声把我们引到这儿来。

　　　　　　　瞧我们何等欢天喜地
　　　　　　　拿金链来装扮我们自己,
　　　　　　　除了宝石和王冠,
　　　　　　　外加玉带和金钏!
　　　　　　　这一切都是你们的收获[418]:
　　　　　　　在这儿触礁而被吞没的财宝,
　　　　　　　你们用歌唱为我们弄到,
　　　　　　　你们这些我们海湾的妖魔!

美人鸟们　　我们知道在清凉的海水里
　　　　　　鱼儿上下沉浮,滑动伶俐,
　　　　　　脆弱的生涯无忧无虑;
　　　　　　可你们隆重欢聚的一伙,
　　　　　　我们也许今天才听说,
　　　　　　你们不是鱼儿所能比[419]。

男女海神们　我们来到这儿之前
　　　　　　已经知道这一点;
　　　　　　兄弟姐妹们,现在加点急!
　　　　　　今天只需要短短游程

　　　　　就可得到十足的证明，
　　　　　我们不是鱼儿所能比。（下）

美人鸟们　他们匆匆走掉！
　　　　　直奔萨摩特拉刻岛[420]，
　　　　　随着顺风而去。
　　　　　他们前往卡柏洛[421]之国
　　　　　究竟想干点什么？
　　　　　那些神祇实在奇怪，
　　　　　自我繁殖一代一代
　　　　　却从不知自己为何物！

　　　　　温柔的路娜，发发慈悲，
　　　　　请停驻在你的高位，
　　　　　好让黑夜仍然逗留，
　　　　　白昼不会把我们赶走！

泰勒斯　（在岸上对荷蒙库路斯说）我想引你去见见涅柔斯老汉[422]；我们离他的洞府已不太远，可他性情乖张，头脑冥顽。整个人类他都瞧不上眼，这满腹牢骚的老古板。但他已把未来发现，为此人人尊重他的名位向他请安；他也实在为很多人积德行善。

荷蒙库路斯　我们不妨去敲敲他的门！未见得就让我熄火碎瓶。

涅柔斯　我的耳朵是不是听见人声？怎么我内心深处怒气升腾！芸芸众生一心想把神仙当，可永远摆不脱那臭皮囊。自古以来我闲散如神，也得为善人做点好事情；但看看最后完成的结果，仿佛我一切都是白说。

泰勒斯　海上老人，你可受世人信赖；你是贤哲，请别把我们赶开！瞧这朵火焰[423]，虽然近乎人类，它绝对遵从你的教诲。

涅柔斯　什么教诲！人类何曾看重教诲？金玉良言僵死在愚钝的耳朵里。即使事实经常狠狠责备自己[424]，人们依然执拗如昔。当年帕里斯迷恋一个异邦女子之前，我曾像慈父一般把他规劝。那时他莽撞地站在希腊的海岸，我向他说我的心灵所见：风起烟涌，红光荡漾，栋梁燃烧，下面是杀戮与死亡：特洛伊的末日到了，由诗人写成迷人的诗韵[425]，千年之后让人读了，仍然会胆战心惊。老人的忠告在冒失鬼听来不过是戏言，他随心所欲，肆无忌惮，伊利俄斯[426]于是沦陷——就像长久折磨之后变僵硬了的巨人尸体，成为品都斯山上巨鹫[427]受用的美餐。还有尤利斯[428]！我事先不也向他说过魔女瑟西的狡狯，独眼巨人的厉害？他本人的犹豫[429]，他部下的轻率，还有什么没说过，可何曾让他学到一点乖？直到漂泊多年，为时很晚，才由海浪殷勤送上了岸[430]。

泰勒斯　如此行径诚然令贤哲心灰，可善士何妨再试一回[431]。些许的谢意会使他无任欣喜，足以抵偿百磅重的忘恩负义。我们不是为了小事向你恳求，这孩子希望越长越心秀。

涅柔斯　别败坏我稀有的兴致！今天可有非同小可的乐事：我召来了我的女儿们，海上的美惠女神，宁芙多里斯是她们的母亲。奥林波斯也罢，你们的故土[432]也罢，都长不出举止如此妩媚的美人。她们极其优美地从水龙身上，跳上了海神的马背，同水元素打成一片，连泡沫都似乎抬起她们飞。

　　　　最美的伽拉忒亚[433]来了，坐着维纳斯的五色斑斓的贝辇，自从库普里斯遗弃了我们，她就在帕福斯作为女神威灵赫赫。这娇娃继承了维纳斯的衣钵，掌有了神殿之城和辇座。

　　　　去吧！在我享受父爱乐趣的时刻，怀恨骂人实在不雅。去找普洛透斯[434]！去问那个怪人，看人是怎样生成又怎样转化！（向大海走去）

泰勒斯　　我们这一步可真一无所获:就是遇见普洛透斯,他马上也会
　　　遁形逃脱;即使他站住,最终也只会说些怪话,使人惊讶而迷惘。
　　　你既然要听听他的意见,我们且漫步前往,试试何妨!(下)

美人鸟们　（在岩石高层）
　　　　　　　　我们远远看见了什么
　　　　　　　　从滔天白浪里匆匆滑过?
　　　　　　　　仿佛有片片白帆移近,
　　　　　　　　凭借着一路风顺,
　　　　　　　　看起来何等明亮,
　　　　　　　　原来是海女焕发容光。
　　　　　　　　且让我们攀援而下,
　　　　　　　　请听那儿人声喧哗!

男女海神　　我们双手捧来,
　　　　　　应使大家欢快。
　　　　　　刻罗涅的龟甲[435]大无双,
　　　　　　驮着严峻神像亮堂堂:
　　　　　　我们请来了神明!
　　　　　　大家且把颂诗高吟。

美人鸟们　　形体有限,
　　　　　　法力无边,
　　　　　　难船的救星,
　　　　　　自古备受崇敬的神灵。

男女海神　　我们请来了卡柏洛[436],
　　　　　　办一次和平盛会如何?

　　　　　　　在他们的神圣领地，
　　　　　　　海神也得彬彬有礼。

美人鸟们　　我们比你们差得远[437]；
　　　　　　　要是一条船遇了难，
　　　　　　　你们就力大无边，
　　　　　　　保护水手个个生还。

男女海神　　我们请来三位[438]把祭享，
　　　　　　　第四位却谢绝光临；
　　　　　　　他说，他要为大家着想，
　　　　　　　因此是唯一的真神。

美人鸟们　　这个神戏弄那个神，
　　　　　　　看来未尝不可能。
　　　　　　　你们要尊重神恩，
　　　　　　　你们要提防灾星！

男女海神　　他们本来是七位。

美人鸟们　　哪儿待着那三位？

男女海神　　我们实在说不清，
　　　　　　　要到奥林波斯去打听；
　　　　　　　那儿可能还有第八位，
　　　　　　　至今没人来理会。
　　　　　　　我们谨候上苍恩典，
　　　　　　　可一切尚未兑现[439]。

　　　　　　　这些无与伦比的诸神
　　　　　　　有如挨饿者充满憧憬[440]，
　　　　　　　不断向前追寻
　　　　　　　不可到达的化境。

美人鸟们　　不论何处有神座，
　　　　　　　日升月恒真寥廓，
　　　　　　　我们惯于作祈祷，
　　　　　　　祈祷终归有好报。

男女海神　　我们带头行大典，
　　　　　　　且看荣耀达顶点！

美人鸟们　　古代英雄再荣耀，
　　　　　　　可跟你们比不过：
　　　　　　　要说**他们**[441]弄到金羊毛，
　　　　　　　你们请来了卡柏洛。
　　　〔以合唱形式重复
　　　　　　　要说他们弄到金羊毛，
　　　　　　　我们[442]
　　　　　　　你们 ｝请来了卡柏洛！

　　　〔男女海神走过去。
荷蒙库路斯　我把这些丑货
　　　　　　　比作粗陋瓦罐[443]；
　　　　　　　智者拼命琢磨
　　　　　　　快把脑袋磨穿。
泰勒斯　　　此即世人之所贪：

　　　　　钱币生锈才合算。

普洛透斯（隐身）我这个老扯淡[444]才高兴！
　　　　　越是古怪越可敬。

泰勒斯　普洛透斯,你在哪儿?

普洛透斯　（做腹语[445],时近时远）这儿！这儿嘞！

泰勒斯　我原谅你这套老把戏;对朋友可别弄虚作假！我知道你是从骗人的位置说话。

普洛透斯　（仿佛从远处）再见！

泰勒斯　（对荷蒙库路斯低语）他就在附近。赶快放光！他好奇像鱼一样,任他变形往哪儿待,总可用火焰把他引出来。

荷蒙库路斯　我马上放光,放得尽量多,可也得节制点,否则会把玻璃瓶儿炸破。

普洛透斯　（变成大龟形状）是什么光,闪得多漂亮?

泰勒斯　（把荷蒙库路斯遮住）好！你要有兴致,可以走近观赏。不妨费点劲儿,现出你长两条腿的人样！谁想瞧瞧我们遮住的东西,先要得到我们的许可,看我们愿不愿意。

普洛透斯　（变出贵人模样）想不到你还精通人情世故。

泰勒斯　化身变形依然是你的志趣。（将荷蒙库路斯显露出来）

普洛透斯　（愕然）一个发光的小不点儿！真是见所未见！

泰勒斯　他来求教,只希望长得齐全[446]。我听说他很古怪,只诞生了一半:精神特性他倒不缺什么,在实体功能方面却差得很远。至今他只有靠玻璃才获得重量;可肉体化才是他的首要愿望。

普洛透斯　你真是个闺女养的:不该有的时候偏有了你!

泰勒斯　(低声)其他方面看来,也并非无可挑剔:我觉得他似乎是雌雄同体[447]。

普洛透斯　这样反倒更快如愿以偿;不管他干什么,将无往而不顺畅。这里无须多费心计:你得在大海里做起[448]!在那儿先从小处着手,并乐于吞咽最小的元素,这样就会慢慢成长起来,使自己达到更高的成就。

荷蒙库路斯　这儿一阵和风吹来,万物发青了,芳香之气使我不胜欢快!

普洛透斯　我相信你,可爱的少年!再往前去,还会更加快活,在这伸出来的狭长海滩,氛围更不可言说。前面我们看见一队人,飘荡而来,越来越近。跟我一起去吧!

泰勒斯　我也一起去。

荷蒙库路斯　三灵同行[449],千古奇闻!

〔罗得岛的忒尔喀涅斯人[450],手执海神三叉戟,骑着海马[451]和海龙上。

合　唱　　我们为海神锻造三叉戟,
　　　　　他用来把狂涛平息。
　　　　　雷神将乌云布满天空,
　　　　　海神会回报这可怖的轰隆;
　　　　　上面闪出了锯齿形的电光,
　　　　　下面涌起一层层巨浪;
　　　　　其中惊恐而挣扎的生命,

久经折腾终于为深渊吞并；
因此他今天把权杖[452]交给我们——
我们浮飘着，壮观，镇静而又舒心。

美人鸟们　　你们曾把日神祭祀[453]，
　　　　　　福分系由晴天所赐，
　　　　　　此刻月神备受崇敬，
　　　　　　我们向你们表示欢迎！

忒尔喀涅斯人　万人景仰的女神，你高居夜的苍穹，乐于倾听人们赞美令兄[454]！请垂听一下幸福的罗得岛，那儿有一缕永恒的颂歌袅袅。他开始白昼的行程，从而完成，并以火一般的光眼[455]望着我们。山呀，城呀，岸呀，还有波浪，一一合乎神的心意，显得明媚而又敞亮。从没有浊雾包围我们，即使蔓延进来，经过日照风吹，岛又变得清洁可爱！高高在上者眼见自己有无数化身，或青年，或巨人[456]，或雄伟，或温存。是我们最初[457]用尊贵的人形，来建立神的威棱。

普洛透斯　你[458]且让他们歌唱，让他们夸张！与太阳强烈的圣辉相比，死板的雕像[459]不过是儿戏。他们孜孜不倦地锻造，塑成，用青铜浇铸出来，这时便自以为了不起。可这些自负者最后又将怎么样？神像诚然巍峨高大，一次地震[460]便把它们毁光——它们久已被重新熔化！

　　　跟土块打交道，不论干什么，永远不过是苦役；波浪才对生命更有益；且让普洛透斯-海豚把你领向永恒的水域。（变形）变成了！我把你驮在背上，送你去同海洋成婚：你在那儿会步入最美的佳境。

泰勒斯　遵照那值得赞美的盼祷，从头开始你的创造[461]！准备迅速行动！按照永恒的准则振奋，通过化身千种万种，久而久之你会成人。

〔荷蒙库路斯骑上普洛透斯－海豚。

普洛透斯　且作为精灵[462]随我走向濡湿的远方，在那儿你会活得自由而久长；只是别攀向较高的品级：因为一旦变成了人，你就完事大吉。

泰勒斯　到那时再说；能及时做个堂堂正正的人，那倒也不错。

普洛透斯　（对泰勒斯）就像你这样一个人！倒也可以混上一段时间；因为在那惨白的精灵群，我看见你已有好几百年。

美人鸟们　（在岩石上）是怎样一圈薄云[463]
　　　　　给月亮围成如此浓晕？
　　　　　是鸽子为爱情所振奋，
　　　　　翅膀像光一样白净。
　　　　　帕福斯[464]送来了它们，
　　　　　她的热情的鸟群；
　　　　　我们的盛会圆满完成；
　　　　　欢畅的欣悦，洋溢而清新！

涅柔斯　（走近泰勒斯）一个夜行人会把这月晕称之为气象；可我们精灵完全两样，自有唯一正确的主张：是那些鸽子在护送我女儿的贝辇，它们很久以前就学会了，飞行的方式十分稀罕。

泰勒斯　在宁静的暖窝，有神圣事物活着，使正人君子感到高兴，我也认为是最好的事情[465]。

普绪罗人和马耳西人[466]　（骑海牛、海犊和海羊上）

在库普洛斯蛮荒的洞窟,
没有为海神所掩覆,
没有被地震变成废墟,
周围有永恒的和风吹拂,
犹如最古时日一般
感到宁静而自觉的欣忭,
我们守护着库普里斯的车辇,
趁着夜风沙沙作响,
穿过轻柔的波网,
不让新来的种族窥望[467],
送来最可爱的女郎。
我们悄悄奔忙无所顾忌,
不怕雄鹰[468],不怕插翅狮,
不怕十字架,不怕月亮。
任谁高高在上,
听凭怎样轮流称霸,
相互逐杀,
毁坏城池和庄稼。
我们照旧奔忙不停,
护送最可爱的女主人。

美人鸟们　　轻盈起步,不慢不紧,
围着车辇,一圈一圈,
时而串行,难解难分,
像蛇一样,首尾相衔,
走近前来,涅柔斯之女,
健壮的少妇,可人而放荡,
温柔的多里斯之女,请与

　　　　　　　伽拉忒亚同来,她是母亲的肖像:
　　　　　　　仰之端庄,与神无殊,
　　　　　　　名不虚传,实堪永垂,
　　　　　　　可又像人间的丽姝,
　　　　　　　充满诱人的妩媚。

多里斯的女儿们　(合唱着从涅柔斯身旁走过,全体骑着海豚)
　　　　　　　月神路娜,请把光与影借给小女,
　　　　　　　好照亮这些如花似玉的少年!
　　　　　　　因为我们要把可爱的丈夫
　　　　　　　向我们的父亲引见。
　　　　　　(向涅柔斯)
　　　　　　　这些少年由我们抢救,
　　　　　　　才逃脱狂涛的虎口,
　　　　　　　他们躺在芦苇和苔藓上很久,
　　　　　　　终于缓过气来,向天光昂起了头,
　　　　　　　他们一定会以热烈的亲吻
　　　　　　　真诚地报答我们救命之恩;
　　　　　　　请慈祥地眷顾一下这些好人儿!

涅柔斯　一举而两得,实在很合算:对人既恻隐,自己也欣然。

多里斯的女儿们　父亲,你既然对我们的做法并不见怪,
　　　　　　　请容许我们享受正当获得的愉快;
　　　　　　　让我们长生不老,把他们紧紧搂抱,
　　　　　　　抱在这永远年轻的胸怀!

涅柔斯　请尽情欣赏美丽的猎物,招赘这些少年做你们的佳婿!只是

长生不老须经宙斯允许,我可不能随便赐予。波浪把你们颠来倒去,也不能让爱情长久持续,一旦索然寡味,兴致毫无,再轻轻送他们登陆!

多里斯的女儿们　可爱的少年,我们的命根,
　　　　　　　你我即将悲惨离散;
　　　　　　　我们曾经渴望永久忠贞,
　　　　　　　可诸神却不宽缓。

少年们　　如果你们将来还念一日之雅,
　　　　　好样的,水手之子个个知足!
　　　　　我们富有到无以复加,
　　　　　绝不会得陇望蜀。

　　　　〔伽拉忒亚乘坐贝辇而来[469]。
涅柔斯　是你吗,我的心肝!
伽拉忒亚　哦爸爸!向你问候!海豚啊,请停一停!我可瞧不够。
涅柔斯　过去了,她们过去了,旋着圈子移动;她们竟不在乎心潮汹涌!啊!带我同去多好!哪怕瞧上一眼,也抵偿了整整一年[470]。
泰勒斯　万岁,万岁,万万岁!我满面春风生光辉,为美与真所弥漫:一切均由水发源[471]!!一切均靠水维持!哦海洋,请永远施行统治!如果你不发出云气,不捐赠无数细溪,不到处转出河沟,不形成浩荡江流,山脉又会怎样,平原又将如何?须知是你使万物生机蓬勃!
回　声　(四周集体合唱)是你使万物生机磅礴!
涅柔斯　他们影影绰绰,远方来归,却再不能迎面相会;围成一个扩大的轮舞圈,显示出庆典的规范,数不尽的人群在蜿蜒。可是伽拉忒亚的贝辇座,我却一遍又一遍地瞧着,在群体中像明星一样闪

烁。美妙的光辉照耀着人群,虽然相隔很远,却照得历历分明,又近又真。

荷蒙库路斯　　在这可爱的水汽里,
　　　　　　　我所照亮的东西,
　　　　　　　原来都这么动人美丽。

普洛透斯　　在这创造生命的水心,
　　　　　　你的光和它交相辉映,
　　　　　　发出美妙的乐音。

涅柔斯　人群当中,还有什么新秘密将在我们眼前显耀?贝辇周围,伽拉忒亚的脚下,还有什么在燃烧?时而烈火熊熊,时而温情脉脉,仿佛触及了爱情的脉搏。

泰勒斯　是荷蒙库路斯为普洛透斯所勾引!这可是专横恋慕的表征,我仿佛听见惶惶不可终日的呜咽声;他将在灿烂的车座上碰碎自己:着火了,发光了,已经漫溢[472]!

美人鸟们　是什么火怪把波浪照亮[473],让它们相互撞击而发光?于是闪耀,荡漾,照向前方:物体在夜路上燃烧,周围一切为火所包抄。那么,还是让开创万物的厄洛斯[474]来主导!

　　　　　　万岁海洋!万岁波涛,
　　　　　　你们为圣火所环抱!
　　　　　　水啊万岁!火啊万岁!
　　　　　　万岁这稀世的际会!

全体合唱　　万岁微拂的和风!
　　　　　　万岁不可思议的坑洞!
　　　　　　让这里一切受到庆祝,
　　　　　　你们就是四大元素[475]!

第三幕

斯巴达的墨涅拉斯宫殿前

〔海伦上,被俘特洛伊女子合唱队。
〔潘塔利斯,合唱队的女领唱。

海　　伦[476]　　备受赞美又备受谴责的海伦我,从我们刚刚登陆的海滩走来,一直为海上狂涛的猛烈摇荡搞得晕头转向;这股狂涛凭借海神的恩惠和东风的力量,把我们驮在它如马鬃飞扬的高背上,从佛律癸亚平原[477]一直驮到祖国的海湾。就在那边下面,墨涅拉斯王正同他的最英勇的战士们一起,庆祝他们的凯旋。但是,你高大的屋宇,向我表示欢迎吧,你是我父廷达瑞俄斯[478]归国后在帕拉斯山[479]的斜坡上建造的,我在这里同姊姊克吕泰涅斯特拉[480]、同卡斯托耳和波鲁克斯[481]一起,快乐地玩耍着长大,你富丽堂皇超过了斯巴达所有的宫殿。向你们问安,你这两扇大铜门!当初墨涅拉斯以新郎的英姿向这个众里挑一的我灿然走来,正是通过你向宾客敞开的这两扇大门。你们再次向我敞开吧,我好按照为妻的本分,忠实地执行王的一次紧急命令。让我进去吧!让一切留在我身后,它们像宿命一样至今还把我困扰。因为自从我无忧无虑地跨出这道门槛,遵照神圣的义务朝拜库忒拉的神庙[482],不幸在那儿被一个强人,一个佛律癸亚人[483]抢走以来,发生了许许多多事情,尽管为四面八方的人们津津乐道,可要是不断被添盐加醋,以致被编成无稽之谈,试问谁又会高兴听到。

合　唱　　请不要轻视,华贵的夫人,
　　　　　你所拥有的至高的财富!
　　　　　因为只有你才配享这齐天的洪福:
　　　　　那高于一切的美人盛誉。
　　　　　英雄的大名比本人先行,
　　　　　他才昂首阔步,扬扬得意;
　　　　　可在征服一切的美人面前
　　　　　最强项的男人马上都会低声下气。

海　伦　　别说了!我同我的丈夫乘船到这里来,现在他派我先进城去;他究竟有什么打算,叫我实在费猜。我来做妻子?我来当王后?还是一件牺牲品,用以祭奠君王的惨痛,祭奠希腊人长期忍受的灾害?我被征服了;是不是成了俘虏,我不知道!因为不朽的神灵为我注定了模棱两可的名誉和命运,它们是美色靠不住的同路人,甚至就在这道门槛上扶持我,都露出了阴沉的威胁的神情。因为在这凹陷的船上,丈夫就很少望我一眼,连一句高兴话都没有对我讲过。他坐在我对面,仿佛包藏着祸心[484]。可是,先行的船只开进了欧洛塔斯河的深湾,船头还没挨上岸边,他这时仿佛为神明所催促,说道:"我的战士们要在这儿依次登陆;我要检阅他们在海滩上排好的队伍。但你得继续前行,沿着神圣欧洛塔斯河的富饶河岸向上游前行,在湿润牧场的花草之间策马前行,直到你抵达那美丽的平原,那儿曾经是肥沃的旷野,后来建立起拉刻代蒙城[485],四周环绕着严峻的山峦。然后,你走进那高耸的王宫,检阅我留在那儿、跟精明的管家婆一起的宫女!叫她们把丰富的宝藏拿出来给你过目,它们是你父亲遗留下来的,我本人在战时和平时也不断有所聚积和增补。你会发现一切都摆得整齐顺眼:因为要让君王回得家来,看到家里一切都忠实地摆在他离家时所在的位置上,这正是他的特权;因为臣仆无权将任何事物改变。"

合　唱　　　且用有增无减的奇珍异宝
　　　　　　来娱悦你的眼睛和胸脯[486]！
　　　　　　因为美丽的项链，豪华的王冠，
　　　　　　骄傲地摆在那儿，神气十足。
　　　　　　你且走进去向它们挑战[487]，
　　　　　　它们很快就会披挂上阵。
　　　　　　看看美人怎样同黄金、珍珠
　　　　　　和宝石比试一下，我真高兴。

海　伦　　接着君王又发布了如下的命令："在你依次检阅了一切之后，你就去收集香炉[488]，你认为要多少就收集多少，还有各种各样的容器，献祭人完成神圣庆典仪式时需要放在手边的那些容器，例如锅釜、杯碗以及浅圆盘之类[489]！从圣泉汲来的最洁净的水就盛在高罐；此外还要准备干柴，好把火尽快点燃；最后还少不了一柄磨快的刀；至于其他一切，就得请你费心张罗了。"他这样说着，催促我赶快离去；但是，他为了供奉奥林波斯诸神，究竟要杀哪一个生灵，这位发号施令者却一个字也没向我透露。真是让人费猜！但我不再担心，一切都留给高高在上的诸神来安排，他们随心所欲地完成一切，不管世人认为是好还是坏；我们这些凡人对此也只好忍耐。献祭人多少次扬起了重斧，准备向匍匐在地的献牲的颈项砍去，可一次也没砍成；只因临近的敌人或神明来干预，他才受到了拦阻。

合　唱　　　将要发生什么，你真无从知晓；
　　　　　　王后，还是鼓起勇气
　　　　　　走进去吧！

　　　　是好是坏
　　　　世人何曾逆料：
　　　　即使预告，我们也相信不了。
　　　　特洛伊不是烧光了么，我们不是
　　　　亲眼看见死亡，屈辱的死亡？
　　　　我们不是高高兴兴
　　　　又在这儿和你相聚，把你伺候，
　　　　看见天上耀眼的太阳
　　　　和人间最美的形象——
　　　　你多么仁慈，我们多么吉祥？

海　伦　爱怎样就怎样吧！不管前景如何，我还是毫不犹豫地登上这宫殿，我离开它很久了，时刻向往着，几乎再也见不到，但不知怎么搞的，它又一次出现在我眼前。可我的双脚却不再那么大胆，带我去上儿时一跃而过的高台阶。（下）

合　唱　　可怜被囚禁的姊妹们，
　　　　把所有的痛苦
　　　　远远抛开吧！
　　　　来分享女主人的幸福，
　　　　来分享海伦的幸福，
　　　　她回到了祖居的炉灶旁，
　　　　虽然回晚了，
　　　　却是以更坚实的
　　　　脚步欣然走来！

　　　　赞美神圣的、
　　　　为人造福的、

迎人回家的神明[490]吧！
　　被释放者像
　　生了翅膀飘
　　过了种种崎岖荒芜而
　　被囚禁者枉然满怀憧憬
　　伸开双臂遥望
　　监狱的雉堞而憔悴。

　　但有一位神明掌握了她，
　　那背井离乡者，
　　把她从伊利俄斯[491]的废墟
　　带了回来
　　回到古老的、修葺一新的
　　祖居，让她
　　经历无从言说的
　　苦乐之后
　　重新记起
　　早熟的童年。

潘塔利斯 （作为合唱队的女领唱）请离开欢欣鼓舞的唱歌小道，把眼光转向那两扇门！我看见了什么啊，姊妹们？怎么王后又急匆匆迈步走向了我们？是怎么回事，伟大的王后，怎么你在你的殿堂里没有受到侍女们的欢迎，反倒遇见什么使你胆战心惊？你可不要隐瞒；因为我在你的额头看见了嫌恶的表情，看见一种同骇异做斗争的高贵的义愤。

海　伦 （让门扇大开，激动地）宙斯的女儿可不屑于流露卑微的畏惧，倏忽即逝的惊吓之手也不会同她接触；可是，从太古黑夜[492]的腹中升出的恐怖，千变万化地辗转翻腾，有如从火山洞口喷出的炽云,甚至会使英雄的胸怀为之震惊。今天冥府的鬼神可怕地招手引我走进庭院,使我宁愿像逐客一样,远远避开我踏过多少次又长久向往的门槛。啊不!我已经退让到光亮里来,你们再也不能驱赶我,不管你们是什么神魔!我打算献祭去;扫除过的炉灶烈火熊熊,将会像欢迎主人一样欢迎主妇。

合唱队领唱　尊贵的夫人,不论你遇见什么,都请向你的侍女们讲,她们恭敬地伺候在你身旁。

海　伦　我遇见了什么,你们可以亲自过目,如果古老黑夜没有马上把她的产品重新吞回到她的魔腹深处。但为了让你们明白,我将用语言向你们说一下:当我庄严地走进王宫幽暗的内室,琢磨首先应当做些什么的时候,对于荒凉走廊的一片沉寂不免大为惊讶。耳朵听不见来回行走的脚步声,眼睛看不见办事仓促的紧张气氛,我面前没有了侍女,没有了女管家,她们要是在平时会出来欢迎任何陌生人。但我走近了炉膛儿,却在渐次熄灭的微温余烬旁,看见地上坐着一个把脸蒙得紧紧的高个子女人,不像是在睡觉,倒像是在沉思默想。我下命令叫她起来工作,猜想她也许就是丈夫离开时郑重指派留下来的那个女管家;可是她裹着衣服坐在那儿,动也不动一下。最后她动了一下右手,回答我的威吓,仿佛要把我从炉灶和厅堂赶走。我愤怒地从她转过身来,匆匆向台阶走去,那儿高耸着我们华丽的洞房,近旁就是宝库;可是那个怪物猝然从地上一跃而起,蛮横地拦住了我的去路,于是显露出瘦长个子,深陷的血污的眼睛,怪模怪样令人看不清也想不出。可我这也是说废话;因为语言想要像造物主一样创造形象,不过是白搭。你们自己瞧吧!她竟敢走到光天化日之下来!须知在国王回来之前,我们就在这里做主人当家。爱美的福玻斯总得把可怕的黑夜产儿赶到洞中去,或者把她来镇压。

〔福耳库阿斯出现在门柱之间的门槛上。

合　唱　　尽管两鬓仍飘着
　　　　　青春的鬈发,我可饱经沧桑!
　　　　　我见过很多惊险场面,
　　　　　例如伊利俄斯沦陷之夜的
　　　　　战争惨象。

　　　　　通过烟雾缭绕、尘土飞扬的
　　　　　杀伐之声,我听见诸神
　　　　　在可怕地叫喊,听见纠纷女神[493]
　　　　　铜钟般的声音响彻战场
　　　　　传向了城墙。

　　　　　哦!它们仍然屹立着,伊利俄斯的
　　　　　城墙;但火焰的红光
　　　　　从左邻照到了右舍,
　　　　　在这里那里蔓延开来,
　　　　　用自己发出的风暴
　　　　　向夜的城池刮去。

　　　　　我逃窜着从烟与火
　　　　　以及伸出火舌的烈焰
　　　　　看见愤怒得吓人的诸神临近了,
　　　　　那些奇形怪状高如巨人
　　　　　大步跨过了
　　　　　火光照耀的浓烟。

　　　　　是我看见这种混乱?还是
　　　　　我那为恐怖所包围的心灵

把它想象出来？我永远也
说不清，但我在这儿亲眼
见到这些惨祸，这一点
我倒十分确信；
简直可以用手抓住它，
要不是恐惧使我
不敢同危险接近。

你可是福耳库斯的
哪一个女儿？
因为我想把你同
这个家族比较一下。
也许你是生下来就满头白发、
交互使用
一只眼睛和一颗牙齿的
格赖埃[494]老姊妹中的一个？

你这丑八怪竟敢
与美人并肩而立
出现在福玻斯的
慧眼面前？
那么你就尽管现形吧，
因为他对丑不屑一顾，
正如他神圣的眼睛，
从不看影子[495]一样。

可叹，悲惨的厄运，唉，
却迫使我们凡人

　　　　　染上了可憎的永远不祥者
　　　　　为爱美者所招致的
　　　　　不可言说的眼患。

　　　　　是的，听着，如果你厚颜无耻
　　　　　跟我们作对，那就请听诅咒吧，
　　　　　听神明所造的
　　　　　幸福者骂人的口中发出的
　　　　　各种威胁的斥责吧！

福耳库阿斯[496]　　这句话虽很古老[497]，意思却依然真实而高尚：羞耻与美貌从不会一起手挽手，走在人间苍翠的小径上。古老的宿怨根深蒂固地藏在二者之间，不论它们在哪儿相遇，每个都向对手把背转。然后分道扬镳，各自匆匆向前把路赶，羞耻神色愀然，美貌则肆无忌惮，直到冥府的空洞黑夜终于把她拥抱，如果不是年龄事先把她局限。——现在我可找到了你们，你们这些无耻之徒，目空一切地从异邦拥来，就像一群嘎声聒噪的野鹤，状如云带飞越我们头上，把它们的嘎嘎唳鸣传送下来，引得肃静的行人翘首而望；可是飞者自飞，行者自行，各不相让；这情况正同我们一样。

　　　　你们是谁，竟敢在高贵的王宫里像酒神侍女酩酊大醉，恣意骚扰？你们是谁，竟敢对王室的女管家像群犬吠月一般大喊大叫？你们是否妄想把你们的出身向我隐瞒，你们这些由战争生育、由杀戮培养的小坏蛋？你们迷恋男人，既被人勾引，又去勾引人，把军人和平民两者的精力消耗干净！瞧你们挤成一团，我觉得就像一大群蝗虫俯冲下来，布满了绿色的秧苗。你们是吞噬别人劳动成果的蛀虫！偷食萌芽财富的馋猫！你这被抢到手的货物,不过任人拿到市场上出卖和对调!

海　伦　谁当着夫人的面来斥责侍女,谁就大胆侵犯了主妇的治家特权;因为只有她才应当褒奖值得嘉许的一切,惩罚不可饶恕的事端。何况当强大的伊利俄斯被围困以至陷落之际,她们为我所服的劳役,使我相当满意;我们在颠沛流离中,忧心忡忡地轮番忍受各种困厄,那时人人通常只顾自己,可我对她们的谢意有增无已。即使在这里,我也可以从这些勤快的人们期待同样的伺候;主人并不问谁当仆人,只讲究他的服务态度。所以,请你静一静,别再对她们龇牙咧嘴!你代替主妇把王宫看管至今,这份功劳倒也问心无愧;可现在她本人回来了,——你就请自便吧,免得惩罚代替了应得的恩惠!

福耳库阿斯　威吓家仆仍然是一件伟大的特权,天神保佑的统治者的高贵夫人通过长年贤明的主导倒也受之心安。而今你又获得承认,重新登上了王后和主妇的旧位,那就请抓住久已松弛的缰绳进行统治吧,占有财富连同我们这些奴婢。但首先还请对老身另眼相看,不要把我跟这一伙等量齐观,她们在你这天鹅般的美人旁边,不过是惊叫的笨鹅羽毛凌乱。

合唱队领唱　丑在美旁边显得多么丑[498]!

福耳库阿斯　蠢在聪明旁边显得多么蠢!

〔此后合唱队员一个个离队答话。
合唱队员一　讲讲你父亲厄瑞玻斯[499],讲讲你母亲黑夜!

福耳库阿斯　那么,你且谈谈你亲爱的外甥斯库拉[500]!

合唱队员二　你的家谱里出过许多妖怪吧。

福耳库阿斯　滚到阴曹地府去！到那儿去攀你的亲戚！

合唱队员三　住在这儿的，对你未免都太年轻了。

福耳库阿斯　去找忒瑞西阿斯[501]那个老头儿吊膀子去！

合唱队员四　俄里翁[502]的奶妈是你的玄孙女。

福耳库阿斯　我想，是哈耳庇厄[503]用粪便把你喂养大。

合唱队员五　你长得这么干瘦，请问吃些什么？

福耳库阿斯　总不是吃你嗜之若命的鲜血[504]。

合唱队员六　你爱吃死尸，自己也会变成令人恶心的死尸！

福耳库阿斯　你无耻的狗嘴露出了吸血鬼的牙齿。

合唱队领唱　我要说出你是谁，我就堵住了你的嘴。

福耳库阿斯　先报出你的名字！哑谜就可以解开[505]。

海　伦　不是生气，而是忧虑，我才介入你们中间，禁止这场轮番斗口的喧闹！因为对于家主来说，坏事莫过于忠仆之间暗中钩心斗角，像脓疮一样蔓延。他的命令所得到的响应，再也不能协调一致地变成迅速实现的功绩，不，而是在他周围故意地大吵大闹，搞得他自己也晕头转向,怎么斥责也是枉然。还不止是这样。你们不成体统的怒骂,还召来了恐怖幽灵的丑恶面目,它们把我围挤着,使我尽管身于故国的原野,却觉得自己被拖进了阴曹地府。这难道是记忆?还是当年侵袭过我的幻影?这一切是我的过去?是我的现在?还是我的未来,那个倾城倾国的女人可怕的梦境?侍女们个个胆战心惊;可你,最年长的一位,却泰然自若地站着;务请给我讲个分明!

福耳库阿斯 谁回想多年享受过的种种幸福,他最终会觉得最高的神恩也不过是一场梦。而你,天姿过人,花容绝代,在生命的各个阶段只看见钟情的男人,他们很快就冲动起来,为你从事各种最大胆的冒险举动。忒修斯[506]早就抢走了你,他一旦为情欲所刺激,就像美男子赫剌克勒斯一样孔武有力。

海　伦 我那时只是一个十岁的瘦小狍,他就把我拐走了,关在阿菲德诺斯的阿提卡城堡。

福耳库阿斯 但很快被卡斯托耳和波鲁克斯解救出来,从此你招引了一大群出类拔萃的英豪。

海　伦 可我愿意承认,酷肖珀利得斯的帕特洛克罗斯[507]才最得我的欢心。

福耳库阿斯 可令尊大人却决意把你嫁给了墨涅拉斯,那勇敢的航海家,也是护家的人。

海　伦 他把女儿给了他,还给他治国的权责。我们婚后便生出了赫耳弥俄涅[508]。

福耳库阿斯 但当他远航克里特岛去争夺遗产时,你这个独守空房的少妇碰上了一个过于标致的娇客[509]。

海　伦 你怎么提起那段守活寡的日子,我可不正因此大祸临头?

福耳库阿斯 那次远航甚至把我这个生来自由的克里特女人也给囚禁起来,从此长年沦落为奴[510]。

海　伦 他却马上安排你到这儿来当女管家,把许多东西,包括城堡和冒险挣得的财富,都托付给你照管。

福耳库阿斯　你却抛弃了这一切,转身前往伊利俄斯那由塔楼包围的城池,去享受取之不尽的男爱女欢。

海　　伦　别提什么欢不欢！过于辛酸的悲苦无穷无尽,倾注到我的头顶和胸际。

福耳库阿斯　但听人们说,你有两个化身[511],一个出现在伊利俄斯,一个却到了埃及。

海　　伦　可别把我混乱的神志搞成了癫狂！即使现在,我究竟是哪一个,我也无从猜详。

福耳库阿斯　后来听人说:阿喀琉斯[512]还从重浊的幽界上到这儿来,同你打得火热,他早就爱上了你,竟敢把命运的决定违抗。

海　　伦　我不过是个幻象,跟他那个幻象相结合而已。这是一场梦,传说也是这样。我就要消失,甚至对我自己也只是一个幻象。

（昏倒在半个合唱队[513]的手臂中）

合　　唱　住口！住口！
　　　　　你这贼眉贼眼、胡说八道的妖怪！
　　　　　从如此奇丑的独齿的
　　　　　嘴唇,从那可怕的
　　　　　粗喉咙又能喷出什么来！

　　　　　因为伪装行善的恶人,
　　　　　披着羊皮的狼[514],
　　　　　我觉得远比
　　　　　三头犬[515]的大嘴更可怕。
　　　　　我们忐忑不安地窥望着:
　　　　　看潜伏的妖怪
　　　　　如此这般的恶作剧

何时、何地又如何暴发?

而今你不用富于慰藉的
让人忘旧的呢喃软语表示友好,
反而勾起种种往事
凶多而吉少,
连带把
眼前的光彩
以及未来的微微闪耀的
一线希望之光一并抹掉。

住口! 住口!
要让正准备飞逝的
王后的精魂
留下来,挽留住
太阳所曾照过的
天下第一美人。

〔海伦清醒过来,重新站在中央。

福耳库阿斯　今天崇高的太阳,从飘忽的云层出来吧,你披上面纱已够迷人,何况现在灿烂辉煌! 大千世界在你面前展开,你用仁慈的目光把它观望。尽管他们骂我丑陋,可我多少也能把美鉴赏。

海　　伦　我颤巍巍走出了眩晕时被它围住的一片荒凉,我还想休息一会儿,因为我的肢体困顿不爽,但是无论受到什么惊吓,都要镇定自若,奋发图强,这才合乎王后的身份,其实人人都应该这样。

福耳库阿斯　你站在我们面前,显示了你的伟大和美丽,你的眼色表明你在发号施令! 你有何吩咐,务请直言不讳!

海　伦　你们的争吵耽误了许多事情,要准备加以弥补!赶快去承办一副牺牲,按照国王给我的吩咐!

福耳库阿斯　杯盘,香炉,利斧,这一切已经齐备,有的用来喷洒,有的用来薰炙;但请指示拿什么来献祭!

海　伦　这个,国王倒没有说。

福耳库阿斯　没有说?那可预兆了滔天大祸!

海　伦　你会闯到什么大祸?

福耳库阿斯　王后,牺牲正是指的你[516]!

海　伦　指的我?

福耳库阿斯　还有这些人!

合唱队　真是大祸临头,难以预料!

福耳库阿斯　你就要被利斧砍倒!

海　伦　多可怕!可也预料到!我真糟糕!

福耳库阿斯　我看这也是在劫难逃。

合唱队　唉!还有我们?会发生什么啊?

福耳库阿斯　她倒会死得高尚;可你们得像落进网里的画眉鸟[517],轮番挣扎在室内支撑屋顶山墙的高梁上。

〔海伦和合唱队惊恐万状地站着,组成预先导演好的[518]触目惊心的群像。

福耳库阿斯　鬼魂!——你们站在那儿呆若木鸡,害怕离开并不属于你们的白昼。世人跟你们一模一样,也都是些鬼魂,也舍不得把这崇高的阳光抛丢;可没有人发出恳求,或者把他们从末日加以挽救;他们什么都知道,只是很少人会心甘忍受。不再说了!你们就要灭亡!那么赶快动手!

〔拍手;门口应声出现蒙面矮人,他们立即敏捷地执行发出的命令。

这儿来,你阴沉的滚圆的妖怪!滚到这儿来:这儿可以任意破坏!快摆好装有金角的活动祭坛!还有利斧亮晃晃放在银质的边缘!再把水罐灌满,好洗掉黑血留下的可怕的污斑!昂贵的地毯铺在这块灰土上,以便牺牲跪下来,俨然不失王家风范,即使身首异处,也好马上用地毯把她裹住,并按照适当的礼仪殡殓。

合唱队领唱　王后站在一旁沉思默想,侍女们像被割下的牧草枯萎憔悴;但我身为最年长者,觉得义不容辞,应当同你这位老老太婆把话对。你见多识广,懂事明理,对我们似乎并无恶意,虽然真是有眼不识泰山,这糊涂的一群冒犯了你。有什么解围良策可能你知道,务请不吝赐教才好!

福耳库阿斯　说起来也容易!要保全她自己,再加上你们,只取决于王后本人。需要下决心,还得办事灵敏。

合唱队[519]　你最可敬的命运女神,最明智的女巫,请把张开的金剪收拢[520],把白昼和幸运向我们宣布!因为我们对飘浮、摇晃、摆荡颇不适意,虽然我们的小肢体原想在舞蹈中舒服一下,再到情人怀里去休息。

海　伦　让她们忐忑不安去!我只感到痛苦,倒没有恐惧;如蒙赐教解救办法,我们将不胜感恩。深谋远虑的明达之士确然见人之所未见,能人之所不能。那就请说吧!

合唱队　说吧,快给我们说:我们怎样才能摆脱那可怕的、残酷的套索,它们正作为最邪恶的首饰危险地套着我们的颈脖?我们这些可怜虫预感到就要窒息,就要断气,如果你瑞亚[521],众神的高堂大人,不对我们发发慈悲。

福耳库阿斯　你们可有耐性听我长篇大套地讲一讲?这可是各种各样的陈年老账。

合唱队　有的是耐性!听着就能活命。

福耳库阿斯　谁待在家里照管贵重的财宝,懂得把高大寓所的墙垣用泥灰粘牢,为了防雨还把屋顶盖好,他就可以平安地在悠长人生走一遭；但是，谁要是脚步轻率，放肆地跨过门槛的神圣准绳，他回得家来将发现旧居面目全非，虽然还没有完全拆毁。

海　伦　何必在这儿讲些老生常谈？你既想讲往事：就别提这些惹人厌烦！

福耳库阿斯　这可是有根有据的事实，绝不是人身攻击。且说墨涅拉斯驾着海盗船，从一个海湾抢到另一个海湾；沿着海岸和岛屿，他一路抢劫聚敛，战利品都带了回来，一股脑儿堆在这里面。他在伊利俄斯城下消磨了整整十年，在回家路上又不知耽误了多久。只是廷达瑞俄斯的宏伟宫殿周围情况又如何？睦邻关系有没有？

海　伦　难道骂人的恶习在你身上化为血肉，不吹毛求疵你就开不了口？

福耳库阿斯　多少年来有一片荒凉的溪壑，在斯巴达后面向北方渐次升起升成了高坡，背后是塔伊格托山，欧洛塔斯河有如活泼小溪从中滚滚流下，流经我们的山谷，向广阔的芦苇丛流去，去饲养你们的天鹅。在后面静静的山谷深处，有一支剽悍的种族，从齐墨里族的夜国[522]冲到这儿来定居，为自己筑起难以攀登的坚固城堡，从那儿恣意蹂躏附近的田地和土著。

海　伦　他们竟有这番本领？看来简直不可能。

福耳库阿斯　他们有时间：也许一共花了二十年[523]。

海　伦　可是有一个是头儿？还是许多强盗结成帮？

福耳库阿斯　他们不是什么强盗，倒有一个头儿[524]。我并不谴责他，尽管他也招惹过我。他本可以拿走一切，但却满足于一点点随意馈赠[525]，依他的说法，可不是什么贡品。

海　伦　他的外表如何？

福耳库阿斯　不坏！我对他颇有好感。他活泼、勇敢、体态伟岸，是个懂事明理的人，在希腊人中间实在少见。人们把这个民族斥为野蛮；可我认为他们没有一个是那么凶残，一如许多英雄人物在伊利俄斯城外证明自己是吃人生番[526]。我尊敬他的豪迈，我信赖他的品德。还有他的堡垒！你应当亲自去瞧瞧！它完全不同于你们祖先随随便便砌起来的、像由独眼巨人用硕大石块堆成的粗陋墙壁！相反，那儿横砌也罢，竖砌也罢，都砌得整整齐齐[527]。从外面瞧瞧！那城堡高耸入云，坚固稳定，严丝合缝，像钢铁一样光滑照人。至于攀登上去——只怕连想也不敢想。里面的大庭院都很宽敞，周围建筑物各有用途，各式各样。我们可以看见圆柱、小圆柱、拱顶、小拱顶，还有里外望得见的阳台、走廊和纹章[528]。

合唱队　什么叫纹章？

福耳库阿斯　埃阿斯[529]的盾牌上有一条盘蛇，你们自己曾经观赏。进攻忒拜的七位英雄[530]，每位都在自己的盾牌上刻有意味深长的图像。可以看见夜空的月亮和星辰，还有女神、英雄和云梯、刀剑、火炬等等，以及严重威胁善良城市的难堪伎俩。连我们所说的一群英雄人物，也都色彩斑斓地画有从各自祖先传下来的这类图形。你们可以看见狮子、老鹰、鹰爪和鹰嘴，还看见翅膀、玫瑰、水牛角、孔雀尾，还有金色、黑色、银色以及蓝色、红色的条纹。诸如此类一排排挂在大厅里，那些无边无际的大厅，简直像世界一般宽阔，够你们在里面跳舞跳个不停！

合唱队　说说看：可有男舞伴？

福耳库阿斯　第一流的！金色卷发、活泼可爱的小白脸！浑身散发青春气息！只有帕里斯当年走近王后时才这样芳香扑鼻。

海　伦　你可完全走板了[531]；快把最后一句话告诉我！

福耳库阿斯　最后一句话得由你来说，你认真说一声"好！"让大家都听见，我马上就把你送进那座城堡。

合唱队　哦，就只简短说一声，救救你，也救救我们！

海　伦　怎么？我难道担心国王墨涅拉斯残忍，居然把我杀害不成？

福耳库阿斯　你难道忘记，他怎样残害你的得伊福玻斯[532]，战死的帕里斯的兄弟？那真是闻所未闻。只因他固执地追求你这个寡妇，终于如愿以偿地把你纳为侧室,他才割去了他的鼻子和耳朵,还毁伤了更多部分;瞧着都让人吓掉了魂。

海　伦　他的确对他这样干了,可他是为了我才那样干。

福耳库阿斯　为了他的缘故,他整你也会照样。美是不可分割的;全部占有她的人,宁愿把她毁掉,也决不同任何人分享。

〔远处有喇叭声;合唱队惊惶失措。

正像喇叭的尖叫撕碎了耳朵和内脏,嫉妒心也在乱抓男人坚不可破的胸膛:他曾经占有、现已丧失、再也得不到的东西他永远不会忘。

合唱队　你可听见号角在回响,兵器在闪光?

福耳库阿斯　欢迎欢迎,主上和国王!我将欣然向你细说端详。

合唱队　那我们呢?

福耳库阿斯　你们很明白,她将死在你们眼前;可你们自己的死刑将在宫内执行!这已无法可想。

〔稍停。

海　伦　我打算做什么,我早已琢磨好。你是个恶魔,我早感觉到,就担心你会把好事搞糟。但不管怎么说,我愿意跟着你去到城堡;再怎么办,我胸有成竹;只是王后这时藏在内心深处的隐秘心曲,任何人也猜不透——老太婆,前面带路!

合　唱　哦我们欣然前往,
　　　　　脚步匆忙;
　　　　　身后是死亡,
　　　　　前面却是
　　　　　高耸要塞的
　　　　　不可接近的城墙。
　　　　　好好保护她吧,恰如
　　　　　伊利俄斯城堡一个样,

虽然它最终由于
卑污的奸计[533]而沦丧！

〔大雾迷漫,掩蔽了背景;近景亦不妨用雾随意点染。

怎么回事？
姊妹们,回头看看！
刚才可不是大好晴天？
条状的雾霭袅袅然
从欧洛塔斯圣河升起；
芦苇围绕的宜人的
海岸已经看不见；
连自由的、优雅而高傲的
悠然划行的天鹅,
唉,我再也见不着
她们结伴游玩！

可是,可是我
听见她们在叫,
远远用嘎声在叫！
人们说,这是死亡的预报；
唉,唯愿不是
最终预报我们的毁灭,
来代替承诺解救的吉兆,
我们像天鹅一样,也长着
美丽雪白的长颈,唉,
还有我们天鹅所生的美人[534]！
可怜我们！可怜可怜我们！

周围的一切
陷入了浓雾。
我们彼此看不见!
发生了什么?我们是在走路?
还是踏着碎步
在地面飘浮?
你什么也看不见?可是赫耳墨斯[535]
飘飘然走在前面?可是金杖在发光
要求我们,命令我们重新回到
令人憎恶的,暮色苍茫的,
充满不可捉摸的鬼影的,
挤得满满的,永远空虚的冥府?

是的,突然变得阴暗了,雾气虽然消散,却没有光亮,只是灰蒙蒙一片,呈深棕色跟城墙一样。城墙渐渐看得清了,昂然挡住了空旷无阻的远眺。这是宫廷?还是深深的墓道?怎么说都很可怕!姊妹们,唉,我们被关起来了,到底还是被关起来了。

城堡的内院

〔周围都是富丽堂皇、异想天开的中世纪建筑。

合唱队领唱 又急躁又愚昧,真是女流之辈!只跟着眼前的风向追,成了天气的玩物,不管是祸还是福:两者你们都不能镇静对付!总有人激烈地驳斥另一些人,另一些人又会对她反唇相讥;不论是悲是喜,你们只会用同样的声音欢笑和啼泣。现在闭嘴吧,等候倾听女主人,她心地高尚,将在这儿为她自己也为我们做出决定。

海　　伦 你在哪儿,皮托尼萨[536]?不管你叫什么名字,请从幽暗城堡这些拱顶地窖里走出来吧!要是你去向那卓越的英雄主人通报我的来临,让他准备迎接我,就感谢你快把我引进去见他!我想尽快结束漂泊,我只想安静。

合唱队领唱 王后,你枉自左顾右盼;那个讨厌的丑婆子已经走开,也许还待在那边雾团里,我们不知怎么就从那儿走到这儿来,来得那么快,好像一步也没迈。也许她还在那巧合诸多建筑于一体的城堡迷宫里迟疑地徘徊,探询主人是否为王侯规格的盛大欢迎做出安排。看哪:那上面有一群人早已在活动,在走廊上,在窗户旁,在大门口,许多侍从来去匆匆;这预示着为客人举行的欢迎仪式将十分隆重。

合唱队 这就使我放心了!哦你瞧你瞧,一群风流倜傥的少年排成整齐的队伍,迈着悠闲的步伐,文质彬彬地走了下来!这群英俊的少年侍从是按谁的命令,怎么这么早就列队出台?我最羡慕什么呢?是优雅的步态,是漂亮的额头上的鬈发,还是像桃一样鲜红的、上面还长着软毛的脸颊?我真想咬它一口,可我又不禁肃然敬畏;因为在类似的情况下,我曾经咬过一口,说来让人恶心,搞得满嘴是灰[537]。

  但是最美的人儿,
  她们来了;
  她们带来了什么?
  登御座的台阶,
  地毯和座椅,
  帷幕和华盖
  之类的装潢;
  它像一顶云冠
  浮动在
  我们王后的头上;
  因为她已应邀
  登上了华美的靠背床。
  请认真排好队
  一级一级
  走上前来!
  哦她值得、值得、三倍值得
  这样一次优渥的款待!

〔合唱队所说的一切逐一表演出来。
〔浮士德。少年侍从排长队走下来之后,他身着中世纪骑士宫廷服装,出现在台阶上,庄严地慢步而下。

合唱队领唱　（注视着他）诸神即使不是按照他们惯常的做法,仅仅短暂地给这一位赋予可惊羡的体态,高尚的丰采,亲切的风度,只让他享有一会儿,那么他每次不论干什么,跟男人打仗也罢,跟最美的女人小试锋芒也罢,都无不得心应手。我亲眼见过许多至可尊敬的人物,他们对他无不瞠乎其后。我看见王爷迈着徐缓而庄重、威严而沉着的步伐走了过来;请转身露面,王后!

浮士德　（走上前来,身旁跟着一个戴枷锁的人）我为你带来的,不是理所应有的请安,也不是充满敬畏的欢迎,而是这样一个被锁链捆绑的奴才,他由于玩忽职守,使我也未能尽到本分[538]。在这儿跪下来,向这位至高无上的夫人坦白交代你的罪行! 尊贵的女主人,这个男子具有非凡的目力,因此被指派在高塔上四下瞭望,敏锐地侦察天空和地面,看这儿那儿需要通报什么情况,从丘陵地带直到山谷以至坚固的城堡要有什么动静,得弄清楚是成群家畜汹涌如波浪,说不定还是敌军横冲直撞;前者要加以保护,对后者就应准备抵挡。可今天,他多么粗心! 你来了,竟没有报信;对如此高贵的客人,竟然耽误恭敬的理所应当的欢迎。他犯了死罪,本当躺在血泊里接受活该的死刑;可只有你才可以惩罚或宽恕,全凭你高兴。

海　伦　你授予我如此崇高的品位,让我当法官,又当女主人,想来不过是要把我考验——那么我就来执行法官的首要任务:先听听被告的申辩。你说吧!

守塔人林叩斯[539]　　让我拜倒,让我瞻仰,
　　　　　　　　让我死,让我活,
　　　　　　　　我已把自身委托
　　　　　　　　给这天赐的娇娘!

　　　　　　　　我期待清晨的欣喜,

朝东方瞭望它的动向，
太阳突然向我升起，
奇异地升自南方[540]。

我把视线转向那边，
不看峡谷，不看山冈，
不看大地，不看远天，
单把唯一的她来眺望。

我那天赋敏锐的目光
有如树梢的山猫；
可眼下仍得努力观望
才摆脱昏沉梦境的困扰。

我真有点莫名其妙：
城垛？塔楼？关着的门？
云烟氤氲复隐消，
出现了这位女神！

眼和心一齐向她转去，
我开始吮吸柔和的光辉；
美人使一切相形见绌，
可怜我完全恍惚迷离。

我忘却守望的职责，
忽略宣过誓的吹号本分；
请下令把我处决！
美色能克制一切怨愤。

海　伦　我不能惩罚我招来的灾星。真倒霉！是怎样严酷的命运，迫使我到处蛊惑男人们的心，害得他们既不爱惜自己，也不宽恕其他英俊。半神、英雄、众神，甚至魔鬼，总是抢啊，拐啊，斗啊[541]，迁来移去啊，他们领着我东奔西走，四下飘零。我单身[542]一人就把世界搅乱了，变成双身乱得更狠；而今三身、四身更是祸不单行。——把这位无辜带走吧，让他自由！被神迷惑的人[543]不应当蒙受羞辱！

浮士德　哦女王，真叫人惊讶万分，我在这里同时看见百步穿杨的射手和被射中的人；我看见发出箭矢、把他射伤的那张弓。一箭跟着一箭，同时也把我射中。我在城堡到处只见箭羽横飞，呼呼作响。我现在成了什么？突然间你使我的忠仆背叛了我，还动摇了我的城墙。因此我担心，我的军队也会服从你这位常胜不败的夫人。除了把我自己和我幻想属于我的一切交给你处置，我还能做别的什么事情？让我跪倒在你面前，忠实而磊落，承认你是女主人，你一进来就夺得了我的财产和宝座。

林叩斯　（携一只箱，后跟数人携另几只箱）
　　　　女王，瞧我去而复返！
　　　　这富翁求你秋波一转，
　　　　他感慨万端把你瞅，
　　　　自觉贫如乞丐又富埒王侯。

　　　　我刚才怎样？现今如何？
　　　　我想要什么？又想做什么？
　　　　锐利的目光又有何益！
　　　　碰见你的座椅立即被弹回。

　　　　我们从东方来到这里[544]，

已使西方伊于胡底；
民族大军又长又宽，——
队头望队尾望不到边。

第一个倒了，第二个挺住，
第三个长枪手中舞；
人人变得百倍勇敢，
哪顾牺牲千千万。

我们向前冲，向前撞，
我们到处占山为王，
今天我在这里发号施令，
明日要偷要抢自有别人。

我们察看——看得匆促；
或抓到了最美的妇女，
或抓到了稳步的公牛，
连带马匹也一齐抢走。

但我乐于搜寻
得未曾见的稀世之珍，
而世人所有一切，
在我视若草芥。

我寻觅珍宝的踪迹，
全靠这锐利的目力，
我洞察一切行囊，
也能透视每口衣箱。

我还有黄金好几堆,
唯有美玉最华美:
祖母绿最宜佩胸前,
你的心照得绿艳艳。

海底珍珠亮闪闪,
闪闪烁烁耳嘴间!
红宝石吓得躲起来:
颊红使它脸发白。

我才把最多的钱财
通通搬到这儿来;
你的脚前陈列着
多次血战的成果。

我拖来了许多箱笼,
还有更多铁箱等着送;
容许我追随你左右,
把你的宝库装个够。

一旦你登极就了位,
主权,财富和智慧
都向你这唯一的玉体
俯首帖耳,低声下气。

这一切我原紧攥在手,
而今撒手,全归你有!
我原相信它们高贵而纯真,

>   而今简直值不得一文。
>
>   我的所有已云散烟消，
>   还不如割下的枯草。
>   哦请予以明媚的凝视
>   使它恢复全部的价值！

浮士德　这些大胆抢来的笨家什,虽然用不着责备,但也不值得报酬,尽快把它们搬开吧！城堡内部收藏的一切,已经完全为她所有。特别向她进贡什么,现在大可不必。去把珍宝一件件堆放起来,堆得整整齐齐！布置出高尚的气象,好显示从未见过的风光！让这拱顶大厅像晴朗夜空一样闪亮,用无生命的生命造就一座天堂[545]！赶在她举步之前,铺开一幅幅绣花的地毯;让她的纤足踏上柔软的地面;她的秀目触及至高的光辉,只有神仙才不觉得刺眼。

林叩斯　　主子命令不值一提，
　　　　　小人做来,有如儿戏；
　　　　　这位美人心地高尚，
　　　　　生杀予夺,善于执掌。
　　　　　整个军队已经驯顺，
　　　　　所有刀剑又残又钝，
　　　　　对照这壮丽的形象，
　　　　　太阳显得暗淡凄凉，
　　　　　对照这美容的丰富，
　　　　　一切显得空洞虚无。（下）

海　伦　（对浮士德）我想同你交谈,请上来坐在我身边！这空位召唤着主人,你坐下来我才觉得安稳。

浮士德　先让我跪下来,向你呈献一片真情,尊贵的夫人！让我把那牵我到你身旁的玉手加以亲吻！请批准我和你共任你这无边王国的摄政[546],同时一身兼任你的崇拜者、仆人和卫兵！

海　伦　我看见,也听说各种各样的奇迹。我不胜惊讶,想问许多问题。我想请教,为什么这个人说话[547]听来那么特别,特别而又亲切。每个音似乎同下一个音都很调谐,每个单字听来已很悦耳,另一个接着还要把头一个加以润饰。

浮士德　我们民族的语调[548]既然使你高兴,他们的歌声一定也很迷人,会深深抚慰你的耳朵和心灵。但最可靠的办法,莫过于马上操作:一场对口交谈就很叫座,可以立即见出效果。

海　伦　那么请告诉我:我怎样才能讲得也那么动听？

浮士德　那很容易:言必由衷！只要心胸洋溢着渴望,就可环顾而询问——

海　伦　谁来分享[549]。

浮士德　心灵既不前瞻也不后顾;只有现在——

海　伦　才是我们的幸福。

浮士德　那就是珍宝,高利,财产和押头;试问由谁来批准？

海　伦　我的手。

合　唱　　谁会猜疑我们的女君主,
　　　　　她向城堡的主人
　　　　　表示了友好的情愫？
　　　　　因为照直说,我们大家
　　　　　像往常一样还是俘虏,
　　　　　自从伊利俄斯屈辱地
　　　　　沦陷,我们踏上了
　　　　　忧患的迷途。

329

> 惯于为男人所爱的妇女,
> 她们虽不能自主挑选,
> 却个个都是内行。
> 不论是金发牧人
> 也许还是黑鬓林神,
> 只要一有机会,
> 就充分赐予同等权利
> 把丰满的肢体分享。
>
> 他们越坐越近了,
> 相互偎依着,
> 肩并肩,膝靠膝,
> 手拉手,摇摇晃晃
> 坐上了垫得高高的
> 豪华的王位。
> 陛下毫不掩饰
> 内心的欢乐,
> 而让它在众目睽睽之下
> 放肆地暴露无遗[550]。

海　伦　我觉得自己远在天边,又近在咫尺[551],只想说:我到了!总算到了!

浮士德　我浑身战抖,噤若寒蝉,简直喘不过气;只怕是一场梦[552],时间和地点都记不起。

海　伦　我似乎活了一辈子,又获得了新生,想不到和你交织在一起,忠于你这位陌生人。

浮士德　别去琢磨这独一无二的命运!存在就是义务,即使不过是一瞬[553]。

福耳库阿斯　（骤然直入）
　　　　　　还在拼写恋爱入门，
　　　　　　眉来眼去学着调情，
　　　　　　动手动脚更加助兴！
　　　　　　可是已经没有时间。
　　　　　　难道没听见雷声隆隆？
　　　　　　再请听喇叭嘟得凶，
　　　　　　毁灭下场已经不远。
　　　　　　墨涅拉斯率领大军[554]，
　　　　　　已向你们节节逼近；
　　　　　　快武装起来准备鏖战！
　　　　　　你将为战胜者们所包围，
　　　　　　像得伊福玻斯一样落得残废，
　　　　　　欠下的风流债[555]总得偿还。
　　　　　　先把这些大路货[556]吊起来，
　　　　　　再把利斧搬到圣餐台
　　　　　　准备送这一位去上西天。

浮士德　瞎捣蛋！随便打扰真讨厌；就是大祸临头，我也不会手忙脚乱。最美的使者，报了凶讯就变丑；你是最丑的，拿着坏消息到处传。可这次你算是白费劲；空口无凭不足信！这里没有危险，就是有，也不过一场虚惊。

　　　　〔警报，从塔楼传来的炮声[557]，喇叭和短号声，军乐声，大军行进声。

浮士德　　　放心，马上会看见英雄人物
　　　　　　济济一堂，难舍难分：
　　　　　　谁懂得大力保护妇女，

谁才配享受她们的宠幸。

(向离开纵队朝前走来的指挥官们)
且以节制而沉着的愤火
确保你们的胜利,
你们,北方青春的花朵,
你们,东方繁荣的精力[558]——

浑身钢甲,寒光四射,
势如破竹的大军,
你们走来,大地为之震慑,
你们开过,雷声隐隐可闻。

我们在皮罗斯[559]登陆,
老涅斯托耳早已不在,
我大军长驱直入,
众小邦[560]土崩瓦解。

马上把墨涅拉斯
从这道城墙赶回大海!
尽让他去漂泊,抢劫,窥伺;
这就是他的嗜好和干才。

斯巴达女王发话,
命我向诸位首领致意;
高山低谷摆在她的足下,
新获得的国土是诸位的采邑。

日耳曼人[561],请以森严的壁垒
把科林斯海湾加以防御!
哥特人,我命你们去保卫
沟渠纵横的阿开亚[562]山区。

法兰克大军向厄利斯[563]进驻,
墨塞涅归萨克森人拿下,
诺尔曼人去把海洋扫除,
再把阿耳戈利斯加以扩大!

然后每人安居在家,
武力与威风向外发扬;
女王祖传故土斯巴达
必将君临天下万邦。

她看着你们享受
福土的种种切切;
你们安心在她脚下乞求
认可、权利和训诫。

〔浮士德从宝座上走下来,将帅们把他围成圈,以便详细倾听命令和指示。

合　唱　　谁想把绝代佳人弄到手,
　　　　　他首先应当明智地
　　　　　把武器加以集聚!
　　　　　凭借甜言蜜语也许获得
　　　　　世上最高贵的宝物,
　　　　　但未必能把它安稳保住:

　　　　　阴谋家会狡狯地把她骗走，
　　　　　强盗会鲁莽地把她抢走；
　　　　　为了提防，他得瞻前顾后！

　　　　　我因此赞美我们的君主，
　　　　　把他看得高过众人，
　　　　　他明智而大胆地团结部下，
　　　　　能人干将都对他唯命是听，
　　　　　随时按照他的每个眼色行事。
　　　　　他们忠实执行他的指令，
　　　　　每人都可从中为己谋利，
　　　　　例如从主子获得犒赏和谢意，
　　　　　双方都赢得高尚的名声。

　　　　　试问现在有谁能把她
　　　　　从这位强有力的占有者夺走？
　　　　　她属于他，唯愿她为他所有，
　　　　　我们双倍地愿意，因为他
　　　　　内以金汤，外以雄师
　　　　　将我们连她一起防守。

浮士德　　这里给每一位赏赐——
　　　　　沃土一方，如此封疆——
　　　　　荣耀而显赫；让他们出师！
　　　　　我们则固守中央。

　　　　　他们竞相把你守护，
　　　　　半岛[564]啊，你周围水波接天，

你的绵亘丘陵轻轻伸出
与欧洲山脉最后一支[565]相连。

愿此邦[566]永远造福万方,
胜过天下一切国土,
它久已向女王虔诚仰望,
而今终归为她领有。

欧洛塔斯河畔芦苇窃窃私语,
她灿然破卵而出[567],
两眼闪闪发光,眩得
高贵母亲兄弟不敢向她注目。

此邦只是向你呈献
它开得最鲜艳的花朵;
即使可以拿全世界交换,
哦,也宁愿只要自己的祖国!

尽管巉峻的山顶[568]仍在山脊
忍受着太阳的冷箭,
岩石看来已经泛出绿意,
山羊贪馋地啃着贫瘠的岩边。

山泉迸涌,汇成奔腾涧流,
峡谷,山坡,草场已经变绿。
在断续平面的成百小丘
可见云朵如羊群舒展自如。

长角的牛分散开来,小心翼翼
向险峻的边缘审慎走去;
成百洞穴凹现于岩壁,
为整个畜群提供了栖身处。

牧神潘在那儿保护,生命之源的宁芙[569]寓居
在灌木丛生的峡谷里,那儿潮湿而清凉,
枝桠繁茂,树木挤着树木,
伸向高空充满着渴望。

这是古森林!橡树昂然挺立,
让枝柯任意交错;
慈祥的饱含甜汁的巨槭
笔直上升,戏弄着它的负荷。

而静静的树荫里微温的乳汁
从母怀流出,喂养着羔羊;
平原的成熟食品、水果近在咫尺,
蜂蜜从挖空的树干向外滴淌。

舒适在这里可以世袭,
脸颊和嘴巴一样欢畅,
人人各得其所,长生不死:
个个都很满足而健康。

可爱的儿童在纯洁时日里成长,
力步英武父辈的后尘。
我们对此不胜惊讶;再问一声何妨:

他们到底是神还是人?

阿波罗曾经化身为牧人[570],
最美的牧人和他一模一样;
只要自然主宰着清净的环境,
一切世界便会相互接壤[571]。
(在她身边就座)

这样你我都有所成;
且将往事置诸脑后不顾!
哦,要感觉你出自最高的神[572]!
第一世界非你莫属。

不能让坚固的城堡圈住了你!
斯巴达附近的阿耳卡狄亚
仍然具有永恒的青春之力,
我们何妨在本区幸福安家。

你被吸引到这福地居停,
你向最欢畅的天命逃遁!
于是宝座变成了园亭——
愿我们自由自在不愧阿耳卡狄亚的盛名!

〔舞台彻底变换。

〔一排岩洞旁边,倚靠着几座关闭的凉亭。浓荫的丛林一直绵延到四周环立的悬岩绝壁。浮士德和海伦退隐不见。合唱队四下散开,躺着睡觉。

福耳库阿斯　我不知道,这些姑娘们睡了多久;我同样不明白,她们是不是梦见眼前的情景,虽然我倒看得一清二楚。因此,我要把她们唤醒。青年人会大吃一惊;你们这些长胡子老头儿[573],坐在下面等待观看可信的奇迹最后真相大白,也会照样吃惊。醒来!醒来!睁开惺忪的睡眼,快把鬓发上的露珠摇落!别直眨眼睛,且听我从长细说!

合唱队　说吧!快讲,快讲,到底发生了什么奇迹!我们最想听我们简直不能相信的事情;因为我们尽望着这些岩石,真是无聊透顶。

福耳库阿斯　孩子们,你们刚刚揉开眼睛,怎么就无聊而惆怅?听着吧,就在这些洞穴里,这些岩窟里,这些凉亭里,我们的君主和夫人像牧歌中的情侣一样,找到了他们的逋逃薮和温柔乡。

合唱队　怎么?就在这里面?

福耳库阿斯　他们与世隔绝,单把我一人留在身边,悄悄听候差遣。我侍立一旁,感到不胜荣幸;但是作为心腹,不负主子的信任,我总是东张西望,谨慎小心。只因素谙一切药草的性能,我还四下搜寻树皮、苔藓和草根,于是让他们两人待着去卿卿我我,说爱谈情。

合唱队　照你说来,那里面仿佛别有洞天,树林和草地,溪流和湖泊,一应俱全;你编出了多好的童话一篇!

福耳库阿斯　果不其然,你们毫无阅历可言!须知这里面深不可测:厅堂接厅堂,庭院接庭院,这些地方我可细心探访了一遍。突然间,有一阵笑声在洞穴中回响;我顺便望过去,只见一个男孩[574]从女人怀里跳到了男人怀里,从父亲身上跳到了母亲身上!又是爱抚,又是戏弄,痴爱的讥诮,笑闹和起哄,交替发作,搞得我震耳欲聋。赤裸裸一个没有翅膀的精灵,宛若羊人,但无兽性[575],一跳跳到了坚实的地面;但地面反过来又把他弹到了高空,三跳两跳,他就碰到了高穹拱。

　　母亲不安地叫道:"接二连三地跳吧,随你高兴,当心可别飞!

可不准你自由飞行。"忠实的父亲也这样提醒他:"大地有弹力,会把你往上掀;只要脚趾一接触地面,你马上会像地之子安泰一样稳健。"于是他跳到了大块岩石上,从一边跳到另一边,跳过来又跳过去,就像一只皮球被拍打一般。

  可是突然间,他消失在崎岖峡谷的裂缝里,我们想看他再也看不见!母亲痛哭起来,父亲安慰着,我忧心忡忡地站着耸耸肩。可现在,又出现了什么幻象!难道那儿藏着宝贝不成?他威风凛凛地穿上了花条纹衣裳。两袖甩着璎珞,彩带在胸前飘荡,手上拿着金色七弦琴,十足一个小福玻斯;他兴高采烈地跨到了边缘,站在悬崖上,我们个个不胜赞赏。他的父母喜出望外,轮番投向了对方的胸怀。他头上到底怎么放起光来?是什么东西放光,还很难猜:是金首饰?还是最高神力的火焰?于是,他的一举一动,虽然透露出他还是个孩子,却已预示他将来会是一切美的大师,永恒的旋律将通过他的肢体缭绕不断;你们听到他,你们看到他,将会发出从未有过的惊叹。

合　唱　　你把这称为奇迹[576]吗,
　　　　　出生在克里特岛的老太婆?
　　　　　诗人创作的训谕之言,
　　　　　难道你从没听见过?
　　　　　难道你从没听说爱奥尼亚[577]的、
　　　　　也从没听说赫拉斯[578]的
　　　　　古代稗史中有关
　　　　　神与英雄的种种传说?

　　　　　今天
　　　　　发生的一切
　　　　　不过是先人的良辰美景

之凄凉的余韵;
你的叙述比不上
用以颂扬玛娅之子[579]的
可爱的谎言[580],
它比真实更可信。

这个优美而健壮的
刚刚出世的婴儿
被饶舌的保姆
按照一大堆悖晦的妄念
包裹在最纯净的绒毛襁褓里,
捆扎在华贵的装饰性的绷带里。
可是这个健壮而优美的小淘气
却把柔软的富于弹性的肢体
狡猾地伸张开来,把紫色的
裹得怪不舒服的外壳
悄悄留在原处;
就像已经长成的蝴蝶,
轻捷地脱掉
那僵硬的茧壳,舒展双翼,
大胆而轻浮地飘过
阳光普照的太虚。

于是,这个伶俐过人的小家伙
马上又用最巧妙的手段
证明自己原来是
窃贼、恶棍以及
一切唯利是图之辈

永远拥戴的祖师爷。
他很快从海神那里
偷走了三叉戟,甚至狡黠地
从战神的剑鞘偷走了剑,
还从太阳神偷走了弓和箭,
从锻冶神偷走了火钳;
连宙斯、他父亲的闪电,
他也敢去拿,如果不怕火的话;
他在勾脚摔跤的比赛中
还打赢了小爱神,
爱神抚爱他的时候
他还从她胸口抢走了紧身褡。

〔一阵迷人的、纯正悦耳的弦乐从洞中传出来。人人注意倾听,并立即显得深为感动。从此处到被标出"全部休止"的后文,一直伴奏着十分和谐的音乐。

福耳库阿斯　请听最优美的音调,
　　　　　　快摆脱稗官野史!
　　　　　　撇开那一帮子神道,
　　　　　　它们都已过时。
　　　　　　没有人再懂得你们,
　　　　　　我们要求更高级的贡品:
　　　　　　因为要想打动人心,
　　　　　　必须出自至诚[581]。
　　　　　　(向岩石边退去)

合唱队　　　如果你,可怕的老婆子,

341

也偏爱吹吹拍拍的靡靡音，
我们新生刚涉世，
就更容易感激涕零。

如果灵魂开始破晓，
太阳的光辉就可以熄灭；
我们在自己心里已经找到
整个世界所没有的一切。

〔海伦、浮士德和穿着上文所述服装的欧福里翁[582]上。

欧福里翁　你们听我唱儿歌，
　　　　　马上自己会逗乐；
　　　　　看我跳得多合拍，
　　　　　双亲的心跳着来应和。

海　伦　　爱情要使人受惠，
　　　　　拉拢高贵的一对；
　　　　　但要体会神仙的滋味，
　　　　　还得造就甘美的三位。

浮士德　　然后要什么有什么：
　　　　　我属于你，你属于我[583]；
　　　　　我们这样永远结合，
　　　　　要拆散万万不可！

合　唱　　多年来的幸福感情
　　　　　集中在这对夫妇身上，
　　　　　以孩子为温柔的凭证。
　　　　　花好月圆令人难忘！

欧福里翁　现在让我跳，
　　　　　现在让我蹦！

整个太空再高再高,
也要笔直往上冲:
我情不自禁,
我欲罢不能!

浮士德　　慢点慢点!
可别冒险,
要是摔下来
有个三长两短,
亲爱的儿子,你让我们
也跟着玩儿完!

欧福里翁　我再也不愿
在地面滞留:
放开我的手,
放开我的鬈发,
放开我的衣袖!
这些都是我所有!

海　伦　　哦想想吧,想想吧,
你到底为谁所有!
我的,你的,他的,
好端端才弄到手,
被你搞得一塌糊涂,
叫我们如何不发愁!

合　唱　　眼睁睁骨肉情分
视同陌路,我真担心!

海伦和浮士德　为了承欢膝下,
务必一再检点,
激烈冲动败家,
千万不可流连!

	田园风味静中见，
	且把原野装点！
欧福里翁	只因你们愿意，
	我且控制一下自己。
	（在合唱队中穿行，并引着她们舞踊而去）
	围着活泼的女性
	我翩翩起舞，飘飘欲仙。
	这旋律行不行，
	这动作可好看？
海　伦	好看，好看极了！
	领着这些美女去，
	去跳绝妙的轮舞！
浮士德	这些魔幻
	我最讨厌。
	快点收场吧！

〔欧福里翁和合唱队载歌载舞，形成交错的队伍旋动着。

合　唱	你挥舞一双臂膀
	显得何其优雅，
	你摇晃得闪闪发光
	那一头蓬松的鬈发，
	你的脚步何等灵便
	悄悄掠过了地面，
	还把双手双足
	向四方一再伸出，
	你的目标可达到了，
	可爱的小孩！
	我们的心看来
	都向你倾倒。

〔休止。

欧福里翁　　你们一匹匹
　　　　　　捷足的小鹿，
　　　　　　玩场新游戏
　　　　　　快点跑开去！
　　　　　　我来当猎人，
　　　　　　你们是猎物。
合　　唱　　你想捉我们，
　　　　　　用不着快跑！
　　　　　　只因我们
　　　　　　终归想要
　　　　　　把你拥抱，
　　　　　　可爱的小娇娇！
欧福里翁　　穿过树林！
　　　　　　越野狂奔！
　　　　　　轻易捉住，
　　　　　　我不高兴，
　　　　　　强行夺取，
　　　　　　我才开心。
海伦和浮士德　何等轻浮！何等狂妄！
　　　　　　什么节制也无从指望。
　　　　　　仿佛吹起号角一样
　　　　　　轰轰然响彻山谷和林莽；
　　　　　　多么胡闹！多么喧嚷！
合唱队　（一个个迅速上场）
　　　　　　他跑过了我们身边！
　　　　　　轻蔑地把我们挑逗，

　　　　　　　他从这一大群里面
　　　　　　　把最放荡的一个拖走。

欧福里翁　（拖过来一个少女）
　　　　　　　我拖来这结实的小家伙，
　　　　　　　强迫她陪我作乐；
　　　　　　　为了我高兴，为了我欢娱，
　　　　　　　我贴紧倔强的胸脯，
　　　　　　　我强吻抗拒的芳唇，
　　　　　　　显示我的意志和本领。

少　女　　放开我吧！在这躯体里
　　　　　　　也有精神的勇气和力量；
　　　　　　　我们的意志也不容易摧毁，
　　　　　　　像你的意志一个样。
　　　　　　　你以为我进退维谷无可逃？
　　　　　　　你对自己的腕力未免太信任！
　　　　　　　抓紧些吧！我会把你烧焦，
　　　　　　　你这个傻瓜，只为了开开心。
　　　　　　　（化为火焰，在空中燃烧）
　　　　　　　跟我去稀薄的天宇，
　　　　　　　跟我去僵硬的坟墓，
　　　　　　　快把消失了的目标抓住！

欧福里翁　（抖落余焰）
　　　　　　　这里岩石如犬牙交错
　　　　　　　在丛林与丛林之间，——
　　　　　　　为何我感到如此窘迫？
　　　　　　　只因我年轻而又新鲜！
　　　　　　　风呀，它飒飒有声，
　　　　　　　浪呀，它澎湃奔腾，

　　　　　　　　听见二者都很遥远:
　　　　　　　　但愿它们能近一点!
　　　　　　　　(不断向岩石高处上跳)
海伦、浮士德和合唱队　你想学那羚羊吗?
　　　　　　　　万一摔下来,我们真害怕。
欧福里翁　　　我要越跳越高,
　　　　　　　　我要越望越远!
　　　　　　　　我知我在何方:
　　　　　　　　我在岛的中央,
　　　　　　　　这是珀罗普斯的土地[584],
　　　　　　　　跟大陆、海洋都是亲戚。
合　　唱　　　你不想留在山林
　　　　　　　　和平打发时光?
　　　　　　　　且让我们立即动身
　　　　　　　　去寻访葡萄成行——
　　　　　　　　山边种上了葡萄,
　　　　　　　　还有无花果和金苹果。
　　　　　　　　哦,这片土地乐陶陶,
　　　　　　　　居停最好也不过!
欧福里翁　　　你们梦想和平时光?
　　　　　　　　谁想做梦,就去梦想!
　　　　　　　　战争就是标语[585]!
　　　　　　　　胜利!一直喊下去。
合　　唱　　　谁在和平之余
　　　　　　　　却盼战争再来,
　　　　　　　　他与希望之福
　　　　　　　　从此两厢分开。
欧福里翁　　　他们由这国土诞生[586],

不惜流血牺牲，

历尽种种危险，

无拘无束，胆气无限，——

他们从未销蚀

神圣凌云壮志，

唯愿最后胜利

属于全体战士！

合　　唱　　快往上瞧，升得多么高！

可看起来，一点也不小：

仿佛披甲上阵，前往取胜，

浑身闪耀如钢铁铸成！

欧福里翁　　说什么铁壁铜墙！

每人应当自立图强；

为了坚持到底，

堡垒就是男人胸膛。

要想不被征服，

赶快轻装上阵！

女人变成女丈夫[587]，

孩子个个英勇过人。

合　　唱　　神圣的诗篇[588]，

请升上天！

如最美的星辰，光焰闪闪，

照得远远，还要更远！

它终归照着我们的身影，

大家听到了它的声音，

它也乐于被人听见。

欧福里翁　　不，我已不再是儿童：

而是一个英武的少年！

|||与强健自由勇士相过从，
|||精神上已执锐披坚。
|||前进！
|||临近
|||荣誉的道路展开在那边[589]。
海伦和浮士德||还没懂得人生的道理，
|||还没见到晴朗的白天，
|||你就贪恋令人眩晕的阶梯，
|||就向往充满忧患的空间。
|||我们难道对你
|||简直一文不值？
|||骨肉情深未必是梦幻？
欧福里翁||你们可听见海上雷声[590]？
|||那儿引起谷应山鸣，
|||尘埃波浪里两军对阵，
|||互相追杀，触目惊心！
|||死神
|||发号施令，
|||简直不言自明。
海伦、浮士德和合唱队||多么可怕！多么悲惨！
|||难道死神向你发号施令？
欧福里翁||难道我应当隔岸旁观？
|||不，我要分担艰危和不幸！
海伦、浮士德和合唱队||危险加莽撞，
|||注定要灭亡！
欧福里翁||的确！——一双翅膀
|||伸展舒张！
|||飞到那儿去！我必须！我必须！

請允許我飛去！

〔他躍入空中，瞬間有衣裳支持他，他的頭放光，光尾拖在后面。

合　唱　伊卡洛斯！伊卡洛斯[591]！
真夠傷心！

〔一個美少年墜落在父母脚邊，可以看出死者是一位名人[592]；但形骸隨即消失，光環如彗星升上天空，衣服、大氅和七弦琴留在地面。

海倫和浮士德　緊跟歡樂后面
竟是可怕的災難。

歐福里翁的聲音　（從地下深處）
母親，我在陰間
可別讓我孤單！

〔休止。

合　唱　（挽歌[593]）不會孤單！——不論你在何處！
因為我們總會認識你；
哦，即使你辭世匆匆而去，
誰的心也不會同你分離。
我們幾乎不知如何悲戚，
我們羨慕地歌唱你的命運：
不論天陰天晴你的歌詞
與豪氣總是優美而雄渾。

有高貴的祖先[594]，偉大的力量，
哦，你生來享受人間幸福，
只可惜早已陷入迷惘，
青春年華竟被奪去！
把世界看透有一雙銳眼

与一切心跳保持同步,
对美妇人都能爱怜,
还唱一首最别致的歌曲。

可你不可阻挡地奔跑,
跑进了身不由己的罗网;
于是你不得不粗暴
违背法度,违背风尚;
最后有凌云的壮志[595],
才重视纯粹的胆量,
你想成就辉煌业绩,
终于未能如愿以偿。

谁能如愿以偿?——此问伤心难言,
命运不得不装聋作哑,
在最不幸的那一天[596]
全民流血而不讲话。
但请唱起新的歌曲,
别再垂首而沮丧:
因为大地还会把他们生出[597],
正如它历来所生一样。

〔全部休止。音乐停下来。

海　伦　(对浮士德)一句古话不幸也在我身上应验:福与美原来不能持久地两全。爱的纽带断掉了,生命的纽带跟着也要断;我为二者悲叹,痛苦地道一声再见,再一次投入你怀抱之中。——珀耳塞福涅[598],请把孩子和我一起收容。

〔她拥抱浮士德,形骸消失,衣裳和面纱留在他的怀里。

福耳库阿斯 [599]（对浮士德）紧紧抓住给你剩下的这一切！绝不能放松衣服！妖魔们已经拉住衣角，很想把它抢到地府去。紧紧抓住！它虽不再是你失去的女神，但却很神圣。请利用这高尚的不可估量的恩情飞升：它会载你脱俗超尘，迅速升入太清，只要你持之以恒。——我们还会再见，在很远的地方 [600]，离这儿很远很远。

〔海伦的衣裳化为云彩，围裹着浮士德，将他浮入高空，带他一同飘走。

福耳库阿斯 （从地面拾起欧福里翁的衣服、大氅和七弦琴，走到舞台最前面，把这些蜕落的遗物高高举起，说道）能够找到这些，总算幸运！火焰诚然已经消隐 [601]，可我不为世界惋惜。这儿还有足够礼品奉献诗人，去引起同行们的妒忌；我虽不能出借才能，但却可以租赁这件宝衣。（在舞台最前面一根圆柱旁坐下）

潘塔利斯 赶快走，姑娘们！我们已经摆脱了魔咒，摆脱了古代忒萨利亚巫婆 [602] 可恶的精神拘束；也摆脱了混乱音响叮叮当当的迷醉力量，它震聋了耳朵，更糟的是使内心迷惘。下到地府去吧！女王正跨着威严的步伐往下走。忠诚侍女要紧跟在她脚跟后头。我们将重见她在玄冥莫测者 [603] 的宝座左右。

合唱队 王后们当然无往而不自如；就是在阴曹地府，她们也会高高在上，岸然与她们的同辈为伍，跟珀耳塞福涅情意相投；可我们却在长着阿福花 [604] 的低陷草地后面，和直伸的白杨、不结实的柳树做伴，哪有什么消遣可言？不过像蝙蝠一样吱吱叫唤，像幽灵一样闷闷不乐地低声交谈。

潘塔利斯 谁要是不想成名 [605]，也不追求高尚的事业，就会还原成为

元素；那么，咱们走！我热望追随我的王后左右；要保住我们的个性，得靠忠诚，光靠功劳还不够。（下）

全　体　　　我们又见到日光了，
　　　　　　虽然个性保不住，
　　　　　　这点我们感到，我们知道，
　　　　　　可我们决不回阴曹地府去[606]！
　　　　　　我们对于永远活跃的自然[607]
　　　　　　像它对于我们精灵一样
　　　　　　都提出充分有效的要求。

合唱队第一部分　我们在这万千枝条的飒飒颤栗声和萧萧摇摆声中，或卖弄地勾引，或轻佻地诱骗，把生命之泉从根部吸向枝蔓；时而用叶片，时而用花瓣，我们丰饶地装饰着垂摆的秀发，让它们自由自在地迎风招展。果实一落地，生机盎然的人群和畜群便聚集拢来，来抢来尝，大伙儿匆促赶到，狂热拥挤，围着我们打躬作揖，像在原始神明面前一样。

第二部分　我们谄媚地挨近这些平滑如镜般闪耀开去的岩壁，在柔波之中飘荡；亲聆、谛听各种音响，或鸟鸣啁啾，或芦笛悠扬，如听到潘神可怕的呼声，便准备立即做出反应。遇飒飒声以飒飒声相报，遇雷鸣则继之以双倍、三倍、十倍惊心动魄的雷鸣。

第三部分　姊妹们！我们生性敏感，且随小河匆匆向前赶；因为远山千娇百媚，扣人心弦。我们像迈安德尔河[608]一样迂回曲折地流着，向低处流，向深处流，先灌草地，再灌牧场，接着是屋旁的花园。那里露出了巨柏细长的树梢，高过平野、河岸和如镜的水面，一直伸向苍天。

第四部分　你们这些外人不妨随意游动；我们可得围绕遍种树木的山丘淙淙，且看架上葡萄一片葱茏；那里时刻可见葡萄种植人为自己的辛劳是否丰收在望而忧心忡忡。时而用锄,时而用铲,时而培土,剪枝,捆干,他向一切神明祈祷,唯有太阳神最灵验。耽于宴安的酒神对他的忠仆从不挂念,他躺在树荫下,靠在山洞里,同最年轻的羊人胡侃。为了维持梦幻似的微醉,他不可或缺的佳酿永远保存在清凉酒窖左右的酒囊、酒瓮、酒桶里面。但是,如果一切神明,首先是太阳神,助以通风,滋润,添温,加热,把丰收的葡萄堆积起来,那么葡萄种植人沉默劳动之处便突然间热闹非凡,于是每个棚架喧哗不堪,从枝藤到枝藤沙沙作响,箩筐摩擦轧轧,提篓撞击訇然,肩上的大桶一路吁叹,全部倒进了巨槽,让榨酒工人跳得真欢。于是生来纯洁、充满汁液的大批神圣浆果被粗暴地踩躏;泡沫四溅地混在一起,被榨碎得令人实不忍看。这时,钹和镲的哐哐声刺耳难闻,因为酒神已经脱掉神秘外衣[609]露出原形;跟着羊足男人一同上场,还旋动着羊足女人,这时西勒诺斯[610]的长耳驴尖叫起来,实在桀骜不驯。什么也不爱惜!分趾的羊蹄践踏着一切风纪,所有感官搞得昏昏沉沉,耳朵被震得完全关闭。醉汉还在摸索杯盘碗盏,脑袋肚皮已经灌得满满;虽然还有一两个人担心奉劝,但也不过是添乱,因为要把新酒贮藏起来,总得把旧酒囊倾干!

〔幕落[611]。福耳库阿斯在舞台最前面如巨人耸立,但脱下了高底半筒靴,把面具和面纱推向脑后,现出梅菲斯特的原形,以便必要时在收场白中把剧情加以评点。

第四幕

高　山

〔僵直、巉峻的岩峰。

〔一片云彩[612]飘过来,靠拢、降落在眼前一块高地上。云彩随即分开。

浮士德　（现身而出）注视着我脚下深沉的幽寂,我从容不迫地踏上这顶峰的边界,不再让云彩托着我,它已经在晴朗的日子把我轻轻载过了陆地和大海。它悠然离我而去,并没有消散。云团呈球状赶向了东方;眼睛惊诧地跟着它前往。它一面飘移一面分开,变幻莫测有如滔滔波浪。它倒是想塑造出一个形象[613]。——是的!眼睛不会欺骗我!在日光照耀的垫褥上优雅地横陈着一个天人似的玉体,巍峨而宏伟,我看见了她!她像朱诺,像丽达,像海伦,在我眼里摇曳不定,是何等庄严而又妩媚。唉,又移动了!扩张,高耸,不成形状,停歇在东方,宛如远远的冰山,耀眼地反映出飞逝时日的伟大意义。

可是,还有一道柔和的明亮的雾带,飘扬在我的胸膛和头额周围,开朗、沉静而又逗人喜爱。它轻盈而犹豫地升高而又升高,终于合拢起来。——难道是一个娇媚的倩影,作为青春初期、消失已久的齐天洪福在迷惑我?内心深处最早的财宝涌出来了:它以轻松的律动向我表示了曙光女神的爱[614],那迅速感觉到的、最初的、几乎不可理解的秋波,如果它被把握住,将使任何宝物黯然失色。温雅的形象有如心灵之美向上升腾着,并没有淡化,而是向太空飞去[615],并随身带走我内心的精华。

〔一只七里靴[616]踏步而来。另一只随即跟上。梅菲斯特从空而降。靴子匆匆向前跨去。

梅菲斯特　总算让我鼓劲儿赶上了!可是,说说看,你到底是怎么想?降落到这样恐怖的环境中来,来到这张牙舞爪的怪石场?我倒认识它,但不是在这厢,因为它本来就是地狱的石方[617]。

浮士德　你总少不了古怪的传说[618];可不又开始散布这些馊货!

梅菲斯特　(一本正经)天主把我们——我可知道是为什么——从空中拘禁到最深的底层来,这儿有一股永恒的火在中央炽烈地燃烧,把四周都烧遍了,我们才发现自己被照得太明亮,在这非常逼仄的、不舒服的地方。魔鬼开始一齐咳嗽起来,上上下下喝咻喝咻,喘个不息;地狱弥漫着硫磺的恶臭,充满着硫酸;发出了一种气体!于是酿成一场浩劫,各处陆地的平坦地壳就是再厚,也不得不随即爆破得四分五裂。我们现在可以从另一个角度来看:从前的底层现在变成了顶点。他们还据此建立起种种适当的学说,把最下面翻转成最上面。因为我们终于挣脱热得闷死人的洞窟,逃到了自由空气所主宰的浩浩无垠之中。一个公开的秘密[619],即使保守得再好,日后总归会公之于众。(《以弗所书》第六章第十二节)

浮士德　在我看来,山脉一直高贵而沉默[620];它的来历和成因我从没问过。自然既然以自身为地基[621],它便把地球变得圆圆的,对顶峰、峡谷均感满意,又把岩石连着岩石,把大山连着大山,然后使山丘适当地倾斜下来,并以柔和的线条使它和山谷缓缓合而为一。于是草木青翠,万物蓬勃,为了自得其乐,它不需要那狂乱的旋涡。

梅菲斯特　您竟这样讲！仿佛事理明如日光；但身历其境者所见却是两样。我当时就在场，只见地下的深渊沸腾而膨胀，带着火焰流淌；莫洛赫[622]的大锤锻造着一块块岩石，把大山的碎片敲溅到远方。再看看国内充满罕见的百磅石块[623]，谁又能说明这样的投掷力量？哲学家他也无法理解：岩石待在那儿，只好让它待着，我们[624]都快把脑汁绞干。——只有忠实而平凡的人们才能领悟，而且不让自己的见解受到扰乱；他们的智力早已成熟：这是一个奇迹，应当归功于撒旦。我的漫游者于是拄着信仰的拐杖[625]蹒蹒跚跚，常到魔鬼崖去，又到魔鬼桥去游览一番。

浮士德　魔鬼怎样观察自然，倒也值得亲眼看看。

梅菲斯特　这跟我有何相干！自然是怎样，就让它怎样！魔鬼当时在场，才是名誉攸关！我们可是干大事的人！骚动、粗暴和荒谬！瞧那记号[626]！——可是，我终归要说个清楚明白，你难道对我们的外表竟无所爱？你且远眺那无穷的天涯，见识一下世上的万国与万国的荣华[627]；(《马太福音》第四章)看你这样不知足，难道你不曾有过贪欲？

浮士德　怎么没有！大大的一个吸引着我。你猜猜看！

梅菲斯特　猜中倒不难。我要把这样一座京城挑选，中央是老百姓摆得乱七八糟的粮食摊[628]，弯曲的小巷，尖尖的山墙，狭窄的市场在卖卷心菜、萝卜和葱蒜，肉案上绿头苍蝇冲着肥肉摆酒宴；你随时在那儿肯定会觉得臭气熏天，手忙脚乱。然后是大广场，宽街道，神气活现，自命不凡，最后在没有城门拦住的地方，就是郊区在无限伸延。我高兴看到马车奔驰，轰隆隆来回滚转，蚂蚁似的人群不停地跑来跑去，聚而复散。不论是坐车还是骑马，我一出现在他们中间，总会受到千万人的礼赞。

浮士德　这倒未必令我如愿以偿！大家高兴看到人丁兴旺，一个个吃得又白又胖，甚至受好教育，很有修养，实际上不过培养反叛一大帮[629]。

梅菲斯特　那么,我要意识到自己的权威[630],在一片乐土筑一座取乐的宫殿。把树林、山丘、平原、草场、田亩改建成豪华的庭园。绿墙前面天鹅绒似的草地,狭直如带的幽径,布置宜人的树荫,从岩石接着奔向岩石的瀑布,以及各种各样的喷泉:一面尊贵地向上直喷,一面化作千万颗水珠淅淅沥沥洒在周边。然后我还要为绝代佳人们建造隐秘而舒适的小屋,只和她们一起,不与世人往来,度过无穷的朝朝暮暮!我说的是佳人们,因为我断然认为,美总是多数。

浮士德　恶劣的时髦风尚!萨丹纳帕路斯的回光[631]!

梅菲斯特　可不可以猜一下你的志向?那一定是胆大异常。你飞得快靠近了月亮,可是你的狂热送你前往?

浮士德　没有的事!这个地球还为大事业留有余地。应当干得惊天动地!从事这大胆的勤奋,我自觉不乏精力。

梅菲斯特　那么,你是想获得赫赫名望?大家知道,你来自女英雄之邦[632]。

浮士德　我要赢得权威,我要掌管!事业就是一切[633],名望不过是空幻。

梅菲斯特　可是会出一些诗人,向后世传扬你的美名,以愚蠢来激发愚蠢。

浮士德　这一切你无从想象。你怎知人类的渴望?你乖戾的本性,残酷,刻毒,怎知人类的需求?

梅菲斯特　祝你如愿以偿!请私下见告,你有多大狂想?

浮士德　我把眼睛转向了大海[634]:它不断膨胀高涨,使自己高耸如山;然后松弛下来,掀起了波涛,冲击着辽阔的平岸。我却感到厌烦,眼见这种骄横气概通过热情高涨的血气,把尊重一切权利的自由精神变成情感上的不痛快。我原来视之为偶然,于是仔细观看:只见波涛停歇下来,又向后滚翻,离开了傲然抵达的终点;时间一到,它又会故伎重演。

梅菲斯特 (向观众)在我听来,毫不新鲜;我早就知道,在十万年以前。

浮士德 (激昂地说下去)海水悄悄涌来,涌向了千百地段,它本身从不生产,所到之处荒无人烟;它膨胀,它增长,它滚翻,把荒凉地带的可憎区域加以漫灌。一浪又一浪浩浩荡荡灌成了一片汪洋,旋即退了回去,什么也没有完成,真使我惊惧而又失望:这奔放元素之无目的的力量!这时我的心灵敢于超越自身而飞翔;我要在这儿战斗,我要令这股力量投降!

这是可能的!随它怎样泛滥,遇到任何小丘,它都得乖乖绕道退让;它再怎样傲慢而激荡,小小高地也能昂然把它抵挡,小小低谷也有把握把它吸收容纳。于是我心中很快产生了一个又一个计划:我要获得这昂贵的享受,把专横的大海从岸边赶走[635],把水域的边界缩小下来,把它远远赶到它固有的归宿!我已一步一步考虑成熟;这就是我的愿望,请以一臂之力相助!

〔鼓声和军乐在观众背后,从远处,从右侧传来。

梅菲斯特 这很容易!——你可听见远处的鼓声?

浮士德 又要打仗了!明智之士实不忍闻。

梅菲斯特 不管是战是和:明智在于努力为自己的利益捞一把。要当心,要注意每个有利的刹那。机会来了:浮士德,快去抓!

浮士德 别给我打那些破哑谜!总而言之,应该怎么办?要说就一竿子到底。

梅菲斯特 我在半路听到风传:皇帝老倌遇上了大麻烦[636];你可是认

识他的。我们当年伺候他消遣,把一批假财宝悄悄送到他手边,那时他认为全世界都可以收买,只要有钱。因为他年幼登基,往往爱下错误的结论:以为治国和享乐并行不悖,而且美满称心。

浮士德　其实大谬不然。下命令的人一定对命令本身感到快乐;即使他胸怀大志,一般人也觉得高深莫测。他向亲信耳语的一切,一经实行,就会惊天动地。于是他始终是至高无上者,最杰出的人物!——享乐则使人堕落卑鄙[637]。

梅菲斯特　他可不是这样!他一味享乐,忘乎所以!搞得国家一塌胡涂,伊于胡底,大大小小,交相攻伐,兄弟阋墙,自相残杀,城堡对城堡,都市对都市,行会对贵族,主教都跟教士会和教区为敌:窄路相逢都是冤家。教堂里也会行凶谋杀,商人旅客出了城门,个个有去无回。于是人人变得胆大包天;因为,活着就得自卫!——果不其然,照着老路走下去!

浮士德　走下去,走下去——瘸瘸拐拐,跌倒又站起,然后跌个倒栽葱,咕咚一下滚到了一起。

梅菲斯特　每个人都想炫耀一下自己的所能:这个状况也未可厚非。只有渺小之徒才自以为完美,到头来让精英们觉得岂有此理。能人志士于是愤然而起,说道:"创太平者得天下。皇帝老倌既不能够,也不愿意——就让我们选一个重新鼓舞国家的新皇帝,他能保佑每个人平平安安,并在一个新建的世界,让和平与正义结不解缘。"

浮士德　听来倒像教士口吻。

梅菲斯特　他们就是些教士!他们保护脑满肠肥的饱汉;他们比别人更为私利打算。叛乱扩大了,他们便认为情有可原[638];我们陪着玩过的皇帝走过来了,看来最后免不了一战。

浮士德　我真可怜他,他当年多么仁慈而直爽。

梅菲斯特　咱们瞧着吧,活人总该有希望!让我们把他从峡谷里解救出来!俗话说,救人救彻底[639]。何况谁知道,骰子怎么落地!他要有运气,会有诸侯来效力。

〔他们越过中间山脉而来,检阅谷中大军的部署。鼓声和军乐从下方响起。

梅菲斯特　可以说是严阵以待;我们参战,必操胜券。

浮士德　还能指望什么呢? 不过是要把戏,装幌子,搞诈骗!

梅菲斯特　是为打胜仗而采取的妙计! 记住你的目的,就能坚定你伟大的意志[640]! 如果我们为皇帝保住宝座和江山,你就可以跪下来,拜领无边海滩作为采邑[641]。

浮士德　你饱经沧桑,见多识广,那就再来打一次胜仗!

梅菲斯特　不,你来打赢它! 这一次由你来登台拜将。

浮士德　什么也不懂[642],却来发号施令,岂不是让我出洋相!

梅菲斯特　凡事让参谋部去操心,大元帅尽可以安安稳稳。我早知刀兵不足为训,事先就招募深山原人,来当军事将领;谁能团聚他们,大功就可告成。

浮士德　怎么我看见那边有带武器的人? 难道你煽动起了山民?

梅菲斯特　哪里哪里! 不过像彼得·斯昆茨先生[643],从一大堆废物里拣出几粒精英[644]。

〔三个勇士[645]上场。(《撒母耳记下》第二十三章第八节)

梅菲斯特　我的伙计们来了! 瞧吧:他们的年龄差距很大,服装和盔甲也各不相同,你跟他们同行,包管一路顺风。(向观众)现在每个孩子都喜爱铠甲和骑士披肩,这几个无赖虽然不过是比喻,反倒更加使人称心如愿。

闹得凶[646]　(少不更事,轻便武装,着彩服)谁要是迎面撞上了爷们,一拳头就让他的狗嘴开花,要是他想开溜,就一把揪住那胆小鬼最后几根头发。

捞得快　(雄赳赳有丈夫气,武装精良,衣着华丽)动口不动手,未免太愚蠢,徒然浪费了光阴;还不如孜孜不倦地大捞特捞,别的一切事后再理论!

抓得紧　（老迈年高，披坚执锐，短装打扮）这样也未必赚多少；生活激流浪滔滔，再多财富转眼都冲掉。捞到手，固然好，抓得住，方更妙！要是让白头老汉来当家，谁也抢不走你一丝一毫。

〔他们一同下山。

山麓小丘

〔鼓声和军乐声自下而起。皇帝的篷帐撑开来。
〔皇帝,元帅,贴身护卫。

元　帅　把整个军队撤退到这合适的山谷,让它凑得更紧,这个主意看来经过深思熟虑;我坚定地相信,这一选择将使我们大功告成。

皇　帝　结果如何,自见分晓;不过我讨厌这种退却,它近乎逃跑。

元　帅　陛下,请视察我军右翼!这样的地形正符合战略本意:高地并不陡峭,通过却不太容易,这就有利于我而不利于敌,我们不妨隐蔽在波浪形的原野;敌骑也休想斗胆进逼。

皇　帝　我无话可说,只有赞赏;手腕和胸怀正好在这儿屡试不爽。

元　帅　就在这儿,在中间草原的平地上,你看密集队形[647]正信心十足,摩拳擦掌。枪矛在阳光照耀下,透过晨雾,在空中闪闪发光。强大的步兵方阵如巨浪澎湃,深不可测!成千上万人在这儿急于大干一场。你由此可以认识群体的威力;我相信这种威力能够粉碎敌人的力量。

皇　帝　我还是第一次目睹这种盛况。这样一支军队真可以拿一顶双。

元　帅　关于我军的左翼,我无可奉告:勇敢的将士正扼守着坚固的山坳;此刻闪耀着刀光剑影的悬崖,正捍卫着险要的关卡。我已预感到,敌军在血战中猝不及防,将在这儿败得丢盔弃甲。

皇　　帝　他们正向这边开过来,那些虚假的亲戚,他们一面喊我叔叔伯伯,老表兄弟,一面又野心勃勃,再三再四地觊觎权杖的威力,帝座的尊严,总想把它们抓到手里,接着他们又内讧起来,把国家蹂躏得一塌糊涂,现在又一起造反与我作对!老百姓则动摇不定,彷徨无谋,也只好听天由命,随波逐流。

元　　帅　有个可靠的人,奉命去刺探敌情,他正匆匆赶下山来;唯愿任务圆满完成!

斥候一　　凭借机诈和勇敢,
　　　　　我们总算侥幸,
　　　　　这儿那儿一气乱钻,
　　　　　却带回很少佳音。
　　　　　不少人像忠诚将士,
　　　　　宣誓向你归服效忠;
　　　　　却为按兵不动寻找托词,
　　　　　说什么国内不稳,民心浮动。

皇　　帝　感恩,偏爱,义务,荣誉全是假的,保护自己得靠利己主义。等你们的报应到了,你们难道还想不到,邻居的火灾[648]会把你们吞掉?

元　　帅　第二个也回来了;他正缓慢下山,可怜他精疲力尽,四肢都在发颤。

斥候二　　开头我们高兴探到,
　　　　　豪客四起,路途多岐;
　　　　　突然之间出乎意料,
　　　　　冒出一个新立皇帝。
　　　　　于是按照预定规章,
　　　　　乌合之众走过牧场;
　　　　　跟着伪旗迎风飘扬:
　　　　　天生一群听话绵羊。

皇　帝　一个伪帝对我有利：如今我才觉得，我是皇帝。从前当兵，我穿过铠甲，而今穿它是为更高的目的。每次庆典，再怎么豪华，什么也不欠缺，**我**却觉得没有危险而遗憾。你们劝我玩刺环游戏[649]，我也像你们一样，心怦怦直跳，仿佛真在比武中接受考验；如果不是你们劝阻我发动战争，想必我现在早已战果累累，勋绩斐然。当年我映照在一片火海之中[650]，火焰凶残地向我扑来，我觉得我的胸膛早就烙上了独立的钤记；这虽然只是假象，可假象也十分宏伟。我曾经迷惘地梦见过胜利和荣誉；我要把过去荒唐蹉跎的一切加以弥补。

〔使者被派遣去向伪帝挑战。
〔浮士德，身披铠甲，头戴半闭铁盔。
〔三勇士，装备与衣着如前。

浮士德　我们上场，希望不致遭受申斥；虽然并无必要，还是小心为是。你知道，山民善于思考，精通自然与岩石之道。久已逃离平地的精灵，对于岩山比从前更加重要。他们沉静地通过迷宫似的缝隙，工作在充满金属气味的贵重气体[651]里；他们不断地分离，试验，结合，唯一的愿望就是发明一点新东西。他们用具有精神力量的轻巧手指，造出了一些透明形体；然后在晶体及其永恒的沉默中观察上界的变易[652]。

皇　帝　这些我都听说过，我也相信你；不过，请问义士，这跟我这里又有什么关系？

浮士德　诺尔齐亚的关亡术士，那个萨比尼人[653]，是你忠诚的正直的仆人。当年可怕的命运威胁过他：柴薪烧得噼啪直响，熊熊火舌到处舔燃；干燥的木片四周交叉堆积着，中间还搀有沥青、硫磺之类的秸秸秆秆；人、神、魔鬼全都束手无策——是陛下一举砸碎了那炽热的锁链！那是发生在罗马。他至今对你仍然无任感激，时刻关心你的行止起居。从那时起，他完全忘却自己，一心只为你占卜星斗，勘探地府。是他委托我们火速赶来，助陛下一臂之力。山岳的威力是伟大的；自然在里面强大而自由地发挥作用，虽然愚钝的教士却斥之为妖异。

皇　帝　在欢乐的日子，人人熙来攘往，挤满了厅堂，我们十分高兴，欢迎嘉宾乘兴前来，尽情享受喜庆。可是，在关系重大的清晨时刻，命运的天平摇摆不定，这时赶来鼎力相助的正人君子最受欢迎。不过，在这关键时刻，缩回强有力的手，往鞘里插进你的剑！请尊重这一瞬间，千军万马正奔赴沙场，为拥护我或反对我而战！男儿当自强[654]！谁要是垂涎宝座和皇冠，就看他本人配不配享受这份荣典！哪个幽灵起来反对我们，不论他自称皇帝、帮主、大将军还是诸侯领主，我都要亲自用拳头把他打入阴曹地府！

浮士德　不论完成大业何等重要，你拿头脑作抵押，总归不大妙。头盔上不是插着鸡冠和翎毛？它正保护着使我们满怀豪情的头脑。没有头颅，四肢又有何能？因为它一旦入睡，一切都将萎靡不振；如果它负伤，一切也跟着受害不轻，等它复了原，一切才重新振作精神。于是手臂很快懂得行使它强有力的权利，它举起了盾牌，掩护着头盖；剑也马上觉察到自己的职责，用力转避又重新还击；能干的脚也享受到它的幸运，急忙踩住了被杀者的颈椎。

皇　帝　我正是这样义愤填膺，恨不得狠狠整他一顿，把他骄傲的脑袋变成踏脚凳[655]！

使者们　（回来）不受尊敬，没有成效，
　　　　　　　我们在那儿遭人白眼；
　　　　　　　我们强硬的高尚的通告
　　　　　　　被他们视作无聊的笑谈：
　　　　　　　"你的皇帝下落不明，
　　　　　　　有如峡谷回声再也听不见；
　　　　　　　如果我们把他记在心，

就像故事所说——那是很久以前。"

浮士德　这样一来,正符合精锐之师的愿望,坚定忠诚的将士站在你左右两旁。敌人打过来了,你的部下正殷切待命;请下攻击令!这是大好时分。

皇　帝　可我放弃指挥权。(对元帅)君侯,这份重责由你来承担!

元　帅　那么,让右翼上阵!敌军的左翼正在上山,让他们脚跟还没站稳,就败在久经考验的忠勇青年面前。

浮士德　请允许这位壮士立即加入你的部队,跟你的部队融成一体,也好发挥他强大的威力!(指向右方)

闹得凶　(走出来)谁要跟我碰面,我不打得他鼻青脸肿,他就休想回去;谁要想转身开溜,就叫他脖子、脑袋带头盖一股脑儿耷拉在颈项上,看起来惨兮兮。等我发起狠来,你的兵士就拿起刀剑棍棒上来打,打得敌人一个个倒地,淹没在自己的血泊里。(下)

元　帅　我军中央的方阵要缓缓跟上,要巧妙运用全力迎战顽敌;稍微偏右一点!我军激发起来的战斗力,已经动摇了他们的阵地。

浮士德　(指向中央一人)让这一位也来听从你的口令!他机警灵敏,能把什么都抢得一点不剩。

捞得快　(走出来)皇帝军队胆气高,要有掳掠的热望来配套;目标已为大家安排好:逆帝军帐富丽堂皇好逍遥!他在宝座上神气不会久;让我冲在方阵的最前头。

抢得急[656]　(随军女酒贩,紧靠着捞得快)我虽没有嫁给他,他可是我亲爱的旧相好。我们遇上秋收好季节!女人捞起来可不得了,抢劫掠夺不留情;乘胜前进!任何禁令都拦不倒。(二人同下)

元　帅　果然不出所料,敌军右翼开始猛攻我军左翼。这阵疯狂行动,要把山道的险隘夺取。我们必须人人出战,对它抵抗到底。

浮士德　(向左方示意)主上,务请垂青此人:强上加强,于事无损。

抓得紧　(走出来)左翼不必惊惶!有我在场,阵地自会安然无恙;鄙人身上自见老人的干才:我抓紧了的东西,任何闪电也劈不开。(下)

梅菲斯特 （从上而下）请看背后远处，从每个锯齿形山谷里，不断涌
出了武装的兵卒，把狭路挤得更加局促，并用盔、甲、剑、盾在我们
身后筑起了一道墙壁，只等一声令下，就要向敌人发动攻击！（悄
声向解事的观众[657]）这些兵卒从何而来，你们不必查究！我一向
当然没有延误，已经扫清了周围的武器库；他们或上马，或徒步，
仿佛依然世间的人主；从前是骑士，国王，皇帝，而今不过是一堆
空蜗牛壳；许多幽灵钻进去装扮起来，把中世纪演得生动活泼。
不管里面藏着什么妖魔，这一次好歹会见效果。（高声）请听，他
们早就怒发冲冠，拿铿锵兵器互相撞碰！破烂的军旗往复飘动，
焦急期待新鲜的微风。诸位不妨设想：这儿一支古代兵马精神抖
擞，正准备参加一场新的战斗。

〔上方传来可怕的长号声，敌军颓势明显可见。

浮士德 地平线已是一片黑暗，到处显著地闪烁着不祥的红光；刀枪
剑戟血淋淋四下闪动，岩石、树林、大气、整个天空都成了战场。
梅菲斯特 右翼正在大力坚持着；我可看见汉斯闹得凶十分出众，他
按照自己的方式忙忙碌碌，像灵活的巨人横撞直冲。
皇　帝 我刚看见一只胳臂举起来，现在却看到十二只在挥舞，这未
免不合自然规律。
浮士德 你难道没听说过飘浮在西西里海岸的雾带[658]？大白天里，
动荡而分明，升到了半空，映照在稀有的气氛里，现出一片罕见的
风采：有城市若隐若现，有花园或升或降，一幅幅美景在天空呈现
出来。
皇　帝 可是多么危险！我看见所有长矛的尖端都在闪电；方阵上的
亮枪有灵活的火星在飞舞[659]，我真觉得有点鬼气森然。
浮士德 还望海涵，主上，这是消逝了的精神自然的迹象，是宙斯的孪生
子的反光，所有水手碰见它都要祈祷，他们在这儿聚集最后的力量。

皇　帝　大自然针对我们,收罗了这些奇观异景,请问我们应当向谁感激不尽?

梅菲斯特　除了那位大师[660],把你的命运念念不忘的高士,还有谁人?你的敌人对你进行严重威胁,实在使他五内如焚。他为了报恩,一定要把你搭救,即使为此粉身碎骨也毫不悔恨。

皇　帝　当年人们一面欢呼,一面簇拥着我巡游[661],好不威风;我既然有了权威,就想把它试验一下,于是有失考虑,觉得未尝不可给那位白须老者[662]奉送一阵清风。这样便使教士们大扫其兴,当然也就博不了他们的欢心。而今过了多少年,难道我还会为那件轻举妄动经受报应?

浮士德　慷慨的善行自有善报;请把目光转向上面!我想他会送你一个吉兆,请注意!马上就可应验!

皇　帝　一只雄鹰在高空盘旋,一只雕头狮[663]龇牙咧嘴跟着团团转。

浮士德　请注意:我看真是大吉大利!雕头狮作为动物本来荒诞无稽,它怎能如此不自量力,妄想与真正的雄鹰匹敌?

皇　帝　现在,它们兜了一个大圈子,相互包抄;——转瞬间,它们扑向了对方,相互啄撕胸脯和颈项的羽毛。

浮士德　瞧吧,倒霉的雕头狮浑身稀烂,遍体鳞伤,狮尾耷拉下来,一溜烟钻进山顶林中不知何往。

皇　帝　但愿预兆成为现实!我虽然相信,却又不胜惊讶之至。

梅菲斯特　(向右侧)由于我军步步进逼,敌军不得不一再退避,且战且走,毫无把握,一齐拥向了他们的右翼,这样打下去,竟乱了他们主力左翼的阵地。我军方阵的坚固尖兵转向了右侧,有如闪电一般,插入敌军的薄弱地段。——现在,两军鏖战,势均力敌,杀声震天,在双重的对峙之中,宛如暴风雨卷起的巨澜;气势壮烈无以复加,这场战斗我们定操胜券!

皇　帝　(向左侧对浮士德)看哪!我觉得那边很不可靠:我军阵地相当危险。再看不见投石飞舞,敌军已爬上了低岩,高岩也被丢弃不管。瞧现在！——敌军结成整体,向我们越逼越近,说不定占领了通道:这就是旁门左道的下场！你们的法术完全失效。

〔暂停。

梅菲斯特　我的两只乌鸦[664]飞来了:它们会带来什么样的消息？我真担心会对我们不利。

皇　帝　这两只怪鸟又有何意？它们张开黑色的帆翼,从激战的山头飞到了这里。

梅菲斯特　(对乌鸦)紧紧靠近我的耳旁！谁由你们保护,谁就不会灭亡,因为你们的忠告合乎逻辑,不容违抗。

浮士德　(对皇帝)想必你听说过鸽子,它们从远处飞回巢里孵卵和储食。这里有个重要的差别:鸽邮为和平服务,鸦邮却把战争宣布。

梅菲斯特　大祸临头了:瞧那儿！我们的勇士在岩边陷入了磨难！最近的高地已被攻占,如果敌人抢夺了通道,我们就会狼狈不堪。

皇　帝　我终于被骗了！你们把我拖进了罗网;我害怕它从此会缠着我不放。

梅菲斯特　拿出勇气来！现在还不算失败。要有耐性和诀窍来对付最后的关碍;形势临了往往反而严峻。我有比较可靠的信使;请下令宣告吧,今后由我来发布命令。

元　帅　(适时走来)你跟这些人沆瀣一气,始终使我非常痛惜;魔法交不上什么好运。我不知怎么扭转战机;他们既然开了头,就由他们去收场,我这里奉还指挥棒。

皇　帝　且把它保持到较好的时辰,说不定会让我们交上好运！我憎恶这个恶棍[665],连同他和乌鸦的交情。(对梅菲斯特)指挥棒可不能交给你,我觉得你不是适当的人。左右赶快传令,设法解救我们！要发生的一切就让它发生。(随元帅一同进帐)

梅菲斯特　愿这根秃棒能够保护他！它对我们外人没有什么用,倒有几分像个十字架。

浮士德　现在该怎么办？

梅菲斯特　早已办妥了！——好吧,我的黑表弟,赶快来效劳,飞到山上的大湖去！为我向水精们问好,请她们通融一下她们湖水的假象！借助于难以通晓的女性技巧,她们能够把假象同真相加以区分[666],而众人却发誓宣称假就是真。

〔暂停。

浮士德　我们的乌鸦一定把水精们奉承到家；那边已经开始有流水哗哗。在许多干燥、光秃的岩面,正涌流着丰满、疾速的清泉；敌人的胜利终于玩儿完！

梅菲斯特　这是一次妙不可言的迎迓。最勇敢的登山家也会狼狈得七上八下。

浮士德　一条溪流化为几条溪流沛然奔腾而下,又加倍地从峡谷流了回来,形成一条大河,抛出了弧形的水光；突然间它流到平坦的岩面,向四面八方潺流着,飞溅着,一级一级向山谷冲撞。英勇大胆的堵塞又有何助？巨浪滔天会把它们冲走。面临澎湃的水势,我也感到浑身战抖。

梅菲斯特　对这种虚构的水势,我怎么一无所见；看来只有肉眼凡胎才会受骗,这件怪事倒使我兴味盎然。他们横冲直撞,乱成一团：那些傻瓜们以为自己快要淹死,虽然他们自由地喘息在坚固的陆地上,可笑地以游泳姿势跑跑颠颠！到处乱七八糟,狼藉一片！(乌鸦飞了回来)我会向那高尚的大师[667]把你们称赞；你们想像大师本人一样显显本领,就请赶快飞向炉火熊熊的锻铁场,那儿侏儒们从来不知疲倦,把金属和石块敲得火星四溅！你们且去跟他们絮叨一番,向他们索讨一粒火种,闪烁着,照耀着,爆炸着,恰如人们所珍视的一般！远方的电闪,最高星辰的瞬息坠落,诚然每个夏夜都会发生；可混乱丛林里的电闪,潮湿地面咝咝作响的星星,却并非那么容易看见。因此,你们用不着煞费周章,不妨先恳请,后命令。

〔乌鸦飞走。上述情节逐一实现。

梅菲斯特　敌营暮色沉沉！步步走向不稳！四处鬼火荧荧,突然强光照明！一切美妙动人,单欠惊惶噪声。

浮士德　从陵墓洞府搬出来的空洞武器,到露天里便觉得坚实有力;上面早已喀哒喀哒响个不停,原来是一片奇妙而骗人的杀伐之音。

梅菲斯特　完全正确！它们再也无法按捺;骑士的棍棒已经响成一片,仿佛回到了可爱的古代。腕甲胫甲一齐套上,就像教皇党人和保皇党人,重新开始了永恒的战斗。保持着世代相传的敌意,彼此显示不共戴天的神气;随处可闻鏖兵的怒吼。后来,如同一切魔鬼宴会,党派仇恨充分发挥,直到最后同归于尽;双方发出可厌的惊惶叫喊,间或夹着撒旦刺耳的慨叹,从谷底传来实在惨不忍闻。

〔管弦乐奏出了战争的喧嚣,最后转为欢畅的军乐。

伪帝的营帐

〔帝座,富丽的环境。

〔捞得快,抢得急。

抢得急　看来我们最先到这儿来!

捞得快　乌鸦也飞不到我们这样快。

抢得急　哦!这儿堆着多少财宝!从哪儿拿起,拿到哪儿为止才好?

捞得快　屋子里装得满满当当!真不知手该往哪儿放。

抢得急　这条毯子正对劲,我的床铺太寒碜。

捞得快　这儿竟挂着流星钢棍[668]!我早就想趆摸它一根。

抢得急　大红披风镶金边,我想它想了好几年。

捞得快　(取武器)有了它马到成功:拿它杀敌,拿它冲锋。——你大包小包装了许多,正经东西可没装进什么。破破烂烂放回地头,这些箱子快搬走一口!这是军队的一点饷银,可里面装的尽是黄金。

抢得急　它沉得要命!我举不起,也扛不动。

捞得快　快蹲下来!一定得低着头!我再把它往你硬背上捆。

抢得急　糟糕!糟糕!打了个趔趄!压得我的腰快断成两截!

〔箱子摔下来,裂开了盖。

捞得快　这里赤金堆成堆,快捞快抢别后悔!

抢得急　(蹲下)快往怀里搂!总该搂个够。

捞得快　够了够了！赶快颠儿！（抢得急站了起来）糟糕,你围裙上有个窟窿眼儿！不论你走到哪儿,停在哪儿,只见财宝遍地撒。

贴身侍卫们　（我方皇帝的）你们干吗溜进这块圣地来？竟敢来发皇帝的财？

捞得快　我们扛活卖力气,来拿我们一份战利品。在敌人营帐这可是惯例,须知我们也是丘八兵！

贴身侍卫们　那一套在我们这块儿不作兴：当兵就不能小偷小摸耍光棍！谁投靠我们的皇帝,就得是个正派的兵！

捞得快　谁不晓得什么叫正派,它的意思就是勒索和摊派。你们大伙儿不过是一丘之貉：你们的行话就是——"拿出来！"（对抢得急）快把捞到手的搬干净！我们在这儿是不受欢迎的客人。（下）

侍卫一　那家伙无耻狂妄,你干吗不给他一记耳光？

侍卫二　我不知怎么浑身发软：他们是那么鬼气森然。

侍卫三　我眼前一片模糊,闪了一下,简直看不清楚。

侍卫四　我不知说什么好：整天价热得吃不消,那么心烦意乱,郁闷难熬；这个站着那个倒,人们一面摸索一面打击,敌人于是应声仆地；眼前一片烟雾升腾,耳中嗡嗡、沙沙、嗞嗞响个不停。这样折腾半天,我们总算到了,究竟发生什么,自己也不知道。

〔皇帝偕四位诸侯进帐。侍卫们退下。〕

皇　帝　他该怎样就怎样吧！我们总算打赢了这场战争,敌人仓皇逃遁,到了平原更是溃不成军。宝座形同虚设,造反财物用地毯包着,使周围显得更逼仄。我们光复了旧物,有自己的卫队保护,摆出皇帝的威仪,等待各族使者觐见庆祝；佳音从四面八方传来：全国已经平靖,朝野欣然归附。在战斗中虽然采用过魔法,归根到底这场仗是由我们自己来打。诚然,一些偶发事件对战士们有利,如空中落石、血雨袭敌、岩洞发出巨声怪响,使敌军丧魂落魄,我军士气高昂。战败者倒地长眠,永远受到后人嘲讽;战胜者喜气洋洋,把厚爱的天主称颂。万众一心,不需要命令——"主啊,我们赞美你!"千百万人异口同声。但是,为了从事最高的褒奖,我得把虔敬的目光转向自己的胸膛,过去可从未曾这样。年轻、快乐的君王可能虚度光阴,年龄会教导他寸阴寸金而分秒必争。因此,我马上要毫不迟疑地移樽就教,为了宫廷国家大事而把四位大人[669]烦劳。(向第一位)哦,侯卿[670]!你曾经英明地把军队进行编整,在重大时刻又骁勇地指挥他们冲锋陷阵;而今到了太平岁月,你得按时势需要继续做出贡献,我封你为礼部大臣,并赐你这柄宝剑。

礼部大臣　你忠诚的军队迄今忙于安内,而今在边境上捍卫着你和你的帝位。今后在宽敞祖堡的大厅里如有庆宴,务祈恩准臣等为陛下备办御膳!我将把晶莹美酒呈献上来,我将佩着锃亮宝剑侍立左右,我将永远把至高无上的陛下伺候。

皇　帝　(向第二位)你身为勇士,还显得和蔼可亲,封你为宫内大臣,这个职务可不轻。在宫内所有侍从臣仆中间,你是头目,他们如生事内讧,势必妨碍勤务;今后要把你的榜样光荣地树立,让主上和宫内一切人等皆大欢喜。

宫内大臣　仰承主上旨意,方能沐受圣恩;对好人多加帮助,也不损害坏人,坦白而不耍滑,沉静而不藏奸!我将心满意足,如蒙主上垂鉴。对于那次盛会,可否驰骋想象?主上就座之后我将把金盆捧上,并把御章指环[671]拿在手心,以便盥洗御手好让你大快朵颐,你的青睐令我不胜荣幸。

皇　帝　我想我未免过于严肃,竟忽略了庆典事宜;也罢!高兴热闹一番,倒也差强人意。(向第三位)我封你为膳务总管!今后你来主持狩猎、禽场和菜园;一年四季的可口佳肴由我来挑选,你看每月什么时鲜上市,可得细心为我调制!

膳务总管　严格的斋戒在我是最愉快的职务,直到一道珍馐呈献上来使你心满意足！御厨人员将与我同德同心,到远方采购鲜货,在饮食上加速时令的流程。不过也不宜为饱口福骛远趋新[672],圣躬所需恰是清淡而卫生。

皇　帝　（向第四位）因为这里不可避免要涉及宴饮,年轻的勇士,请你为我主持觞政！大司酒,照料好我们的酒窖,确保美酒盈樽！你自己要放节制些,可别由于近水楼台,沉湎醉乡,有失身份！

大司酒　我的君主,青年人只要受到信任,转瞬间也会长成大人。我也设身参加那场盛会；我要把皇家酒柜装饰得尽善尽美,豪华璀璨的金杯银盏应有尽有,事先还得备好最可爱的高脚杯,让你拿起来顺手：可喜这只晶莹的威尼斯玻璃杯,喝起来能增浓酒味,却绝不会让人喝醉。不过,人们往往过分信任这类奇珍异宝；陛下,你的节制更能为圣驾保镖。

皇　帝　我在这庄重时刻想赏赐你们什么,你们已深信不疑地从可靠的口中听出。皇帝可是金口玉言,每件赏赐绝对靠得住；但为了确证起见,还需要高贵的文书,还需要御笔签署。为了正式举行,我看见适当人选已适时来临。

〔大主教兼宰相上。

皇　帝　圆屋顶只有信赖拱顶石,才能确保持久的稳固。你瞧这儿四位侯爵！我们方才讨论过,首先拿什么来保证宫室和朝廷的永续。可是现在,整个国家大事要重重加在五位肩上！你们分封疆土应比其他任何人灿烂辉煌；所以我把那些叛逆们的世袭领地拿来,扩大你们封土的边疆。我要把这许多沃土判给你们忠良,同时还授予特权,让你们及时通过继承、购买和交换把封土进一步扩张。凡属你们领主应有的权利,你们无疑可以顺利行使,不受干预。作为法官你们可以做出终审判决,你们最高的地位不容许上诉。此外,捐税、地租、贡赋、采邑金、护送费[673]和通行税、开矿权、制盐权和铸币权统统归你们独享。因为,为了充分证明我的谢意,我要把你们擢升到一人之下、万人之上。

大主教　我谨代表大家向你表示最深切的感激,你使我们强固起来,实际上也加强了你自己的权力。

皇　帝　我还要赋予你们五位更高的威望。我仍为我的国家活着,而且希望活得久长;可是列祖列宗的血统却牵引着我审慎的目光,从目前迅猛的奋发活动转回到可怕的无常。到时候我也会同我的亲人永远分开:那时你们指定继承人将责无旁贷。请到神圣祭坛为他加冕,把他拥戴,务使目前乱世归于国泰民安,紫气东来。

宰　相[674]　内心虽然充满骄矜,外表仍然一味恭顺,世上诸侯位高一等,个个都向陛下俯首称臣。只要忠诚的血液在血管里灌输,我们就是圣意活动自如的身躯。

皇　帝　那么,我们迄今所做的一切应当有个结果,为了千秋万代要用文书和笔迹加以认可。诚然,你们作为领主对领地可以自由掌握,但还有个条件,即它们不能分割。无论你们增加多少,这一切你们都受之于我,你们的长子同样可以不劳而获。

宰　相　为了国家和我们个人的洪福,这份最重要的规章,我随即欣然记在这张羊皮纸上;誊录和用玺自可交由中书省,主上,你只需以神圣的签署加以保证。

皇　帝　现在你们可以退朝,以便凑在一起,人人把这伟大的节日加以思考。

〔世俗的诸侯退下〕[675]。

教会的(诸侯)　(留下来,动情地说)宰相走了,主教留下来,有几句逆耳忠言请勿见怪!他为你惶恐不安,出于慈父般的胸怀。

皇　帝　在这喜庆的时刻,还有什么事情使你不安,请说吧!

大主教　发现你拿神圣的头颅同撒旦结盟签约,这时刻真令我悲痛欲绝!虽然你安坐帝位不啻垂拱,可惜这只是对天主和教皇父亲的嘲弄。如果教皇获悉真相,他会迅速加以惩处,会把你这有罪的国度加以咒诅。因为他还没有忘记,在那崇高的时光,在你加冕的日子,你曾把那个妖人[676]加以释放。从你的冠冕发出第一道

宽赦之光，竟落在被诅咒的头颅上，这就给教会造成了损伤。且
捶胸忏悔吧，且从非法的收益拿出一星半点奉还给教堂。那片宽
阔的丘陵地带，你曾经在那里架起营帐，恶魔在那里负责把你保
障，你曾经对伪侯唯命是从，现在可要虔诚皈依，把它捐献给教会
把神侍奉；还有那绵延开去的山岗和密林，长满绿草而成肥沃牧
场的高地，盛产鱼虾的净湖，以及迅疾蜿蜒、直冲谷底的无数小
溪；再加上宽阔的山谷，连同草地、平原、低处：统统捐献出来，你
才能痛改前非，重获恩宠。

皇　帝　我的深重罪过使我大为震惊；献地的疆界请你按照自己的尺
度来标定！

大主教　首先！把那些犯罪的渎神场所立即进贡，并昭示天下，永作
祭祀天主之用！为了精神的需要，迅速耸立起坚固的高墙：圣坛
已经照进了晨光[677]，正在增长的建筑物扩大成为十字形，本堂加
长又加高使信徒们十分高兴；他们早已热忱地拥进庄严的大门，
满山满谷响彻第一阵钟声，钟声从参天的高塔响个不停，忏悔者
纷至沓来迎接再造的生命。愿那献祭的隆重节日早些来到，陛下
的光临将是至高无上的荣耀。

皇　帝　为了赞颂天主，悔改自身，愿这伟大的工程宣告我的虔诚。
够了！我已感觉我的心神不断振奋。

大主教　身为宰相，我得把大功促成，负责把手续办清。

皇　帝　快把拟交教会保存的正式文书进呈，我将乐于在上面签名。

大主教　（已经告退，但在门口又转过身来）随同竣工的建筑，你还得
把全部租税：什一税、地租、贡赋永远献出。相应的保养自有不
少需要，细心管理更会开销不少。要在这样荒凉地带加速建筑
进程，还得从掠夺的财富中给我们分出一些黄金。此外，我不
能默不作声，还需要从远方运来木料、石灰、板石等等。搬运事
宜自可交给由讲道坛熏陶过的百姓：教会会祝福为教会服务的
人。（下）

皇　帝　而今我身负又深又重的罪愆;那可恶的魔术师真是害我不浅。

大主教　(又一次转身,深深鞠躬)哦主上,请原谅!你还把国家的海滩赐给了那臭名昭著的流氓[678];如果你不忏悔,把那里的什一税、地租、捐赠和租税也一齐献给高贵的教会,就只好让那家伙受到诅咒,永远倒霉。

皇　帝　(不耐地)那儿还没有陆地:还是一片汪洋大海!

大主教　谁有公理和耐心,时机就会为谁而来。愿你的诺言对我们永远生效!(下)

皇　帝　(独白)这样下去,我最后会把整个国家割让掉[679]!

第五幕

开阔地带

过　客　是的！就是那些浓郁的菩提树，挺立在那儿，仍然显得很苍劲。我在长年的漫游之后，终于又看见了它们！还是那个老地方，那间小草房，当年暴风雨掀起了海浪，把我冲到那片沙滩上，正是它把我安藏。我要祝福我的房东，那一对乐于助人的贤伉俪，他们那时就已很老了，今天想见到他们怕还不容易。唉！他们可是善男信女呀！我是敲门？还是喊一声？请接受我的问候，如果你们今天还享有好客、行善的幸运。

包喀斯　（小老太婆，很老很老）亲爱的生客！轻点！轻点！安静点！让我老伴安静睡一阵！老人睡久点，醒得虽然早，干起活来才有劲儿。

过　客　请告诉我，老妈妈，你可正是我应当感恩的人，从前不就是你和你老伴一起，救过我这个青年的性命？你可就是包喀斯，当年忙着给这个半死人嘴里灌茶水、送点心？（老汉上）你可是那个菲勒蒙，当年那么使劲地从海水里打捞我的财宝和金银？是你迅速生起了火，腾起了火焰；是你敲起了钟，发出清脆的钟声[680]：那场可怕的事故终于化险为夷，敢情全靠了你们。

　　现在让我走上前来，远眺一下无垠的大海；让我跪下，让我祷告上苍！我的胸口实在憋得慌。（在沙滩上向前走去）

菲勒蒙　（对包喀斯）快到鲜花盛开的小园里铺好桌布！让他赶紧跑去，让他大吃一惊，因为他见到的一切他不会相信。（站在过客身旁）当年滔天海浪把你虐待得够呛，而今变成花园把你款待，且瞧瞧一片天堂般的景象。我已经更加老迈，应急帮忙实在大不如前，正如我的精力渐衰，海浪也已退得很远。英主的悍仆们挖了沟，筑了堤，侵犯了大海的权利，起而代之地变成了主人。请看草地连着草地绿成一片，还有牧场、花园、村庄和树林！——现在请来享用一点茶点，因为太阳就要落山。那边远处有帆影颤抖，在寻找夜泊的安全港口。众鸟也知归巢，如今那里有了码头。你只有极目远眺，才看得见大海蔚蓝色的边缘[681]，而左右一片开阔地带，已是人烟稠密的空间。

〔三人在小园中围桌而坐。

包喀斯　你怎么一直默不作声？不想呷一两口，把干渴的喉头润润？

菲勒蒙　他倒很想知道奇迹；你爱饶舌，就请讲给他听听。

包喀斯　好吧！这确是个奇迹！今天还让我安不下心来；因为整个事情发生得不合常理。

菲勒蒙　皇帝把海岸赐给了他，会不会因此犯了罪过？那时不是有个传令官，吹着喇叭一路宣告过来么？就离我们沙滩不远，迈出了第一步：篷帐，茅屋！——一座王宫很快建成在那绿荫处。

包喀斯　大白天，奴仆们又是镐又是锹，一下一下，空忙一阵；可是夜间灯火通明，大堤次日即已告成[682]。一定是用活人流血献过祭[683]，怪不得夜间响起了痛苦的呻吟；火浆流到了大海，明天就有一条运河可以航行！他不信神，他贪得无厌，想占有我们的茅屋，我们的丛林！他装腔作势，冒充我们的邻居，我们也只好俯仰由人。

菲勒蒙　他可曾经建议，拿新土地上的漂亮庄园作赔偿！

包喀斯　那片填起来的水地可信不得，你的高坡一定不能让！

菲勒蒙　咱们到教堂去吧，趁天边夕阳余晖未尽！让我们鸣钟，下跪，祷告，皈依古老的天神！

宫　殿

　　〔宽广的观赏花园,笔直的大运河。
　　〔浮士德,老迈年高[684],漫步,沉思。

守塔人林叩斯[685]　（用话筒）天边落下了夕阳,最后几艘船只欢快进了港。一只大驳船正要开到这儿运河上。五颜六色的船旗迎风飘扬,僵直的桅杆准备停当;水手长兴高采烈地把你称道,说你在最后关头[686]总有吉星高照。

　　〔钟声在沙滩上响起来。

浮士德　（暴躁地）该死的钟声！伤人伤得太丢脸,就像一支恶毒的暗箭！眼前只见我的国土无边无际,可背后却有烦恼把我耍戏,用嫉妒的声音将我提醒:我的大好河山并不纯粹！菩提树地带,褐色的小屋,朽坏的小教堂就不是我的。我想到那里去休憩一下,可陌生的人影使我害怕,是我的眼中钉,脚底刺——哦,我远远离开这里才是！

守塔人　（同上）彩色的驳船,乘着凉爽晚风划过来,高高兴兴把岸靠！它一路顺风,箱箱笼笼,囊囊包包,堆得老高老高！
　　〔华丽的驳船,丰富多彩地装满了世界各地的新奇产品。
　　〔梅菲斯特、三勇士上。

合　　唱　　　　我们上了岸，
　　　　　　　　我们到了家。
　　　　　　　　恭喜货老板，
　　　　　　　　恭喜船老大！
　　　　〔他们下船，把货卸到岸上。

梅菲斯特　我们总算显了一番身手，得到东家夸奖倒也心满意足。出航只有两条船，现在进港有了二十条[687]。我们干了什么大事，瞧瞧我们的装载就知道。自由的海洋解放了才智；谁还懂得深思熟虑！那儿管用的就是顺手牵羊：抓到了鱼，就抓到了船，做了三条船的主人，不愁第四条钩不上[688]；接着第五条也就倒了霉，有力就有权。我们只讲究目的，不在乎手段！战争、贸易和海盗行径本是三位一体，要把它们分开，一定不懂得航海的奥秘。

三勇士　　　　既没有道谢，
　　　　　　　　也没有问候！
　　　　　　　　仿佛给主人
　　　　　　　　带来了粪土。
　　　　　　　　他摆出脸色
　　　　　　　　实在很难看：
　　　　　　　　帝王的产业
　　　　　　　　他竟不喜欢。

梅菲斯特　　　　别再等待
　　　　　　　　什么报酬！
　　　　　　　　你们一份
　　　　　　　　已经领走。

三勇士　　那不过是
　　　　　小菜一碟；
　　　　　我们要求
　　　　　平分秋色。

梅菲斯特　先把这些
　　　　　贵重物品
　　　　　一一摆进
　　　　　各个大厅！
　　　　　他走进来
　　　　　满目琳琅，
　　　　　核算一切
　　　　　丝毫不爽，
　　　　　他一定会
　　　　　显示慷慨，
　　　　　并对船队
　　　　　设宴招待。
　　　　　明朝将有彩禽飞来[689]，
　　　　　我得费神妥善安排。

〔货物被搬走。

梅菲斯特　（对浮士德）听说你高尚的幸运,你竟然面色严峻,目光阴沉。超群的智慧卓有成效,海岸和大海已经和好[690],大海从海岸接受船只出航,准备让它们乘风破浪；可以说,你从宫里把手臂张开,就可以拥抱整个世界！正是从这个地方开始建筑,在这里建起了第一座木板屋；从前挖出的一道浅沟,现在已经可以荡桨摇橹。你高尚的意志,你的臣民的努力,赢得了海洋和大地的奖励。从这里——

浮士德　该死的"这里"！正是它把我压得透不过气。对你这个世故老手，我不得不说：它把一根又一根刺扎在我心头，我简直不堪忍受！怎么说我都觉得丢丑。那上边的老人应当搬走，我想在菩提树下安家，可那几株树不归我所有，竟破坏了我的一统天下。我原来希望，在树枝中间搭起鹰架，好让我登高远眺，把我所完成的大业看个饱，一眼浏览人类心灵的伟大创建，以聪明才智为人民建造广厦千万间。

　　想不到我经受最大的痛苦，竟是自觉富有而又美中不足[691]！小钟的声响，菩提树的清香，似乎把我围困在墓地和教堂。无往不利的意志自由，不料竟毁在这块沙丘之上。怎样才能摆脱这些胡思乱想？小钟一响，我就要发狂。

梅菲斯特　当然，这重大的烦恼，总会使你活得不开心！谁能否认？叮叮当当，响个不停，任何高尚的耳朵[692]都不爱听。那该死的钟声，把晴朗的暮空搞得乌烟瘴气，从婴儿受洗到老人下葬，事事有它掺和在一起，仿佛人生在叮当声中，不过是一场春梦依稀。

浮士德　最辉煌的胜利，遇到了抵抗和固执，也会相应地贬值；由于深切、可怕的苦闷，世人往往倦于做正人君子。

梅菲斯特　那你还在这里讲什么客气？早就应该开拓殖民地！

浮士德　那么快去把他们搬掉[693]！——我为老人们挑选的那块好田庄，想必你知道。

梅菲斯特　就去把他们带开，把他们安顿下来，转眼的工夫，他们又会得其所哉。虽然经受一点暴力，却有美好的居处聊以宽怀。（吹起刺耳的口哨）

　　〔三勇士上。

梅菲斯特　来吧，照东家的盼咐干！明天就会举行船队的盛宴。

三勇士　老东家待我们太刻薄，一顿欢快的宴会倒也没话说。

梅菲斯特　（面向观众）旧调又重弹：从前有个拿伯的葡萄园[694]。

　　（《列王纪上》第二十一章）

深　夜

守塔人林叩斯　（在宫阙望台上放歌）

　　　　　天生千里眼，
　　　　　奉命来观测，
　　　　　守塔有誓愿，
　　　　　世界真可乐。
　　　　　纵目望远方，
　　　　　转睛瞧近处，
　　　　　星星伴月亮，
　　　　　树林藏小鹿。
　　　　　万象真美观，
　　　　　永远一华饰[695]，
　　　　　华饰令我欢，
　　　　　我亦悦自己。
　　　　　双眸殊多福，
　　　　　所欲无不备，
　　　　　不论见何物，
　　　　　无往而不美。
　　　　（稍停）
　　　　　我被安排得高高在上，
　　　　　不单是为了娱乐自己：

何等可怕的悲惨景象
从阴暗世界向我袭击!
我看见火星四下飞溅,
从菩提树的双倍夜色[696]穿过;
一阵阵气流不断拂扇,
扇起了越来越旺的烈火。
唉,生苔而潮湿的林间小屋,
刹那间只见火焰蔓延!
赶快救火,不能迟误,
偏偏救火工具不在手边。
唉,那厚道的老夫妻俩,
平素多么小心火烛,
竟然遭殃于浓烟之下,
何其可怖的一幕惨剧!
黑色的生苔屋架
在烈火中烧得通红;
但愿那善良的老人家
能逃脱地狱的孽火熊熊!
发亮的火舌直往上舔,
舔到了树叶和树枝中间;
干燥的枝丫燃烧猛烈,
很快烧红就坠落在地。
亲眼看到了这一切!
我竟有望得这么远的眼力!
接着倒下了沉重的树干,
小教堂不幸一下子塌掉。
尖尖的火焰像蛇一般
已经高高窜到了树梢。

中空的树身连同根叶

全落入紫红烈焰的大口。——

（停顿很久，再唱）

从前令人悦目的种种切切，

已随百年一齐化为乌有！

浮士德 （在阳台上，面对沙滩）上面传来的一阵歌声何其辛酸？词曲传到这儿未免太晚。是我的守塔人在悲叹；那急躁行动也使我内心深为不安。尽管菩提树烧成了可怕的半焦树干，一座瞭望台即将建成，可以望到无涯的天边。我还仿佛看见了新居，那对老夫妻就住在里面，他们会感激我慷慨关怀，从而安心欢度晚年。

梅菲斯特和三勇士 （在下面）我们大步流星转回程；请原谅，事情办得欠和顺[697]。我们敲，我们叩，一直给我们吃的闭门羹；我们叩，我们推，朽门终于推倒了；我们大声叫喊，狠狠威胁，他们就是充耳不闻。跟类似情况一个样，他们不听，他们不肯！可我们也毫不犹豫，立刻把他们轰了出去。那老两口倒没受到多少苦，一下子就给吓掉了魂。那儿还藏着一个陌生人，想来交手，也给打得两腿伸。在短短恶斗时分，炭火被打翻，四下飞散，把稻草点燃。于是，大火冲天，三人便在火葬堆里玩儿完。

浮士德 你们可是把我的话当作耳旁风？我是要交换，没叫你们去抢！你们这样鲁莽地蛮干，真是混账！我的诅咒要落在你们每人头上！

合 唱 一句古话挺管用：

见了强权就服从！

要是胆敢去硬顶，

当心身家和——性命！（下）

浮士德 （在阳台上）星辰掩藏了光辉，火势已经衰颓。一阵阴风习习，把烟雾吹到我这里。命令下得快，执行得也太快！——是什么东西影影绰绰飘过来？

午 夜

〔四个白发老妇[698]上。

第一个　我叫匮乏。

第二个　我叫债务。

第三个　我叫忧愁。

第四个　我叫困苦。

三　人[699]　门关住了,我们进不去;里面住着一个富翁,我们也不想进去。

匮　乏　那我就变成影子。

债　务　那我就销声匿迹。

困　苦　人们对我转过那养尊处优的脸。

忧　愁　姐妹们,你们进不去,也不敢进去。可我忧愁,却能从钥匙孔里钻进去。(隐没)

匮　乏　灰溜溜的老姐妹们,离开这儿吧!

债　务　我跟你在一起,紧紧跟在你身边。

困　苦　困苦接踵相随。

三　人　云朵在移动,星星在消失!瞧后面,后面!远处,远处,兄弟他来了,死亡——他来了。(下)

浮士德　(在宫中)我看见来了四个,可只走了仨;我听不懂她们说些啥。余声袅袅,似乎在说:困苦;接着押了一个阴惨的韵脚——死去!它响得重浊,沉闷,鬼气森然。我还没有奋斗到自由的洞天。唯愿我从此同魔术断了来往,把所有咒语统统忘光;自然啊,让我站在你面前只是一个男子,才不枉辛辛苦苦做人一场[700]。

当年,我在冥晦朦胧之中求索,用渎神妄语诅咒自己和世界[701]之前,也曾经是个男子汉。而今,空中充满了这样的妖孽,要想避开它,谁也不知怎么办。即使白昼向我们合理地粲然一笑,黑夜也会把我们缠进了梦网;我们愉快地从新绿的郊野回来:一只鸟在怪叫!它叫什么?灾殃!早晚会被迷信笼住不放:它现形,它自陈,它示警[702]。我们就这样战战兢兢,站在那儿孤零零。——门嘎嘎作响,可没有人进来。(哆嗦)有人吗?

忧　愁　只好回答一声——有!

浮士德　那你,你到底是谁?

忧　愁　我就在这儿没走。

浮士德　走开!

忧　愁　我在这儿,跟我的身份很相符。

浮士德　(先愤怒,后镇定,独白)当心[703],别念什么咒语!

忧　愁　　我的话即使耳朵听不进,
　　　　　也一定嗡嗡响在人心;
　　　　　我将化作各种形象
　　　　　发挥可怕的力量。
　　　　　不论是陆路还是水程,
　　　　　永远是忧心忡忡的同路人,
　　　　　从没人来找,却总碰到她,
　　　　　既有人捧,也有人骂。——
　　　　　难道你不认识忧愁?

浮士德　我已跑遍了全世界!每一种欲望,我都紧紧抓住,不能满足,我就撒手,从我手里溜掉,我就认输。我只渴求,我只实行,又重新希望,这样使劲地冲过了我的一生;开头还大模大样,蛮有把握,而今渐趋明智,不得不瞻前顾后,遇事小心。世态人情我已看透看清。彼岸风光再也不作指望;只有傻子幻想云端有自己的同类,才会向那边眨眼端详!让他站稳脚跟,环顾一番:这世界对于能人干将不会沉默寡言[704],他又何须逍遥于永恒?他所认识的一切都可以抓紧。他不妨这样顺着寿命漫步;幽灵出现时照样行走不误,前进途中他会遇见痛苦和幸福,他!任何瞬间都不会满足!

忧　愁　　谁人一旦入我彀中,
　　　　　世界对他百无一用,
　　　　　永恒黑暗把他包裹,
　　　　　光明太阳不升不落,
　　　　　外部感官完整不缺,
　　　　　内心装满一片漆黑,
　　　　　虽然面对金银财宝,
　　　　　不知怎样伸手拿到。
　　　　　幸与不幸想入非非,
　　　　　丰足之中感到饥馁,
　　　　　不论喜悦还是厌烦,
　　　　　日复一日何妨推延,
　　　　　要把未来加以指望,
　　　　　只怕永远指望不上。

浮士德　闭嘴!你休想抓住我!我不想听这些胡说。滚吧,你鬼话连篇,最聪明的人也会被它们迷惑。

忧　　愁　　他是该去？还是该来？
　　　　　　由不得他来安排；
　　　　　　他在康庄大道的中央，
　　　　　　试走半步就摇摇晃晃。
　　　　　　他越来越深地陷入歧途，
　　　　　　把一切事物看得歪歪扭扭，
　　　　　　麻烦自己也拖累别人，
　　　　　　拼命吸气，喉呛咽哽；
　　　　　　尚未闷死，已无生气，
　　　　　　既不绝望，亦不耽溺。
　　　　　　于是辗转反侧，不可阻拦，
　　　　　　容忍既痛苦，屈从更不甘，
　　　　　　时而解脱，时而憋闷，
　　　　　　半睡半醒，萎靡不振，
　　　　　　把他钉在原地一动不动，
　　　　　　接着准备往地狱里送。

浮士德　不祥的幽灵！你们不下千百次地这样捉弄人；你们把平淡无奇的日子变成恶劣的紊乱，痛苦的纠纷。我知道，魔鬼难以摆脱，跟恶灵结合更不可分；但是，忧愁啊，你的力量尽管大得无孔不入，我怎么也不会承认！

忧　　愁　　体验一下吧，看我怎生
　　　　　　带着诅咒匆匆离去！
　　　　　　人生在世一辈子盲目失明，
　　　　　　浮士德，你也将面临这个结局！
　　　　　　（向他吹了一口气）

浮士德　（变瞎）黑夜似乎步步进逼，可我内心还亮着光[705]；我所想的，我要赶着完成；只有天主的话才给我以力量。仆役们，你们一个个，赶快起床！好让我的大胆设想有成功的希望！拿起工具！挥动镐和铲！规定的活儿要马上干完。严格的秩序，勤劳的速度，会带来最优厚的报酬；为了完成大业，一颗心足以指挥千只手[706]。

宫中宽广的前厅

〔火炬。

梅菲斯特 （作为监工站在前面）过来,过来！进来,进来！你们这些哆哆嗦嗦的鬼怪,靠筋、骨、韧带拼凑起来的活骸！

众鬼魂[707] （合唱）一唤马上就到,
　　　　到时若有所闻,
　　　　一片广土正好,
　　　　我们每人平分。

　　　　尖尖木桩摆开,
　　　　还有长链量地[708];
　　　　何事唤我前来,
　　　　全然已经忘记。

梅菲斯特 这里用不着费什么脑筋！按照自己的尺寸动手就行:高个子直挺挺躺下去,其他人把周围草皮拔干净！就像对待自己的先人,挖出一个长方形的土坑！从宫殿走进这座小窄屋:到头来都是一样煞风景。

众鬼魂 （带着嘲弄的表情挖土）
　　　　生活恋爱趁年少,

　　　　日子过得好开心；
　　　　每天作乐真热闹，
　　　　双脚移动忙不停。

　　　　不料老年暗中来，
　　　　手执拐杖将我打；
　　　　怪我失足墓门外，
　　　　豁然而开为了啥[709]！

浮士德　（走出宫殿，扶着门柱）锹、铲的铿锵声使我多愉快[710]！是那为我服役的民夫们，把新垦地同大陆连接起来，还为波涛划出了疆界，用强固的堤围圈起了大海。

梅菲斯特　（旁白）你筑堤，你挖塘，为我们辛苦为我们忙；须知水魔涅普顿[711]就在一旁，你不过为他备办酒宴伏惟尚飨。怎样你也难免灭亡；——自然力已和我拜把结帮，灭亡就是你的下场。

浮士德　监工[712]！

梅菲斯特　有！

浮士德　尽可能把民夫一批批招，用酒菜和严规把干劲提高，报酬、引诱、强制都用到！每天得向我汇报，他们又挖了多远的渠道。

梅菲斯特　（低声）就我所晓，只说是挖墓道，没听说什么挖渠道[713]。

浮士德　一片沼泽在山下向这边漫淌，污染了已经开拓的所有地皮；还要把臭水坑加以排放，这是最后也是最高的业绩。我为几百万人开辟了空地，虽说不上安居，倒也行动自由，生活写意。田野葱绿而丰腴！人畜两旺，在这片新地上过得舒舒服服，立即定居在那堤坝之旁，那可是勤劳勇敢的民夫挖的土方！堤内是一片乐土，堤外则是海浪向边缘猛冲！一旦它贪婪成性，猛冲进来，大伙儿会齐心协力，奔赴现场，把决口一一堵封。是的！我完全坚持这个主意，它是智慧的最后演绎：只有每天重新争取自由和生存的人[714]，才配有享受二者的权利！那么，即使这里为危险所包围，也请这样度过童年、成年和老年这些有为的年岁。我真想看见这样一群人，在自由的土地上和自由的人民站成一堆！那时，我才可以对正在逝去的瞬间说："停留一下吧，你多么美呀[715]！我的浮生的痕迹才不致在永劫中消退。"——预感到这样崇高的幸会，我现在正把绝妙的瞬间品味。

〔浮士德向后倾倒，鬼怪们扶住他，把他平放在地上。

梅菲斯特　任何喜悦、任何幸运都不能使他满足，他把变幻无常的形象一味追求；这最后的、糟糕的、空虚的瞬间，可怜人也想把它抓到手。他如此顽强地同我对抗，时间变成了主人，老人倒在这里沙滩上。时钟停止了[716]——

合唱队　停止了！像午夜一样沉默了。指针垂下了——

梅菲斯特　垂下了！成了[717]。

合唱队　过去了。

梅菲斯特　过去了！一句蠢话。为什么说过去了？过去了和纯粹的无：全然是二而一！永恒的创造对我们有何意义？无非把被创造物抢过去，重新化为乌有！"它过去了！"这句话从中又有什么可读？无异于说它从不曾有过，即使有过，也不过是兜圈子聊胜于无。我为此反倒喜爱永远的空虚。

埋　葬

鬼　魂　（独唱）是谁用的铲和锹，
　　　　　　　　把房屋造得这么糟？
众鬼魂　（合唱）发霉客人裹麻袍，
　　　　　　　　这样对你已够好。
鬼　魂　（独唱）客厅布置得真憋气，
　　　　　　　　哪儿摆得下桌和椅？
众鬼魂　（合唱）借只借个短时期，
　　　　　　　　债主可有一大批[718]。

梅菲斯特　肉体躺下了，魂灵儿却想逃掉，我得赶快给他出示血写的字条；——可惜现在世人有很多高着儿[719]，能把灵魂从魔鬼手里抢跑。老路子容易得罪人，新路子我们又没门儿；要说我从前是单干，现在可得找个同谋犯。

　　　　事事都跟我们过不去！传统的习俗，古老的权利，样样觉得再也靠不住。从前魂灵儿随着最后一口气飞走，我窥伺着它，就像逮最快的老鼠，嗖的一下！我用捏得紧紧的爪子把它抓到手。而今它磨磨蹭蹭，不肯离开阴凄的场所、恶心尸体的凶宅；相互仇恨的元素[720]终于不客气把它赶开。虽然我时时刻刻冥思苦想，**何时？何地？**和**如何？**仍然是些讨厌的难题；古老的死神丧失了敏捷的精力，甚至**是否**真的死了，已久久令人生疑！我经常贪婪地注视那僵硬的肢体——那只是个假象！它在动弹，它会霍然再起。

（做出怪异的、标兵式[721]的召魔手势）快过来！三步当作两步迈，你们直角先生，曲角先生！既然出自老牌魔鬼的世家名门，就该把地狱之颚随身带！的确，地狱有许许多多的颚[722]！狼吞虎咽起来还要分贵贱高低；不过，对于最后这一着，今后倒不必那么踌躇犹疑[723]。

（可怕的地狱之颚在左方大开[724]）犬齿张开了；咽喉的上腔喷出了猛烈的火流，而在后面蒸腾的烟雾里，我看见火城[725]在永恒的烈焰中沉浮。红浪澎湃，一直拍击到牙齿，永堕地狱的罪人从中游了过来，希望获救；可是鬣狗[726]一大口便把他们咬得粉碎，他们重新恐慌地走上了火热的老路。旮旮旯旯儿还有许多东西好发现，空间局促极了，恐怖景象瞧也瞧不完！你们恐吓罪人，倒真有手段；可他们却认为这是虚伪、欺诈和梦幻。

（向长着短直角的胖鬼们）两颊冒火、大腹便便的下流坯，你们给地狱硫磺烧得多么肥！瞧那树桩似的、又短又僵的颈子背！再瞧瞧下身这里，是不是像磷一样熠熠生辉：这就是灵魂，就是普绪刻长了翅膀[727]，要是翅膀给拔掉，跟令人作呕的毛毛虫没有两样；我要在它身上盖上我的印戳，然后把它扔向旋风似的烈火[728]！

要好好注意下面的部位，这是你们的职责，你们这些胖鬼。灵魂是不是愿意住在那儿，我们还搞不清楚。平日它爱以肚脐为家[729]：留心，它会从那儿溜走！

（向长着长曲角的瘦鬼们）你们这些调皮蛋，标兵似的长杆杆，向空中抓去吧，不停地探索吧，伸直手臂，露出利爪，才好抓住那振翼飞去的逃犯。看来它在老屋里肯定待不惯，既是天才，它就总想远走高攀[730]。

〔灵光[731]从右上方照下来。

天使群　　跟着我们,使徒们,
　　　　　天国的亲属们,
　　　　　从容地飞翔:
　　　　　宽恕罪人,
　　　　　使尘土[732]苏醒!
　　　　　列队徜徉,
　　　　　飘飘荡荡,
　　　　　为芸芸众生
　　　　　留下慈爱的迹象!

梅菲斯特　我怎么听见了不谐和音[733],讨厌的乱弹琴,随着不受欢迎的昼光从上面传进;这可是那些半男半女者[734]拙劣的歌声,只有伪善的趣味才爱听。你们知道,我们在极其癫狂的时刻,曾经图谋陷人类于毁灭的泥沼;我们耍出来最可耻的花招,恰好投合了他们的祈祷[735]。

　　　　　他们装模作样地来了,这些笨蛋!就这样从我们手里抢走了许多灵魂,还用我们自己的武器同我们作战;他们也是魔鬼,为了骗人才乔装打扮。要是在这儿吃了败仗,那可是你们永久的耻辱;快到坟墓那边去,在边上紧紧把守!

天使们的合唱　（撒玫瑰花[736]）玫瑰花,耀眼的玫瑰花,
　　　　　分送香膏的玫瑰花!
　　　　　飘荡吧,飞翔吧,
　　　　　悄悄助兴吧,
　　　　　为嫩枝添翅膀,
　　　　　为蓓蕾催放,

赶快繁盛吧！

春天发了芽
绿叶红花；
把乐园带给
安息者去吧！

梅菲斯特 （对恶魔们）一个个为什么低头颤栗？难道是地狱的风气？
你们要挺住，让他们撒去。每个蠢货，各就各位！他们倒想得好，
以为花里胡哨来一通，就能把灼热的魔鬼埋进了雪堆；其实，你们
吹口气，玫瑰花就会溶化，就会枯萎。吹吧，喷火鬼[737]！——够
了，够了！挨着你们的热气，一大群飞花全褪了色。别吹得那么
猛！快把嘴巴鼻子来堵塞！的确，你们吹得太凶了。难道你们从
来不懂得分寸！花儿不光是蔫了，还发黄了，枯焦了，烧着了[738]！
已经带着有毒的明火飘近，迎头抵抗吧，你们要挤得紧紧！——
糟糕，精力泄掉了，所有勇气消失了！魔鬼们感到了异样的柔媚
的热情。

天使们的合唱　幸福的花朵，
　　　　　　　快乐的欲火，
　　　　　　　它们传播爱情，
　　　　　　　它们引起欢欣，
　　　　　　　使心如愿以偿。
　　　　　　　真实的语言，
　　　　　　　如清明的苍天，
　　　　　　　为永生的群仙
　　　　　　　普照日光[739]！

梅菲斯特 该死！这些笨蛋真丢脸！魔王居然脚朝天,蠢货们筋斗接着筋斗翻,一个屁股蹲儿跌到了地狱边。祝福你们活该洗个热水澡[740]！我可还得留在原地走不了。——

（四下扑打飘过来的玫瑰花）鬼火,滚吧！你尽管再亮,给抓住了,还不是一团令人作呕的稀浆。干吗飘飘荡荡？快点滚开吧！——瞧它粘着我的颈项,像沥青和硫磺。

天使们合唱 凡事不属于你们[741],
　　　　　　一定要避开,
　　　　　　凡事扰乱你们内心,
　　　　　　决不能忍耐!
　　　　　　如果强行侵入,
　　　　　　一定要严阵以待。
　　　　　　只有爱才能
　　　　　　把爱者引进来!

梅菲斯特 我的头,我的心都烧着了,还有我的肝！这是一场超魔力的大火！远比地狱之火烧得更其惨！——因此你们才痛不欲生,不幸的失恋者！你们被遗弃了,还扭转脖子把心爱者[742]顾盼。

　　　　我也这样不堪[743]！为啥把头转向那一边？须知我在同他们作殊死战！从前我一见到他们就红了眼。而今可有一股异样的力量向我全身贯穿？我竟然欢喜看他们,那些十分可爱的少年；是什么东西把我阻拦,骂骂咧咧我可再不敢？——如果我让自己疯疯癫癫,试问今后有谁称得上痴汉？——一向不顺眼的顽童,怎么变得那么中看,使我越看越爱怜！——

　　　　美丽的孩子们,请告诉我：你们可也是卢济弗[744]的家族？你们眉清目秀——我真想把你们吻个够！我觉得你们来得正是时候。我感到那么愉快,那么自然,仿佛见过你一千回,回回像猫一样馋;每看一眼都觉得越看越标致！哦走近些吧,务请垂青一次！

天使们的合唱　我们来了,你为什么退缩让路？
　　　　　　　我们走近了,你就留下吧,如果你能够！
　　〔天使们飘然四散,占据着整个空间。
梅菲斯特　（被逼到舞台前部）你们骂我是恶灵,你们才是地道的巫师;因为你们勾引男人又勾引女人。——多么混账的怪事！这难道是爱的元素？整个身子站在火里,我简直不觉得烧到了脖子后部。——你们飘过来,荡过去:还是降下来吧！稍微带点人味儿,摆动一下优美的肢体！的确,严肃一点也许使你们显得更美;我却想看到你们微笑一回;这可是我的一次永远的沉醉。我是说,像情人一样飞眼,嘴角微微动一下就挺够味儿。你这高个儿小伙子,我最喜欢你,僧侣面孔对你根本不相宜,还不如瞧我一眼吊吊膀子！也许赤身裸体更写意,长绉衫未免太迂腐气——他们转身了——从背后望去！——这些小淘气真叫人开胃！

天使们的合唱　爱情的火焰,
　　　　　　更亮地燃烧！
　　　　　　自我判罪者,
　　　　　　由真理治疗[745];
　　　　　　他们将欣然
　　　　　　从罪恶摆脱,
　　　　　　好与被救群
　　　　　　共同享天乐。

梅菲斯特　（镇定）我是怎么搞的！——像约伯一样[746],浑身都是脓泡,连自己都害怕自己。可当他看清了自己,相信自己和自己的宗系,他同时又觉得胜利;高贵的魔鬼本色救住了,爱的妖怪只伤到我一层皮[747]!万恶的火焰已经烧光了,理所当然,我要诅咒你们全体!

天使们的合唱　神圣的烈火,
　　　　　　　环绕他飞舞,
　　　　　　　他觉已复活,
　　　　　　　与善同享福。
　　　　　　　吾等且升天,
　　　　　　　颂扬声要齐!
　　　　　　　空气已净遍,——
　　　　　　　魂灵好呼吸!

〔天使们升天,带走浮士德的不朽的部分[748]。

梅菲斯特　(环顾)怎么回事?——他们上哪儿去了?乳臭未干的小家伙,冷不丁整了我一下!带着战利品逃往天上去了;难怪他们刚才在坟墓旁边鬼鬼祟祟,偷偷摸摸!我唯一的大宝贝被扒走了:抵押给我的那个高尚的灵魂,竟被他们狡猾地从我手中拐跑。　　我应当向谁去诉苦出怨气?谁能为我恢复这到手的权利?这一大把年纪你还受骗,也是自作自受,你的处境才惨兮兮!我倒行逆施真够呛,一大笔开支白白浪费,脸丢光;卑劣的情欲,荒谬的艳史,落到冷酷无情[749]的魔鬼身上。老于世故的精明人竟做出了这种幼稚疯狂的勾当,看来最终把他控制住的那股傻劲儿并非小事一桩。

山　谷

〔树林,岩石,荒漠。

〔圣隐士[750]们散居山上,驻足于沟壑之间。

合唱与回声　林木萧条,
　　　　　　山岩嶕峣,
　　　　　　树根纠缠,
　　　　　　茎干紧连。
　　　　　　飞泉溅喷,
　　　　　　深洞藏身。
　　　　　　狮子默然匍匐[751],
　　　　　　绕我以示亲睦,
　　　　　　圣土请予珍视,
　　　　　　爱之幽居在此。

恍惚入神的神父[752]　（飘上飘下[753]）
　　　　　　永恒的喜悦之火,
　　　　　　炽燃的爱的绳索[754],
　　　　　　沸腾的胸中痛苦,
　　　　　　洋溢的神之欢娱。
　　　　　　箭矢[755],请将我射透,

戈矛,请将我痛殴,
棍棒,请把我打烂,
电闪,请把我贯穿!
好让空幻的一切,
早早全都消灭,
让恒星照明,
永恒的爱之核心[756]!

从深渊呼号的神父[757]　（身处低界）

像我足下的悬崖绝壁
沉重俯临万丈深渊,
像晶莹飞泻的千条清溪
形成泡沫四溅的可怕急湍,
像树干带着健壮嫩枝
径直向高空耸身而去,
全能的爱也是如此,
它创造万物,它养育万物[758]。

我周围有一阵狂乱的喧阗,
仿佛森林和岩壁澎湃奔腾。
盈满的流水亲切地潺湲,
忽而冲向了裂罅断层,
正适于把山谷浇灌;
而那燃烧霹雳的雷电,
要把大气澄清并改换,
只因它深处饱含着毒烟:

都是爱的使者! 它们在通报

> 是什么永远创造着把我们包围。
> 唯愿我的内心也着火焚烧,
> 其中精神冰冷而狼狈,
> 为疲惫感官的局限所苦,
> 仿佛紧系着痛楚的锁链[759]。
> 请缓和混乱的思想,哦天主!
> 请把我困乏的心点燃!

天使般的神父[760]（身处中界）
> 怎样一朵朝云[761]飘然而过,
> 飘过了枞树的散发?
> 我可猜到里面住着什么?
> 原来一群年轻精灵在戏耍。

升天童子[762]合唱　告诉我们,父亲,我们在何处漂泊?
> 告诉我们,善人,我们又是何人?
> 我们真幸运:对于我们,我们大伙
> 生活原来如此温存。

天使般的神父　孩子们! 你们半夜出世,
> 只打开一半精神和官能,
> 对于父母是不幸夭逝,
> 对于天使却是一批奖品!
> 你们想必感到,这里可见
> 一位爱者,请你们走近!
> 的确,幸运儿,世途峻险,
> 却并未留下你的脚印。
> 请下凡钻进我的眼中[763],

　　　　　　这个适应尘世的器官！
　　　　　　愿你们当作自己的来使用，
　　　　　　把这一带风光从容观看！
　　　　　（将幼儿摄入自身[764]）
　　　　　　这是树木，这是岩石，
　　　　　　这是俯冲的水流，
　　　　　　它以奔腾的气势
　　　　　　缩短了险峭的路途。

升天童子　（从体内）看起来真了不起，
　　　　　　可这儿未免太幽忧，
　　　　　　吓得我们浑身战栗。
　　　　　　高贵的善人，快放我们走！

天使般的神父　请升到更高的境界[765]，
　　　　　　在那儿不受注意地成长，
　　　　　　天主永远纯洁的丰采
　　　　　　将赐予你们以力量。
　　　　　　因为这是精灵的粮食，
　　　　　　盛产于最自由的穹苍：
　　　　　　这是永恒之爱的启示，
　　　　　　通向极乐的天堂。

升天童子合唱　（围着最高峰飞翔）
　　　　　　手把手挽着，
　　　　　　跳起圆舞真高兴，
　　　　　　跳着又唱着，
　　　　　　充满神圣的感情！

你们要虔信
神明的教导；
你们崇敬的神，
你们将见到[766]。

众天使 （在更高的大气中飘荡,抬着浮士德的不朽部分）
灵界高贵肢体
已从邪恶得救：
凡人不断努力，
我们才能济度[767]。
有爱来自天庭，
果能为他垂青，
那么升天一群
对他衷心欢迎。

年轻的天使们　那些玫瑰撒到了凡尘，
　　　　　　　从慈爱而神圣的悔罪女手里，
　　　　　　　帮助我们赢得了胜利，
　　　　　　　夺回了这个宝贝灵魂，
　　　　　　　终于把这高尚的事业完成。
　　　　　　　我们撒去,恶魔们逃遁，
　　　　　　　我们投中,魔鬼们鼠窜。
　　　　　　　不是那些惯受的地狱磨难，
　　　　　　　恶灵们感到了爱的烦恼；
　　　　　　　哪怕魔王头儿老迈年高，
　　　　　　　也会为尖锐痛楚贯穿全身。
　　　　　　　欢呼吧！大功已告成。

功德圆满的天使们　搬运尘世的骸骨
把我们累得不行，
即使它是不灰木[768]，
它也不干不净。
如有强大精神力
把各种元素
在体内凑在一起，
没有天使
能够拆开
这合二而一的双重体[769]；
只有永恒的爱
才能使二者分离。

年轻的天使们　岩石高处雾蒙蒙，
我方才已看清
附近在浮动
一个精灵似的生命。
烟云已散尽：
只见移动着一群
升天童子
摆脱尘世的苦闷，
围成了圆形，
兴冲冲
欣赏上界新春
及其美景良辰。
为了登入圆满境界
先且让他交接
这升天的一群[770]！

升天童子　　我们欣然接见
　　　　　　这个蛹一样的人；
　　　　　　我们就此实现
　　　　　　成为天使的保证。
　　　　　　一层茧壳裹着他[771]，
　　　　　　快快把它剥下！
　　　　　　他将过着神圣生涯
　　　　　　变得美丽而又伟大。

崇拜圣母马利亚的博士[772]　（在最高、最洁净的石窟[773]）
　　　　　　这里眼界开阔，
　　　　　　精神何其昂扬。
　　　　　　忽见妇女经过，
　　　　　　正向上方飘荡。
　　　　　　一位雍容华贵，
　　　　　　头戴星冠煌煌，
　　　　　　我且透过彩辉，
　　　　　　瞻仰天国女王。
　　　　　　（为之销魂）

　　　　　　世上最高的女王！
　　　　　　让我在这无所不包
　　　　　　的蓝色天帐
　　　　　　窥望你的玄奥！
　　　　　　容我以神圣的爱慕
　　　　　　把男子心胸
　　　　　　诚挚温柔的情愫
　　　　　　向你供奉。

你如发出崇高命令,
我们的勇气不可阻遏;
只要你抚慰我们,
热情又会突然缓和。
最美意义上的纯洁的处女,
为我们选出来的女王,
值得崇拜的圣母,
出身与天神相当。

轻飘的浮云
围着她袅绕卷舒:
温柔的一群,
都是悔罪女,
围在她膝下
啜饮灵气
祈求慈悲。

你是不可接触者,
但你并不禁止
那些易受诱惑者
亲切地走近你。

一旦陷于意志薄弱,
她们就会难以救援;
谁凭自己力量打破
这情欲的坚固锁链?
在倾斜平滑的坡地
谁个不会很快摔跤!

　　　　　　　　秋波软语柔媚气息
　　　　　　　　试问谁又不会魂销？

　　　　　　〔荣光圣母[774]飘然而至。

悔罪女合唱　　你向永恒的灵境
　　　　　　　　高高地飞升；
　　　　　　　　请垂听我们的哀恳，
　　　　　　　　你无与伦比者，
　　　　　　　　你大慈大悲者！

罪孽深重的悔罪女[775]　（《路加福音》第七章第三十六节）
　　　　　　　　凭着那份爱，它让泪水滔滔
　　　　　　　　变成香膏灌浇
　　　　　　　　你圣子的双脚
　　　　　　　　而不顾法利赛人的嘲笑；
　　　　　　　　凭着那只瓶，它把香精
　　　　　　　　大量往下滴，
　　　　　　　　凭着那发丝，它轻轻
　　　　　　　　抹干神圣的肢体——

撒玛利亚妇人[776]　（《约翰福音》第四章）
　　　　　　　　凭着那口井，亚伯兰有一次
　　　　　　　　在这儿饮过家畜群，
　　　　　　　　凭着那只水罐，它凉丝丝
　　　　　　　　接触过救主的嘴唇；
　　　　　　　　凭着这洁净、丰富的清泉，
　　　　　　　　它如今从那儿涌出，

把全世界流遍，

永远明亮，无限丰富——

埃及的玛利亚[777] (《圣徒行传》)

凭着那块圣地，

人们在那里把主葬埋，

凭着那只手臂，

它警告着把我拒之门外；

凭着四十年间

我在沙漠忠实坚持的苦修，

凭着那沙土上面

我死前写下的临别问候——

三　人[778]　那些女罪人苦苦哀求，

你不拒绝她们向你走近，

还让她们通过忏悔得救

并被提高到了永恒，

那么也请眷顾这善良的灵魂，

她只是一时失于检束，

才一失足成千古恨，

务祈予以适当的宽恕[779]！

一名悔罪女(原名格蕾琴[780]。　悄悄挨近)

你无与伦比者，

你光芒四射者，

请将慈颜倾侧

垂顾我喜出望外[781]！

往日的情人，

磨难方历尽
他已经回来。

升天童子　（转着圆圈走近）
他凭借强壮肢体
长得比我们高大，
我们将他忠实护理，
定会得到重重报答。
我们早已告别
尘世芸芸众生；
这位已经饱学，
他会教导我们[782]。

那一名悔罪女(原名格蕾琴)
周围是一群高贵的精灵，
这位新人似乎还不知情，
他好容易感到新鲜生命，
他因此可比神圣的一群。
看吧！他已挣脱旧日躯壳
在尘世的各种桎梏，
并从灵气的微妙罩袍
将最初的青春之力显出！
请允许我将他指点，
新的白昼还使他目眩。

荣光圣母[783]　来吧，请升到更高领域来！
他会追随你，如果他感觉你的存在。

崇拜圣母马利亚的博士 （五体投地，朝拜）
　　　　　　一切忏悔的弱者们[784]，
　　　　　　请仰望救主的眼睛，
　　　　　　感激地超脱凡尘，
　　　　　　来承受升天的命运！
　　　　　　每个悔改的心灵
　　　　　　都乐于为你效命！
　　　　　　处女，圣母，女神，
　　　　　　女王啊，永远保佑我们！

神秘的合唱[785]　万象皆俄顷，
　　　　　　无非是映影[786]；
　　　　　　事凡不充分[787]，
　　　　　　至此始发生；
　　　　　　事凡无可名，
　　　　　　至此始果行[788]；
　　　　　　永恒的女性[789]
　　　　　　引我们飞升[790]。

　　　　　　　　　　　　　　（全剧完）

第二部注释

〔第一幕〕歌德对爱克曼的谈话(未注明日期):"考虑到在第一幕(引按,应作'第一部')的末尾,是怎样的惨祸降临到格蕾琴身上,反过来又怎样震撼了浮士德的整个心灵,我不得不像我所做的那样,让主人公变得麻痹无力,人事不省,并从这样的假死中燃起一线新生命。我这里必须求助于强有力的行善的精灵,如同以小妖精的形象和本质流传下来一样。这全都是同情和最深刻的怜悯。这里根本没有进行审判,也不存在他当罪不当罪的问题,像人间法官所提出的那样。"

〔宜人的佳境〕《浮士德》第二部和第一部之间相隔着一个无限期。这第一场对于第二部具有序曲的意义。歌德一生或在他的创作生涯中从没有为一件不可挽回的事件痛悔或自责过。他往往暂时退出社会,投身于大自然,借以克服他自己的悲伤。浮士德显然也重复着这个经验。当他和梅菲斯特一起消失了,他后来所经受的心灵折磨已全部暗示给读者,这里用不着再来介绍了。以时间和大自然作为药剂,浮士德最终会从道义上和肉体上的创伤恢复过来。这个医治过程在这一场中得到充分的表现。小妖精正代表着大自然借以作用于人的心灵的那些微妙的神秘的媒介。

〔1〕 阿莉儿:原为莎剧《暴风雨》中的小精灵。在第一部《瓦尔普吉斯之夜》插曲中,她代表诗歌,这里则代替奥白朗作为群妖的领袖。对大自然具有诗意理解力的心灵,最容易接受她的微妙的抚慰。参阅上部注〔384〕。

〔2〕 仙小法力大:精灵们虽然形象渺小,却有巨大的扶危济困的能力。

〔3〕 谴责:指格蕾琴的悲剧所引起的心灵折磨。

〔4〕 长夜分成四更:古时把夜晚从黄昏六时到次晨六时分成四更,每隔三小时一更。按照阿莉儿的台词,这四更作为四个阶段就是:入睡,忘却,解脱,

恢复。

〔5〕 忘川之露:忘川原指希腊神话中冥界一条让逝者灵魂掬饮后忘却阳世的河流,在但丁笔下曾流经炼狱。这里泛指一种睡眠疗法,并非让浮士德失去记忆。浮士德不会忘记,应当从他身上搬走的,只是迄今所有经历加在他身上的灵魂重负。

〔6〕 合唱:以下四节与四更对应。第一节描写黄昏,第二节黑夜,第三节拂晓,第四节日出。

〔7〕 躯壳:将睡眠比作躯壳,脱掉后便是清醒的、感官健全的人。

〔8〕 时序:指季节女神。古时一年分三季,由三位女神掌管,后来分四季。她们作为宙斯的侍者,为他开关天门。此处是指为季节女神守卫的天门轰然而开。整个图景来源于意大利画家癸多·雷尼的一幅名画,歌德曾在罗马参观过。

〔9〕 精灵之耳:是说只具有凡俗听觉的人听不见这种声音;只有听觉更敏锐的人才听得见光。

〔10〕 光明带来了嘈声:可以设想,歌德此处记起了癸多·雷尼的《日神与时光》,该画使人联想到喇叭的轰响;但是,他也可能引证古代的神话和当时科学的假说。塔西佗说过,日耳曼人中间有这样一个传说:太阳落土时发出声响,清晰可闻。德国中世纪的叙事诗《蒂图雷尔》中也说过,太阳升起时发出比鸟鸣还要悦耳的声音。阿莉儿这里所描述的"嘈声",只有"精灵之耳"才听得见——精灵随即消失,浮士德身心净化,醒了过来。

〔11〕 未曾闻者不可闻:凡人不可理解的音响,凡人也不可能听见。

〔12〕 坚强的决心:早晨使人觉得焕然一新的大地,在人身上唤醒了新的决断力,从内心激动着、鼓舞着他。

〔13〕 最高的生存:人的存在所达到的最高形式,指超凡脱俗的精神境界。

〔14〕 向上望:这里描写的景色在瑞士四林州湖附近,歌德一七九七年曾由画家迈尔陪同来此游历。歌德一八二七年五月六日对爱克曼说,"我不否认,那些景物确实是从四(林)州湖来的。如果不是那里的美妙风景记忆犹新,我就不会用三行同韵格。"(朱光潜译文)但更令人惊讶的是,这个一七九七年所感受的印象如此深刻,竟使年近八旬的诗人仍然记忆犹新。

〔15〕 满怀憧憬般的希望:正如在第一部见到地精出现一样,浮士德这时看见完整的普遍照明的日光即真理出现,同样感到"张皇失措"。一个希望的突然实现对他有着同样的迷惑作用,于是躲进了"清新的幕帷之中"。

〔16〕 生命的火炬:在熊熊大火面前,我们不可能点燃火炬。也就是说,过度的启示反而使人无法认识。

〔17〕 清新的幕帷:指在晨雾中苏醒的大自然。"清新的"的原文又可解作"青春的",有的研究者据以引申:浮士德所以躲进"青春的"幕帷,是因为青年满足于愕然接受最高的人生启示,而不愿去探究个中的秘密。

〔18〕 彩虹万变不离其宗:"万变"指水珠,"不离其宗"指被水珠五彩反射的日光。

〔19〕 在五彩折光中感悟人生:我们不可能直接把握人生,但却可以从其感性现象来推测它。这句诗可能涉及歌德关于颜色的理论,他认为颜色不是由于光线折射而成,而是明与暗在不同程度上相混合的结果。这个观点在科学意义上是不正确的,但这句诗却永远给人以启发。参阅注〔786〕。

〔皇帝的行宫·金銮宝殿〕 序曲式的前一场确定了第二部的基调。浮士德经历了人生的爱情及其苦乐,在理智上得到净化,于是他既往不咎,在更开明的意义上重新追求"最高的生存"。从这一场起又开始了世俗的生活。但同第一部不同,我们这里及此后将不再以感情的态度,而须以理智的态度陪伴主人公经历新的人生。

〔20〕 皇帝:没有指名道姓,泛指一般皇帝。歌德在一八二七年十月一日向爱克曼朗读这一场原稿时曾说:"我在皇帝身上试图表现一个具有一切亡国品质的君王,后来他果然亡了国。……"

〔21〕 不知弄臣待到哪儿去了:弄臣被梅菲斯特暗害了。歌德在上述谈话中说:"宰相本想向陛下呈奏一切祸端,并与之商讨解救办法,但皇上厌闻这些逆耳之言,宁愿环顾左右而言他。这就正中梅菲斯特的下怀,他已将前一名弄臣干掉了,于是作为新弄臣和宰相站在皇帝身旁。"那名被干掉的弄臣后来在《御苑》一幕又活转过来。参阅注〔172〕。

〔22〕 是什么受诅咒又受欢迎:梅菲斯特为了取悦皇帝陛下而出的谜语有过几种不同的答案。有的研究者认为是"他自己(丑角)";有的认为是"正义";有的按照席勒的类似谜语,认为是"天才"。

〔23〕 众人窃窃私语:在本场和下场中由观众出面解释剧情,这个手法采自希腊戏剧中的合唱队,近乎中国戏曲中的帮腔。

〔24〕 戴上了化装舞会的豁口:预示下一场《四通八达的厅堂》。

〔25〕 为什么现在偏要审议朝政,自寻烦恼:这一段正表现了歌德所设想的那个亡国之君的性格。弄臣和星士分立两旁,是他言听计从的两个朝臣,前者为他解除国事的烦忧,后者为他占卜命运,共同帮助他排拒大臣们告警的奏章。皇帝的堕落性格有助于表现梅菲斯特助桀为虐的角色,以及后期浮士德在"大世界"中的好大喜功。

〔26〕 宰相:按照古老的德国宪法,这个职位可由一名高级神职人员兼任,例如美因茨大主教。参阅第四幕及注〔669〕,〔674〕。

〔27〕 这些人:指市民、骑士、佣兵。

〔28〕 吉伯林派、归甫派:原为中世纪意大利党派名称,前者拥护德国霍亨斯陶芬王朝,后者指该王朝的反对者,主张意大利北部城市自治。后来泛指保皇党和教皇党,或一般敌对党派。

〔29〕 犹太人:指高利贷者。

〔30〕 只有靠天才的自然力和精神力:自然力指坚强性格,精神力指才智力量,此处预示浮士德的来临。下文宰相单取"自然"和"精神"二词借题发挥。

〔31〕 自然和精神:二者合而为一,便是万有——这种世界观对于正统基督徒是否认上帝的观点。他们认为自然是原恶,而精神则是背弃真正信仰的世俗的理性。宰相这番话是反动煽惑的典范,因为自然和精神在任何时代都是令特权阶级头痛的事物。

〔32〕 那就是圣徒和骑士:教士和贵族是皇统的两大支柱,所以分别在教会和国家享有领地。

〔33〕 发出一种阻力:宰相认为,异教徒同巫术士是一丘之貉,他身上具备着模糊的思想和卑下的情操,从中可以产生一种同由贵族与教士所支撑的皇统对抗的阻力。

〔34〕 你:指梅菲斯特。

〔35〕 你们:指弄臣即梅菲斯特和异教徒。

〔36〕 他们:指异教徒和巫术士。

〔37〕 你的四旬斋说教:"你"指宰相。复活节前四十天之间的斋戒,纪念基督在荒野禁食的苦行,称为四旬斋,斋期的说教包含特别深刻的训谕。此处是对宰相启奏灾情的讽刺。

〔38〕 异族的洪流:指欧洲中世纪民族大迁徙。

〔39〕 皇上的权利:德国中世纪萨克森—施瓦比亚法典(1275)规定,凡埋藏

在一锹达不到的深处的财宝均属帝王所有。

〔40〕 黄道带,星座,时辰:古代星士把天空分为十二宫,黄道带内各星球分属各宫,每个时辰又分属各星球。星士为人算命,须制定天宫图:首先了解对象的出生时辰和出生地点的经纬度,然后确定日、月、星辰的位置和黄道十二宫的不同标志。每一宫代表人的特定的利害和情欲,每一星球代表一种特定的控制力,由此产生的各种组合为天宫图提供了必需的材料。星宿对于人的命运产生作用,可参阅席勒的《华伦斯坦》。

〔41〕 太阳,水星,金星:星士这段由梅菲斯特提词的发言,提到了七种金属,每一种被赋予一个星球的名称。太阳是金,月亮是银,水星是水银,金星是铜,火星是铁,木星是锡,土星是铅。星士亦即梅菲斯特的这段胡说八道在剧中人听来显然会引起对于金钱的贪欲。

〔42〕 历书预言:古代历书编制者同时充当先知。早期的历书包括各种预言,当然大都毫无意义,令人莫名其妙。

〔43〕 他:即前文星士所说的"这位博学之士"。

〔44〕 曼德拉草:一种茄属植物的根,作人形,据古人迷信,具有保健、觅宝并控制天气的魔力。

〔45〕 黑犬:因曼德拉草有毒,人触之即死,故让"黑犬"代为刨取之。又据民间传说,地下财宝常为一匹黑犬所守护。

〔46〕 脚掌发痒:据民间传说,脚掌发痒说明地下有宝。

〔47〕 你们:感觉地下财宝的人。

〔48〕 乐师:布伦塔诺在他编的《男孩的奇异号角》中说,德国流行这样的迷信:一个人跌了一跤,地下一定埋着一个街头奏乐师。也可说,这里埋着一条黑狗。意即找到了发财的机会。

〔49〕 我的双脚重如铅:梅菲斯特的话对众人产生了暗示作用,他们相信果然感觉到梅菲斯特所胡诌的一切。

〔50〕 黏土墙……硝石:农民刨硝石当作牲口饲料,不料偶然发现墙下埋藏着金窖。后来,刨硝变成政府的专利。

〔51〕 酒石:据说陈年老酒才产生酒石;产生酒石的酒,乃是酒之精华,具有神奇的疗效。

〔52〕 金牛犊:典出《旧约·出埃及记》第三十二章第四节。意即大批财宝。

〔53〕 "如前":仍然由梅菲斯特提词,不过是一派油腔滑调。

〔54〕 花花绿绿的乐子:指下文的化装舞会。

〔55〕 同上帝和好:意即赎罪,以争取上帝保佑,顺利获得地下财宝。这只能在狂欢节后的斋戒期间举行。梅菲斯特因此有了一个拖延的借口。

〔56〕 圣灰星期三:四旬斋的第一天,天主教按例于是日以灰撒于忏悔者头上,故名。

〔57〕 狂欢佳节:嘉年华会。四旬斋前一星期内举行狂欢宴饮、化装跳舞等娱乐活动。又译"谢肉节"。

〔58〕 愚人永远不明这个道理:他们根本不知利用幸运建功立业。

〔59〕 哲人之石:即古代炼金术士所持之点金石。

〔四通八达的厅堂〕 这一场狂欢的假面舞会,是第二部的第一个扑朔迷离的插曲。其中的寓意还是明显的,作者意图表现社会政治生活中的各色人等。这个设计与第一部的第二场(《城门口》)相似,后者是一幅德国小城的风俗画,描绘了浮士德所见的"小世界"中的个别人物;现在他走进了"大世界",就需要有一幅更广阔的社会和政府作背景的人生图画。全场大致分成五部分:一,人生的欢乐、富庶之园;二,人类社会的瓦解势力,取代慈善行为的黑暗因素;三,励精图治的国家;四,人类社会的拜金主义;五,平民之贪欲与王侯之贪欲的冲突及其导致的一场大火。为了描写这场假面舞会,作者借鉴过意大利画家曼坦尼亚的《凯撒凯旋图》和德国画家丢勒的《马克西米利安皇帝凯旋图》。此外,他还从其他一些意大利名画借鉴过许多人物形象,如佛罗伦萨的女园丁和女果贩,渔夫和捕鸟者,樵夫,醉汉,丑角,带着思春女儿的母亲,以及古代传奇和神话中的角色和人格化的品质(如明智、贪婪等)。这些欢快、明朗、热烈的场面带有明显的意大利的痕迹;但有些研究家认为,本场的背景不在意大利,而是皇帝由教皇加冕后回朝的德国朝廷。

〔60〕 报幕人:原义为传令官、掌礼官;此处转义为剧情解说人。

〔61〕 骸骨舞:中世纪绘画常以死人骸骨与人舞蹈为题材,表示人生无常,是为"死之舞蹈"。

〔62〕 皇上出巡罗马:古代德国皇帝到罗马去接受教皇加冕。

〔63〕 神圣的脚下:伏吻教皇的拖鞋,是一种恭顺的标志。皇帝已经获得皇权,现在请求教皇赐于他享受这种皇权的权利。

〔64〕 丑角帽:暗示假面舞会。此处是说皇帝从意大利不仅取得新的名位,

还把狂欢节的风俗也带回德国。

〔65〕 女园丁们:她们来自佛罗伦萨,跟着回朝皇帝的卤簿来到德国。现在她们叫卖假花,那些假花以橄榄枝、穗冠、奇巧花冠、奇巧花球等形状说话,而蔷薇骨朵儿把它们当作真花来回答。假面舞会由这一群年轻貌美的未婚女子开场,同前场表现的朝廷窘境形成强烈对照。

〔66〕 假花:意大利的假花可以乱真,在歌德时代成为风尚。

〔67〕 条条片片五彩缤纷:假花由排列均匀的彩色条片制成。

〔68〕 "高贵的头颅":橄榄枝是和平的象征,不愿与其他花草争奇斗艳;现被视作最高的奖品,装饰奥林匹克竞技优胜者的头颅,似不符合它谦和的天性。

〔69〕 "刻瑞斯的礼物":刻瑞斯是罗马神话中的禾稼女神,人类的养育者,相当于希腊神话中的得墨忒耳。刻瑞斯的礼物指谷物。

〔70〕 特俄弗拉:又译泰奥弗拉斯托斯。希腊植物学家(公元前372—前287),亚里士多德的弟子,著有《植物史》。

〔71〕 挑战:蔷薇骨朵儿向奇巧花球等挑战,是从这一行,而不是从后面第七行开始。一些较旧的原文版本把这八行台词分开,前六行由"挑战"来发言;近版已改正。

〔72〕 春神:即罗马神话中的花神。

〔73〕 允诺与眷许:隐喻含苞与开放。

〔74〕 褐脸汉子:指叫卖水果的男园丁们。

〔75〕 沾沾光:原文为"配对",既可解作水果配得上春花,也可解作男园丁配得上女园丁。

〔76〕 轮番唱着:可能作者原来计划让上文对唱持续下去。

〔77〕 母亲和女儿:从此处起,天真无邪的欢快明朗气氛为世故的烦恼所替换。

〔78〕 抓单:青年男女一起玩的一种游戏,开始相互配对,没有找到对象的"第三者"即遭痛殴。

〔79〕 对话:这三行提示说明作者原来计划增加新的场景,后未果。

〔80〕 樵夫,丑角,食客们:樵夫是苦力,丑角是二流子,食客们则享用苦力的劳动成果,后二者与前者形成对照。此处丑角特指意大利假面丑角。

〔81〕 得说清楚话:把我们的粗笨值得夸奖的道理说清楚!

〔82〕 "怎样动脑筋":在没有柴火取暖的房间里,思维的脑筋会冻僵。

〔83〕 生来就罗锅:生来由于服劳役而畸形。

〔84〕 吹气有两招:一招吹热汤,一招吹凉手,同一张嘴的凉吹和热吹,标志了人类的模棱两可。参阅伊索寓言和莱辛的寓言论文。

〔85〕 后面那位:向观众席呼叫。

〔86〕 各派诗人登场:也是一段未实现的提示。除了讽刺诗人,其他各派诗人均无具体表现,他们都是浪漫派,其诗作均随读者口味而变,而讽刺诗人则相反,只创作"人人厌闻糟心事"。

〔87〕 黑夜诗人和墓茔诗人:又是一段未完成的提示。可能暗讽德法浪漫派作家,如维尔纳、霍夫曼、梅里美、雨果等人,他们都描写过黑夜、坟场、十字路、吸血鬼等恐怖题材。歌德曾针对这些作品对爱克曼说过:"代替希腊神话的美丽素材,我们现在却有魔鬼、母夜叉、吸血鬼,而古代高贵的英雄人物则让位于骗子和流放犯。这些东西顶开胃!它们很有市场!但读者一旦尝到这种辛辣菜肴,习惯了这种滋味,就会要求更富于刺激性的作料。"他还在他的由温克尔曼定稿的论古典艺术的文章中说,希腊神话即使描写恐怖题材,也从未丧失其品质与魅力。

〔88〕 美惠三女神:宙斯的女儿,司掌美丽与快乐的女神,女性优美的化身。希腊诗人赫西俄多斯在《神谱》中称之为三位:欧弗洛绪涅(喜悦)、阿格莱亚(光明)和塔利亚(繁荣)。神话学者认为她们分别代表馈赠、领受和感谢。歌德把第二位换成赫革摩涅(女霸主),也许是为了避免同缪斯塔利亚(喜剧女神)相混淆。"美惠三女神"的原文又作"优雅"解,故三人唱词都提及优雅。

〔89〕 命运三女神:按照希腊传说,拉刻西斯年纪最大,克罗托最小;克罗托纺生命线,拉刻西斯分配生命线,阿特洛波斯剪断生命线。歌德这里把阿特洛波斯和克罗托的角色加以倒换,让前者细心纺线,并警告世人即使在欢乐中,也不能把线绷得太紧,而克罗托则宣称剪刀应当交给她,因为阿特洛波斯曾经延长无用的生命,而把年轻有为者的生命线剪断,所以她把剪刀放进鞘里,以免重蹈覆辙。

〔90〕 织工:上帝,造物主,死神。

〔91〕 鸽子,毒蛇:《新约·马太福音》第十章第十六节:"你们要灵巧像蛇,驯良像鸽子。"

〔92〕 复仇三女神:古希腊的复仇女神原本是手执毒蛇和火炬的凶恶形象,歌德这里把她们换成年轻貌美、甜言蜜语的少女,仅在爱情范围内幸灾乐祸。阿勒克托代表滋生疑窦的谄媚,外表天真无邪的诽谤,千方百计离间情人的恶势力;墨该拉代表由于任性、冷淡或餍足而产生的疏远,恩爱夫妻的拆散者;唯独提西福

涅忠于昔日的职责,专门惩罚不贞者。

〔93〕 这不过是笑话:指阿勒克托为未婚夫妇所做的一切。对于已婚夫妇,墨该拉却能施加更其恶毒的手段,使他们对于幸福的渴望永远无法满足,从而苦不堪言。

〔94〕 靠拢冰霜:他轻视真正爱他的人,却去追求冷酷无情的女子。

〔95〕 阿斯摩狄:破坏婚姻的恶魔。据《旧约·经外书》之《多比雅书》第三章第八节,曾依次将一个女子的七个丈夫在新婚之夜杀死。

〔96〕 可跟你们不一般:在现实人物和神话人物之后出场的是寓意人物。

〔97〕 一座大山:比喻大象,象征国家或政府的权力。它颈上坐着的女人是"明智",背上站着的另一个女人是"胜利女神",带锁链在旁边步行的贵妇人是"恐惧"和"希望"。"恐惧"什么也不干,"希望"则不计后果地想干一切,二者如不加以约束,可能使社会脱离安全的中庸之道,故"明智"说它们是"人类的两大敌人"。歌德曾于一八二九年十二月二十日同爱克曼谈过如何把狂欢节、假面舞会、大象、胜利女神等搬上舞台的问题。想让大象上舞台,可能是从曼坦尼亚的名画《凯撒凯旋图》受到启发,上面就有四只大象。

〔98〕 提示一番:大象和女人的寓意只可意会,不可言传。报幕人也只是提示一下而已。

〔99〕 自由自在:恐惧渴望自由,因此并不自由。希望与之相反,即使不自由,也觉得自由自在。

〔100〕 两大敌人:歌德把恐惧和希望说成普通人的两大敌人,可能是受斯宾诺莎的影响,同时也有自己的人生经验作根据。意大利作家格拉齐尼在其《明智的胜利》中也说过恐惧与希望为人生之大敌。

〔101〕 名叫维多利亚:拉丁文"胜利"的音译。

〔102〕 佐伊罗—忒耳西忒斯:佐伊罗是公元前三世纪希腊修辞学家,以酷评柏拉图、伊索、苏格拉底、荷马等人而著名。忒耳西忒斯是荷马《伊利昂记》里的角色,希腊军中最丑的人,诽谤成性。这里把二者合并成为一个双重人格的怪物,经报幕人痛击后干缩成一枚蛋,从中爬出毒蛇和蝙蝠,作为恶毒与黑暗的象征。在这个假面后面藏着梅菲斯特。

〔103〕 豪华车辆:车上坐着财神普路托斯,贪吝作为对立面陪伴着。御车者是天马行空的诗才。歌德原本想把御车少年写成欧福里翁,可是后者得在第三幕诞生,不可能提前出场。歌德在一八二九年十二月二十日对爱克曼这样谈,

"普路托斯的假面后面是浮士德,贪吝的假面后面是梅菲斯特,这你已经注意到了。可御车少年是谁呢?是欧福里翁。……欧福里翁不是人,只是一个象征。它是诗的人格化,不受任何时间、地点或人称的限制。这样一个精灵,后来可以变成欧福里翁,现在则作为御车少年出现,就像随时随地显灵的鬼怪。"

〔104〕 并没有把人群分开:车辆在人群的头上驶过。

〔105〕 这些地方:指皇宫大院。

〔106〕 譬喻:即寓意,通过具体形象(往往是人形)表现一个观念或思想。这里以"车辆"比喻财神普路托斯,和"贪吝"相对照;后文又说车辆是由"诗"驾驶的。在十八世纪,譬喻和象征往往混淆不清,歌德多次试图把二者区别开来。

〔107〕 多么华丽的衣裳:古希腊自拉自唱的歌者的服装。报幕人此处所描述的形象近乎太阳神阿波罗。

〔108〕 头巾:指东方富贵王侯的头饰和标志。

〔109〕 我是奢侈,我是诗:包括一切艺术财富。

〔110〕 我的财富不可限量:诗人的财富是精神上的,不同于普路托斯所代表的物质财富。

〔111〕 不翼而飞:庸众对于诗歌艺术缺乏了解,他们把赠品抢到手,也不过是一场空。

〔112〕 金光闪闪虚晃了一招:御车少年所抛撒的都是假金。但是这正是他的本质(即下一句所谓"外壳的内核"),因为诗艺本来只与美的形式相关。至于珍珠变成甲虫,宝玉变成蝴蝶,则既表现诗人的糜费,也反映了普通读者对于诗的糟践。

〔113〕 "你额头的桂冠,不正是我别出心裁亲手为你编成?":御车少年对普路托斯讲的这段话,被一些研究家看出了其中的深意。例如《浮士德》英译者贝阿德·泰勒认为,卡尔·奥古斯特大公和歌德之间即统治者和诗人之间五十年高尚而亲密的情谊,在这里得到微妙而动人的反映。因此,报幕人对普路托斯的描绘使我们看到的,既不是浮士德也不是财富,而是歌德眼中的卡尔·奥古斯特。泰勒还认为,由于歌德宣称御车少年和欧福里翁是一个人,那么欧福里翁也未必真是拜伦,而应看作歌德自己。这个观点在《古典的瓦尔普吉斯之夜》荷蒙库路斯出场时还将涉及。

〔114〕 精魂的精魂:仿《旧约·创世记》第二章第二十三节:"这是我的骨中的骨,肉中的肉。"艺术以财富为前提,同时又美化了财富。

〔115〕 青枝:指诗人头上的桂冠。

〔116〕 亲爱的儿子,你使我称心如意:这句"真言"不是普路托斯的,而是借自《新约·路加福音》第三章第二十二节:"你是我的爱子,我喜悦你。"

〔117〕 昙花一现:诗神将他的灵感分赠给许多人,但是除了使个别人在创作上放出异彩,对于大多数人不过是昙花一现而已。

〔118〕 形销骨立者:指戴着"贪吝"假面的梅菲斯特。妇女有节俭意识,被认为是"贪吝",所以梅菲斯特以拉丁语阴性名词"阿瓦莉霞"自称;自从妇女转向奢侈浪费,男人反而显得吝啬,梅菲斯特又改用德语阳性名词"贪吝"了。

〔119〕 领头的妇女:被谴责浪费的女士们的代言人。她担心形销骨立的贪吝会以他的牢骚挑拨观众席上的男士们。

〔120〕 去寻找孤独:歌德在多处提到,真正的诗才只有在孤独中才能发展。

〔121〕 我爱你有如至亲:诗人和财神在慷慨施舍上是一致的。财神使人变得富裕,诗人则使人在精神上大有收获。

〔122〕 "他是应当投靠你还是投靠我?":是应当委身于物质的、保证舒适生活的财富,还是委身于需要不断努力的高级精神生活,人们常常犹豫不决。

〔123〕 暴露了自己:向大众开诚布公,是诗人的本性。参阅《西东合集》"酒保之书,"诗人枉然沉默,作诗本身就已是暴露。"

〔124〕 手杖:报幕人的手杖有魔力,只要敲一下,就能把锁打开。

〔125〕 它:一种神秘的、不可言说的、不可把握的宝藏。

〔126〕 金血:熔化了的像血一样奔流的金子。

〔127〕 杜卡托金币:中世纪铸于威尼斯的一种金币。

〔128〕 快把这些家伙全轰走:御车少年(诗歌天才)一走,普路托斯的角色就单纯是物质财富的典型。他打开宝箱,引得群众争先恐后,与御车少年散宝时适成对照:精神财富变成了甲虫,扔在他们头上的灵感火苗灰飞烟灭,而今物质财富一显露,即使报幕人连呼是骗局,是"化装玩笑",仍使"这些家伙"如醉如狂,终于陷进一场大火。

〔129〕 魔圈:普路托斯围着宝箱画了一个魔圈,以保证恢复秩序。圈内是普路托斯即浮士德,还有贪吝即梅菲斯特,最后还有报幕人。

〔130〕 这干瘦傻瓜想搞什么名堂:粗俗的物质欲望在人民身上占了上风,继之而来的便是普遍的道德沦丧,其化身就是梅菲斯特。他把软化的金子捏成各种猥亵形状,象征没有文化修养的物质财富走向寡廉鲜耻的必然的结果。歌德这

里可能想到了路易十五、十六时代的法国社会。

〔131〕 祸从天降:指皇帝戴着大神潘的假面即将驾临现场。"法则"指报幕人用手杖让梅菲斯特"滚蛋";"必然"则是说,皇帝驾到,必然制止他的胡作非为。

〔132〕 粗野群队:指伴随大神潘一同出场的芳恩、萨蹄尔、土精等角色,象征无知的群氓。

〔133〕 大神潘:希腊神话中的森林畜牧之神,头有角,脚生羊蹄,浑身长毛,喜与宁芙跳舞,常发怪叫。在假面舞会上,"大神潘"是皇帝,这是"人所不知"的。

〔134〕 他们不知向何处去:那些无知群氓缺乏由智力与经验而产生的预见,只能随波逐流,毫无明确目的。可能暗讽法国大革命的群众。

〔135〕 花枝招展的人们:指戴假面的达官贵人,与"粗野群队"相对照。

〔136〕 芳恩:罗马神话中的森林畜牧之神,形状与希腊神话中的潘相似,喜捉弄人。

〔137〕 萨蹄尔:希腊神话中的山野小神,酒神的随从,与芳恩形似。

〔138〕 土精:住在地下的侏儒,守护矿藏的精灵。平日工作紧张,没有"成双成对"的闲情逸致。

〔139〕 小矮人:土精的俗称。

〔140〕 岩石外科医生:矿工像医生一样,善于从大山的金属矿脉抽取血液(即金属矿苗)。

〔141〕 三诫:即戒偷盗、戒奸淫、戒屠杀。

〔142〕 不是我们的错:土精只负责开矿;人类用以制造什么,不能由它们负责。

〔143〕 林中野人:这里所描写的巨人是北德民间传说中的妖精形象,曾见于普鲁士贵族的纹章上,被考古学家推断为希腊芳恩的后代。在假面舞上,他们作为大神潘的卫士出场。研究家们对以上这几个角色的寓意有过如下探讨:有人认为芳恩代表肆无忌惮的肉欲,萨蹄尔代表了蔑视人民的统治意志;土精代表对于权力与财富的贪欲;巨人们代表帝座周围镇压人民起义的愚蠢固执的官僚。另有人认为芳恩代表农民;萨蹄尔代表煽动政客;土精不仅是寓意人物,作为地下宝藏的守护者,还与梅菲斯特下一幕的理财计划有关。

〔144〕 宁芙:希腊神话中主管山林水泽的女神。

〔145〕 天地万物:"潘"后被误与希腊语 Pān(一切)相混淆,故大神潘又被视为"天地万物"的象征。

〔146〕 他中午好梦方酣:夏日中午寂静时,古人认为是大神潘在睡觉。他一旦醒来,就会雷电交作,使众生恐慌。

〔147〕 如意棒:用以探测矿脉、水脉的魔棒。又一次暗示梅菲斯特的理财计划。

〔148〕 神奇的源泉:指普路托斯的宝箱中的金银财宝。

〔149〕 你有能力完成此举:指批准发行纸币。

〔150〕 光着下巴的:指皇帝,他的假面脱落了,忙用手捂住脸,不让人看见他。

〔151〕 胡子烧着了:据史书记载,一三九四年化装狂欢节,奥尔良公爵曾经拿火把在装扮成野人萨蹄尔的查理六世的下巴下面照亮,由于点燃麻须和沥青而使国王的盛装付之一炬,几个赶来营救的廷臣随之牺牲。国王为此久久不欢。

〔152〕 皇帝烧着了,还有他的随从们:除了上述史书根据外,有的研究家认为象征革命,有的认为象征财富的无常。

〔153〕 那些家伙:指用多脂易燃的针叶树枝为皇帝准备假面盛装的侍从。

〔154〕 哦殿下,殿下:据考证,指魏玛大公的国务大臣。

〔155〕 树林:大厅里的绿叶布景。

〔156〕 玩火游戏:据最早流行的浮士德民间故事,浮士德曾经在宫廷里施魔术,为皇帝召唤过雷电。

〔御苑〕 在前一场,浮士德化装成为财神普路托斯;现在他跟梅菲斯特同上,打扮得与朝臣一样,言谈举止符合朝廷礼仪,却以大魔术师的身份说话。

〔157〕 冥王普路同:在希腊神话中,又称为"哈得斯"。鏖火熊熊的大地深处的统治者。从这句台词来看,皇帝并未感到任何危险,而是觉得火焰从下旋转而上以致把他淹没,竟是对于他的威风的一次新的颂扬。

〔158〕 火蛇:据说是一种长尾巴的蛙类,经火不坏,故为火精的象征。

〔159〕 每种元素都无条件地承认你的威风:在任何情况下,皇帝总是皇帝,总会保持其固有的威严。如梅菲斯特后文所说,如果皇帝进到了水里,水会为他隆起而成宫殿,海洋女神也会承认他是皇帝或统治者。

〔160〕 淡绿的海浪:参见歌德的《颜色学·教学部分》第七十八节:"如果潜水员沉入海底,阳光照着他的钟形透明护帽,那么他周围被照明的一切便呈紫色;而阴影部分则呈绿色。"采珍珠的人也利用潜水员的钟形护帽。

〔161〕 尼雷依德们：海神涅柔斯及其妻多里斯的女儿们，忒提斯即其一。忒提斯与蚁民之王珀琉斯结婚，生著名英雄阿喀琉斯。梅菲斯特这里吹捧皇帝是"珀琉斯第二"，将要在神居的圣山奥林波斯找到座位。

〔162〕 那个宝座：奥林波斯山的座位须死后才能找到，所以皇帝说"为时尚早"。

〔163〕 《一千零一夜》：阿拉伯语文学名著。此处喻奇异之境。山鲁佐德是书中善讲故事的女主人公。

〔164〕 国运攸关的证券：纸币的发明具有不可忽视的重要性，故云"国运攸关"。一八二七年十二月二十七日歌德对爱克曼谈，"你会记得，国务会议一场的主旨就是财源匮乏，梅菲斯特答应负责筹措。这个主旨贯穿整个假面舞会，梅菲斯特安排皇帝装扮大神潘，签署了一张纸，使它获得金钱价值，然后成千上万地复制出来，加以传播。现在这一场，又在皇帝面前讨论起这个问题，他还不知道他已做了一件大事。财政大臣呈上钞票，解释了兑换方式。皇帝开始生气，继而了解到他的巨大收益，又不禁喜出望外，把新纸币随手赏赐周围群臣，退场时遗落几千克朗，让胖弄臣拾起，马上拿去换成了地产。"这段情节充满讽刺性，反映了歌德对于纸币的憎恶。

〔165〕 签名的就是您自己：假面舞会一场并未说明皇帝曾经签署纸币，此处加以补述。纸币的发行溯源于苏格兰金融家约翰·劳(1671—1829)，他把纸币引入了法国。歌德已于一七九二年了解到法国革命时期以土地为担保所发行的纸币。当时德意志各邦的国库证券亦因无足够后备金而迅速贬值。剧中由梅菲斯特制造的纸币，其所谓后备金也是不可捉摸的，因为宝藏并未开采，只存在于可能性中。

〔166〕 字母现在正属多余：纸币赋予印在它上面的组成皇帝名讳的字母一种特殊的意义，使一般字母相形见绌，几近"多余"。

〔167〕 凭此标记：据说罗马君士坦丁大帝三一二年在一次决战前夕看见天空出现一十字架，上书"凭此标记汝将获胜"等字样。此处系套用。

〔168〕 折扣：纸币的票面价值往往不能全部兑现。一部分折扣为银行所有，一部分成为承兑人的贴现，还有一部分可能由于对纸币缺乏信任所致。

〔169〕 过量的宝藏：浮士德可能想到地下尚未开采的宝藏所代表的无穷财富，并计划开采出来为民造福。他认为，最大的想象力也无法穷尽它们在农业上和矿业上的广阔用途。与浮士德相比，梅菲斯特则一心从事欺骗。

〔170〕 挖掘一番:如果承兑人怀疑其价值,不给国库券兑换硬币,那么就得"挖掘"金子了。如果找不到金子,就得拍卖贵金属艺术品,以表明自己有非现金偿还能力,并使承兑人继续接受纸币。

〔171〕 方旗武士:拥有自己的或世袭的战旗的贵族领主。

〔172〕 你活转来:弄臣在《金銮宝殿》一场已被梅菲斯特杀害过。让死人复活不过是作者的游戏笔墨。

〔173〕 阁下:对贵族的称呼。梅菲斯特把弄臣作为未来的领主,戏称他为"阁下"。

〔174〕 傻子的聪明:只有弄臣把本身毫无价值的纸币立即变成价值稳定的地产,故云。

〔**阴暗的走廊**〕 浮士德在这一场承担了为皇帝召唤帕里斯和海伦的幽灵的任务,这是与原浮士德传说相符合的。不同的是,梅菲斯特在传说中自愿把海伦弄来当浮士德的情妇;而在这里,他仍忠于他的粗鄙的哥特族性格和对美的否定,经过再三推诿才向浮士德交出了钥匙。

〔175〕 新债:海伦的世界对于凡人是禁区,浮士德坚持要走进去,故云"欠下了新债"。

〔176〕 异教民族跟我无缘:梅菲斯特属于中世纪基督教世界,与古代希腊民族没有关系;他对浮士德说,帕里斯和海伦死后待在他们自己的地狱里,是他力所不及的。他显然不愿帮助浮士德完成这个任务,但限于两人之间的契约,才勉强把召唤方法告诉浮士德,让他自己去找。

〔177〕 "她们就是'母亲'!":据爱克曼记录,歌德一八三〇年十月一日曾对他说,"我只能向你透露这一点,我在普鲁塔克那里发现,在古希腊是把母亲当作女神来对待的。这就是应归功于传说的一切,其他都是我自己的创作。"所谓"普鲁塔克那里",是指他的《马尔凯路斯传》,其中提及西西里的古镇"由于被称作母亲的女神们显灵"而著名。

〔178〕 最后还把自己交给了恶魔:这几句台词是后来添上去的。可能是为了暗示浮士德在最初独白中已经流露的内心孤寂。由于对事物根源穷究不休,他不得不认为传统知识空洞无物。

〔179〕 反其道而行之:古代所谓伟大秘密的宣告者惯于夸大其词,向新入门者允诺**一切**,其中实际上空无一物;相反,梅菲斯特宣称的**无**,据浮士德的看法,

实际上意味着**一切**,即最高的知识。

〔180〕 那只猫:猫为猴子火中取栗的故事,见"伊索寓言""拉封丹寓言"等。

〔181〕 这把钥匙拿去吧:一些研究家断定,钥匙和后面出现的三脚香炉均有象征意义,前者代表"直觉",后者代表"深沉的智慧"。有的研究家则认为,二者不过是剧作家试图通过某种感性事物加强读者或观众的想象力的手段。

〔182〕 毛骨悚然:即惊异的表情。像柏拉图和亚里士多德一样,歌德也把作为冷淡(麻木)之对立面的惊异视为科学研究的最高成果。一八二九年二月十八日他对爱克曼说:"人所能及的最高事物是惊异,如果原始现象使你惊异,你就该满足了!"

〔183〕 沉下去!……浮起来! 全无所谓:如果空间全然取消了,沉下去和浮起来根本上就是一回事。

〔184〕 摆脱物象的领域:在这里物象已经丧失或者尚未具有固定的形态。海伦已经逝去,她作为美的实体久已不复存在,留下来的只是作为美的象征的抽象的海伦。

〔185〕 三脚香炉:像钥匙一样,是供观众掌握纯精神事物的一种感性工具。

〔186〕 一切造物的图形:歌德在普鲁塔克的《神谕的没落》一文中读到关于神性三角形的一段话:"三角形的内面可以看作各个世界共有的一个公灶。其中固定地存在着已有过和将要有的一切事物之根源、形象和原始形态。"柏拉图在他的国家论中也把"理念"说成原始形态。

〔187〕 又顿着脚浮上来:浮士德不要符咒也可以沉下去;但要有较高的法术,才可单凭意念实际进入超感官的世界。

〔**灯火通明的大厅**〕 这一场是海伦出现以前的过场。在传说中,浮士德还为皇帝请来了亚历山大大帝及其皇后,到忏悔节才为学生们请来了美人海伦——海伦并不属于主要情节。在歌德笔下,大世界的浅薄、造作的社会通过海伦出现以前的喧嚷和胡闹,与对于美的理想的纯粹追求形成鲜明对照。

〔188〕 谁想掘到宝藏,找到美人:在当前情况下,待掘的宝贝就是作为美的概念的海伦。

〔189〕 让我踩你一脚:歌德在这里借梅菲斯特之口讽刺了哈内曼大夫一八一〇年命名为"以毒攻毒"的顺势疗法。

〔190〕 就像马蹄一样:梅菲斯特的一只脚为马蹄。

〔191〕 火刑堆：焚烧女巫、魔术士或异教徒的柴堆。凡与执行死刑相关的东西，据说都有魔力。

〔骑士厅〕 一八二九年十二月三十日，年逾八旬的歌德向爱克曼朗读了海伦现形这一场充满浪漫色彩的台词。他所受的启发首先来自浮士德传说，继而有汉斯·萨克斯关于马克西米利安皇帝与一名术士的箴言诗(1564)，还有汉密尔顿伯爵的《魔术士浮士德》德译本(1778)。在后一种中，浮士德为伊丽莎白女王召来了海伦、玛丽安娜(犹太暴君赫罗德之妻)、克莉奥佩特拉等美人，这些人物遭到女王及埃塞克斯、西德尼等大臣的挑剔。当女王向一个幻影，"美丽的罗丝蒙德"(亨利二世的情妇)说话时，发生了爆炸，浮士德随即昏倒在地。以上类似情节围绕海伦的现形，大致保留在本剧中。

〔192〕 报幕人：为了加强神秘气氛，他原有的报幕任务被取消了。本场的情节后来由星士而不是由报幕人来说明。

〔193〕 伟大时代的战火：所谓"伟大时代"或指中世纪德国霍亨斯陶芬王朝，或指亚历山大或凯撒的古代；所谓"战火"是指挂在墙上的当时的会战图画。

〔194〕 墙壁，快快分开：指可分扇移动的墙壁道具。

〔195〕 阿特拉斯：希腊神话中擎天的巨人。

〔196〕 建筑师：舞台上的建筑物是古希腊的陶利克式神殿，这里提及它的巨大圆柱，后文还将提及它的三陇板。歌德让建筑师出场，不仅讽刺德国人偏爱哥特式艺术，还在于暗示古典主义和浪漫主义最初相接触就彼此排斥。

〔197〕 尖形拱顶：建筑师这里称赞哥特式建筑，不称赞显得"笨重而累赘"的古代建筑。歌德在一七七一年也这样称赞过，十九世纪初叶的浪漫派也称赞过；但歌德后来又专门推崇古代建筑。

〔198〕 吉星高照的时辰：古代西方占星术士认为，根据一定时辰的一定星相可以判断凶吉。参阅注〔40〕。

〔199〕 正是不可能，才值得相信：拉丁神学家特塔连的名言："(耶稣死而复活)才是可信的，因为它荒诞；才是确实的，因为它不可能。"

〔200〕 身穿法衣：浮士德是作为祭司去见海伦的。参阅注〔212〕。

〔201〕 哦母亲们：即被称作"母亲们"的女神们。参阅注〔177〕。

〔202〕 它们希望千古不灭：所谓"存在过的"一切，不是指一般生命，而是指美的创造。"它们希望千古不灭"，是说艺术家从不承认自己的作品会真正消亡，

因为在神秘的精神领域,艺术形式一旦设计出来,就会像"鬼魂"一样存在下去,即使设计并没有实现成为作品。

〔203〕 吉利的生命之途:由于母亲们的意志,一部分原始形象变成了实体,于是在现象世界具有了生命。另一部分仍留在这个世界和这个生命的彼岸,只有像浮士德现在这样通过魔法的召唤,才能接近它们。

〔204〕 或团聚,或交叠,或分离,或配对:首先形成混沌,而后由混沌分出阴阳。

〔205〕 "万物都变成了旋律":万物形成的过程,是一门富于音乐性的建筑术。浪漫主义者格雷斯曾把建筑称作"凝固的音乐"。

〔206〕 三陇板:古希腊陶利克式神殿的一种雕饰,其中每个放在横梁上的直梁顶端都有三道垂直的裂缝。

〔207〕 风流倜傥的帕里斯:描绘陶利克神殿,是为美的理想的显现作铺垫。随着神秘的音乐,圆柱和三陇板的轰鸣,以及整个神殿的歌唱,帕里斯合着节拍走来,意味着美在人体上实现了最高的梦想。

〔208〕 牧童:特洛伊国王普里阿摩斯之子帕里斯曾经在伊达山上放过羊,遇见赫拉、雅典娜和阿佛洛狄忒三位女神,为谁最美而争夺一只金苹果;帕里斯帮助阿佛洛狄忒获胜,阿转而帮助他拐骗墨涅拉俄斯之妻海伦,由此引发特洛伊战争。

〔209〕 "皇上面前":在古代法国的宫廷剧场,演员即使一人留在舞台上,没有人看他,他也不能忽视对高贵观众的尊敬。

〔210〕 完全合乎自然:讽刺舞台上的自然主义。

〔211〕 是什么气味:是帕里斯和即将显形的海伦身上散发出来的仙气,即后文所说"芳香的少壮体气"。参阅荷马《伊利亚特》第十四歌第一七二行;《奥德赛》第四歌第四四五行。

〔212〕 自从我当祭司以来:指浮士德下冥界召请海伦的亡魂。此句是说,自从他宣誓充任海伦的祭司以来,世界才为他具有稳固的基础,永恒才在现象之流里为他公开。

〔213〕 倩影:参阅第一部注〔216〕。浮士德当年在魔镜中见到的"倩影",既不是玛格蕾特,也不是海伦,而是抽象的女性美;这里所见到的"美人"则是美的完善的理想。

〔214〕 只是头太小:当时许多人对于古代雕塑人体都有类似的批评。

〔215〕 画上的一双:指歌德所收藏的一幅仿刻塞巴斯蒂安·贡卡所绘《恩狄弥翁和路娜》的版画。恩狄弥翁是希腊神话中的美貌牧童,在宙斯法术下永远入睡,月神路娜每夜来吻他。

〔216〕 这珍宝倒手多少遍:海伦曾经跟过许多男人,故贵妇认为她不值钱。

〔217〕 从十岁起:据神话传说,海伦十岁时曾被人拐走。关于这件事,后文中浮士德将同喀戎、海伦本人和福尔库阿斯谈到。

〔218〕 说她就是那个人儿:海伦在神话中有真身、假身、梦身等说。

〔219〕 白须老翁:指特洛伊的文武老臣,参阅荷马《伊利昂记》第三歌第一五六行以下。这个故实亦由莱辛在《拉奥孔》中引用过。

〔220〕 简直太过分:浮士德这时已为海伦的美所迷惑,因此对帕里斯的幻影产生了妒忌。

〔221〕 《海伦受辱记》:这个剧名系仿莎士比亚的《鲁克丽丝受辱记》。星士这样说,显然为了激起浮士德的失落感,从而促成一场未发生的灾祸。浮士德说,"我要在这儿立定脚跟! 这儿才是真如实相",与他在第一部开场独白中所表现的对于知识的不耐和厌恶形成对照,由此预示了将使飞逝瞬间停留的高度满足。梅菲斯特如果不是由于否定性格,根本不理解浮士德对美的热情,他很可能有希望赢得他的赌注。

〔222〕 双重王国:融理想与现实为一体的领域。

〔223〕 再次属于我:一次是他把海伦从"母亲之国"带来;再次是他想保护她不为帕里斯所诱拐。

〔224〕 谁认识了她:意谓:谁能理解她作为美的理想的深刻意义。

〔225〕 触了他一下:据说触了一下幽灵的幻影,就会使它立即消失,并为触者本人带来生命危险。在汉密尔顿的《魔术士浮士德》中,伊丽莎白拥抱了一下罗丝蒙德的幻影,后者立即在雷电和烟雾中消失,浮士德被击倒在地。

〔第二幕〕 在前一幕结尾处,梅菲斯特背着昏迷的浮士德回到了书斋。这时浮士德的弟子瓦格纳正在实验室里闭门从事人造人。梅菲斯特帮助他造出了小人荷蒙库路斯。浮士德从昏迷中醒来,一睁眼就询问海伦的去向。于是荷蒙库路斯领着梅菲斯特和浮士德溯时间而上,去远古寻访海伦。第二幕就是浮士德与海伦重逢前的准备过程。全幕分三场:第一场是浮士德的旧居,瓦格纳已成为教授,梅菲斯特和他的助手进行哲学性的对话,与第一部《书斋(二)》梅菲斯特和学生的对话相映成趣;第二场是实验室里,荷蒙库路斯只有"精神"没有"物质",是瓦格纳脱离生活实践的产物;第三场是古典的瓦尔普吉斯之夜,是一次在通往希腊途中充满哲学思辨的时间旅行,浮士德去寻求美的理想海伦,荷蒙库路斯则去寻求他所缺乏的形体。歌德在一八二九年十二月六日对爱克曼谈道:"(第二幕的)构想是很早的,我思考了将近五十年,现在困难的只在于去芜存精了。整个第二部的构思也像我所说的那么早。因此,我在世事洞明之后才动手写,可能更好一些。我就像一个年轻时拥有许多小银币、小铜币的人,一生不断把它们兑换成大币,最后发现年轻时的财富在他面前变成一块块纯金。"

〔**高拱顶、狭隘的哥特式书斋**〕 梅菲斯特在浮士德的旧居,先与助手谈话,后与学士谈话。"助手"是新人,"学士"则是第一部与梅菲斯特谈过话的"学生"。身份的变化反映了时光的流逝。爱克曼一八二九年十二月六日问过歌德:"学士"是不是指某种唯心主义哲学家? 歌德答道:"它是青年人所特有的狂妄自大的化身,其触目表现在反拿破仑战争后几年很容易见到。甚至我们每人年轻时都会相信,世界原来从他开始,一切原来为他而存在。"

〔**226**〕 那个娃娃:即第一部的那个学生。

〔**227**〕 恩主:梅菲斯特是一切害虫之王。

〔**228**〕 恶棍在心里深深藏着真面目:恶棍的邪恶念头藏在心里,比虱子藏在皮袍里还严实。

〔**229**〕 总难免有一些怪癖奇想:原文 Grillen 是个双关语:既可解作"蟋蟀",又可解作"怪癖奇想"。从前解,可指梅菲斯特从皮袍里抖出的昆虫;从后解,可能讽刺冬烘学者的迂腐气。

〔**230**〕 俄瑞穆斯:教堂里的拉丁用语,意即"让我们一同祈祷"。助手把梅菲斯特错认作一位高级教士,故云以示尊重。梅菲斯特才接着说"免了"。

〔**231**〕 像圣彼得一样:据《新约·马太福音》第十六章第十九节,耶稣对彼得说:"我要把天国的钥匙给你。"这里是说瓦格纳拥有从天上到地下的宇宙间一切知识。

〔**232**〕 不知是什么星君在位:古代占星术士认为根据星位可以判断各个时辰的意义。助手关心瓦格纳的人造人的工程,故有此问。参阅注〔**40**〕。

〔**233**〕 烧炭工:瓦格纳作为炼金术士,成天站在炉前,所以像个烧炭工人。

〔**234**〕 学士:有人认为这个人物代表费希特的自我意识,但歌德否认这个

看法,见前注(《哥特式书斋》)。在第一部他听梅菲斯特训话,还是个一年级大学生,现在已获得学士学位,成为新潮流的拥护者。

〔235〕 瑞典头:模仿瑞典国王古斯塔夫·阿朵夫剪短发,不是浮士德时代而是歌德时代的风尚。

〔236〕 绝对主义者:这类哲学家认为精神、理性、知识、自我都是绝对的,不受任何制约的,如黑格尔、谢林、费希特等。梅菲斯特这里用这个名词开玩笑:剪短发不要剪成了光头。

〔237〕 "经验!不过是泡沫和尘土":从纯粹思维出发的思辨哲学排斥以感官知觉为基础的经验哲学。但是,对于科学家歌德来说,经验却是知识的第一源泉。

〔238〕 想找黄金却挖出煤层:语出希腊哲学家菲德鲁斯(柏拉图的对话者之一)。

〔239〕 老年是一场发冷的热症:语出罗马剧作家泰伦斯(公元前190?—前159)。

〔240〕 "一个人过了三十岁":费希特在一篇文章中说过:"如果人们活过了三十岁,我们为了他们的名誉,为了世界的利益,会唯愿他们死去,因为他们再活下去,只会不断损害他们自己和他们的环境。"这句话当时在耶拿和魏玛青年中间很流行。

〔241〕 如果我不愿意,魔鬼也不会存在:主观唯心主义者认为一切存在都是观念的产物。

〔242〕 "世界本不存在,得由我把它创造":叔本华认为,世界是我的表象;费希特认为,世界只是在我思考它时才存在。认为归根到底只有自我存在的哲学,被称为唯我论。

〔243〕 特立独行的人:即与众不同的、古怪的人。追求特立独行是狂飙突进时期也是浪漫主义时期的风尚。

〔244〕 "谁又能想到什么傻事或聪明事,是前人没有想到过的":罗马剧作家泰伦斯说过:"现在说的没有一句不是从前说过的。"歌德本人也经常表露类似的思想,例如一八二五年他曾说过:"人们总谈独创性,可这是什么意思呢?我们一出世,世界就对我们发生影响,直到最后。在任何场合,除了精力、力量和意志,我们能把什么叫作我们自己的呢?如果我宣布我多么得益于前人和同代人,那就不会剩下多少了。"

〔245〕 "正厅里不鼓掌的青年观众":青年观众不鼓掌,是因为他们像耶拿的大学生一样,都是费希特的信徒,也就是说,都同情学士的观点。还须了解,以一八一七年瓦特堡集会为顶点的德国大学生运动不欢喜歌德,对他长期表示冷淡,直到下一代才有所转变。

〔**实验室**〕 本场的基本情节是瓦格纳在梅菲斯特的参与下造出了小人荷蒙库路斯。荷蒙库路斯像前幕的"母亲们"一样,是个神秘的概念,引起研究家们的种种猜测,下文将要涉及。人造人的设想早在中世纪已在西方流行。德国炼金术士兼医师帕拉塞尔苏斯(1493—1541)在自己的著作中细致地描写过人造人的模样,并为他取名为"荷蒙库路斯"(拉丁语:小人);英国小说家劳伦斯·斯特恩在《特里斯特拉姆·项狄》第二章也谈到了荷蒙库路斯的性格。研究家们认为,以上著作都可能对歌德的创作有所启发。与此同时,英国小说家玛丽·雪莱(即雪莱夫人)也写过一部人造人的小说《弗朗肯斯坦因》(1818),歌德未必见到这本书。

〔246〕 钟声响了:即前场助手惊呼的"好大的声响!"。

〔247〕 活炭一样在燃烧:炭是一切有机合成的必要元素。

〔248〕 烟囱:炼金术士的丹炉。

〔249〕 那种令人销魂的精力,如今已经失去了它们的品级:这一段说明瓦格纳脱离生活实践,以致否认交媾对于人类的本能意义。

〔250〕 大自然一向使之成为有机体,我们却使它们结晶:**大自然**容许每个生物凭借其内在的生成本能形成自身;因此自然物是有机地发展的。相反,我们却从外部着手,让新的整体从个别部分产生。例如,可以让水在冰点经过震动而结晶成冰。

〔251〕 结晶的人:僵化的人。梅菲斯特对瓦格纳的讽刺。

〔252〕 荷蒙库路斯:十六世纪西方炼金术士试图人工制造的小人。据帕拉塞尔苏斯描写,小人造成了,模样像个人,但浑身透明,缺乏肉体,具有奇异的超人知识,对于行动与生成渴求不已。在剧中他被写成梅菲斯特与希腊英雄之间的介绍人,因为前者是"北方佬",对希腊美一无所知。他在具备形体之前充分发挥追求希腊美的本能,与浮士德通过爱求得解脱形成对照。歌德一八二九年十二月十六日对爱克曼谈:"你会注意到,梅菲斯特和荷蒙库路斯相比是不利的,后者在思想明晰程度上与之相近,但由于热衷于美与积极行动而更占优势。此外,他还称

他为老表叔;荷蒙库路斯并未由于一次完整的成人过程而变得模糊而褊狭,像他这样的精神物,我们可以置于神灵之列,二者之间可能存在着某种联系。"爱克曼说:"梅菲斯特在这里当然处于劣势;但我总认为他对于荷蒙库路斯的形成起过秘密的作用……"歌德接着说:"我曾经想过,梅菲斯特去见瓦格纳时,我应不应当让他说几句话,好让读者明白他也参与了这项工作。"爱克曼答道:"梅菲斯特在场末对观众说,'想不到我们归根结底,还得靠我们制造的小东西',这句话已经暗示了你的那个意思。"关于荷蒙库路斯,研究家们有过各种各样的说法,例如说他是"对美的创造的渴望",是"浮士德对于美的故乡的渴望",是"海伦的胚胎,因为他是形成中的人体美,而海伦是完成的人体美",以及"他之于梅菲斯特,恰如海伦之于浮士德","他与前文的御车少年和后文的欧福里翁都是歌德本人的天才的化身",等等。

〔253〕 真够味儿:荷蒙库路斯凭借其高级灵性能够透视浮士德的梦境,并认识它的深刻意义。

〔254〕 周围的景色多美:这一段叙述荷蒙库路斯一人所见的浮士德的梦境。浮士德在梦中已回到美的发源地,即海伦的父母,丽达和化成天鹅的朱庇特。这段描写系从柯雷乔的一幅画《丽达与天鹅》受到启发。爱克曼一八二九年十二月十六日对歌德说:"通过第二幕的这场梦,后面演的海伦戏才有实在的基础。关于天鹅和天鹅生海伦的故事说得够多了,但这里却把这个情节表演出来;我们对情节有了感性印象,再来看海伦戏,一切会显得更加清楚而完整!"歌德接着说:"你还会发现,在头几幕中,古典因素和浪漫因素已经在叮叮作响并被表现出来,因此我们就像走上一个斜坡,走向了海伦,在她身上两种形式的诗很引人注目,并得到某种协调。"梅菲斯特对这一切一无所知,因为他是中世纪的北方魔鬼,在他出世之前古典世界已经结束。他把浮士德背回旧书斋将息,此外无能为力;荷蒙库路斯却知道(像意大利旅行之前的歌德在魏玛一样),浮士德如不马上转移到他的梦得以实现的国土去,他就会死。

〔255〕 王后:即丽达,斯巴达王廷达瑞俄斯的王后。朱庇特化为天鹅与之交配而生海伦。

〔256〕 朦胧世纪:即黑暗的中世纪。魔鬼的概念是从中世纪产生的,古希腊没有这个概念。

〔257〕 到处是尖拱顶:荷蒙库路斯厌恶中世纪哥特式建筑。

〔258〕 我最能迁就:小人没有肉体,故能随遇而安。

〔259〕 古典的瓦尔普吉斯之夜：与第一部"浪漫的"（北方德意志的）瓦尔普吉斯之夜相对照，这里是指古希腊的群魔大会。足见，让浮士德去古希腊，是荷蒙库路斯而不是梅菲斯特的主意。梅菲斯特不懂"古典"，故后云"闻所未闻"。

〔260〕 浪漫主义的：即中世纪欧洲北方的。

〔261〕 西北部：指德国的哈尔茨山；东南则指希腊。

〔262〕 大平原：指法尔萨洛斯平原。

〔263〕 城分新旧两半：法尔萨洛斯分为新旧二城。公元前四十八年六月六日凯撒与庞贝在此决战，后者败北。

〔264〕 专制政治与奴隶解放之争：前者指凯撒，后者指庞贝却未必合适，这只是梅菲斯特的信口开河。

〔265〕 一波又起：是说法尔萨洛斯之战又将再起，例如卡塔劳尼安平原的匈奴战争。

〔266〕 阿斯摩狄：挑拨夫妻感情的魔鬼，此处泛称制造不和者。参阅注〔95〕。

〔267〕 这一位：指昏迷中的浮士德。

〔268〕 异教徒们紧紧闩上了门闩：梅菲斯特属于北方基督教世界，他认为可以用布罗肯山的一套办法来医治浮士德；但异教的希腊却使他不得其门而入。

〔269〕 忒萨利亚的女巫：忒萨利亚位于希腊北部，据云以女巫著称。梅菲斯特好色，荷蒙库路斯故意这样说。

〔270〕 这位骑士：指浮士德。

〔271〕 我在前面照亮：小人在玻璃烧瓶里放光，宛如灯笼。

〔272〕 i字上面的一小点：成语，意即画龙点睛之一点。此处指使荷蒙库路斯得以成人、而瓦格纳在实验中没有做到的一件东西，即荷蒙库路斯的肉体。

〔273〕 想不到我们归根结底，还得靠我们制造的小不点儿：爱克曼曾向歌德引用这一句，来证明梅菲斯特参与了荷蒙库路斯的制造。歌德答道："你说得对。对于细心的读者，这两行也许足够了；但我仍然在想，是不是还应有别的暗示。"他接着还说，"这两行颇有咀嚼的余地。一个有六个儿子的父亲，不论他想怎样安身，他都完蛋了。甚至国王们和大臣们曾经使许多人官高爵显，大概也可能从自己的经验来印证这一点。"

〔古典的瓦尔普吉斯之夜〕 本场和第一部的《瓦尔普吉斯之夜》是姊妹篇，

都偏离全剧的情节,以独特的方式抒发了作者本人对于真善美的追求。不同的是前一次狂欢假面舞会是在德国布罗肯山,体现了中世纪哥特式的浪漫主义,而这一次则充满古典的诗意——尽管其中包含许多哑谜,独创的纯审美的布局装进了一大堆科学观念,但丝毫没有挡住从希腊群山、海洋、岛屿吹来的诗意的微风。本来"瓦尔普吉斯之夜"的概念对于古希腊是陌生的,这个名称及其内容完全是作者的独创。八十高龄的诗人久已远离北方的魔术世界,这时他以激动人心的创作喜悦描绘从古代源源而来的美的图景。他在本场让浮士德通过其美感的觉醒与发展,走进了更高的人生阶段,同时也就把文学艺术中的古典因素和浪漫因素聚在一起,以便在一个崇高的摆脱各民族和各时代的习俗限制的领域将二者调和起来。作者说过,"古典的瓦尔普吉斯之夜"是引导读者走向"海伦"的一个斜坡,又把它称作"海伦的履历"。它的主旨就是美的观念的发展:浮士德与荷蒙库路斯结识后,便沿着美的线索缓缓向上运动,从人面狮和雕头狮直到乘坐贝辇而来的伽拉忒亚;梅菲斯特作为否定的精灵,在本场无所事事,他之所以出场,只为了充当美的对立面,或者讽刺性的陪衬——他从同样的起点出发,沿着丑的线索向下运动,直到遇见丑的最古典的化身福耳库阿斯;荷蒙库路斯渴望开始一个自然的生存,像一粒磷火闪烁于一切之上,他的发展成人的全过程正反映了作者本人对于自由而美好的诗意生存的向往。在这两条线索之间还穿插了水成说和火成说的地质理论,作者颂扬前者而讽刺后者,正反映了他主张渐变的自然观和历史观。"瓦尔普吉斯之夜"的本质在于混乱,表现这种混乱本是作者的艺术意图,但是读者如能深入整体或个别部分,就会发现一种令人惊异的次序和结构,其中每个细节对于主题思想都有其特殊的关系。

〔**法尔萨洛斯旷野**〕 法尔萨洛斯系希腊北部以东忒萨利亚平原、阿匹达诺斯河上的著名城市。该市旷野为公元前四十八年六月六日凯撒与庞贝进行决战的古战场。荷蒙库路斯一行从北国的"实验室"出发,由此处进入希腊国境,开始了"古典的瓦尔普吉斯之夜"的旅行。

〔274〕 厄里克托:前场荷蒙库路斯向梅菲斯特提到的忒萨利亚的女巫之一。一般被描写成复仇女神和嗜血怪物。据罗马诗人卢卡努斯的叙事诗《法尔萨利亚》第六章,庞贝曾经在大战前夕向这位寄居墓茔的女巫询问过胜负与休咎。

〔275〕 可怖的节日:传说每年六月六日、法尔萨洛斯大战周年纪念日前夕,阵亡者的幽灵聚集在古战场上空,重新进行一场恶战。

〔276〕 诗人们:除上述卢卡努斯外,罗马诗人奥维德也描写过厄里克托。

〔277〕 我可没有他们说的那么丑恶:厄里克托在这里并不显得如何"丑恶"。作者信笔让她出场,一来便于介绍古战场法尔萨洛斯旷野,二来作为三个"空中飞人"经过此地的见证人。

〔278〕 灰色篷帐如白浪翻滚:灰色篷帐的幕布被风吹着有如波浪。但下文却说篷帐只是幻影。

〔279〕 幻影:在肉眼所见的影像后面,心灵的眼睛看得见第二个经常重复的精神影像,物理学上谓之余像。厄里克托看见决战以前曾在此处休整的敌军,夜间经常以幽灵形状出没于原处。

〔280〕 以武力取之并进行暴力统治:指凯撒。

〔281〕 自由花冠被撕碎:共和主义的自由屈服于即将来临的独裁政治。厄里克托把维护元老院和贵族寡头政治的庞贝说成是为罗马的自由而战。参阅前场梅菲斯特把凯撒与庞贝之战说成是"专制政治与奴隶解放之争"。

〔282〕 胜利者:即统治者凯撒。

〔283〕 伟大的庞贝:"伟大的"是庞贝的别号。据卢卡努斯的《法尔萨利亚》第七章,庞贝在决战前夕梦见了罗马人民在剧场里向他欢呼他年轻时建立的武功。

〔284〕 天平指针:指决定双方命运的一战。

〔285〕 火燃得发蓝:据歌德的颜色论,火在亮处发蓝,在暗处则发红。

〔286〕 流星:荷蒙库路斯藏身的夜间发光的烧瓶。

〔287〕 宛然球形:指裹在梅菲斯特的大氅里的浮士德。

〔288〕 不宜于接近活体:厄里克托寄居墓茔,避免与活人接触。

〔289〕 鬼气森然:请注意三个空中飞人对于新的环境的不同印象。

〔290〕 高个子女人:指厄里克托。

〔291〕 骑士:指浮士德。

〔292〕 仙境:指希腊。

〔293〕 她:在希腊土地上苏醒过来的浮士德开口就问到"她",证明从第一幕末尾以来只有一个印象留在他的下意识,那就是海伦。

〔294〕 去各自探险:浮士德追求美(海伦),梅菲斯特追求丑(女巫),荷蒙库路斯追求形体。

〔295〕 乡土……水波……空气:海伦并非出生在忒萨利亚,也没有到过这

里,但这里是希腊的国土,她呼吸过的空气可以流通到这里来。

〔296〕 来到了希腊:浮士德一接触这片古典的土壤,他就从昏睡中苏醒过来,他的艺术本能立即告诉他,他可以跟踪追上海伦。

〔297〕 安泰:据希腊神话,他是海神波塞冬和地神该亚的儿子,只要与地母保持接触,就有无穷的力量,因此天下无敌,后为赫剌克勒斯提离地面而被杀。

〔珀涅俄斯河上游〕 珀涅俄斯河是忒萨利亚的主要河流,发源于品都斯山,先向东流,后向东北流,经俄萨和珀利昂二山之间的坦培峡谷,进入特尔迈海湾。这一场主要写梅菲斯特在途中与希腊神话中的奇禽异兽胡诌,浮士德为寻找海伦而与他分手。

〔298〕 完全陌生而迷茫:梅菲斯特是中世纪基督教的魔鬼,对古希腊的裸体看不惯。这段话也反映了歌德本人认为古典艺术纯洁朴素的著名观点。

〔299〕 人面狮毫不害臊:人面狮和雕头狮赤身裸体而不怕难为情,反映了肯定人体美的希腊艺术精神。"人面狮"在埃及为狮身和男人头,在希腊为长翅母狮和女人头。

〔300〕 总觉得古风未免过于逼真:梅菲斯特以北国清教徒自居,认为那些人体雕像太露骨,主张按照时尚来裱糊它们。

〔301〕 在字源学上:那些以 gr 开头的单词都是令人不快的单词。这一段文字游戏系讽刺与作者同时代的一些语言学家,他们把一些不相干的单词按照它们的头韵凑在一起,试图追索它们的共同词根。

〔302〕 念起来倒令人中意:Greifen 除了是"雕头狮"的复数,还可解作动词"抓取"。梅菲斯特听见雕头狮说 gr 念起来怪不舒服,便讨好地答道,grei 念起来倒令人开心。"雕头狮"为狮身和猛禽头,古代宝藏守护者。

〔303〕 这种近似性已经通过考验:雕头狮接受梅菲斯特的解释,认为它的名号和"抓取"(greifen)同源,而同以上以 gr 开头的令人不快的单词无关,并将拉丁谚语"勇者交好运"改成"只要去抓就能碰到好运",来为自己捧场。

〔304〕 蚂蚁们(巨型):据希罗多德的《历史》第四章第二十七节,在印度有一种巨蚁,体大如狐,掘出金砂,在地下筑巢。据同书,阿里玛斯波人系散居塞库提亚草原的独眼民族,经常与守护黄金的雕头狮发生战斗。

〔305〕 老不正经:原文为英语 Old Iniquity,字面意义为"古老邪恶"、"老不正经"等,在古代劝善剧中往往用以称呼小丑。但是,背上"罪恶"黑锅的小丑并

非魔鬼,而是魔鬼的随从。

〔306〕 字谜:用哑剧动作表示谜底一部分意义的谜语。这里指希腊忒拜人面狮向过路人所出的那则著名的谜语。

〔307〕 把你自己说清楚,就是一个谜:显然古希腊的人面狮一眼就认出了中世纪的魔鬼,才接着出了一个以魔鬼为谜底的谜语。

〔308〕 都只为给宙斯逗逗乐儿:魔鬼对于善人有如练习击剑时用的胸甲,是说善人经受魔鬼的罪过,可以锻炼自己的断念能力;反之,对于恶人,魔鬼则是最好的伙伴。但是,对于超乎善恶的宙斯,二者都不过是一场游戏。这个谜语恰当地描写了梅菲斯特的性格,从而刺激了他,于是对人面狮和雕头狮撒起野来。

〔309〕 美人鸟:原名可译作塞壬,据希腊神话,为女首鸟身怪物,常栖于海岛山岩上,以歌声诱惑行人。按实际描写,腰部以上为妙龄美女,腰部以下为长有利爪的鸟身,在美丑结合上其鲜明对比胜似人面狮。歌德选用它们作为浮士德与梅菲斯特分道扬镳的起点:离开了美人鸟,前者开始升向他的理想,后者则日趋下流。

〔310〕 就是沁不进我的心坎:暗讽浪漫主义诗人喜欢用流畅的滑音韵律,实际上缺乏真情实感。

〔311〕 丑陋之中竟含有伟大、优异的风度:浮士德对于古希腊采取完全不同的态度,他甚至在丑陋中见出了伟大。而梅菲斯特却记得浮士德在布罗肯山多么厌恶那些丑恶鬼影,因此后者现在的不同态度便使他感到不可理解,除非是他有可能找到意中人海伦的缘故。

〔312〕 俄狄浦斯:希腊底比斯王子,曾破解人面狮的谜语,使之坠崖而死。

〔313〕 尤利西斯:即俄底修斯的拉丁名,希腊伊塔刻岛国王,十年漂泊期间曾用麻绳把自己绑在桅杆上,抵挡美人鸟的歌声诱惑。

〔314〕 我们没有活到她那个时候,我们最后一拨都被赫剌克勒斯杀死:赫剌克勒斯在历史上出现得比海伦要早。但赫剌克勒斯并没有杀过人面狮,这是歌德的杜撰。

〔315〕 喀戎:马人喀戎为农神与海神之女菲吕拉的儿子,上身为人,下身为马,精通医术、天文、音乐,被荷马誉为"最聪明最正直的马人",曾教导过许多希腊英雄如赫剌克勒斯、阿斯克勒庇俄斯、伊阿宋、阿喀琉斯等。

〔316〕 阿尔喀得斯:意为阿尔开俄斯之孙,有人认为是赫剌克勒斯的本名。

〔317〕 铁翼怪鸟:产地在阿耳卡狄亚地区的斯廷法利斯湖畔。后为赫剌克

勒斯射死。

〔318〕 勒耳那水蛇：有九头，砍一可再生。后为赫剌克勒斯诛灭。

〔319〕 歪脖儿：一种不断摇脑袋的啄木鸟。

〔320〕 拉弥亚：喜啖少年血肉的一种善变鬼怪，常以美女形态出现诱人。据云她原为美女，因为朱庇特所爱，遭天后朱诺嫉妒，才被变成丑陋的吃人怪物。后来与中世纪女巫相混淆，开始成为复数。

〔321〕 山羊脚：指梅菲斯特。在后文中，拉弥亚将对梅菲斯特进行勾引。

〔322〕 调整阴历和阳历：埃及的人面狮排列成行，被认为具有天文学上的意义，据以规定四季的节气。

〔珀涅俄斯河下游〕 这一场写浮士德与梅菲斯特分道扬镳，独自寻找海伦，路遇马人喀戎，被引见曼托，从而进入冥府。

〔323〕 珀涅俄斯河神：河神、波浪和宁芙（参阅注〔144〕）这一段完全是自然的人格化，充满诗意的气氛。荷蒙库路斯在瓦格纳的实验室里所叙述的浮士德关于丽达和天鹅的梦境，在这里将重现出来，不过丽达的形体为"繁茂的绿叶"遮掩住。

〔324〕 芦苇姐妹：芦苇里的宁芙是河神的亲戚。

〔325〕 震颤：下一场"地震"的预兆。

〔326〕 就像我所见的一模一样：目前河边的景色就像浮士德的梦境一样，使他振奋不已。

〔327〕 王后：即丽达，海伦之母。参阅注〔255〕。

〔328〕 有一只更与众不同：指朱庇特（宙斯）所化的天鹅。

〔329〕 一位骑者：浮士德从远处看来，把马人喀戎当作一位骑者。

〔330〕 阿耳戈号远征队：在伊阿宋率领下乘坐阿耳戈号巨舟去海外寻求金羊毛的希腊诸英雄。

〔331〕 帕拉斯、门托耳：帕拉斯是知识女神雅典娜的别号；门托耳是俄底修斯的朋友，并是其子特勒马赫的老师。前者曾化身为后者，指点特勒马赫去寻访其父。

〔332〕 谁最能干聪明：浮士德本来想向喀戎打听美人海伦，但却迂回曲折地问起谁最能干聪明。

〔333〕 宙斯的孪生子：即海伦的同胞兄弟卡斯托耳和波吕丢刻斯。

〔334〕 北风神的两个儿子:北风神玻瑞阿斯的二子仄忒斯和卡拉伊斯。

〔335〕 俄耳甫斯:乐师,据说能感动禽兽和木石。

〔336〕 林叩斯:千里眼,此处为阿耳戈号的舵手。另一处将为浮士德的守塔人。参阅注〔539〕。

〔337〕 "赫剌克勒斯你为什么一句不提":赫剌克勒斯也是阿耳戈远征队的一员,中途登岸,未再参加远征。喀戎不提他,是为了破格颂扬他。

〔338〕 福玻斯:即日神阿波罗。

〔339〕 阿瑞斯:战神。

〔340〕 赫耳墨斯:神的信使,兼管商业、交通。参阅注〔579〕、〔580〕。

〔341〕 他:即赫剌克勒斯,下文即喀戎对他的破格颂扬。

〔342〕 对兄长毕恭毕敬:指对其堂兄欧律斯透斯。赫剌克勒斯曾奉欧命完成十二项艰难功绩。

〔343〕 最娇美的女人:指吕狄亚女王翁法勒,赫剌克勒斯曾投靠她为奴织羊毛,后又被她招赘为夫。

〔344〕 赫柏:宙斯与赫拉所生之女,青春女神,天上侍酒者。赫剌克勒斯升天成神后,娶赫柏为妻。

〔345〕 美质、妩媚:莱辛和席勒都区分过美和以动态迷人的妩媚。

〔346〕 我驮过的海伦:喀戎驮海伦,是歌德的杜撰。

〔347〕 宙斯二子当时把弱妹救出了强盗的魔掌:卡斯托耳和波吕丢刻斯把海伦从忒修斯手中救出来,带回了斯巴达。

〔348〕 十岁:海伦被拐的年龄,歌德原来写成七岁,后改成十岁。

〔349〕 语文学家:原作"神话学家"。讽刺当时根据文献资料对艺术作品吹毛求疵(例如企图确定海伦的年龄)的学者们。

〔350〕 斐赖:据传说,阿喀琉斯和海伦的鬼魂结婚系在琉卡斯岛,后来迁居斐赖,生一子名欧福里翁。斐赖系希腊北部特撒利地区一城市,古代传说为冥界入口处。

〔351〕 今天:浮士德在宫廷里召见过海伦的幽灵(第一幕末尾),接着又在昏迷中梦见了她(第二幕),这两件事发生在同一天。

〔352〕 曼托:本是盲预言者忒瑞西阿斯之女,歌德故意把她说成是神医阿斯克勒庇俄斯之女,也许因为后者曾经师从喀戎学过医术,便于喀戎拉拢浮士德和曼托的关系。

〔353〕 甘居下流:歌德一般不相信职业医生的医术,认为寻医求药是无知的表现。

〔354〕 宝泉:指曼托。

〔355〕 罗马和希腊在这儿打过架:公元前一六八年马其顿王珀耳修斯(代表"国王")被罗马执政埃米利乌斯·泡路斯(代表"平民")战败于皮得纳。从此马其顿成为罗马的附庸,并由王国改为共和国,二十年后成为罗马帝国一省。

〔356〕 永恒的神殿:曼托侍奉阿波罗,为他修筑了一座神殿。

〔357〕 被禁止的问候:冥后珀耳塞福涅是被抢到下界来的,冥王禁止她与阳世接触,她只能暗中窃听阳世给她捎来的问候。

〔358〕 我曾经把俄耳甫斯偷偷送进冥府:乐师俄耳甫斯到冥界寻妻,并非由于曼托帮助,此系歌德杜撰。

〔359〕 好好利用你的机会吧:叮嘱浮士德吸取俄耳甫斯的教训:后者在冥界找到了妻子,但归途忘记约言,回头望了她一眼,结果永远失去她。

〔360〕 二人同降:至于浮士德怎样祈求冥后释放海伦脱离冥界,作者没有再写下去,而让读者或观众自己去想象。歌德在一八二七年一月十五日对爱克曼说:"浮士德央求阴间皇后把海伦交给他,该说什么样的话,才能使阴间皇后自己也感动得流泪!这一切是不容易做到的,多半要碰运气,几乎要全靠下笔时一瞬间的心情和精力。"(朱光潜译文)"古典的瓦尔普吉斯之夜"约分三部分:表现美的发展过程的第一部分就此结束,浮士德就此退场,直到第三幕第二场才出现。

〔珀涅俄斯河上游〕 浮士德在珀涅俄斯下游完成了寻美的旅程。剧情现又回到上游美人鸟处,从这个起点继续叙述梅菲斯特在古典的瓦尔普吉斯之夜的行踪。

〔361〕 不幸的人们:指火成说地质理论的拥护者,他们恰如下句所言,"无水不成福"。

〔362〕 无水不成福:这一句概括了后文水成说议论的基本观点。美人鸟在这里已脱去原有的象征意义,而是水成说的拥护者。歌德时代的水成论者认为,陆地形成于海洋的淤积;而火成论者认为地表系火山作用形成。

〔363〕 爱琴海:希腊与小亚细亚之间的多岛海,古代文明的发祥地。

〔364〕 塞斯摩斯:希腊语"地震"的译音,海神波塞冬的别名。歌德把地震人格化,是为了更好地讽刺火成说。以下各段对话都形象地说明了歌德所反对的

观点,即现存的世界系由猛烈的地壳运动形成。

〔365〕 为了一位妇人的阵痛,才把这座岛推出波涛中:提坦女神勒托为宙斯怀孕,嫉妒的赫拉使她不得安宁,宙斯乃请海神波塞冬从波涛中推出得罗斯岛,让她在该岛生下阿波罗和阿耳忒弥斯。

〔366〕 女像柱:古希腊神殿雕有女性头颅的支柱。又指宗教节日游行队伍中头顶牺牲祭品的少女。这里用来比喻塞斯摩斯,因为它扛着地球表面。

〔367〕 人面狮已经在这儿巍然就座:有些研究者认为,人面狮在前场中代表艺术从兽形向人形的过度。这层象征意义已脱去,它在这里代表宁静、稳重、固定,与塞斯摩斯的急躁、狂暴、震动相对照。这一句是说,后者的喷发力量毕竟有限("不能露得更多"),得受渐进的、和谐的永恒宇宙之创造规律的制约。

〔368〕 这世界怎会变得如此美满:塞斯摩斯作为火成说派,歌颂自己移山倒海的作用。

〔369〕 混沌和黑夜:据古希腊诗人希西阿云,二者为母女,世界的始祖。

〔370〕 提坦神族:希腊神话中的太古神族,乌剌诺斯(天)与该亚(地)的子女。因与其父争夺统治权被宙斯打败,并被贬入冥界。

〔371〕 珀利翁和俄萨这两座山:忒萨利亚地区的两座山。巨人们打架,拿山来相互投掷:作者用这个说法来比喻火成说地质理论,后者主张山脉系从地下向上爆发而成。

〔372〕 一顶双尖便帽:希腊帕耳那索斯山脉有两个山顶,据说是提坦族把珀利翁和俄萨二山堆在上面,准备攀登上去攻打宙斯。一个山顶祭祀着阿波罗和缪斯们,另一个山顶祭祀着酒神狄俄倪索斯。

〔373〕 座椅:指奥林波斯山,它是宙斯(即朱庇特)的座椅。这里把它也说成是按照火成说而形成。

〔374〕 居民们:指在新形成的山脉上定居的动植物和人类。

〔375〕 人面狮、雕头狮、蚂蚁、矮人:都是新形成的山脉上的居民们,火成说的信奉者。"蚂蚁"即前文出现过的大如狐狸的巨型蚂蚁。"小拳头矮人"据荷马史诗,系南俄刻阿诺斯河沿岸山民,常与秋后南飞的鹤群作战。"小拇指矮人"住在伊得山,熟练的煅冶工人,像蚂蚁一样为小拳头矮人服务。

〔376〕 翎毛,头盔:小拳头矮人射杀苍鹭,除了因为后者是他们的大敌鹤群的同类,还为了拔下它们的翎毛,装饰他们将军们的头盔。针对这类暴行,鹤群才高呼复仇。

〔377〕 靠谁来解放：蚂蚁和小拇指矮人均为小拳头矮人所奴役，故发怨言。

〔378〕 伊俾科斯的鹤群：鹤群为遇害诗人伊俾科斯复仇的故事，详见席勒著名叙事诗。

〔379〕 梅菲斯特：梅菲斯特在"珀涅俄斯上游"末尾按照人面狮的指引，去寻找拉弥亚们；现在他和她们一同上场，共同表演对于丑的追求。

〔380〕 伊尔泽夫人、亨利、打鼾岩、贫困村："伊尔泽夫人"指伊尔森斯坦峰，"亨利"指亨利峰。以上是德国布罗肯山的四个地名。梅菲斯特不满意目前所在的不安稳的地震地带，才产生了怀旧的感情。

〔381〕 从亚当算起：指《旧约·创世记》中亚当受夏娃诱惑一事。

〔382〕 恩浦萨：善变的吸血鬼，一只人足，另一只驴足。让它戴上驴头，系仿莎剧《仲夏夜之梦》。

〔383〕 蜥蜴："蜥蜴"在歌德的《威尼斯箴言集》中指卖淫妇。酒神手杖，用梣木做的缠有常春藤的手杖，用于酒神节日。

〔384〕 东方人：东方伊斯兰国家苏丹选美以肥胖为上。

〔385〕 俄瑞阿斯（从天然岩石上）：俄瑞阿斯是山精（一种"宁芙"），它站在花岗岩上，代表天然形成的原始山脉，同由地震猛然形成的虚幻的山脉相对立。不过，它的出现不仅为了嘲笑火成说，更为了替荷蒙库路斯的重新出场布置一个适宜的环境。

〔386〕 庞贝：当年庞贝为凯撒所败，曾由拉里萨逃往坦培峡谷而出海。

〔387〕 虚幻的造型：指由地震而形成的新山。

〔388〕 活得最有意义：荷蒙库路斯很想从人工的半生存达到实际的生存，希望从自然哲学家获得教益。

〔389〕 十来个新的：字面上是说鬼怪，实指哲学家们创造的概念和假说。

〔390〕 如果你不走错路，你就不会明白事理：梅菲斯特对于荷蒙库路斯的这句忠告，实际上是《浮士德》的主旨的重要部分。参阅"天堂序曲"中"人只要努力，犯错误总归难免"。

〔391〕 阿那克萨戈拉，泰勒斯：两位古希腊自然哲学家。前者（公元前500—前428）是以火为基本元素的火成说自然观的代表；后者（公元前625？—前547）是认为万物由水构成的水成说自然观的代表。荷蒙库路斯希望从他们获知成人的途径。

〔392〕 水波乐于向风屈膝：是说人乐于接受友好的劝说，却不愿与刚愎自

用者洽商。这也是水成说自然观的伸延。

〔393〕 即使庞大也不借助暴力:这几句概括了歌德的科学信念。他在一八三一年说过:"我愈老,便愈是相信玫瑰和水仙开花的规律。"他认为美在于匀称,和谐即渐进的有次序的发展。

〔394〕 阴曹地府的烈火:即熔铸深成岩的烈火。"风神云雾的爆炸力:据古代科学,地球充满裂缝和洞穴,其中地气将地壳炸开从而让新山形成;据古代西方迷信,风神被关在那些洞穴里。

〔395〕 蚂蚁人:忒萨利亚的埃癸纳岛上的居民。传说该岛原有居民为一场瘟疫所灭绝,宙斯特将蚂蚁变成人以补充之,故名。据荷马史诗,阿喀琉斯曾率领他们参加过特洛伊战争。

〔396〕 鹤群:即前文高呼"复仇"的"伊俾科斯的鹤群"。

〔397〕 全军已经动摇,溃散,覆没:小矮人和蚂蚁人都是火成说的产物,他们的覆没意味着水成说的胜利。

〔398〕 有三种名讳、三副形象的天神:指月神,她在天上称路娜,在地上称狄安娜,在下界称赫卡忒。

〔399〕 我的话是否很快被听取:阿那克萨戈拉认为,由于他向赫卡忒的祈祷,月亮会落到地球上来;实际上,那不过是一颗巨大的陨石,它为刚形成的新山添了一个岩峰,见荷蒙库路斯下面的台词。

〔400〕 忒萨利亚的妇女:指女巫。阿那克萨戈拉认为,忒萨利亚的女巫利用她们的魔歌,强迫月亮坠落到地球上了。事实上,他混淆了月食和陨星。

〔401〕 还有什么没有听到和看到:泰勒斯讽刺阿那克萨戈拉胡思乱想。实际上,"这是疯狂的时刻",月亮依然静静地挂在天上。

〔402〕 这不过是想当然:通过泰勒斯和阿那克萨戈拉的对话,歌德宣称最后通向无意义的毁灭的火成说不过是想象。

〔403〕 你没有当王,真上算:如果荷蒙库路斯按照阿那克萨戈拉的建议,当了新山居民们的王,他就会同它们一起被砸下来的陨石压成齑粉。

〔404〕 大海的盛宴:由此暗示从火成说到水成说的过渡,见"爱琴海的岩石海湾"。

〔405〕 闻起来有沥青味儿:沥青和琉磺是地狱之火的燃料,故为梅菲斯特所喜爱。

〔406〕 橡树精:自然力的人格化。

〔407〕 海神福耳库斯的女儿:海神福耳库斯(黑暗)和海妖刻托(深渊)所生的三个女儿代诺、珀弗瑞多和厄倪俄,通称"格赖埃"(老妇)。她们住在不见日月天光的地球顶端,共有一只眼和一颗齿,相互借用。她们代表了希腊人所想象的丑恶事物的极致,故使梅菲斯特不胜欣悦,他终于找到他所追求的理想的丑。

〔408〕 阿尔劳涅:一种守护地下财宝的小丑妖怪。又指具有人形的曼德拉草的根。参阅注〔44〕。

〔409〕 俄普斯和瑞亚:两个名字指一人,即希腊农神克洛诺斯之妻,宙斯之母。前为拉丁名,后为希腊名。原来是两位不同的古神。参阅注〔521〕。

〔410〕 昨天——或者前天:不是指由宫女装扮命运三女神的假面舞会,而是指千年以前。梅菲斯特表明他和那些神祇是老相识,从而倚老卖老。

〔411〕 雕刻家的凿子:梅菲斯特认为福耳库斯的女儿比女神更美,更值得雕刻家们歌颂。后文"朱诺"为罗马大神朱庇特之妻,即希腊神话中的赫拉;"帕拉斯"为希腊神话中智慧女神雅典娜的别名。

〔412〕 装出福耳库斯之女的侧像:可以设想,梅菲斯特这时开始戴上面具来冒充福耳库斯之女,直到第三幕完结时才脱下。他在第三幕将以"福耳库阿斯"的名字同海伦相见,构成最丑和最美的强烈对照。

〔413〕 混沌的爱子:在第一部"书斋"中,浮士德曾称梅菲斯特为"混沌的古怪儿子"。

〔414〕 两只眼睛、两颗牙齿:连同梅菲斯特的一目一齿。

〔415〕 到地狱渊薮去吓吓魔鬼:梅菲斯特化身为福耳库阿斯,自觉是那样的丑恶可怕,甚至可以吓倒地狱的魔鬼。像浮士德找到了他的海伦一样,梅菲斯特也找到了他的福耳库阿斯,"古典的瓦尔普吉斯之夜"的第二部分就此结束。

〔爱琴海的岩石海湾〕 本场是"古典的瓦尔普吉斯之夜"的第三部分。第一部分将美与丑分开,让浮士德与梅菲斯特分道扬镳,到冥界去寻访海伦;第二部分介绍火成说地质理论,把它作为干扰因素加以讽刺,并把荷蒙库路斯交给水成说代表泰勒斯,以决定它追求成人的路线,最后以梅菲斯特与其丑的理想相结合而告终。现在以荷蒙库路斯为主角,以海上老人涅柔斯的宴会为背景,继续演示美的观念的发展过程。

〔416〕 美人鸟们:她们在本场不再是迷人的半人半鸟怪物,而是善于谄媚的海妖,正以歌声为海宴伴奏。这时她们在向月亮讲话。

〔417〕 男女海神们：原文为"海中神女们和特里同们"，前者为海神涅柔斯和多里斯的女儿们，住在其父之银光闪闪的洞府，以海豚、海马为坐骑，有海洋的法力；后者为海神波塞冬和安菲特里忒所生之子，后作复数，半人半鱼，并以马蹄和螺号供其他神祇驰驱。参阅注〔161〕。

〔418〕 你们的收获：是说海妖们佩戴的金银首饰，来源于为美人鸟诱惑触礁而沉没的船只。

〔419〕 不是鱼儿所能比：因为他们有热烈的生命。

〔420〕 萨摩特拉刻岛：即萨摩色雷斯岛，在爱琴海东北部，色雷斯海岸以南。

〔421〕 卡柏洛：由七、八位腓尼基神祇组成的一群神，常表现为未成年的儿童，或按埃及罐神模样作有人头的瓦罐（荷蒙库路斯在后文称之为"粗陋瓦罐"）。据传说，萨摩特拉刻岛曾经从彼拉斯齐原始居民接受埃及卡柏洛的秘密宗教仪式，到希腊罗马时代已与厄琉西斯宗教仪式同样普及。卡柏洛与人为善，庇护航海者，保佑葡萄丰收。歌德为了增加神秘气氛，没有让他们说话，而是让别人来说他们；他们能被男女海神们请来赴宴，暗示海面风平浪静，没有海难需要他们去援救。关于他们的数目和起源，与作者同时代的学者们有过不同的说法：克劳埃采认为卡柏洛有二、三、四位到七、八位，并与七颗行星有关，最后添了一位弗塔斯作他们的父亲（见后文"那儿可能还有第八位"）；谢林认为他们是一群不断上升的神，后来化身为宙斯，并与奥林波斯诸神相混淆，故美人鸟讽刺他们"自我繁殖"。参阅注〔438〕、〔440〕。歌德在剧中随意采用这些说法。

〔422〕 涅柔斯老汉：成神的海上老人，住在爱琴海，与其女海中神女们代表海洋和善的一面；能代表海神波塞冬呼风唤雨和平靖海洋；是著名的先知，曾向帕里斯预言过拐带海伦后的种种不幸。泰勒斯在前场邀请荷蒙库路斯参加"大海的盛宴"，就是指现在引他来见涅柔斯老头儿。

〔423〕 这朵火焰：指荷蒙库路斯在烧瓶中放光。

〔424〕 事实经常狠狠责备自己：意即事与愿违。

〔425〕 写成迷人的诗韵：荷马和维吉尔都曾在其史诗中咏叹过特洛伊的浩劫。

〔426〕 伊利俄斯：即伊利昂，特洛伊的别名。

〔427〕 品都斯山上巨鹫：指希腊人，品都斯为希腊忒萨利亚地区的主要山脉。

〔428〕 尤利斯：通称尤利西斯，即俄底修斯。据荷马《奥德赛》，尤利西斯曾和旅伴在独眼巨人洞中受苦；"魔女瑟西"曾将尤利西斯的旅伴变成猪。但涅柔斯警告过尤利西斯，是歌德的杜撰。

〔429〕 他本人的犹豫：指他在归程的延宕。

〔430〕 送上了岸：尤利西斯最后到达菲阿希岛。该岛居民以航海为生，以宴乐舞蹈自娱，十分好客。

〔431〕 贤哲，善士：作为贤哲，涅柔斯在多次失望之后一定不肯再作预言，但是作为善士，他由于心地善良，必定还会向人提出忠告。

〔432〕 你们的故土：指希腊。但据传说，泰勒斯生于小亚细亚米列提。

〔433〕 伽拉忒亚，库普里斯：伽拉忒亚系涅柔斯与多里斯之女，维纳斯以后最美的女性，她的出现是对海伦的适当过渡。库普里斯即维纳斯的别名，来源于叙利亚与小亚细亚之间的库普洛斯（即塞浦路斯）岛，亦即维纳斯从泡沫中诞生后的登陆处。伽拉忒亚在"古典的瓦尔普吉斯之夜"代表塞浦路斯的维纳斯，以帕福斯为其圣地；因为维纳斯已高升为奥林波斯的大神，故云"遗弃了我们"。

〔434〕 普洛透斯：隶属于波塞冬的海神，善于变化，能预知未来。涅柔斯拒绝帮助荷蒙库路斯成人，让他去找普洛透斯，可能是因为涅柔斯代表完成了的生存，而普洛透斯变化无穷，荷蒙库路斯必须从有机生命的低级形式开始，故应求教于后者。

〔435〕 刻罗涅的龟甲：刻罗涅原为宁芙，后因嘲笑宙斯和赫拉的婚姻，为赫耳墨斯变为大龟。男女海神们捧来了刻罗涅的龟甲，上面放着严峻的神像即卡柏洛，实际上是添了一个脑袋的泥罐。

〔436〕 我们请来了卡柏洛：男女海神把卡柏洛请来，不是为了拯救难船，更不是为了攫取难船的财富，而是为了办一次风平浪静的和平盛会。

〔437〕 我们比你们差得远：美人鸟能够用歌声使船只触礁，但是卡柏洛更有法力把遇难船只救起来。

〔438〕 三位，四位，七位，八位：古埃及与腓尼基神祇卡柏洛的插曲，对于全剧并无有机联系，不过是爱琴海的景色描写的一部分。只因当时学者们为这群神祇的数目和起源争论不休，歌德一八三〇年执笔撰写本场时，不免通过随意点染加以讽刺。据云卡柏洛原为三位男性神祇，作为弗塔斯（相当于希腊神话的冶炼之神希菲斯塔斯的儿子）先在埃及孟菲斯有庙受祭祀，后由腓尼基人移至萨摩色雷斯岛，并被添进三位女性神祇；又有人却认为他们共有七位，与七颗行星相对

应,还可能有第八位代表太阳,共同象征天体的和谐。

〔439〕 一切尚未兑现:暗讽学者们所猜测的卡柏洛的数目并未落实。

〔440〕 有如挨饿者充满憧憬:暗讽谢林,他认为卡柏洛代表一系列象征,第一个是"饥饿",第二个是自然,最后上升到希腊天神宙斯的品位。这里通过低级神祇向高品位的攀登,讽刺考古学者们追寻不可企及的知识。

〔441〕 他们,你们:美人鸟认为阿耳戈号远征队的英雄们弄到金羊毛,其功绩比不上男女海神请来了卡柏洛。"你们"在这里也可能指神话学家克罗埃采和哲学家谢林,即后文荷蒙库路斯所说的"快把脑袋磨穿"的"智者"。

〔442〕 我们,你们:"我们"系男女海神所唱,"你们"系美人鸟所唱。

〔443〕 粗陋瓦罐:克罗埃采认为卡柏洛欢喜化身为"搀金的泥罐"。故卡柏洛又被称为丰收之神。

〔444〕 老扯淡:普洛透斯善变,能变成动物、树木、水和火。哲学家赫拉克利特认为他是四大元素的基本原料。

〔445〕 做腹语:一种迷信伎俩:似乎是用腹部说话,实际上是压低喉头虚构时远时近的声音。

〔446〕 只希望长得齐全:这个愿望曾由荷蒙库路斯本人向阿那克萨戈拉和泰勒斯二人说过,又由泰勒斯代他向涅柔斯说过。

〔447〕 雌雄同体:荷蒙库路斯尚未肉体化,实无性别可言,不能谓之"雌雄同体"。

〔448〕 你得在大海里做起:按照泰勒斯的世界观,荷蒙库路斯必须先在水中获得生命,从而达成肉体化。

〔449〕 三灵同行:荷蒙库路斯、泰勒斯和普洛透斯三人都是精灵。荷蒙库路斯认为三个精灵走在一起,蔚为奇观。

〔450〕 罗得岛的忒尔喀涅斯人:罗得岛上最早的居民,被称为大海之子;最初的锻工,曾为农神克洛诺斯锻造过铲刀,为海神波塞冬锻造过三叉戟,并为诸神铸造过铜像。他们的出场暗示日暖风和的希腊艺术初期。

〔451〕 海马:马头鱼尾的海怪,一说有前蹄,尾如海豚。

〔452〕 权杖:指海神的三叉戟。

〔453〕 你们曾把日神祭祀:此处日神指提坦族许珀里翁之子赫利俄斯,不是宙斯之子阿波罗。赫利俄斯每天驾驶四马四轮车经过天空,使罗得岛长年天气晴和宜人,是该岛的守护神。

〔454〕 令兄:指日神。

〔455〕 以火一般的光眼:日出日落均红如火。

〔456〕 巨人:罗得岛用以祭祀日神阿波罗的巨大铜像,为世界七大奇观之一。此处似将阿波罗与赫利俄斯相混淆。

〔457〕 我们最初:忒尔喀涅斯人最初把神祇造成人形;在他们之前,东方诸神多为兽形。

〔458〕 你:荷蒙库路斯。

〔459〕 死板的雕像:雕像诚然具有形体,但不是荷蒙库路斯所追求的肉体化,后者只可在水的元素中去寻找。

〔460〕 地震:罗得岛的日神巨像为一次地震所毁。

〔461〕 从头开始你的创造:从最单纯的原始生物形态开始,逐步发展成人,以加速度完成整个自然进化过程。

〔462〕 作为精灵:荷蒙库路斯只要没有成人,他便是个精灵,像普洛透斯一样变化无穷;但一旦达到人的品级,造型的能力便中止了。

〔463〕 薄云:月晕系由维纳斯(此处即伽拉忒亚)的白鸽所形成。

〔464〕 帕福斯:库普洛斯西南岸一城市,维纳斯的圣地,现由伽拉忒亚掌管。参阅注〔433〕。

〔465〕 我也认为是最好的事情:一说泰勒斯同意涅柔斯的见解,即认为是白鸽在护送伽拉忒亚的贝辇,反对将月晕解释为气象,以便神话得以保持生命。另一说泰勒斯的这几句话并非对涅柔斯的回答,而是他的前一句台词("能及时做个堂堂正正的人,那倒也不错")的继续。

〔466〕 普绪罗人和马耳西人:普绪罗人在非洲利比亚,马耳西人在意大利南部,均以弄蛇为生。歌德借用他们作为"库普洛斯的维纳斯"的护车人。

〔467〕 不让新来的种族窥望:指征服库普洛斯(塞浦路斯)的各个异族。

〔468〕 雄鹰,插翅狮,十字架,月亮:先后占领库普洛斯各异族的纹章:雄鹰代表罗马人,插翅狮代表威尼斯人,十字架代表十字军,月亮代表土耳其人。

〔469〕 伽拉忒亚乘坐贝辇而来:拉斐尔曾以相同题材画过一幅壁画,在罗马法尔涅希那别墅。

〔470〕 整整一年:父女分别了整整一年。

〔471〕 一切均由水发源:水成说哲学家泰勒斯对于水的歌颂,是本场的高潮和顶点,同时也是诗人歌德的自然观方面的信念。

〔472〕 着火了,发光了,已经漫溢:荷蒙库路斯将包裹自己的玻璃烧瓶在伽拉忒亚的贝辇上撞碎了,他本人随之着火了,发光了,漫溢到了海面……这意味着荷蒙库路斯(代表浮士德)和伽拉忒亚(代表海伦)从原爱(厄洛斯)出发的婚姻,同时也是火与水、一切存在之元素的最高结合。

〔473〕 是什么火怪把波浪照亮:荷蒙库路斯作为海洋中发磷光的微生物开始了生命,使伽拉忒亚的贝辇周围的波浪如火焚烧一般。

〔474〕 厄洛斯:传说为混沌所生的古神,世上万物得由产生的最终根源。在后代诗人笔下,变成手持弓箭的小爱神,常常恶作剧,使人神充满爱的痛苦。

〔475〕 四大元素:永远铺展开来的大海(水);从荷蒙库路斯身上漫溢到海面的火;罗得岛上特别清新的风;表现为库普洛斯的坑洞的土。

〔第三幕〕 这一幕共三场,叙述浮士德和海伦的结合,即浮士德对于希腊古典美的追求过程。第三幕在德国通称为"海伦剧",不仅因为它在一八二七年曾以《海伦》这个题目单独出版过,而且因为它本身就是一部完整的寓意诗,插在《浮士德》第二部显得相当松散。在某种意义上,它反映了浮士德在审美方面的性格发展,是他在"大世界"的人生经验的重要部分,也是他攀向高级生存的重要一步。歌德一八二五年捡起一八○○年的残稿,专门写这一幕,其主要动机可能在于试图调和古典因素和浪漫因素;前些时(1795—1796)席勒在《论朴素诗与伤感诗》一文中已将德国作家分成古典的和浪漫的两派。可能是由于席勒去世,歌德才没有实现把第三幕写成独立作品的计划;但在他亲手定稿的全集第四卷,仍单独收入了这一幕,题目是《海伦。古典—浪漫主义幻象剧。浮士德插曲》。

〔斯巴达的墨涅拉斯宫殿前〕 斯巴达是希腊伯罗奔尼撒半岛的古城。墨涅拉斯是斯巴达王,斯巴达老王廷达瑞俄斯之婿,迈锡尼王阿特柔斯之子,阿伽门农的弟弟,海伦的丈夫,在希腊神话中称作墨涅拉俄斯。古希腊人多在门前演剧,本场故在宫殿门前演起。潘塔利斯,海伦的侍女。据古代游记作家保萨尼阿斯描写特尔斐的文化宫所藏希腊画家帕里格诺图斯作品时说:"海伦身边有她的侍女,潘塔利斯和埃勒克特拉。"

〔476〕 海伦:她从冥府回到阳世,仿佛是特洛伊陷落不久;由于希腊军的胜利,她被抢夺回国,并由于波塞冬的恩宠,平安地到达斯巴达王的宫殿门前;在宫中她遇见梅菲斯特化装而成的福耳库阿斯,由她把她引见给浮士德。

〔477〕佛律癸亚平原:原指小亚细亚西部,现指特洛伊。

〔478〕廷达瑞俄斯:斯巴达的先王。在厄托利亚娶丽达为妻,故系海伦名义上的父亲。二子早逝,传位于其婿墨涅拉俄斯。

〔479〕帕拉斯山:帕拉斯为智慧女神雅典娜的别名,城市的守护神,其神殿建于山上。参阅注〔331〕。

〔480〕克吕泰涅斯特拉:后嫁迈锡尼王阿伽门农。

〔481〕卡斯托耳和波鲁克斯:一说为宙斯和丽达的孪生子,一说为廷达瑞俄斯所生。曾参加阿耳戈号远征队;后与卡柏洛同为航海者的保护神。参阅注〔347〕。"波鲁克斯"即"彼吕丢刻斯"的罗马称法。

〔482〕库忒拉的神庙:库忒拉(基西拉岛)是斯巴达的一个岛屿。海伦去该岛美神阿佛洛狄忒(一说为贞洁女神狄安娜即阿耳忒弥斯)神庙献祭,被帕里斯率船队把她抢走。

〔483〕佛律癸亚人:即帕里斯。

〔484〕仿佛包藏着祸心:据说墨涅拉俄斯曾经打算在攻破特洛伊后杀死海伦,但由于神的启示打消了这个念头。在荷马笔下,墨涅拉俄斯重逢海伦,为其美色所迷,把剑扔下。

〔485〕拉刻代蒙城:斯巴达的古称。

〔486〕娱悦你的眼睛和胸脯:用眼睛欣赏珍宝,并把它们挂在胸前。

〔487〕你且走进去向它们挑战:叫海伦进去用自己的美色同珍宝比赛。

〔488〕香炉:烧香用的三足香炉,此处作献祭用,并与浮士德在"母亲之国"见到的"一只烧得通红的三脚香炉"相呼应。参阅注〔185〕。

〔489〕锅釜、杯碗以及浅圆盘之类:承接牺牲品的鲜血或盛祭酒之用。

〔490〕迎人回家的神明:指主宰命运的宙斯,保佑航海者的卡斯托耳和波鲁克斯,海神波塞冬,幸运女神福耳图娜。

〔491〕伊利俄斯:即特洛伊。十年特洛伊战争使该城成为废墟。

〔492〕太古黑夜:混沌和黑夜母女是万怪之祖。参阅注〔369〕。

〔493〕纠纷女神:即厄里斯,又名不和女神。她曾因未被邀请参加一次婚宴,而用一只不和的金苹果,酿造了一场特洛伊战争。

〔494〕格赖埃:希腊词义为"老妪"。指海神福耳库斯的三个女儿,生来满头白发,共用一目一齿。参阅注〔407〕。

〔495〕从不看影子:任何影子都落在日神福玻斯所照耀的物体后面。

〔496〕 福耳库阿斯：梅菲斯特在"古典的瓦尔普吉斯之夜"曾经化身为海神福耳库斯的一个女儿，现在以那个丑恶的女性形象出现在海伦面前，作为美的对立面。参阅注〔407〕、〔412〕、〔415〕。

〔497〕 这句话虽很古老：貌与德不能两全，这句罗马古谚一说出自奥维德，一说出自朱文纳尔。

〔498〕 丑在美旁边显得多么丑：以下是合唱队和福耳库阿斯吵架、力图骂倒对方的对白，由此可见福耳库阿斯在恶毒品质上与梅菲斯特等同。这种写法近似希腊戏剧，如索福克勒斯的《阿雅克斯》和《埃勒克特拉》。

〔499〕 厄瑞玻斯：太初黑暗的拟人化，与黑夜一起为混沌所生。此处指冥界最深最黑处，系对福耳库阿斯的诟骂。

〔500〕 斯库拉：一种六头食人海怪；又指西西里岛海面的险礁。此句系福耳库阿斯的回骂。

〔501〕 忒瑞西阿斯：盲预言家，前文中引导浮士德往见冥后的曼托之父。宙斯让他长寿，活了七个到九个世代（每世代约三十年）。

〔502〕 俄里翁：身材魁梧的猎人，后化为猎户星座，由此返回太古。这个比喻极言福耳库阿斯之老迈。

〔503〕 哈耳庇厄：原为飓风女神，后传说为有少女头的怪鸟。在阿耳戈号远征途中，曾捉弄色雷斯盲王菲纽斯，把他的食物加以污损。

〔504〕 嗜之若命的鲜血：合唱队员都是幽灵。据说幽灵渴望饮血以获得生命。

〔505〕 先报出你的名字！哑谜就可以解开：意即我们都来自冥界，你是幽灵，我是魔鬼，彼此彼此。

〔506〕 忒修斯：雅典王埃勾斯之子，受喀戎教育，完成许多功绩。曾劫夺在狄安娜神庙献祭的海伦，把她拐到阿菲德奈城堡，交其友阿菲德诺斯看守。

〔507〕 酷肖珀得斯的帕特洛克罗斯：珀利得斯系珀琉斯之子阿喀琉斯的别号。帕特洛克罗斯是阿喀琉斯的密友。海伦死后，其鬼魂在冥界与阿喀琉斯的鬼魂结婚。海伦曾钟情于帕特洛克罗斯，除了由于他"酷肖"阿喀琉斯，似别无依据。

〔508〕 赫耳弥俄涅：海伦与墨涅拉俄斯所生之女。

〔509〕 一个过于标致的娇客：指帕里斯。他来找海伦时，墨涅拉俄斯正去克里特岛领取其外祖父卡特努斯的遗产。

〔510〕 从此长年沦落为奴:福耳库阿斯(梅菲斯特)诡称自己是克里特岛的战俘被带到了斯巴达。

〔511〕 两个化身:据传说,帕里斯拐走的不是海伦的原身,原身被神送到了埃及。参阅注〔542〕。

〔512〕 阿喀琉斯:据传说,他在特洛伊城墙上看见海伦,为之神魂颠倒,要求他的母亲忒提斯设法,至少帮助他在梦中同海伦相会。后来他死后作为幽灵,果然跟同样成为幽灵的海伦结了婚。所以,海伦接着说:"我不过是个幻象,跟他那个幻象相结合而已"。参阅注〔507〕。

〔513〕 半个合唱队:合唱队似乎共有十二人。前文离队答话的是六人,这里的"半个合唱队"是另六人。

〔514〕 披着羊皮的狼:见《新约·马太福音》第七章第十五节。

〔515〕 三头犬:看守地狱之门的恶犬刻耳柏洛斯。

〔516〕 王后,牺牲正是指的你:如前文所注,墨涅拉俄斯重逢海伦将如何处置她,有过各种不同的说法。歌德这里巧妙地采用其中之一,即他准备杀死她,从而把她从古典世界引到了浪漫主义的土壤。

〔517〕 像落进网里的画眉鸟:借用荷马笔下俄底修斯之妻珀涅罗珀的不忠女仆的下场。

〔518〕 预先导演好的:按导演提示,人物应当在念台词的同时渐次占据各自的位置,以便最后共同形成符合意图的群像。

〔519〕 合唱队:请注意现在开始了忧心忡忡的诌媚性台词,与前面的诽谤性台词相对照。

〔520〕 请把张开的金剪收拢:这样才不致把生命线剪断。

〔521〕 瑞亚:天神乌剌诺斯和地神该亚之女,农神克洛诺斯之妻,宙斯、波塞冬等众神之母。参阅注〔409〕。

〔522〕 齐墨里族的夜国:齐墨里族为神话里居住在永恒黑暗中的民族。此处泛指北方;希腊人认为法兰克人是北方佬。

〔523〕 二十年:把从特洛伊陷落到十字军东征这段时间压缩为二十年,显然是作者大胆运用的诗意手法。历史上的浮士德生在宗教改革时期,而剧中的浮士德则是参加十字军东征的法兰克骑士。歌德这里借用了一些历史事实。

〔524〕 倒有一个头儿:指浮士德。由此摆脱历史线索,开始引入浪漫主义因素。

〔525〕 一点点随意馈赠：古代日耳曼人自愿将一部分牲口或谷物奉送他们的首领。参阅塔西特《日耳曼尼亚》。

〔526〕 吃人生番：阿喀琉斯对垂死的赫克托耳说："我恨不得生吞你的烂肉，为了你给我带来的不幸。"参阅荷马《伊利昂记》。

〔527〕 都砌得整整齐齐：指北方哥特式建筑风格。

〔528〕 纹章：盾牌上和门楣上的纹章起源于中古，古希腊人不认识，故问。

〔529〕 埃阿斯：参加特洛伊战役的众英雄之一，英勇过人，仅次于阿喀琉斯，其盾牌由七层兽皮制成，上面画有一条龙。

〔530〕 进攻忒拜的七位英雄：埃斯库罗斯的同名剧的主人公。他们盾牌上的纹章均如此处所说。

〔531〕 你可完全走板了：海伦现在不愿意记起帕里斯。

〔532〕 得伊福玻斯：帕里斯死后，其弟得伊福玻斯娶海伦，后为墨涅拉俄斯所俘，先割其耳，后砍其手，削其鼻，最后剁其四肢。

〔533〕 卑污的奸计：指希腊军进攻特洛伊的木马计。

〔534〕 天鹅所生的美人：指海伦。

〔535〕 赫耳墨斯：此处指他引领亡魂进地狱。痛苦的侍女们相信自己已经走在黄泉路上。参阅注〔579〕、〔580〕。

〔**城堡的内院**〕 原来在特洛伊战争期间，斯巴达北部一片荒地为日耳曼人侵占并建立起哥特式城堡，首领便是浮士德；梅菲斯特对海伦进行恐吓之后，把她引到浮士德这里来避难。本场表现海伦和浮士德在城堡的会晤，亦即古典主义和浪漫主义的结合。海伦和合唱队发现自己突然置身于哥特式庭院，开始不胜狐疑，这意味着古典文化及其美的理想对于城堡、修道院、教会等中世纪事物的不适应。惯于自由和自然的南国女儿孤单地站着，还没有受到浪漫主义世界的承认和欢迎。直到浮士德奉她为女主，并把财产和王位奉献给她，直到她和浮士德一同就座，相互学习对方的语言、腔调和韵脚，才完成了希腊文化和北方文化的融合。

〔536〕 皮托尼萨：原指在希腊得尔福的阿波罗神庙里宣传神谕的女祭司，又系"女巫"、"女尼"、"女先知"的通称。福耳库阿斯没有自报姓名，海伦只好这样称呼她。

〔537〕 搞得满嘴是灰：传说死海之滨有所多玛城，因居民罪孽深重，为天火所毁。该城所产苹果外表好看，食之如灰。见弥尔顿的《失乐园》。此处将少年

侍从比作所多玛苹果,也会一碰就成灰。

〔538〕 他由于玩忽职守,使我也未能尽到本分:守塔人的"职守"是通报来客,家主的"本分"是款待客人。

〔539〕 守塔人林叩斯:希腊神话中林叩斯以目光异常敏锐著称,此处借用其名。这个角色的任务前后不一致,此处除作为"玩忽职守"的守塔人外,似乎还是浮士德城堡里的仆役。参阅注〔336〕,〔685〕。

〔540〕 奇异地升自南方:据说在德国常常觉得太阳从南方升起。

〔541〕 抢啊,拐啊,斗啊:忒修斯抢过海伦,帕里斯拐过她,墨涅拉俄斯为她而战斗。众神则把她送往埃及。

〔542〕 单身,双身,三身,四身:单身为正身,其他为化身,同时在特洛伊,在埃及,在斯巴达,现在又在城堡。

〔543〕 被神迷惑的人:指被爱神射中、坠入情网的人。

〔544〕 我们从东方来到这里:可能令人从十字军东征想到民族大迁徙等欧洲史实。但如前文将特洛伊陷落到十字军东征压缩成二十年一样,这里一切也都与实际时间不合。

〔545〕 晴空,天堂:指钻石灿烂如星星,珠宝鲜艳如花朵。

〔546〕 请批准我和你共任你这无边王国的摄政:"无边王国"即美的王国。浮士德虽然自己是君主,却愿意与海伦共同统治。

〔547〕 这个人说话:林叩斯说话押韵,不合古希腊习惯,海伦听来感到诧异。歌德曾在《西东合集》中引用过一个波斯传说,说是两个情人贝拉姆古尔和狄拉腊姆发明了一种韵体对话;这里利用这种韵体对话(即下文所谓"对口交谈")撮合浮士德和海伦接近。

〔548〕 我们民族的语调:指押韵是欧洲诗歌的特色。

〔549〕 谁来分享:海伦的以下三句答话,都押上了浮士德说白的韵脚,表明她已适应欧洲诗风,还表明希腊精神与北方精神力求乳水交融。

〔550〕 放肆地暴露无遗:合唱队的三段唱词描写浮士德和海伦的婚媾场面。两位陛下在极度幸福中对其臣民毫不掩饰只能在暗中表现的爱悦。

〔551〕 远在天边,又近在咫尺:从古希腊到中世纪北欧,在时间和空间上相隔都很遥远,海伦却在浪漫主义的创作想象中走近了浮士德。

〔552〕 只怕是一场梦:参阅第一部《花园》一场浮士德对玛加蕾特感到的一阵希望永远保持住的"狂喜"。

〔553〕 存在就是义务,即使不过是一瞬:不去作无谓的"琢磨",单把时时存在的瞬间充分活过去。这是天下情侣在炽烈相爱的瞬间共有的感觉。

〔554〕 墨涅拉斯率领大军:后文并未实写墨涅拉俄斯,他只是在浮士德的唱词中被"赶回大海"。从整体构思来看,这个插曲只是为了表现值得永远保持住的瞬间往往随时受到干扰,例如浮士德从前和玛加蕾特在一起,也像现在和海伦在一起一样,都有过类似的被干扰的经验。

〔555〕 欠下的风流债:原文为"护送妇女",指将不属于自己的妇女加以保护从而据为己有的冒险行为。此处指得伊福玻斯为娶海伦而被墨涅拉俄斯凌迟。参阅注〔532〕。

〔556〕 大路货:指合唱队。

〔557〕 炮声:中世纪还没有发明枪炮,但到浮士德时代可能已知用火药打仗。本幕多处引用史实与实际时间不符。加之,战争警报实际上是福耳库阿斯(梅菲斯特)以干扰为目的的虚声恫吓。

〔558〕 东方繁荣的精力:指十字军占领伯罗奔尼撒半岛。

〔559〕 皮罗斯:伯罗奔尼撒西南部墨塞涅地区的城市,当年由老将涅斯托耳镇守。涅斯托耳又是皮罗斯的老王,参加特洛伊战争最老的国王。

〔560〕 众小邦:伯罗奔尼撒岛上由王权统一起来的众小邦。

〔561〕 日耳曼人:此处用作一个部族的名称。实际上,哥特人、法兰克人等均属日耳曼人。

〔562〕 阿开亚:伯罗奔尼撒北部沿着科林斯海岸的山区。

〔563〕 厄利斯、墨塞涅、阿耳戈利斯:伯罗奔尼撒的西部、西南部和东北部地区。

〔564〕 半岛:指伯罗奔尼撒,它因狭长的科林斯地岬而与大陆相连。

〔565〕 欧洲山脉最后一支:指越过科林斯地岬伸向伯罗奔尼撒的马其顿—忒萨利亚山脉。

〔566〕 此邦:指浮士德和海伦固守的阿卡狄亚,在伯罗奔尼撒半岛中部,居民以牧羊为业,风景幽静宜人,有"世外桃源"之称。

〔567〕 破卵而出:指海伦从天鹅蛋中降生。

〔568〕 尽管巉峻的山顶:这四句是说,即使山顶的阳光仍然冷得化不开雪,岩石之间相当深厚的少许绿草已招引山羊前来。"巉峻的山顶"指伯罗奔尼撒岛上拉科尼亚地区由北向南的塔格托斯山。

〔569〕 生命之源的宁芙:通过泉水布施生命的泉水神女。参阅注〔144〕。

〔570〕 阿波罗曾经化身为牧人:阿波罗杀死了独眼巨人,不得不为忒萨利亚国王阿德墨托斯放牛一年,为此化身为牧人。

〔571〕 一切世界便会相互接壤:神可以像人一样作乐,人也可以上升为神:人与神的世界相互交错起来。

〔572〕 最高的神:指宙斯。海伦系宙斯与丽达之女。

〔舞台彻底变换〕 这是第三幕(海伦悲剧)的第三场,虽然原著并未明确划分。第一场在斯巴达的墨涅拉斯宫殿前,海伦从冥界回来与福耳库阿斯(梅菲斯特)相遇;第二场在斯巴达北部的哥特式城堡内院,海伦由福耳库阿斯作法与浮士德相遇;第三场转到阿耳卡狄亚浓荫的丛林,浮士德、海伦和他们的儿子欧福里翁过着人间天堂的逍遥岁月,最后他经历了幻灭的海伦悲剧,从而进入人生的更高境界。

〔573〕 你们这些长胡子老头儿:一般研究者认为是指年长的观众,但个别研究者(例如英国卡莱尔)认为可能是指魔鬼。

〔574〕 只见一个男孩:浮士德和海伦所生的儿子。据浮士德传说,这个儿子名叫尤斯图斯·浮士德;歌德这里把他叫作欧福里翁,而欧福里翁本是海伦幽灵和阿喀琉斯幽灵所生有翅膀的儿子,被宙斯以雷电击死。这个欧福里翁却是"赤裸裸一个没有翅膀的精灵"。参阅注〔582〕、〔585〕。

〔575〕 宛若羊人,但无兽性:不是指形状,而是指举动,特别指像羊人一样疯狂的跳跃。

〔576〕 奇迹:按照福耳库阿斯的前段描述,浮士德和海伦的儿子不是一个人,而是诗,是诗的人格化。他的赤裸的美,他的调皮性格,他的执拗和任性,不仅表示了浪漫主义因素的豪放自由,而且令人想起丘比特、墨丘利等古典神话人物。不过,福耳库阿斯宣称他"将来会是一切美的大师",似乎忘记自己原来是梅菲斯特。

〔577〕 爱奥尼亚:小亚细亚西岸地区,被认为希腊文化发源地。爱奥尼亚人由此移居阿提卡及其他各岛,被认为是希腊民族中最敏感最活跃的一部分。

〔578〕 赫拉斯:原为忒萨利亚一城市名,后为希腊的泛称。

〔579〕 玛娅之子:指赫耳墨斯(即墨丘利)。玛娅是一种宁芙,阿特拉斯和普勒俄涅的女儿,与宙斯生赫耳墨斯。下文转而歌颂赫耳墨斯,因为他和欧福里

翁一样生于阿耳卡狄亚。

〔580〕 可爱的谎言:指歌颂赫耳墨斯的各种传说。赫耳墨斯是神使,发明神,辞令神,体操神,畜牧神,交通神,商业神,工匠和盗贼的保护神,接引亡魂进地狱的使者。传说他一出生,就偷走海神的三叉戟,战神的剑,火神的钳,阿波罗的弓箭,甚至其父宙斯的权杖;如果不是怕火,他还会偷窃雷电。出生那一天,他就跟小爱神丘比特摔跤,撕脱他的腿;爱神维纳斯看了高兴,把他搂在怀里,他却乘机拿走了她的紧身褡。

〔581〕 要想打动人心,必须出自至诚:福耳库阿斯(梅菲斯特)这样说,未免违反他的角色,成为作者的代言人。

〔582〕 欧福里翁:歌德一八二九年十二月二十日对爱克曼说:"欧福里翁不是凡人,而是一个寓意性人物。他是不受时间、地点、人称约束的诗的人格化。这个精灵后来成为欧福里翁,现在则是御车少年,就像随时随地可以出现的鬼怪。"一般研究者认为欧福里翁是英国诗人拜伦的模拟;歌德本人也首肯这种说法(参阅注〔585〕)。但,有的研究者不同意这个说法,认为歌德一八〇〇年写出《海伦悲剧》(即本剧第二部第三幕),他关于欧福里翁的构思早已成熟,而拜伦一八〇一年才十三岁,刚去哈罗上学,因此不可能成为欧福里翁的蓝本(但后注中歌德的原话证明这个看法不能成立)。他们还认为,剧中先后出现的三个虚无缥缈的诗意人物,都是作者歌德本人的缩影:财神普路托斯的御车少年反映他和卡尔·奥古斯特的关系;荷蒙库路斯反映他通过意大利艺术达到更高更富于诗意的生存;欧福里翁最后则反映他在自己伟大著作中的再生。

〔583〕 我属于你,你属于我:古德意志的订婚誓言。又见于十二世纪《特格恩湖修道院信简》一书中一名修女写给其师的诗篇首句。

〔584〕 珀罗普斯的土地:珀罗普斯是宙斯之孙,坦塔罗斯之子,与埃利斯的皮萨王之女希波达弥亚成婚,由此成为整个半岛的统治者,并按照自己的名字为该半岛命名为伯罗奔尼撒。伯罗奔尼撒多海湾,半陆半海,故云"跟大陆、海洋都是亲戚"。

〔585〕 战争就是标语:认为欧福里翁就是拜伦的依据之一。爱克曼一八二七年七月五日对歌德说:"我对拜伦的作品读得愈多,也就愈惊赞他的伟大才能。您在《海伦后》里替拜伦竖立了一座不朽的爱情纪念坊,您做得很对。"歌德答道:"除掉拜伦以外,我找不到任何其他人可以代表现代诗。拜伦无疑是本世纪最大的有才能的诗人,他既不是古典时代的,也不是浪漫时代的,他体现的是现时代。

我所要求的就是他这种人。他具有一种永远感觉不到满足的性格和爱好斗争的倾向,这就导致他在密梭龙基丧生,因此用在我的《海伦后》里很合适。"歌德接着还说,"这和我原来对此诗所设想的结局完全不同,我设想过各种各样的结局,其中有一种也很好,现在不必告诉你了。当时发生的事件才使我想到用拜伦和密梭龙基作为此诗的结局,于是把原来的其他设想都放弃了。"(朱光潜译文)此处"战争"指拜伦参加过的希腊反抗土耳其的解放战争(1821—1829)。

〔586〕 他们由这国土诞生:指一八二二年起为自由而斗争的希腊战士。欧福里翁的这段话同时也寄托了歌德本人对于希腊战士的怀念。

〔587〕 女丈夫:原文为"阿玛宗族女战士",传说住在小亚细亚东部,以尚武善战闻名。

〔588〕 神圣的诗篇:这里明确指出欧福里翁是诗的人格化。

〔589〕 荣誉的道路展开在那边:合唱队央求欧福里翁停留在和平的阿耳卡狄亚这诗的国土;而他的回答则完全符合拜伦为希腊自由而战的豪迈精神。

〔590〕 海上雷声:指希腊解放战争中的海战。

〔591〕 伊卡洛斯:古代传说中人物,与其父代达罗斯自制蜡翅飞行。不顾其父警告,飞近太阳,蜡翅融化,坠海而死。

〔592〕 一位名人:指拜伦。"衣服……留在地面",参阅《旧约·列王纪下》第二章第十三节以利亚乘旋风升天的场面。

〔593〕 挽歌:实际上为拜伦而作。歌德一八二七年七月五日对爱克曼说:"……合唱到了挽歌部分就完全走了调子。此前整个气氛是古代的,还没有抛弃原来的处女性格,到了挽歌部分,它就突然变得严肃地沉思起来,说出原来不曾想到也不可能想到的话来了。"

〔594〕 有高贵的祖先:拜伦出身华胄名门。

〔595〕 凌云的壮志:指决心参加希腊解放战争。

〔596〕 最不幸的那一天:一八二四年四月十九日拜伦逝世日。

〔597〕 大地还会把他们生出:"他们"一说指拜伦式的英雄人物,一说指"歌曲"。"大地"在其他原文版本中或作"琴弓"。

〔598〕 珀耳塞福涅:冥后,参阅注〔357〕。海伦从她那里来,现在仍回到她那里去。对浮士德来说,海伦作为古典美,欧福里翁作为古典美与浪漫精神的结合,至此全部幻灭。

〔599〕 福耳库阿斯:这段说白暗示了当前事态的深层意义:代表古典形式

的海伦的衣裳能使浮士德超凡脱俗（"它会载你脱俗超尘"），并将他引向新的享受。像合唱队的"挽歌"部分一样，梅菲斯特这里也"走了调子"。

〔600〕　很远的地方：指第四幕的"高山"。

〔601〕　火焰诚然已经消隐：指天才拜伦之死。这一段讽刺拜伦的模仿者们，他们缺少天才的火焰，但却戴着桂冠招摇过市。

〔602〕　古代忒萨利亚巫婆：指福耳库阿斯。

〔603〕　玄冥莫测者：指冥后珀耳塞福涅。

〔604〕　阿福花：又名"日光兰"、"常春花"，水仙属草花。供奉冥后珀耳塞福涅之用。"长着阿福花的低陷草地"，冥界亡魂栖息处。

〔605〕　谁要是不想成名：歌德这里借潘塔利斯之口，暗示一个人要想保持自己的圆极，必须具备坚强、独立的个性；而一般芸芸众生只能继续生存在无形的元素之中。他一八二九年九月一日对爱克曼说："我不怀疑我们的永存，因为自然少不了圆极；但我们并不都是同样不朽，为了将来证明自己达到伟大的圆极，必须是一个圆极才行。"（圆极，潜势力的圆满实现，促进个体圆满实现的形式，亚里士多德用语。）

〔606〕　我们决不回阴曹地府去：歌德一八二七年一月二十五日对爱克曼说："合唱队不愿再回冥府去，而愿留在地面经风雨，这个想法实在使我感到满意。"这是说，合唱队宁愿作为元素精灵而融入自然，见后注。

〔607〕　永远活跃的自然：合唱队的十二个少女分成四组，每组三人，分别化身为树木、回声、溪流和葡萄酒，最后以酒神欢宴构成全局的尾声。为自然注入人的情感，完全是现代文学的手法。

〔608〕　迈安德尔河：在小亚细亚，以迂回曲折著称。

〔609〕　神秘外衣：指神秘的宗教仪式。

〔610〕　西勒诺斯：赫耳墨斯和一个宁芙所生之子，酒神狄俄倪索斯的同伴和老师，好酒贪杯，醉中骑驴。

〔611〕　幕落：福耳库阿斯在前台如巨人耸立，恢复梅菲斯特的原形。这个造型的寓意曾引起研究者们的猜测，有人认为这意味着，当美丽的希腊文化消失后，丑与恶仍然留在人间。但是，作者所说的"收场白"虽然没有实现，却证明按照原来计划，本场还将继续写下去。

〔第四幕〕　浮士德在前幕随着海伦的衣裳飞升，离开古典希腊，降落到德国高山的山顶。他经历了海伦悲剧，对人生有了更高的要求，想干一番大事业。第四幕就是梅菲斯特帮助他填海造田、为人民建立理想乐土的经过。但是，和其他各幕比较起来，这一幕写得仓促，内容不够充实，使整个下卷在结构上显得不够匀称。据说作者先写第一、二、五幕，第三幕采用久已写好的单篇《海伦》来充数，第四幕到最后才动笔，看来高龄作者这时难免急于求成。歌德一八三一年二月十三日对爱克曼说："现在我要设法把第三幕《海伦后》和先已写好的第五幕之间的整片空隙填补起来，先写下详细计划，以便今后从容不迫地而且有把握地写下去。对哪些部分兴致比较好，就先写。这第四幕的性质有些特殊，它像一个独立的小世界，和其余部分不相关。它和全剧只借着对前因后果略挂上一点钩而联系在一起。"一八三一年二月十七日他又对爱克曼说，"我已经把第二部的手稿装订成册，让它作为一个可捉摸的整体摆在眼前。还待写的第四幕所应占的地位，我用空白稿纸夹在本子里去标明。已写成的部分当然会促成我去完成那个尚待完成的部分。这种物质的东西比人们通常所猜想的更为重要。我们应该用各种办法促进精神活动。"（朱光潜译文）歌德大约是在一八三一年二月中旬着手写第四幕，但是头一年，他勉强接受他的儿子死于罗马的噩耗，接着自己咯血，到十一月一度濒危。可想而知，高龄和体弱迫使他赶快利用余年，把第二部剩下的空缺填起来。然而，诗人在《海伦》和《古典的瓦尔普吉斯之夜》中表现出来的第二个春天已经过去了。

〔612〕 云彩：在原稿中曾有一句："云彩一半作海伦状飘向东南，一半作格蕾琴状飘向西北。"云彩的个别形状是歌德对云进行科学研究的成果，他首先想到了积云和卷云。云彩同时也是象征：下文直接提到海伦，又暗示了格蕾琴（"一个娇媚的情影"）。

〔613〕 它倒是想塑造出一个形象：浮士德的这段独白还是第三幕的余韵和回响，把他托着飘回德国的云彩塑造出海伦的形象，说明他所追求的理想已远在天边，而现实生活的幽寂的顶峰又出现在他脚下。

〔614〕 曙光女神的爱：即初恋，此处暗示格蕾琴。

〔615〕 向太空飞去：预示全剧的结局。参见剧末"荣光圣母"所说："来吧，请升到更高领域来！"

〔616〕 七里靴：德国童话中一步走七里的魔靴。作者借以说明浮士德离开他刚才经历过的古希腊世界已经很远，梅菲斯特不得不穿上七里靴才赶得上他。

〔617〕 地狱的石方：由于火山爆发而上升的怪石群原来躺在地球的中心。

〔618〕古怪的传说：像在《古典的瓦尔普吉斯之夜》一样，作者这里也利用机会讽嘲主张以火为万物之源的自然哲学家。歌德憎恶一切暴力，便在梅菲斯特的下段说白中把火成说加以丑化。

〔619〕公开的秘密：指一个其深意尚不为人所知的公开事实。"《以弗所书》第六章第十二节"及其他圣经出处均为歌德的助手里默所注，并由歌德纳入原稿。此处《新约》原文为："因我们并不是与属血气的争战，乃是与那些执政的、掌权的、管辖这幽暗世界的，以及天空属灵气的恶魔争战。"

〔620〕高贵而沉默：是说山脉品质高尚，从不泄露自己的来历和成因。

〔621〕以自身为地基：自然以自身为依据，本是歌德的自然观。他在《各种自白》一文中说过："依我看来，地球是从自身构成的。"

〔622〕莫洛赫：本为《旧约》中迦南人的天神。在克洛普施托克的《弥赛亚》中，是一个把山堆起来的好战的精灵。

〔623〕百磅石块：迸散的花岗岩石，歌德曾在哈尔茨山旅行时看见过。据当时的地质学家布哈（1774—1853）说，"这些岩石是由地心某种力量迸散出来而分布于地面的"。歌德不同意这种火成说的观点，于一八二九年二月十三日向爱克曼批评过布哈的有关新著，说是"迸散这个结论下得太快，把天真的读者们扔到错误的罗网里，而他们还不自知"（引用朱光潜译文）。作为水成说论者，歌德认为这些岩石是由冰川作用而成的漂块，但有人指出冰川理论当时尚未问世。

〔624〕我们：指主张火成说的自然哲学家。梅菲斯特以火成说拥护者自居，是为了讽刺它。

〔625〕信仰的拐杖：未受教育者拿信仰代替缺乏的知识，把那些巨大非凡的岩石同魔鬼联系起来。歌德旅行瑞士，曾在乌尔塞山谷见过这种岩石。

〔626〕瞧那记号：参见《旧约·创世记》第九章第十二节："我与你们……所立的永约，是有记号的。"这里是说，自然界的一切粗暴和荒谬现象都是魔鬼起作用的记号。下句中"我们的外表"即指自然界的外表。

〔627〕世上的万国与万国的荣华：参见《新约·马太福音》第四章第八节："魔鬼又带他上了一座最高的山，将世上的万国与万国的荣华都指给他看。"

〔628〕中央是老百姓摆得乱七八糟的粮食摊：一说指巴黎，又一说指古法兰克福狭窄的内城。

〔629〕培养反叛一大帮：歌德常说革命是由统治者的错误引起的，这里却又说人民教育程度愈高，愈容易成为叛逆。本幕写于一八三一年初，半年前（1830

年7月)的法国七月革命可能仍留在歌德的印象中。

〔630〕 我要意识到自己的权威:影射路易十四,他筑建凡尔赛宫,有游苑、水榭、人工瀑布等,并称"朕即国家"。

〔631〕 "恶劣的时髦风尚!萨丹纳帕路斯的回光!":指与古代健康感官性相对立的骄奢淫逸的时髦风尚。萨丹纳帕路斯系公元前七世纪亚述末代国王,耽于宴乐,荒淫无道,被米太人围困两年,与爱妾等自焚而死;拜伦曾著有同名悲剧。歌德这里可能指当时欧洲封建王侯。

〔632〕 女英雄之邦:指希腊。"女英雄"指海伦。

〔633〕 事业就是一切:浮士德对于美的理想的追求以海伦悲剧而告终,现在他专心致志于建立一番大事业。

〔634〕 我把眼睛转向了大海:原来爱好秩序的浮士德对海浪的澎湃、潮汐的往复,以及任何狂暴无羁而又毫无成果的奋争"感到厌烦"。第一部《天上序曲》中大天使们的宏伟歌曲,正反映了大自然的活跃力量相互斗争并与人斗争的无穷冲动,同时也预示了浮士德一生的活动范围和进取精神。他曾献身于理想(海伦),结果一无所获;社会和政府庸庸碌碌,更不能满足他的天性的渴望;现在,他决心投身于与巨大自然力的斗争,强迫它服从人类意志的绝对权威,由此产生了填海造田的宏愿。

〔635〕 把专横的大海从岸边赶走:浮士德这时只想驾驭无形的狂暴的自然力。移民的打算是后来才有的。

〔636〕 皇帝老倌遇上了大麻烦:指第一幕皇帝遇上财政困难。

〔637〕 享乐则使人堕落卑鄙:享乐是庸众的天性。真正的统治者超凡脱俗,理应规避享乐。

〔638〕 叛乱扩大了,他们便认为情有可原:教会为无政府状态所威胁,便从伪帝的胜利中看见自己的利益。

〔639〕 救人救彻底:原文为"救人一次,等于救一千次"。

〔640〕 记住……目的,就能坚定……意志:只要目的确定,就应当干下去,不在乎手段是否合乎道德,这正是梅菲斯特的准则。

〔641〕 拜领无边海滩作为采邑:这里提及的分封采邑事,后文并未具体描述,只是在本幕末尾由大主教点了一下。

〔642〕 什么也不懂:历史上的浮士德倒真为皇帝在意大利打了胜仗。

〔643〕 彼得·斯昆茨先生:德国剧作家格吕菲乌斯(1616—1664)根据莎剧

《仲夏夜之梦》的一个角色彼得·昆斯改编的同名剧本的主人公。该剧描写一农民业余剧团上演以奥维德《变形记》为本事的《皮拉摩斯和提斯柏》,笑话百出。

〔644〕 废物、精英:在莎剧中,彼得·昆斯把剧团全体演员写在一张名单上,让雅典的高贵观众从中挑选他们觉得合适的演员上台扮演。

〔645〕 三个勇士:此处《圣经》出处系由里默所加。原为大卫王的三勇士约设巴设、以利亚撒和沙玛,梅菲斯特借来安排他的喽啰出场。经过这些魔鬼的参与,浮士德的纯粹的事业变成了贪婪和抢劫。

〔646〕 闹得凶:三勇士分别代表青年、中年和老年。这三个诨号式的名字出自《旧约·以赛亚书》第八章第一节。

〔山麓小丘〕 本场所描写的军队的部署,战术的运用,相当精确地符合高山余脉的丘陵地势,既可扼守山头,又可控制平原。浮士德在梅菲斯特的协助下,通过水攻和火攻,打退了伪帝的进犯,为皇帝立了大功。虽然平淡的基调流露出怪异的气氛,这一场实际上与全剧主题并无本质上的联系,不过是为下一场浮士德被分封一片大海做了铺垫。

〔647〕 密集队形:古代战争中由全副武装的步兵以方阵形式组成的、后续部队源源而来的封闭形战斗序列。

〔648〕 邻居的火灾:引自罗马诗人贺拉斯:"邻居失火,把你烧着。"全句意思是:如果你的火灾烧到邻人,你应想到会有同样报应。

〔649〕 刺环游戏:指十六世纪流行的骑在马上刺一悬环,以锻炼实际冲刺能力的军事游戏。

〔650〕 当年我映照在一片火海之中:参阅《四通八达的厅堂》末尾"报幕人"的台词和《御苑》开头"皇帝"的台词。玩火的游戏使皇帝相信自己是英雄,并在他的胸膛上盖上了独立的烙印。

〔651〕 充满金属气味的贵重气体:民间传说金属是从气体状态沉淀下来的。"山民"指侏儒和山精,精通自然现象,故云。

〔652〕 在晶体及其永恒的沉默中观察上界的变易:此句含义暧昧,一说指中古流行的水晶占卜术;一说指作者反火成说的地质学偏见。

〔653〕 诺尔齐亚的关亡术士,那个萨比尼人:歌德曾经译过意大利雕刻家策利尼(1500—1571)的自传,其中提及意大利的诺尔齐亚是"最适于召神遣鬼的地方";他在该译本的一条注文还提到,一个名叫策柯·底·科利的师傅由于书

写关亡符箓于一三二七年在佛罗伦萨被烧死。萨比尼在意大利中部,居民多为纯朴农民,自古即以术士、先知著称。在本场,浮士德不再像在第二幕那样以魔术师自居,却装作一个曾经被皇帝从火刑堆里救出来而感恩不已的魔术师的委托人。这显然是从以上资料产生的杜撰。

〔654〕 男儿当自强:大丈夫应当独立自由地发展自己,这句话是歌德本人的壮语,说在皇帝口中显得有些空洞;而浮士德接着答话则是一片谀辞,由梅菲斯特来说似乎更贴切。

〔655〕 踏脚凳:出自《旧约·诗篇》第一一〇篇第一节:"等我使你仇敌作你的脚凳。"

〔656〕 抢得急:是这"三勇士"之外的一名女强人。

〔657〕 解事的观众:从前几幕了解梅菲斯特的魔术或者熟知鬼怪故事的观众。

〔658〕 飘浮在西西里海岸的雾带:海市蜃楼现象。

〔659〕 闪电,火星:即所谓"圣埃尔摩之火"的放电现象,暴风雨时出现在塔尖、桅顶、山峰等处。因水手保护神埃尔摩而得名。

〔660〕 大师:即前述诺尔齐亚的关亡术士。

〔661〕 巡游:指当年在罗马加冕时。

〔662〕 白须老者:皇帝当时给这位受火刑的关亡术士送来一阵清风,把他救了出来。

〔663〕 雄鹰,雕头狮:皇帝和伪帝的纹章,这里用活物来象征。

〔664〕 两只乌鸦:参阅第一部注〔221〕。此处它们帮助梅菲斯特刺探敌情,施展魔法。

〔665〕 我憎恶这个恶棍:皇帝像当年的格蕾琴一样憎恶梅菲斯特。她对浮士德说过:"你身边的那个人,我从内心深处感到厌憎。"(第一部《玛尔特的花园》)

〔666〕 把假象同真相加以区分:敌军在战斗中占了上风,使皇帝非依仗浮士德(通过梅菲斯特)扭转局势不可。梅菲斯特于是命令他的乌鸦("黑表弟")通知水精作法,把真水的外表形式掩饰起来,而把假水任意灌进各处,蒙蔽了众人的眼睛,连浮士德在内。

〔667〕 高尚的大师:指最高级的魔鬼撒旦。

〔伪帝的营帐〕 皇帝终于战胜了伪帝,对群臣论功行赏。神圣罗马帝国朝廷的繁文缛礼,描写细致入微;末尾揭露身兼宰相的大主教乘机要挟勒索,其贪婪嘴脸更是跃然纸上。但是,按照作者的原计划,本场应有浮士德因功被赏赐沿海大片土地一节,但正文只由大主教一笔带过,浮士德一直没有出场。由此转入第五幕,未免显得脱节。

〔668〕 流星钢棍:中世纪一种兵器。长棍上装铁链,链端系一带铁刺的金属球体。

〔669〕 四位大人:即神圣罗马帝国的四位世俗的选帝侯:萨克森侯作为礼部大臣捧剑;勃兰登堡侯作为宫内大臣端着放有皇帝洗手巾的金盆;莱茵国君作为膳务总管敬献装在金银器皿中的美味佳肴;波希米亚侯作为大司酒进贡自己预先尝过的葡萄美酒。教会的诸侯共有来自科隆、美因茨和特里尔的三位,这里只有美因茨的一位作为宰相出场。

〔670〕 侯卿:指战时的大元帅。"大元帅"的原文,又可解作"礼部大臣"。

〔671〕 御章指环:皇权的象征。

〔672〕 骛远趋新:嗜好外国异味和刚上市的鲜货。

〔673〕 护送费:以武装护送水陆两路旅客过境的酬金。

〔674〕 宰相:即大主教以宰相身份说话。

〔675〕 世俗的诸侯退下:按照作者原计划,此处应有浮士德受封的情节。

〔676〕 那个妖人:即前述被皇帝救过的诺尔齐亚术士。大主教这里数落皇帝,把他当年拯救这个术士视作不可宽恕的罪行,把他接受术士的感恩(即由浮士德和梅菲斯特代表术士帮助皇帝挽救朝廷)视作更大的罪行。为了悔罪,皇帝得向教会交出土地、金钱和赋税,甚至同意教会在浮士德尚未从大海争取到的土地上征收什一税。

〔677〕 圣坛已经照进了晨光:教堂的建筑大都从朝东的圣坛开始,然后向纵横方向发展到本堂部分。

〔678〕 臭名昭著的流氓:教会眼中的浮士德。这是本场唯一涉及浮士德的一笔。

〔679〕 会把整个国家割让掉:本场尖锐地讽刺了教会的贪婪和帝国的没落。

〔第五幕〕 浮士德失望于对美的理想的追求之后,产生了干一番大事业的宏伟志愿,想填海造田,为人民建立新的理想之邦。但是,这个良好的志愿在梅菲斯特及其"勇士"们的参与下,竟变成了残害平民百姓的苛政。浮士德想登高远眺,欣赏自己的伟大成就,不料受阻于一对平凡的舍不得离开故居的老夫妇,以致闷闷不乐;这时梅菲斯特假借他的名义,把老夫妇吓死,把他们的茅屋烧光,使浮士德受到良心的谴责。于是他想同梅菲斯特分道扬镳,这时忧愁乘虚而入,吹瞎了他的眼睛,宣示他已走到人生的尽头。但是,他失明后仍然充满乐观精神,把鬼怪的掘墓声当作民工挖土开河的建设的声音,以为替人民造福的理想即将实现,以致兴奋得呼吁眼前的瞬间"停留下来",随即由于打赌誓言的应验而倒了下去。但是,魔鬼并没有赌赢:浮士德一生不断努力,终于得到神的拯救。第五幕是全剧画龙点睛的一幕,同第四幕衔接起来,而后通过突出主题思想以结束全剧,所需要的力度是很大的。爱克曼一八三一年五月二日这样写道:"歌德告诉我,他最近快要把《浮士德》下卷第五幕中尚待补写的部分写完了,我听到很高兴。他说,'补写的这几场(引按:第五幕的头几场)的意思在我心中酝酿三十多年之久了,因为意义很重要,我对它们一直没有失掉兴趣,但是写起来又很难,所以我一直怕动笔。近来通过各种办法,我又动起笔来了,如果运气好,我接着就要把第四幕写完。'"(朱光潜译文)

〔**开阔地带**〕 本幕开场写一对平凡的老夫妇菲勒蒙和包喀斯。这两个名字原是传说中佛律癸亚(小亚细亚西北部古国)的一对老夫妇的名字。化装前来云游的宙斯和赫耳墨斯受到他们俩的款待,便把他们的茅屋变成庙宇,让他们当祭司,并满足他们同时逝世的愿望,把他们变成两棵交枝树。歌德一八三一年六月六日对爱克曼说:"我的菲勒蒙和包喀斯同那两位古代的老夫妇及其传说都毫不相干。我借用了他们的名字,用意不过借此提高剧中人物性格。剧中两位老夫妇及其相互关系和古代传说中的有些类似,所以宜于用同样的名字。"(朱光潜译文)

〔680〕 生火,敲钟:菲勒蒙见到小船遇险,便生火、敲钟呼救。

〔681〕 大海蔚蓝色的边缘:当年"过客"行船遇险的海面现已变成陆地,大海蔚蓝色边缘已经退得很远很远了。"过客"的出场正是为了介绍浮士德在这个地区所促成的巨大变化。

〔682〕 大白天……空忙一阵;夜间……大堤……告成:奴仆们白天劳动毫无成就,夜间打着灯笼干,就把大堤筑起了;包喀斯认为他们夜间是依靠鬼怪帮助

才完工的。

〔683〕 用活人流血献过祭：筑堤工程残酷使用人力，致使许多人死亡，使包喀斯想起传说中用牺牲品加速建筑工程进度的举动（例如把活人砌进墙里，用人血和灰浆等）。浮士德当时未必同意或者知道这样以人命作牺牲，但是他的大规模垦殖工程却不乏先例：如腓特烈二世在奥得河域的排水工程，在魏瑟尔河的筑堤工程，在弗里斯兰的沼泽地带和围垦区的移民运动，在荷兰的拦海工程，以及罗马皇帝普罗布斯借助几千士兵完成的排水干地工程。

〔宫殿〕 本场描写浮士德在事业的顶点仍然不满足，即所谓"自觉富有而又美中不足"。他想把那对老夫妇"搬掉"，是因为他们"破坏了他的一统天下"。出于这个自私的目的，他不惜再一次利用魔鬼的力量。

〔684〕 老迈年高：歌德一八三一年六月六日对爱克曼说："按我的本意，浮士德在第五幕中出现时应该是整整一百岁了，我还拿不定是否应在某个地方点明一下比较好些。"（朱光潜译文）

〔685〕 林叩斯：作为千里眼的代词，这个名字迄今在下部剧中共出现三次。第一次，在第二幕作为阿耳戈远征队的舵手（在喀戎的台词中）；第二次，在第三幕作为守塔人，并为浮士德和海伦服役；第三次，在第五幕仍作为守塔人，通报船只返航和茅屋失火。像菲勒蒙、包喀斯一样，这个专用名词在这里也只是泛称。

〔686〕 你，最后关头："你"指运河和海港。在"最后关头"脱离海难侥幸进港的船向运河、海港问好。

〔687〕 出航两条船，进港二十条：梅菲斯特把正当的海上贸易变成了海盗行径，并引诱浮士德接受他非法获得的二十条船，以便成为同谋。但是，他所谓的"战争、贸易和海盗行径本是三位一体"这个警句并未说服浮士德。据"三勇士"说，浮士德把这些贿赂视若"粪土"。

〔688〕 不愁第四条钩不上：梅菲斯特进行海盗式劫掠，用带倒钩的铁抓篙钩走别人的船只。

〔689〕 明朝将有彩禽飞来：指经常出现在海港为返航水手助兴的妓女。

〔690〕 海岸和大海已经和好：港口防波堤已为陆地和大海和平划定了范围。

〔691〕 自觉富有而又美中不足：浮士德的烦躁和不耐与他的年迈和一系列顺利发展有关。他所以"自觉富有而又美中不足"，是因为他想在附近山丘上建

立一个瞭望台,远眺他的为民造福的新领地,想不到那是别人的产业,主人既不出卖也不肯交换。歌德这里借用了腓特烈大帝和波茨坦磨坊主的故事。

〔692〕 高尚的耳朵:指梅菲斯特他自己。钟声据说将镇住恶魔,故为梅菲斯特所厌闻。

〔693〕 快去把他们搬掉:浮士德的这句话说得含混而危险,结果为梅菲斯特钻了空子,而使本应享用"那块好田庄"的"老人们"遭殃。

〔694〕 拿伯的葡萄园:参见《旧约·列王纪上》第二十一章:"亚哈对拿伯说,你将你的葡萄园给我作菜园,因为是靠近我的宫,我就把更好的葡萄园换给你,或是你要银子,我就按着价值给你。拿伯对亚哈说,我敬畏耶和华,万不敢将我先人留下的产业给你。"后来撒玛利亚王后、亚哈的妻子耶洗别对拿伯进行陷害,让人用石头把他打死。像亚哈对付拿伯一样,浮士德让梅菲斯特不顾后果地实现了他的愿望,而又不归罪于他。归根到底,他当然是有罪的。

〔深夜〕 本场借守塔人之口描写梅菲斯特残害老夫妇的经过,以及浮士德对他的诅咒。

〔695〕 万象,华饰:意即井然有序的世界具有和谐美,宛如一件华丽的装饰品。希腊文 Kosmos(宇宙)的原义为"秩序"、"装饰"。

〔696〕 双倍夜色:树后有火燃烧,树冠显得更浓,故云。

〔697〕 事情办得欠和顺:浮士德因计划长久受阻而急躁不安,终于同意梅菲斯特强迫老夫妇搬迁。但结果不只是强迫搬迁,而是纵火和谋杀。浮士德悔恨不已,没有接受他所渴求的产业,而是诅咒梅菲斯特的非人的鲁莽行为。魔鬼因此失去最后一次赢得赌赛的机会。

〔午夜〕 以上三场和本场之间,不论从情节或者气氛来看,似乎都有些阻隔。据研究,那三场是作者晚年为了填补第三幕和第五幕的空隙而写,而早年写好的第五幕则从本场开始。

〔698〕 四个白发老妇:在歌德以前多次有过类似的说法。例如维吉尔曾把饥饿、匮乏、烦恼和死亡称为四大忧患。

〔699〕 三人:即匮乏、债务和困厄。富翁是不会同这"三人"见面的。

〔700〕 才不枉辛辛苦苦做人一场:歌德一八二八年三月十二日对爱克曼说:"我们这老一辈子欧洲人的心地多少都有点恶劣。……每个人都彬彬有礼,

但没有人有勇气做个温厚而真诚的人,所以一个按照自然的思想和情感行事的老实人就处在很不利的地位。人们往往宁愿生在南海群岛上做所谓野蛮人,尽情享受纯粹的人的生活,不掺一点假。"(朱光潜译文)

〔701〕 当年,我在冥晦朦胧之中求索……诅咒自己和世界:参见上部第一场的独白,及《书斋》(二)。

〔702〕 它现形,它自陈,它示警:有鸟怪叫,是不祥之兆。"它"指鬼怪,现出原形来,证明自己是鬼怪,同时发出了警告。

〔703〕 当心:浮士德对自己的警告。他放弃了咒语,便同梅菲斯特断绝了关系。

〔704〕 这世界对于能人干将不会沉默寡言:它会对他显示各种用途和可能性。

〔705〕 我内心还亮着光:参阅失明的弥尔顿在《失乐园》中所唱:"崇高的天光,在我心里照得更亮。"浮士德想建立瞭望台的自私念头,导致杀人放火的罪行,这一切在他的失明中得到公正的惩罚。但是,外界的黑暗并未掩蔽他内心的光,反而增强他对事物本质的思考。

〔706〕 一颗心足以指挥千只手:借自席勒的诗句(《散步》)。

〔宫中宽广的前厅〕 盲瞎的浮士德在本场把掘墓声当作筑堤声,对某一瞬间表示了满足,从而应验与魔鬼的誓约而倒地。但梅菲斯特并没有胜利。

〔707〕 众鬼魂:指死去的恶人的鬼魂,常现形为可怕而又滑稽的骷髅。这里作为恶魔的走卒。

〔708〕 木桩,长链:量地时先按固定的点立上木桩,再用长链测量木桩之间的距离。

〔709〕 "豁然而开为了啥":这两段歌词局部借自英国沃克斯勋爵的《年老的情人放弃爱》(收帕息的《英国古诗拾遗》)和莎剧《哈姆莱特》第五幕第一场的掘墓歌。

〔710〕 "锨、铲的锒铛声使我多愉快":悲剧性的讽刺。浮士德把掘墓的锒铛声当作工人们为他的工程在劳动。

〔711〕 水魔涅普顿:涅普顿是古希腊的海神,梅菲斯特把他也算作魔鬼,多少有拉拢之意。"为他备办酒宴",是说海水将冲垮大堤吞没陆地。

〔712〕 监工:整个第五幕中,浮士德都用长官的口吻同梅菲斯特说话。

〔713〕 墓道,渠道:原文为谐音双关语:墓道为 Grab,渠道为 Graben。

〔714〕 只有每天重新争取自由和生存的人:借自席勒的《威廉·退尔》中的两句台词:"只有我每天重新争取它,我才能享受我的生命。"

〔715〕 "停留一下吧,你多么美呀!":重提旧日的赌赛誓言(《书斋(二)》),浮士德临终时的精神状态显得更其高昂。

〔716〕 时钟停止了:魔鬼阴凄地重复浮士德当年的誓言(《书斋(二)》)。

〔717〕 成了:出自《新约·约翰福音》第十九章第三十节:"耶稣……就说,成了,便低下头,将灵魂交付上帝了。"梅菲斯特用这句话表示,他相信自己赢了赌赛。

〔**埋葬**〕 本场及其后二场均非人世,而以中世纪天主教的幻想世界为背景。这样安排使得作者有可能通过形象化手法,赋予思想、观念以容易理解的直观性。从中可以见出作者所依据的种种蓝本,如民间戏剧的末日审判场面,但丁的地狱场面,古代德国的圣经画(卢卡斯·克拉纳克),意大利比萨的坎坡·山托公墓的大壁画(《死之胜利》、《审判世界末日的法庭》、《地狱》等),等等。

〔718〕 债主可有一大批:以上四节唱词系仿莎剧《哈姆莱特》的掘墓歌改作。第二节的"麻袍"即殓衣。第四节的"债主"指活人;或指蛆虫、魔鬼、上帝等。

〔719〕 高着儿:指世人通过祈祷、忏悔、禳解等方式解救灵魂。

〔720〕 相互仇恨的元素:尸体的腐烂过程被认为是构成肌肉的各种元素在相互排斥。

〔721〕 标兵式:军队操练时被选出来在前列做示范动作的士兵。

〔722〕 地狱有许许多多的颚:出自《旧约·以赛亚书》第五章第十四节:"故此阴间扩张其欲,开了无限量的口。"常见于耶稣受难剧、民间浮士德剧以及十七、十八世纪的巴洛克剧。

〔723〕 今后倒不必那么踌躇犹疑:法国革命提倡人人平等,故死后不再分贵贱高低。

〔724〕 地狱之颚在左方大开:按照比萨公墓壁画如实描摹。

〔725〕 火城:即地狱之城,引自但丁《地狱篇》第八歌。

〔726〕 鬣狗:借喻"地狱之颚",二者同样吞噬尸体。

〔727〕 普绪刻长了翅膀:"普绪刻"是灵魂的希腊文译音。在造型艺术中,常被表现为长翅膀的美女或者蝴蝶。翅膀给拔掉后,便变成一条虫。这是对于灵

魂永生之类古老传说的讽刺。

〔728〕 印戳,烈火:让普绪刻属于魔鬼,并到地狱中去受苦。

〔729〕 以肚脐为家:基督教有一派认为肚脐是生命之源,灵魂就住在那里。

〔730〕 既是天才,它就总想远走高攀:梅菲斯特管普绪刻叫作"逃犯",继而称之为"天才",是对浮士德的理想追求的讽刺。

〔731〕 灵光:即天使或圣徒头上的神光。灵光从右上方照下来,正与地狱之颚在左方大开形成对照。

〔732〕 尘土:即人类,他们来源于尘土,复归于尘土。

〔733〕 不谐和音:天国的纶音在魔鬼的耳中是不谐和音。

〔734〕 半男半女者:指天使。天使是超性别的,类似印度佛教的观世音。

〔735〕 恰好投合了他们的祈祷:魔鬼所发明的种种花招,竟然投合了虔敬教徒们的祈祷,这句话深刻地讽刺了希图通过地狱恐怖促进人们虔敬的中世纪神学。"最可耻的花招":指将耶稣钉死在十字架上。

〔736〕 撒玫瑰花:玫瑰花是爱的象征,也是圣母马利亚的象征。这里撒的落到了悔罪女手中;到后文又"从慈爱而神圣的悔罪女手里"落到凡尘,帮助夺回了高贵的灵魂。

〔737〕 喷火鬼:民间传说中鼓动两颊吞吐火焰的邪神。在舞台上,可将水加热通过塑料管喷射水蒸气。

〔738〕 烧着了:玫瑰花变成火焰,烧着了魔鬼,魔鬼便认为它们是"有毒的"。

〔739〕 语言,日光:这四句唱词有种种解释。字面的意义是:我们的真言象征最高的性灵,为永生的天使大放光明。

〔740〕 祝福你们活该洗个热水澡:旧式澡堂师傅的口头禅。

〔741〕 凡事不属于你们:指玫瑰花及其象征的爱。这段合唱系对梅菲斯特而言。但亦可解作对众天使而言,叮嘱他们避开恶灵。

〔742〕 心爱者:指天使。堕入地狱的恶魔们仍回头向天使顾盼。

〔743〕 我也这样不堪:梅菲斯特叹息自己也屈服于天使的魅力。但是,恶魔们对天使所表现的"爱"是肉欲的,本质上有别于天使们所说的爱。梅菲斯特在这段亵渎而又淫秽的道白中,使自己处于神圣性和纯洁性的对立面,他身上所体现的否定精神达于极点。下文的"那一边"即指天使们。

〔744〕 卢济弗:拉丁文,"放光者"。原为天使,美如晨星,因反抗天主而堕

落,后为魔王的别名。梅菲斯特这里询问天使是不是魔王的家族。

〔745〕 自我判罪者,由真理治疗:一切有自知之明、承认自己有罪的人,都可以由真理来解救。"真理"即由永恒的爱所启发的"自知之明"。

〔746〕 像约伯一样:参见《旧约·约伯记》第二章第七节:"于是撒旦从耶和华面前退去,击打约伯,使他从脚掌到头顶长毒疮。"

〔747〕 只伤到我一层皮:梅菲斯特把天使的感化力当作一种热症加以克服后,自觉恢复了魔鬼的本色,而热症被克服后不过使皮肤发疹而已。

〔748〕 不朽的部分:不是纯粹的脱离肉体的灵魂,而是指精神与物质尚未分开的"双重体",参阅注〔769〕。歌德在初稿中写作"圆极",参阅注〔605〕。这个概念借自亚里士多德和莱布尼茨,意即人身上的活跃本质,亦即不断形成和改造人格、促使尘世生存形式得以耐久的原则。

〔749〕 冷酷无情:原文为"涂满沥青以防漏水"之意,用以形容任何经验丰富而令人无可奈何的老江湖。梅菲斯特由于欲火中烧,未能守住浮士德的灵魂而自怨自艾;他只记得他和浮士德的契约,根本不懂得通过爱和慈善行为可以获得拯救和补偿,从此悻悻然离开了舞台。

〔山谷树林,岩石,荒漠〕 这片场景只适用于本场的开始。接着就是从山涧向岩峰的徐缓上升,到众天使抬着浮士德的灵魂进入天空,最后便到达了天国。如《埋葬》一场的前注所云,这片场景是对比萨公墓的一幅壁画《埃及底比斯的圣隐士在沉思》的临摹:下面是尼罗河,远处是树林,更远处是有洞窟的岩壁,到处是圣隐士,他们下面还有狮子。关于本场的基本思想,歌德一八三一年六月六日对爱克曼说:"此外,你会承认,得救的灵魂升天这个结局是很难处理的。碰上这种超自然的事情,我头脑里连一点儿影子都没有;除非借助于基督教一些轮廓鲜明的图景和意象,来使我的诗意获得适当的、结实的具体形式,我就不免容易陷到一片迷茫里去了。"(朱光潜译文)朱先生还为这一段加注如下:"从希腊时代起,西方文艺家一直在利用现成的民族神话。歌德对基督教本是阳奉阴违的,在《浮士德》上下卷里都用基督教的犯罪、赎罪、神恩、灵魂升天之类神话作基础,其用意有二,一是沿袭文艺利用神话的旧传统,一是投合绝大多数都信基督教的读者群众。不过他的《浮士德》下卷的基本思想,是人须在为人民造福的实际行动中才获得拯救,这和基督教的忏悔和祈祷神恩的迷信是不同的。"

〔750〕 圣隐士:据研究,本场景色的蓝本除比萨公墓壁画外,还有威廉·洪

堡在给歌德信中所描述的西班牙巴塞罗那附近孤立而陡峭的蒙特塞拉特山。该山中世纪住有许多圣隐士,他们按各自道行高低分居各区,最年轻的住在危险的顶峰接受考验,年长者通过考验后移住山下;歌德这里把次序倒过来,让尘缘未断的年轻隐士住在山下,随着修行成果逐渐上升,最后到山顶进入纯洁的精神境界。

〔751〕 狮子默然匍匐:参阅《旧约·以赛亚书》第六十五章第二十五节:"狮子必吃草与牛一样……在我圣山的遍处,这一切都不伤人不害物。"

〔752〕 恍惚入神的神父:即向天主献身、与天主合而为一、获得最高神爱而感到神魂飞越的神父。这个称号曾授予在修行中抵住魔鬼诱惑的圣安东尼(250—355)。陆续出场的三位神父象征宗教感情的三种不同的表现形式。在剧中从梅菲斯特渎神的肉欲场面过渡到剧终的净化和升华,因此不致显得太突然。

〔753〕 飘上飘下:表明修行到克服凡胎的重量、可以飞升的程度。

〔754〕 爱的绳索:参见《旧约·何西阿书》第十一章第四节:"我用慈绳爱索牵引他们。"

〔755〕 箭矢,戈矛,棍棒:殉道者渴望借以达到最高净化的三种死法。

〔756〕 永恒的爱之核心:让永恒的爱之核心像一颗恒星一样照耀,才能使空幻的一切早早消失。

〔757〕 从深渊呼号的神父:如果说恍惚入神的神父代表通过兴奋感情表现出来的虔诚,从深渊呼号的神父所代表的虔诚便是通过理智表现出来的,他住在低处,意识到感官的局限性,便将神圣的真理视作最高形式的知识加以渴求。这个称号曾授予法国西多会修士伯尔纳(1090—1153)。

〔758〕 它创造万物,它养育万物:他脚下的悬崖绝壁,飞泻的瀑布,冲天的大树,无一不向他证明上天的全能的爱所具有的创造力。下一段的暴风雨,由于雨水灌溉了植物,雷电净化了空气,同样显示了神爱的威力。参阅《天堂序曲》中天使长的歌曲。

〔759〕 痛楚的锁链:由于感官的局限性而引起的痛楚有如锁链一般。

〔760〕 天使般的神父:按照净化程度应列入六翅天使级的神父,即最高级神父。这个称号曾授予方济各会创始人意大利修士阿西西的方济各。歌德这里借用这三个称号,与这些得主并无联系。

〔761〕 朝云:一朵朝云穿过枞树的树冠向上飘荡,仔细看去,原来是一群升天的幼儿。把天使的头颅画成云朵模样,常见于西方绘画。

〔762〕 升天童子:即半夜出生,未见天日,随即夭逝的婴儿。他们死前还没

有使用过感官,几乎没有获得生命,也就是说在精神世界里还没有成人,因此在升天过程中并无向往彼岸的智能,只感到生存的喜悦("生活原来如此温存")。

〔763〕 请下凡钻进我的眼中:升天童子本身没有罪过,但却负有原罪,故仍需要净化。他们缺乏人世的任何经验,故需要神父("一位爱者")加以教导。但是,他们没有感官适应尘世,神父便让他们用他的眼睛观看世界。

〔764〕 将幼儿摄入自身:采用瑞典神秘主义作家斯维登堡(1688—1772)的说法,他自称能将灵魂摄入自身,通过自己的感官使它与世界相接触。

〔765〕 更高的境界:按照斯维登堡的说法,童子并不能马上成为天使,而须依据他对天主的信仰和献身,逐渐达到理解,从而进入更高的境界。

〔766〕 你们崇敬的神:你们将见到,参见《新约·马太福音》第五章第八节:"清心的人有福了,因为他们必得见神。"

〔767〕 凡人不断努力,我们才能济度:歌德一八三一年六月六日对爱克曼说:"浮士德得救的秘诀就在这几行诗里。浮士德身上有一种活力,使他日益高尚化和纯洁化,到临死,他就获得了上界永恒之爱的拯救。这完全符合我们的宗教观念,因为根据这种宗教观念,我们单靠自己的努力还不能沐神福,还要加上神的恩宠才行。"(朱光潜译文)关于凡人须靠上天指引,以及"错误"和"努力"的关系,在《天堂序曲》中已由天主说清楚了。

〔768〕 不灰木:即石棉。浮士德的遗骸即使像不灰木一样不易燃烧,不致变坏,接近天使的无重的体质,它也不可能完全没有尘世的成分,因此搬运起来,把天使们累得不行。不过,按照前文,天使们抬着的虽不是浮士德的纯粹的灵魂,但也不是他的遗骸,而是灵魂在接受永恒之爱以前所具有的一个与肉体合二而一的双重体。

〔769〕 双重体:按照二元论的见解,人的形成在于精神与物质(元素)合而为一。这种结合是如此密切,至死也不能完全解脱。即使天使也不能把二者拆开。只有永恒的爱才能使灵魂摆脱肉体的累赘而进入纯洁的状态。

〔770〕 先且让他交接这升天的一群:参见《新约·马太福音》第十八章第三节:"你们若不回转,变成小孩子的样式,断不得进天国。"浮士德首先应当交接升天童子,和他们一起成长,因为他们已经摆脱尘世,进入更高的境界。

〔771〕 蛹,茧壳:指向更高级生存方式过渡。年轻的天使们把浮士德交给了升天童子。升天童子乐于帮助浮士德摆脱凡胎而净化,恰如蛹摆脱茧壳而成为蝴蝶一样。

〔772〕崇拜圣母马利亚的博士：狂热崇拜圣母马利亚的博士。博士是比神父高一级的称号。他的出场是为了迎接荣光圣母的降临，并为"永恒的女性"张本。

〔773〕最高、最洁净的石窟：象征对于永恒的认识达到最高层次。

〔774〕荣光圣母：被颂扬的、带有神圣光环的圣母，与上部《城墙角》的"痛苦圣母"相对照。在神秘的永恒之爱的交响乐中，歌德让圣母马利亚出场代表神的最甜蜜、最温柔的属性。参阅上部注〔306〕。

〔775〕罪孽深重的悔罪女：按原注，系《新约·路加福音》第七章第三十六节中的不知名的悔罪女，她用眼泪为耶稣洗脚，用香膏抹他的伤口；后经与《路加福音》第八章第二节、《马可福音》第十六章第九节和《约翰福音》第二十章第一节相混淆，变成了"抹大拉的马利亚"。

〔776〕撒玛利亚妇人：按原注，系《约翰福音》第四章中到雅各井打水的妇人，耶稣向她谈论喝了使人永远不渴的活水。

〔777〕埃及的玛利亚：根据耶稣会编纂的《圣徒行传》，她原来过着放荡的生活。在重建十字架纪念日，她在耶路撒冷走进墓地教堂，被一只看不见的手推了出来。于是她痛悔前非，祈祷圣母马利亚宽恕，随即奇迹般发现自己就在教堂里，并听见一个声音叫她到约旦河畔去寻找安宁。从此她心甘情愿在沙漠忏悔苦修四十八年，临死前在沙上留下遗言，请求索赛尼修士把她埋葬掉，并为她祈祷。

〔778〕三人：这三个悔罪女分别得到各自的神恩，现在一致为格蕾琴的灵魂请求宽恕，因为她只犯了一次错误，而且是无知的。

〔779〕适当的宽恕：一说请求圣母考虑格蕾琴系无知初犯而予以宽恕；一说请求圣母恩准格蕾琴援救往日的情人浮士德。

〔780〕原名格蕾琴：两处同样注文是老年作者在原稿上补充的。

〔781〕垂顾我喜出望外：这一段的幸福感与上部《城墙角》的痛苦祈祷形成对照。

〔782〕他会教导我们：浮士德毕生经验丰富，当他神化以后，半夜出生的升天童子希望他当他们的老师。虽然如此，他本人仍然需要教导，所以格蕾琴说，"请允许我将他指点"。

〔783〕荣光圣母：荣光圣母虽然早已出场，但她只说了这两句话。就全剧而论，这两句话的意义分外重大。"如果他感觉……"当然不是通过一般的感官，而是通过净化后的灵智，来"感觉"格蕾琴得到宽恕后所享受的天福。

〔784〕 一切忏悔的弱者们：其中包括浮士德。本来，在更高的意义上，浮士德无可忏悔。格蕾琴事件以后，"谴责的灼热的箭翎"所造成的创伤已经平复；对于对菲勒蒙和包喀斯的粗暴行为也不过"深为不安"而已。但是，在最高的审判台前，每个悔改的心灵都难免诚惶诚恐，感觉自己有所不足。

〔785〕 神秘的合唱：由众神父、众天使、众悔罪女、升天童子和博士合唱的主题歌。歌词神秘地表达了贯穿本场的基本精神，即永恒的爱宽恕一切，颂扬一切，从而把人间和天国连接起来。

〔786〕 映影：浮士德在下部第一幕《宜人的佳境》一场末尾说过："我们是在五彩折光中感悟人生。"这就是说，与神性相一致的真实，永远不可能直接为我们所认识，我们只能在折光中，例证中，象征中，个别相近的现象中去观察它。因此，现象世界所发生的一切，都不过是作为其基础的持久本质的映影。

〔787〕 不充分：我们在现象世界所感知的一切，在各方面都是不充分的。我们在短暂的人生，不可能使我们自身的本质完善化。只有在永恒的生存中，即下行"至此"，我们所寻找和追求的圆满境界才能发生而成为现实。

〔788〕 事凡无可名，至此始果行：世人由于努力而犯错误，能从永恒的爱获得拯救，这在人间是不可言说的，莫名其妙的，但在天国却是十分明显的，理所当然的，从而成为事实。

〔789〕 永恒的女性：我们并不能凭借自身的力量，去接近真实的存在，达到伦理上的圆满境界。只有靠外来的力量，我们才能解脱感官的束缚和凡胎的累赘。这些力量可以叫作宽恕、恩宠和爱，它们在永恒的女性身上得到最纯洁、最完美的形式。为了"永恒的女性"这个概念便于理解，作者选取圣母马利亚作为它最高的标准，并在格蕾琴和海伦身上找到它在尘世的两个象喻。

〔790〕 引我们飞升：永恒的女性在瞬息人生作为神的唯一象征，向我们宣示了永恒的爱，便像格蕾琴接引浮士德一样，把我们引到了不可言说的、也不可想象的领域。深奥、崇高、庄严、博大的史诗《浮士德》就此在神秘的合唱中闭幕。